混合所有制改革丛书

国家社科基金重大项目“深化混合所有制改革的机制创新和实践路径研究(21ZDA039)”的阶段性成果

新时代国有企业和民营企业融合发展研究

主　编◎王　艳

副主编◎杨　达　蔡佳琳　许　锐

科 学 出 版 社

北　京

内 容 简 介

本书以新时代国有企业和民营企业之间的融合发展为背景，围绕公司战略、公司治理和公司决策三个层面，从实证篇和案例篇展开，介绍了国有企业和民营企业的融合发展。结合实证研究和案例研究，运用扎根理论和个案研究，结合系统动力学，推导博弈模型，通过多种方法对国有企业和民营企业融合发展开展多维度、多视角和多层次研究，旨在构建国有企业和民营企业融合发展问题分析框架，公司战略、公司治理与公司决策、国有企业混合所有制的信任及创新和并购价值的关系。

本书主要为高校师生和实务工作者提供教学和研究参考，对新时代国有企业和民营企业融合发展有现实指导价值。

图书在版编目（CIP）数据

新时代国有企业和民营企业融合发展研究 / 王艳主编. —北京：科学出版社，2024.4

（混合所有制改革丛书）

ISBN 978-7-03-076284-9

Ⅰ. ①新… Ⅱ. ①王… Ⅲ. ①国有企业-企业发展-关系-私营企业-企业发展-研究-中国 Ⅳ. ①F279.241 ②F279.245

中国国家版本馆 CIP 数据核字（2023）第 169476 号

责任编辑：刘英红 赵瑞萍/责任校对：张亚丹

责任印制：师艳茹/封面设计：润一文化

科 学 出 版 社 出版

北京东黄城根北街 16 号

邮政编码：100717

http://www.sciencep.com

北京建宏印刷有限公司印刷

科学出版社发行 各地新华书店经销

*

2024 年 4 月第 一 版 开本：720×1000 1/16

2024 年 4 月第一次印刷 印张：22

字数：371 000

定价：198.00 元

（如有印装质量问题，我社负责调换）

作 者 简 介

王艳：教授，博士生导师。会计学博士，管理学博士后，财政部国际化高端会计人才，中国会计学会理事，中国注册会计师协会职业道德准则委员会委员，广东外语外贸大学云山杰出学者。国家社科基金重大攻关项目“深化混合所有制改革的机制创新和实践路径研究”首席专家，广州市人文社会科学重点研究基地“粤港澳大湾区会计与经济发展研究中心”主任，高级会计师，中国注册会计师 CPA。除重大项目外，还主持并完成国家社科基金一般项目 1 项，省部级以上项目 10 余项。在《管理世界》、《南开管理评论》（人大复印全文转载）、《会计研究》（其中 1 篇收录于《中国会计年鉴（2022）》）、《管理评论》、《经济管理》和 *Internatioanl Review of Financial Analysis*，*Corporate Social Responsibility and Envioronmanetal Management*，*Pacific-Basin Finance Journal*，*Accounting Forum*，*Applied Economics*，*China Journal of Accounting Studies*[会计研究（英文版）]，*Nankai Business Review International*[南开管理评论（英文版）]等发表论文 30 余篇，在科学出版社、*Springer* 等国内外权威出版社出版中文专著 2 部、英文专著 1 部。作为第一执笔人撰写的多篇调研报告获中央领导批示，获财政部部级奖。

杨达：澳大利亚 Macquarie University 会计学博士，现为云南大学会计系副教授、粤港澳大湾区会计与经济发展研究中心研究员。研究领域为混合所有制改革、公司治理。近年来在 *Accounting, Auditing and Accountability* 等国际知名期刊发表论文数篇。

蔡佳琳：香港中文大学硕士，广东建设职业技术学院应用外语学院讲师，主要研究方向外国语言学及应用语言学。近年来在《财会通讯》等杂志发表论文 1 篇，参编教材 1 部。参研省级课题 1 项。

许锐：厦门大学博士，现就职于广东外语外贸大学会计学院，为粤港澳大湾区会计与经济发展研究中心研究员。近年来在《会计研究》等杂志发表论文数篇，其成果获得福建省第十三届社会科学优秀成果奖。主持副省级课题，参加 JAPP 专刊会议、CICF、CAFC 等国际会议并作汇报。

序

国有企业和民营企业是我国经济的两大重要支柱，它们各有经营和管理上的特色、优势及劣势，相互竞争和合作，共同推动我国经济高质量发展。在新时代，无论是高质量发展的时代要求，还是中国式现代化的现实诉求，都使国有企业和民营企业面临着新机遇新挑战，二者如何实现融合发展，形成增量合力，提高效率和竞争力，是一个值得深入探讨的课题。

在会计和公司治理领域，有不少专家学者关注国有企业和民营企业融合发展的理论、路径和方法，开展了深入研究，提出了系列观点。本书的作者便是其中之一。本书以“国民共进”理念作为引领，以丰富实践和多维度视角洞察为基础，深入思考了新时代国有企业和民营企业融合发展问题。本书重点围绕公司战略、公司治理和公司决策三个层面，从实证篇和案例篇展开，总结、提炼了国有企业和民营企业融合发展的理论和实践。在方法论上，作者不仅运用了扎根理论、个案研究、系统动力学和博弈模型等多种方法，还结合了大量的数据和案例，对国有企业和民营企业融合发展进行了多维度、多视角和多层次的立体分析，旨在构建国有企业和民营企业融合发展问题的理论分析框架，揭示公司战略、公司治理与公司决策在促进国有企业混合所有制的信任及创新，以及提升并购价值中的作用。总体上，本书较好地回答了国有企业和民营企业在市场竞争中，如何通过多种形式的有效合作，实现资源共享、优势互补、风险分担、效益共享，提高国有资本的配置效率和增值能力，促进民营经济的健康发展，增强国民经济的整体实力和竞争力。

本书贴近新时代背景，针对现实实践问题，内容深入、丰富，见解独到、深刻。知识的价值就在于在传递系统化理论、方法的过程中激发他人思考，我想这正是作者撰写这本书的初衷。我相信，本书会是财务人员和企业管理实践从业者探索优化国有企业和民营企业共生发展的重要理论依据、案例及实证经验参考，也可作为高校师生深入开展研究和教学的有用素材。

魏明海

2023年7月23日

序

目　　录

第1章　绪　　论

改革开放 40 年来，中国取得了举世瞩目的经济成就。党的二十大报告明确指出：坚持和完善社会主义基本经济制度，毫不动摇巩固和发展公有制经济，毫不动摇鼓励、支持、引导非公有制经济发展，充分发挥市场在资源配置中的决定性作用，更好发挥政府作用。在这样的大背景下，国有企业和民营企业之间如何融合发展，是新时代最重要的议题之一。理论上，混合所有制改革是国有企业和民营企业融合发展的重要途径。现实中，政府采取了一系列深化国有企业和民营企业融合发展的措施，国有企业和民营企业融合发展在规模、领域、方式、速度等方面取得显著成效，但也步入了艰难前行的“深水区”。如何深化混合所有制改革以促进国有企业和民营企业融合发展，仍然是重要议题。基于上述理论与现实背景，本书以混合所有制改革为背景，围绕公司战略、公司治理和公司决策三个层面，从实证篇和案例篇展开探讨，以期推动国有企业和民营企业融合发展。

本书具有重要的理论意义。首先，围绕公司战略，本书案例篇中以高新控股为例，构建了不同使命导向下公司治理战略变革的理论模型，并揭示了混合所有制改革、公司治理与价值创造三者间关系的内在机制，对国有资本投资运营平台实现母子协同效应与提升自身创新能力具有一定的启示与借鉴意义。其次，围绕公司治理，本书的实证篇中发现在我国 IPO 核准制下，构建由“卖方”老股东（转变为中小股东）、机构投资者和股权制衡所形成的非控股股东组成的治理结构，分析有效的非控股股东治理机制对自利管理层留任的抑制作用，证明了内部公司治理与外部公司治理之间存在着替代效应。最后，围绕公司决策，本书的实证篇通过并购和税收两大决策发现，国有企业通过并购民营企业进行混合所有制改革，最后提升企业绩效，实现国有企业和民营企业高质量发展，进一步地，在并购整合中，信任机制使并购创新能力提升对企业并购价值创造的促进作用更显著，这有助于本研究深化并购理论研究内容。同时，以混合所有制改革的“改机制”为视角，从所有权配置与进入权配置相匹配出发，用“进入权”

对“非国有派”董事赋权，并基于管理学领域的断裂带理论研究董事会中心主义下“非国有派”董事对国有企业混合所有制并购绩效发挥的作用。剖析了非国有股东委派的董事为追求商业利益参与公司治理，“非国有派”董事在董事会中发挥职能的机制，以及监督治理职能、战略决策职能和资源供给职能，为并购绩效文献提供了有益的补充。民营企业在税收方面会和政府之间存在“地方经济表现（宏观体制驱动）—民营企业不避税（微观个体行为）—获得政府补助（经济后果）”现象，但是混合所有制改革对于地方经济表现、企业避税和政府补助三者之间的关系存在反向作用机制。动态视角剖析了民营企业在面临现实困境下的发展路径，并展现了制度优势对推动民营经济高质量发展的作用机理，丰富了混合所有制改革作用于民营经济高质量发展的研究文献，并为民营企业参与混合所有制改革提供了理论支持和经验证据。

同时，本书具有重要的实践价值。在国有企业和民营企业融合发展的大背景下，实行混合所有制并购改革不仅仅是为了落实国家的政策精神，更是为了发展经济，这具有重大的现实意义。首先，具体到公司战略，本书案例篇中以中国建材为例，总结出了中国建材集团成功高效高质量地转型为国有资本投资公司的“内管治理，外管投资，创新赋能”的运营机制。本书的结论为，国有资本投资公司履行出资人的职责，实现国资委授权放权，明确各治理主体权责，在优化顶层设计的前提下为集团对控股公司进行资本运作提供了经验依据。其次，具体到公司治理，本书案例篇中以白云山为例，发现国有企业和民营企业融合发展过程中，员工持股计划能够有效提升公司价值。最后，具体到公司决策，中国国有企业并购民营企业之后，不仅能够直接利用被并购企业的资源和机会，扩大自身优势，而且能够借助并购这个机会对原有企业中存在的经营和管理问题进行调整，提升企业核心竞争力，被并购的民营企业也能实现保值增值，这对于双方来说是互惠的。第六次并购浪潮以中国为主市场，以创新和技术核心竞争力并购为主要驱动力，这次并购浪潮是中国实现产业结构调整升级和实体经济增长的极好机会。中国国有企业根据自身的特点，以信任与“非国有派”董事为核心元素，建立企业信任文化，与利益相关者建立信任合作关系，在混合所有制并购整合后，“非国有派”董事在董事会中发挥监督治理职能、战略决策职能和资源供给职能，破解国有企业混合所有制并购的“并购损益之谜”，促进并购创造企业价值，有助于微观个体企业实现可持续发展，国家实现经济增长方式转变和实体经济发展。企业混合所有制改革可以一定程度上抑制民营企业的寻租行为、促进民营企业健康可持续发展，所以应当积极鼓励和引导民营企业进行混合所有制改革，促进经济高质量发展。同时本书案例篇也以药明康德为例，引导企业通过形成创新产出破解企业创新投入与融资约束矛盾，对促进创新企业的可持续发展亦具有实践价值。

本书的研究方法具有多样性、新颖性和全面性。在规范研究方面，本书综合运用经济学、管理学、政治学、统计学等多学科研究方法，从理论机制、指标构建、模型构建、实证研究、案例研究和效果评价等多层面展开。以国有经济理论、混合所有制经济理论、战略并购理论为基点，从企业能力理论、信息经济学理论、创新相关理论等多种理论的角度，以混合所有制改革为背景，围绕公司战略、公司治理和公司决策三个层面分析国有企业和民营企业融合发展情况。将演绎法与归纳法相结合，以公司战略为分析的起点，构建了不同使命导向下公司治理战略变革的理论模型，并揭示了混合所有制改革、公司治理与价值创造之间的关系。通过比较、提炼中外公司治理研究的结论，梳理、分析国内外理论研究的差异，结合中国经济环境、制度环境与股票市场实际，归纳、构建适用于我国国情并促进中国国有企业和民营企业融合发展的公司治理理论研究框架。同时，借助于互联网、图书馆等平台，广泛搜集、整理和鉴别与国有企业和民营企业融合发展中与公司决策相关的文献资料，在此基础上，综合梳理、分析文献，提炼代表性观点，并用文本分析法提炼出文献的盲点和本书应补充研究的内容。同时，本书还运用扎根理论研究法（Grounded Theory）和个案研究、系统动力学和综合分析法、博弈论和机制设计法、指标评价体系构建法、实证研究法等，对国有企业和民营企业融合发展开展多维度、多视角和多层次研究，旨在构建国有企业和民营企业融合发展问题分析框架，为公司战略、公司治理与公司决策的制定提供有益借鉴。

第 2 章　国有企业混合所有制并购成本与价值创造

本章对我国 A 股国有上市公司 2008～2019 年的混合所有制并购经验数据进行了实证分析，并探究了混合所有制并购博弈中交易定价策略的预期市场收益是否实现。实证研究结果表明：①收购方会基于市场短期绩效“参照点”确定混合所有制改革成本，国有企业混合所有制并购的短期预期市场超额报酬越好，并购长期绩效越高。②混合所有制并购成本包含混合所有制改革成本和一般企业并购成本，两类成本也分别代表了收购方的财富效应和目标公司的收益，但两种成本没有得到有效整合，混合所有制并购没有实现并购协同效应。③竞争性国有企业的竞争力不强，当其通过混合所有制并购引入外部创新资源，并能够在并购整合中提升创新效率时，并购成本在并购整合中将被消化，混合所有制并购将实现并购协同效应，并购长期绩效将提升。④在信任文化环境更好的条件下，国有企业更能通过混合所有制并购整合非国有资本，提升企业的创新效率，创新效率能够增强并购长期绩效对并购成本整合的敏感度，当并购后集团公司创新效率高时，收购方国有企业和目标公司非国有企业能够实现并购协同效应，使并购长期绩效提高。本章从正式制度与非正式制度结合的视角，为国有企业混合所有制改革和并购重组提供了经验证据，具有实践意义。

2.1　引　　言

目前，充分竞争性国有企业或多或少地陷入了发展的“瓶颈期”，而混合所有制改革是国有企业打破现有束缚、走向高质量发展、建立现代化市场经济体系的最佳途径。混合所有制并购是国有企业实施混合所有制改革的重要途径，国有企业通过并购非国有企业，将国有资本和非国有资本的资源要素聚合在一起，实现生产要素的合理流动和再次分配，逐步释放要素市场化红利，从而实现“国有”+“非国有”的资本和生产要素的融合。在并购活动中，有两类人群——并购当事人和利益相关者，收购方和目标公司在短期预期市场超额报酬与交易定价的交叉点达到博弈均衡状态，就收购方而言，交易定价是基于对股票市场超额报酬预期而做出的。收购方是竞争性国有企业。国有企业是国有经济的微观个体，国资委和人民政府是终极出资人，接受国有资产和国有资本管理机构的监管，企业经营是为了实现国有资本保值增值及实现国有经济发展总目标下的各类微观目标（黄群慧等，2013）。根据国资委对国有企业的分类管理办法（表2-1），国有企业分为商业类企业和公益类企业，商业类企业的目标与理性经济人目标相一致，强调在市场机制中要防范国有资产的流失问题。公益性企业以通过提供公共产品和服务形成民生问题的长效解决机制为主要目标（黄群慧等，2013）。此外，在商业类企业中，又有商业一类企业和商业二类企业之分，商业企业再分类是实现国企混合所有制改革的前置措施，对于理清负面清单有指导性作用。处于充分竞争行业和领域的国企，即国资委分类中的商业一类，是混合所有制改革的主要企业类型。这类企业，具有一般企业的充分竞争特性，受到市场力量的制约，承担经济责任，企业存在的目的就是实现利润最大化（高明华等，2014）。因此，“并购交易定价是并购博弈的焦点，基于收购方的视角，并购交易定价是根据其预期市场超额报酬而做出的”这一观点还需要进一步深化。

表2-1　国资委对国有企业的分类和功能定位表①

分类	子分类	功能定位	发展方向
商业类	商业一类	处于充分竞争行业和领域的国企	以经济效益为导向，增强国有经济活力，实现国有资产保值增值
	商业二类	关系国家安全、国民经济命脉的重要行业和关键领域，或处于自然垄断的行业，经营专项业务，承担重大专项任务	政企分开、政资分开，特许经营、政府监管为主的改革
公益类	无	以社会效益为导向，以保障民生、提供公共产品和服务为主要目标的企业，产品或服务必要时可以由政府指定，发生政策性亏损时政府给予补贴	进一步优化公益保障性的资源配置，加快推进主副分类改革，剥离非公益型业务

① 国资委研究中心副主任彭建国曾建议对于以下七个领域的国企或业务板块，在发展混合所有制时，应列入禁止、缓行或谨慎操作的负面清单：关系国家经济命脉的自然垄断领域；关系社会经济发展的重要公共服务设施；关系生态安全的自然资源领域；关系国家安全的国防、军工等特殊产业；关系国家创新能力的重要前瞻性战略产业；政策性业务强，承担特殊功能的领域；国有资本投资/运营公司。

首先，党的十九届五中全会通过的《中共中央关于制定国民经济和社会发展第十四个五年规划和二〇三五年远景目标的建议》提出，加快完善中国特色现代企业制度，深化国有企业混合所有制改革，推进能源、铁路、电信、公用事业等行业竞争性环节市场化改革。从实践的情况来看，我国已有四批混合所有制改革的试点国企，从第一批 5 家，第二批 10 家，第三批 31 家，发展到第四批试点企业共 160 家。鉴于此，袁惊柱（2019）认为混合所有制改革是竞争性国企提高企业竞争力的最重要驱动因素，也是投资者等外部利益相关者看待竞争性国企未来发展前景的重要风向标。同时，混合所有制改革是一项涉及资产评估、股份多元化、激励机制改革等多方面的系统工程（赵春雨，2015），从混合所有制发展的内部环境来看，存在“混不进来”（民营企业真正参与混合所有制改革存在诸多隐性障碍）、“混不清晰”（有限理性对混合所有制改革的内涵和作用理解不到位，它主要解决的是机制上的矛盾，并不能彻底解决技术短板、市场开拓等方面的问题）、“混不踏实”（混合所有制改革企业身份转换后迅速遭遇“政策变脸”）、“混不滋润”（国有资本与民营资本混合所有制改革后难以实现深度融合）的困境，混合所有制经济发展的内生动力不足。鉴于此，国企混改向资本市场释放了坏消息，投资者等外部利益相关者可能预期混改后的国企竞争力会进一步下降。上述信息说明，在混合所有制并购场景中，需要将前景理论纳入一般企业博弈理论的研究范畴。丹尼尔·卡尼曼（Daniel Kahneman）和阿莫斯·特维斯基（Amos Tversky）将心理学研究应用在经济学中并提出了“前景理论”，认为人在决策时会在心里预设一个“参照点”，然后衡量每个结果是高于还是低于这个参照点（Kahneman et al.，1979）。白智奇等（2021）认为个体行为决策往往是根据比较来作出的，而比较的基准就是预先设定的参照点。因此，基于前景理论，本研究认为竞争性国企宣告的混合所有制改革信息会引起资本市场的反应，这种反应表现为事件窗口期的市场短期超额报酬，它为混合所有制并购交易定价提供了参照点，这构成了混合所有制并购的第一层成本。

其次，从一般企业来看，标的资产的评估价值是交易价格的最主要组成部分，苏站站（2018）认为，基于资产的价值评估方法包括市场法、收益法和资产基础法，评估是独立第三方资产评估公司基于尽职调查的信息开展的独立评价，评估结果反映的目标公司市场价值有一定的公允性，买卖双方均愿意接受此交易价格，因此资产评估价值形成了并购的重要基础，有些交易甚至直接将评估价值作为交易定价（程凤朝等，2013）。但从并购实践来看，交易定价并不是资产价值评估可以完全涵盖的，桑福德·格罗斯曼（Sanford J. Grossman）和奥利弗·哈特（Oliver D. Hart）提出，并购是目标公司将控制权转移给收购方，控制权作为一种股东权益，享有共享收益和私有收益，一方面控股股东与中小股东可以按比例分享公司的盈余，另一方面控股股东由于拥有剩余控制权可获得中小股东无法获得的私有收益，如利用内幕信息套取利益、在职消费等（Grossman et al.，1985；Dyck et al.，2004）。且 21 世纪以来，严格的企业上市核准制使上市公司成了“壳”资源，2007 年我国股权分置改革结束，部分并购交易对价可用股份支付还考虑了目标公司获得股份并利用收购方“壳”资源再获取股票收益（张晶等，2011）。在目标公司控制权转移交易中，买卖双方自身的资源禀赋是有差异的，且二者的风险承担能力与水平不相同，在博弈平衡点，并购双方会确定交易价格，交易定价必须满足并购双方的利益预期，因为只有双方都感到有利可图，并购才能最终完成。整体而言，标的资产的评估价值仅代表并购定价中的股东共享收益，难以涵盖私有收益和上市“壳”资源（屈源育等，2018）。换言之，并购双方及股东会综合考虑自身的资源禀赋、目标公司的核心价值和市场时机及风险承担水平，交易定价是收益和成本的综合函数（苏站站，2018）。本研究认为，混合所有制并购的交易定价既包含一般企业的定价考虑因素，也包含基于混合所有制改革的前景收益，是混合所有制改革成本加并购成本的综合成本。

再次，并购研究学术团队主要分为战略学派和金融学派（焦长勇等，2002）。金融学派主张财务并购，通过资金投资实现资本溢价，并购成功后不涉及公司的管理；战略学派主张产业整合升级及通过相匹配的资本运作来提供资金保障，认为并购整合是并购创造价值的关键环节。竞争性国有企业资源禀赋少且处于完全竞争的市场环境中，从并购动机来看，混合所有制并购是战略并购而非财务并购，它追求长期价值而非短期价值（表 2-2）。因此，需对混合所有制并购成本与并购长期绩效建立模型以扩展博弈模型，并在并购整合视角下解析基于并购成本形成的并购协同效益，以及并购协同效益发挥作用的机制。

表 2-2　战略并购与财务并购的差异分析表

	战略并购	财务并购
直接目标	谋求协同优势，实现长期价值最大化	谋求短期盈利成长
并购行为性质	长期生产要素经营	短期资本操作

续表

	战略并购	财务并购
并购业务特征	相同相似业务，整合会带来增值空间	有增值空间的任何单个业务
与目标公司的关系	必须整合入收购方，获得协同优势	需独立并适当包装
并购成功的标准	并购双方的融合与成长，股东满意，利益相关者满意	并购活动的短期收益，追求财富效应
主导实现力量	计划手段	市场手段
主导专家	技术专家、管理专家	金融专家

资料来源：本章整理

最后，在并购整合视角下解析基于并购成本形成的并购协同效益与并购长期绩效之间的关系，如要运用在国有企业混合所有制并购场景中，可能离不开信任机制。产权理论是我国混合所有制改革最为核心的理论基础（葛扬等，2019），而产权的作用发挥在市场层面，涉及资源配置问题，国有企业与非国有企业是两类产权主体，要在市场机制中共享彼此的生产要素和各类资本，必须要建立在彼此信任的基础上。信任是一种简化机制，可以将复杂的社会简化，这一机制可以在社会结构和制度的变迁中发挥重要作用（陈颐，2017），拉斐尔·拉·波塔（Rafael La Porta）和弗洛伦西奥·洛佩斯-德-西拉内斯（Florencio López-de-Silanes）认为信任是基于组织成员之间的坦诚和合作预期的基础建立的，而合作预期建立的基础是组织内部所有成员都认识和接受这一规范（Porta et al.，1999；曹春方等，2019）。因此，本研究将在信任文化环境中检验本章提出的所有假设和机制。

2.2 理论分析与研究假设

2.2.1 混合所有制并购的短期预期市场超额报酬与并购长期绩效

丹尼尔·卡尼曼和阿莫斯·特韦斯基在“前景理论”中提出了“参照点”的概念（Kahneman et al.，1979），在并购领域，安德烈·施莱费尔（Andrei Shleifer）和罗伯特·维什尼（Robert W. Vishny）发现并购双方宣告的并购信息能够为股东创造短期财富效应，但与并购整合中表现出来的并购长期绩效不一致（Shleifer et al.，2003），究其原因，收购方太乐观，以短期财富为参照点付出了过高的交易价格，成本太高难以整合，并购不能创造企业价值（Wong et al.，2009）。迈克尔·詹森（Michael C. Jensen）和理查德·卢拜克（Richard S. Ruback）基于协同效应的并购理论，认为并购是企业优化资源配置和提高可持续发展能力的有效方式，但由于利益的强烈驱动和复杂的并购动机，仅仅基于并购事件宣告产生的股东财富效应就加大交易价格，难以形成并购协同效应，推动企业价值增值（Jensen et al.，1983）。黛博拉·希利（Deborah Healey）等认为当目标公司的资产或业务对于收购方而言有互补优势时，并购动机可能更趋向于效率理论或协同理论（Healy et al.，1992），并购双方宣告的并购信息能够为股东创造财富效应，并可以触发利益相关者对聚集于股东的财富效应进行并购整合，并购短期市场绩效越高，并购长期市场绩效越好（Dargenidou et al.，2016）。

本研究认为，目标公司选择的合适性及并购整合的有效性是并购长期绩效的关键驱动因素（逯东等，2019）。竞争性国有企业的竞争力并不强，混合所有制并购释放了引入非国有股东和互补性战略资源的信号，也反映了非国有资本的话语权（Narayanan，1985），在“股东会-董事会-管理层”三位一体的管理体制中体现（Ben et al.，2013）。按此推理，当“政策干预性”干扰因素影响到企业的经营效率时，非国有股东或董事或管理层会提出修正意见或直接否决，而非国有资本的“投机性”动机明显时，国有企业的“国有”身份会使其在“股东会-董事会-管理层”三位一体的管理体制中发挥作用，国有和非国有双方的知识、经验和认识将形成互补机制，这可能改变竞争性国有企业的竞争力不强的劣势（胡建雄，2021）。当资本市场对混合所有制并购消息宣告的反应较好时，收购方会基于市场短期绩效“参照点”确定混合所有制改革成本。同时，根据博弈论的结论，当资本市场反应好时，混合所有制改革成本即交易定价会增高，而目标公司非国有企业及股东会基于高交易价格而受益，这将为国企并购后的管理整合提供重要支持。

并购整合并不是“一混就灵”，是战略、组织管理、思维模式重塑的过程，之前二者有收益使其在整合中合作并避免并购冲突（唐兵等，2012），促进并购创造价值（崔永梅等，2011），并购短期股东财富效应越好，并购双方越会聚焦于并购带来的短期市场绩效进行市值管理并开展并购整合，并购产生协同效应，并购长期绩效提升。基于此，提出研究假设H1：

H1：控制其他因素影响后，国有企业混合所有制并购的短期预期市场超额报酬越好，并购长期绩效越高。

2.2.2 混合所有制并购成本与并购长期绩效

目标公司的核心竞争力，交易价格和并购整合同时影响着并购长期绩效（宋希亮，2014）。目标公司的核心竞争力是影响并购长期价值的关键先决条件（Palepu，1986），并购时所支付的价格决定了后期计算并购绩效的交易成本，即当并购溢价高时，企业并购成本也高，这可能使并购长期绩效下降（白智奇等，2021）。在并购结束后，面临着业务整合、人力调整等一系列的经营问题，如能降低整合成本，将提升并购长期绩效（Gregory，1997）。由此可知，并购不是一般的交易行为，交易定价即并购成本的高低对并购长期绩效的影响不能一言以蔽之，而需要与并购整合成本结合考虑，这样才能达到综合成本低而并购长期绩效高的并购效果。

前文已述及，通过短期市场绩效呈现的混合所有制改革成本是“参照点”成本，会产生一种激励效应，驱动股东长期治理公司，在后续并购整合中更加关注于企业的战略目标和长远发展并进行市值管理，这将促使企业长期并购绩效提升（Wang et al.，2009）。另外，混合所有制并购需考虑一般企业的并购成本，综合考虑并购成本与混合所有制改革成本及二者带来的协同效应，使收购方和目标公司二者的优势资源要素在并购后得到重新配置，存量资源配置效率得到提升，并购后企业的整体管理水平和经营效率得以提高（王艳等，2020），能够降低企业的交易成本，有效促进并购交易双方达到“双赢”的效果，实现企业价值的再创造和增值（Mulherin et al.，2000；刘白璐等，2018）。一般企业的并购成本反映为并购溢价（Shleifer et al.，2003；高远东等，2021），在量上，指的是收购方在并购时付出的比目标公司可量化的市场价格更高的交易对价；在质上，其实反映了并购企业对于并购以后协同效应的预期（Laamanen，2007；魏志华等，2019）。尼赫鲁·瓦拉亚（Nikhil P. Varaiya）认为在并购重组中，并购溢价是并购双方进行博弈的一个结果（Varaiya，1987），收购方只有在预期并购会为其带来经济效益时才会愿意支付超过目标公司公允价值的并购溢价（Hayward et al.，1997），目标公司只有认为并购交易有利可图时才愿意接受收购方提出的并购条件（温日光，2017），较高的并购溢价本身可能就是目标公司质量较好的一个信号，优质资产永远是稀缺的、备受追捧的，高并购溢价中自然蕴含着目标公司是优质公司的考量（Rhodes-Kropf et al.，2008）。总体而言，混合所有制并购成本包含混合所有制改革成本和一般企业并购成本，两类成本也分别代表了收购方的财富效应和目标公司的收益。结合竞争性国有企业战略并购意图，本研究认为，两类成本在并购整合中均可以转化为并购协同效应，促进并购长期绩效提升。基于此，提出研究假设 H2：

H2：控制其他因素影响后，混合所有制并购的并购成本越高，并购长期绩效越好。

2.3　实证研究设计

2.3.1　样本选择

本研究选取在沪、深交易所上市的 2008～2016 年间的所有我国 A 股竞争性国有上市公司的混合所有制并购事件作为初始样本[①]，考察区间为并购前一年至并购后第三年，因此本研究的实际研究样本期间为 2007～2019 年。国有上市公司的相关数据及并购交易数据来源于国泰安数据库（CSMAR）和万德数据库（WIND）。根据研究需要，首先，本研究以国资委、财政部和国家发展改革委联合印发的《关于国有企业功能界定与分类的指导意见》为基准，结合魏明海等（2017）对商业竞争类国有企业的判定方法，剔除收购方为特定功能类和公益类国有企业的样本，筛选出收购方为商业竞争类国有企业的样本；其次，参考已有文献的研究（吴超鹏等，2008；王化成等，2011），对样本进行了如下筛选：①剔除并购未成功的样本；②剔除按照证监会发布的《上市公司行业分类指引》（2012 年版），收购方分类为金融类公司的样本；③对于同一公司在同一年完成的多起并购重组，保留公司在当年所完成的第一起并购，降低不同并购事件间的影响；④剔除并购目的为借壳上市的样本；⑤剔除并购当年收购方被特殊处理（ST）的样本；⑥剔除数据缺失值严重的样本。经过上述筛选，

① 由于我国于 2007 年底完成股权分置改革，2008 年我国证监会出台《上市公司重大资产重组管理办法》等规定，因此，本研究选取的研究样本期间起点为 2008 年。

本研究最终得到的混合所有制并购有效样本值为 916 个。为消除异常值对实证结果的影响，本研究对所有连续变量进行了上下 1%的缩尾处理（Winsorize）。本研究的数据处理采用 SAS9.4 和 STATA16 计量分析软件进行。

2.3.2　变量说明

（1）并购长期绩效（*BHAR*）。被解释变量为并购长期绩效（*BHAR*），测量的是购买公司股票一直持有到考察期结束，公司股票收益率超过市场组合或对应组合收益率多少。借鉴艾伦·格雷戈里（Alan Gregory）、李善民和朱滔（2006）的研究，计算收购方 i 开展重大资产重组后$[0,T]$月的 *BHAR*（Gregory，1997），公式如下：

$$BHAR_{i,T}=\prod_{t=0}^{T}(1+R_{it})-\prod_{t=0}^{T}(1+R_{pt}) \tag{1}$$

其中，R_{it}为收购方 i 在 t 年的收益率，R_{pt}表示对应组合的月收益率，将并购后 48 个月的 T 分 4 组，t=0 表示并购当月，t=1 表示并购后一个月，以此类推。借鉴李善民和朱滔（2006）的方法，采用交叉分组的方法计算R_{pt}。首先，根据收购方在 t 年 6 月份的流通市值规模，将公司从小到大分为 5 组，然后，根据收购方并购前一年（t–1）年的数据，计算公司的权益账面–市值比（每股收益/年末收盘价），同样从小到大排序均分为 5 组。因此每一年中，所有收购方被均分成 25 组。每一年中，可以对 25 组收购方分别计算每组等权月收益率 R_{pt}。

（2）短期预期市场超额报酬（*CAR*）。研究假设 H1 的解释变量为短期预期市场超额报酬（*CAR*），把并购首次宣告日确定为第 0 天，采用市场模型法计算。本研究选取[–240,–11]作为市场模型估计的清洁期，事件期窗口确定为混合所有制并购前后五天[–5,5]①。借鉴伊特纳（Ittner）等（1998）的方法，根据资本资产定价（CAPM）理论模型 $CAR_{it}=\sum_{t=-5}^{5}AR_{it}(\hat{\alpha}_i+\hat{\beta}_iR_{mt})$ 计算得到。$\hat{R}_{it}$ 表示公司同期如果不发生并购的预期收益率，根据 CAPM 模型计

① Servaes（1991）选取了–210 到–11 天；事件期的选取借鉴了刘笑萍等（2009）、翟进步等（2010）的文献。

算，R_{mt} 为市场指数收益率，$\hat{\alpha}_i$ 和 $\hat{\beta}_i$ 为清洁期内公司股票收益率与市场指数收益率通过 OLS 回归得到的回归系数，$\hat{R}_{it}=\hat{\alpha}_i+\hat{\beta}_i R_{mt}$；$AR_{it}$ 是事件期内每日样本股票的实际收益率 R_{it} 与预计收益率 $\hat{R}_{it}$ 之间的差值。$AR_{it}=R_{it}-\hat{R}_{it}$；$CAR_{it}$ 为事件期内各天异常收益率 AR_{it} 的加总，$CAR_{it}=\sum_{t=-5}^{5}AR_{it}$。

（3）混合所有制并购成本（*Cost*）。研究假设 H2 的解释变量为混合所有制并购成本（*Cost*），它既包括短期预期市场超额报酬（*CAR*），即国有企业进行混合所有制改革的成本，也包括并购溢价（*Premium*），即收购方为获取目标公司股权而支付的超过目标公司市场价值的并购交易价格的溢价程度（Kim et al.，2011）。为确定短期预期市场超额报酬（*CAR*）和并购溢价（*Premium*）的权重，本研究借鉴了已有文献的做法（Bradley et al.，1988；Wang et al.，2009；吕长江等，2014）。在迈克尔·布拉德利（Michael Bradley）、阿南德·德塞（Anand Desai）、韩金（E. Han Kim）、王（Wang）和谢（Xie）的研究中，他们使用并购双方在并购事件窗口期内投资组合的累积异常收益来衡量并购协同效应（Bradley et al.，1988；Wang et al.，2009），该投资组合的收益率为并购双方的股东财富变化，权重为并购双方净资产的市场价值。由于本研究的目标公司大多为非上市公司，仅有少数几家为上市公司，没有公开交易的市场价值，因此，首先，基于我国的并购交易以目标公司的净资产评估值为基准，通过协议转让的方式进行，本研究参考陈仕华等（2013）的研究，并购溢价（*Premium*）通过公式 *Premium*=（并购交易总价–目标公司净资产×转让比率）/（目标公司净资产×转让比率）计算所得。其次，在参考 Bradley、Wang 和 Xie 研究的基础上，本研究借鉴吕长江和韩慧博（2014）的做法，对于投资组合的权重，采用并购双方的净资产账面价值衡量。混合所有制并购成本（*Cost*）的具体计算公式为 *Cost*=*CAR*×[收购方净资产/（收购方净资产+目标公司净资产）]+*Premium*×[目标公司净资产/（收购方净资产+目标公司净资产）]，短期预期市场超额报酬（*CAR*）的计算方法同上。

（4）控制变量。控制变量参考乌丽克·马尔门迪尔（Ulrike Malmendier）和杰弗里·泰特（Geoffrey A. Tate）（2008）、李善民和刘永新（2010）、王艳和阚烁等（2014）的研究，从并购前、并购中、并购后的并购交易特征和公司特征三个方面进行设置：并购前控制变量主要包括收购方的企业规模（*Size*）、企业资产负债率（*Lev*）和企业年龄（*Age*）；并购中控制变量主要包括并购交易是否关联并购（*Relate*）、是否聘请财务顾问（*Advisor*）和是否为重大资产重组并购（*Major*）；并购后控制变量主要包括并购前后自由现金流变化（Δ*Ocf*）、并购前后主营业务收入增长率变化（Δ*Growth*）、并购前后风险变化（Δ*Beta*）。另外，本研究还控制了行业特征（*Industry*）和年度特征（*Year*）的影响，各变量定义和说明如表 2-3 所示。

表 2-3　主要变量定义及说明

变量类型	变量代码	变量定义	计算公式及相关说明
被解释变量	*BHAR*	并购长期绩效	并购首次宣告日起 36 个月的购买并持有超额收益
解释变量	*CAR*	短期预期市场超额报酬	并购首次宣告日前后 5 天[–5,5]的累计超额收益率
	Cost	混合所有制并购成本	通过公式 *Cost* = *CAR* × [收购方净资产/（收购方净资产+目标公司净资产）]+*Premium* × [目标公司净资产/（收购方净资产+目标公司净资产）]计算所得，其中 *CAR* 的计算同上，*Premium* 为并购溢价，通过公式并购溢价=（并购交易总价–目标公司净资产×转让比率）/（目标公司净资产×转让比率）计算所得
控制变量	*Size*	企业规模	收购方并购前一年年末总资产的自然对数
	Lev	企业资产负债率	收购方并购前一年年末总负债与总资产之比
	Age	企业年龄	收购方自成立之日起至并购首次宣布日的天数除以 365 再取自然对数
	Relate	是否关联并购	并购交易为关联并购时为 1，否则取 0
	Advisor	是否聘请财务顾问	并购交易聘请了财务顾问的为 1，否则取 0
	Major	是否为重大资产重组并购	并购交易为重大资产重组并购的为 1，否则取 0
	Δ*Ocf*	并购前后自由现金流变化	收购方并购后第三年与并购前一年年末自由现金流的差额，自由现金流为自由现金总额与总资产之比
	Δ*Growth*	并购前后主营业务收入增长率变化	收购方并购后第三年与并购前一年年末主营业务收入增长率的差额
	Δ*Beta*	并购前后风险变化	收购方并购后第三年与并购前一年年末风险的差额，风险用企业的 *beta* 值衡量，表示个股或股票基金相对于整个股市的价格波动情况
	Industry	行业特征	行业虚拟变量
	Year	年度特征	年度虚拟变量

2.3.3 回归模型

结合前述理论分析，为检验国有企业混合所有制并购的短期预期市场超额报酬（*CAR*）对并购长期绩效（*BHAR*）的具体作用，本研究建立如下 OLS 实证模型对研究假设 H1 进行检验：

$$BHAR = \alpha_0 + \alpha_1 CAR + \alpha_i' Control + \alpha_k Year + \alpha_j Industry + \varsigma \quad (2)$$

模型（2）中 α_1 是本章主要关注的系数。本研究预期 α_1 显著为正，混合所有制改革获得了资本市场的认可，收购方竞争性国有企业按此“参照点”确定了混合所有制改革成本，预期并购能够获得长期绩效的预期，并购双方在并购整合中注重市值管理，国有企业混合所有制并购的短期预期市场超额报酬（*CAR*）越大，并购长期绩效（*BHAR*）越好。

为检验国有企业混合所有制并购的混合所有制并购成本（*Cost*）对并购长期绩效（*BHAR*）的具体作用，本研究建立如下 OLS 实证模型对研究假设 H2 进行检验：

$$BHAR = \beta_0 + \beta_1 Cost + \beta_i' Control + \beta_k Year + \beta_j Industry + \varsigma \quad (3)$$

模型（3）中 β_1 是本章主要关注的系数。本研究预期 β_1 显著为正，并购所有制改革成本和一般企业并购成本构成了混合所有制并购成本，混合所有制并购成本也分别代表了收购方国有企业的利益（短期预期市场超额报酬，*CAR*）和目标公司非国有企业的利益（并购溢价，*Premium*），收购方短期股东财富效应和目标公司并购溢价将通过提高企业资源配置效率与并购整合中表现出来的长期并购绩效呈现一致性，并购交易中的利益协同促使并购双方进行有效的并购整合，提高资源要素的配置效率，将并购成本转化为并购整合后的长期绩效，为企业创造并购价值。

2.4 实证检验结果分析

2.4.1 描述性统计

表 2-4 为各主要变量的描述性统计。结果显示，并购长期绩效（*BHAR*）

的均值为 0.068，表明整体而言，竞争性国有企业进行混合所有制并购为企业注入了新的资本和活力，提升了企业绩效。短期预期市场超额报酬（*CAR*）的均值为 0.002，表明整体而言，竞争性国有企业进行混合所有制并购具有较好的短期市场绩效表现，市场看好竞争性国有企业通过混合所有制并购引入非国有资本，进行混合所有制改革。混合所有制并购成本（*Cost*）的均值为 0.010，表明整体而言，竞争性国有企业进行混合所有制并购能够给企业带来一定的效益。然而，从最大值、最小值和中位数来看，并购长期绩效（*BHAR*）的最大值、最小值和中位数分别为 6.472、–1.160、–0.043，表明不同的竞争性国有企业进行混合所有制并购后，所带来并购长期绩效的提升存在一定的差异。短期预期市场超额报酬（*CAR*）的最大值、最小值和中位数分别为 0.989、–1.484、–0.011，表明市场对于不同的竞争性国有企业通过混合所有制并购引入非国有资本，进而实施混合所有制改革的预期存在差异。混合所有制并购成本（*Cost*）的最大值、最小值和中位数分别为 0.534、–0.901、0.007，也表明了不同的竞争性国有企业实施混合所有制并购的预期效益存在一定差异。

表 2-4　描述性统计

变量	*N*	*Mean*	*SD*	*Min*	*Median*	*Max*
BHAR	916	0.068	0.582	–1.160	–0.043	6.472
CAR	916	0.002	0.138	–1.484	–0.011	0.989
Cost	916	0.010	0.199	–0.901	0.007	0.534
Size	916	22.286	1.170	19.729	22.281	25.199
Lev	916	0.546	0.200	0.068	0.548	1.008
Age	916	2.717	0.356	1.375	2.766	3.392
Relate	916	0.177	0.382	0.000	0.000	1.000
Advisor	916	0.081	0.273	0.000	0.000	1.000
Major	916	0.025	0.157	0.000	0.000	1.000
Δ*Ocf*	916	–0.004	0.086	–0.249	0.001	0.237
Δ*Growth*	916	0.015	2.312	–13.164	–0.002	10.612
Δ*Beta*	916	0.051	0.285	–0.663	0.050	0.828

此外，从并购前、并购中、并购后各控制变量的描述性统计结果来看，企业规模（*Size*）的均值和中位数分别为 22.286 和 22.281，企业资产负债

率（*Lev*）的均值和中位数分别为 0.546 和 0.548，企业年龄（*Age*）的均值和中位数分别为 2.717 和 2.766，表明整体而言，在本研究所选择的国有企业混合所有制并购样本中，大多数收购方的发展和经营情况良好。是否关联并购（*Relate*）、是否聘请财务顾问（*Advisor*）和是否为重大资产重组并购（*Major*）的中位数均为 0.000，均值均小于 0.500，表明在本研究所选择的国有企业混合所有制并购样本中，大多数并购事件为非关联并购和非重大资产重组并购交易，大多数收购方也并未聘请财务顾问。并购前后自由现金流变化（ΔOcf）的最大值和最小值分别为 0.237 和–0.249，并购前后主营业务收入增长率变化（$\Delta Growth$）的最大值和最小值分别为 10.612 和–13.164、并购前后风险变化（$\Delta Beta$）的最大值和最小值分别为 0.828 和–0.663，表明在本研究所选择的国有企业混合所有制并购样本中，不同的国有企业在并购后取得了不同的并购和改革成效，且不同国有企业间的差异较大。

2.4.2　相关性分析

表 2-5 为各主要变量的相关性分析，由于样本量的不同，Panel A 展示了解释变量为短期预期市场超额报酬（*CAR*）时的相关系数表，Panel B 展示了解释变量为混合所有制并购成本（*Cost*）时的相关系数表，Panel A 和 Panel B 中，上三角为斯皮尔曼（Spearman）相关系数，下三角为皮尔森（Pearson）相关系数。Panel A 中，短期预期市场超额报酬（*CAR*）和并购长期绩效（*BHAR*）的相关系数为 0.117，且在 1%的显著性水平上显著，初步表明短期预期市场超额报酬（*CAR*）与并购长期绩效（*BHAR*）显著正相关。Panel B 中，混合所有制并购成本（*Cost*）和并购长期绩效（BHAR）的相关系数为–0.004，且在 10%的显著性水平上不显著，初步表明混合所有制并购成本（*Cost*）与并购长期绩效（*BHAR*）不存在显著的相关关系。此外，Panel A 和 Panel B 的结果显示主要变量间的相关系数均小于 0.8。

表 2-6 为各主要变量的方差膨胀因子分析，结果显示短期预期市场超额报酬（*CAR*）的 VIF 值最大，为 2.87，是否关联并购（*Relate*）的 VIF 值最小，为 1.08，远低于临界值 10。表 2-5 和表 2-6 的检验结果表明主要变量间不存在多重共线性问题。

表 2-5　相关性分析

Panel A：解释变量为 *CAR* 时的相关系数表

变量	*BHAR*	*CAR*	*Size*	*Lev*	*Age*	*Relate*	*Advisor*	*Major*	Δ*Ocf*	Δ*Growth*	Δ*Beta*
BHAR	1.000	0.074**	–0.058	–0.035	–0.070**	–0.016	–0.032	0.032	0.058	–0.014	0.036
CAR	0.117***	1.000	–0.005	0.042	0.017	0.009	0.122***	0.026	0.048	0.022	–0.029
Size	–0.114***	–0.074**	1.000	0.376***	0.278***	–0.106***	–0.020	–0.084**	0.087***	–0.089***	–0.074**
Lev	0.004	0.044	0.371***	1.000	0.175***	–0.025	0.018	0.011	0.063	–0.046	0.015
Age	–0.119***	–0.008	0.267***	0.203***	1.000	–0.034	0.094***	0.045	0.064	–0.026	–0.012
Relate	0.039	0.026	–0.105***	–0.022	–0.013	1.000	–0.001	0.182***	0.004	0.044	0.008
Advisor	–0.015	0.158***	–0.027	0.026	0.092***	–0.001	1.000	0.234***	0.064	0.027	0.109***
Major	0.136***	0.026	–0.079**	0.022	0.044	0.182***	0.234***	1.000	–0.015	–0.001	0.048
Δ*Ocf*	0.034	0.069**	0.101***	0.062	0.066**	–0.004	0.059	–0.014	1.000	–0.097***	–0.054
Δ*Growth*	–0.011	–0.003	–0.043	–0.020	0.037	0.017	0.029	–0.002	–0.021	1.000	0.020
Δ*Beta*	0.074**	–0.036	–0.074**	0.027	0.001	0.012	0.116***	0.034	–0.036	–0.019	1.000

Panel B：解释变量为 *Cost* 时的相关系数表

变量	*BHAR*	*Cost*	*Size*	*Lev*	*Age*	*Relate*	*Advisor*	*Major*	Δ*Ocf*	Δ*Growth*	Δ*Beta*
BHAR	1.000	0.092	0.012	–0.036	–0.209**	–0.037	0.196**	0.100	0.323***	–0.131	–0.011
Cost	–0.004	1.000	–0.035	0.094	0.022	–0.048	0.142	0.139	0.106	0.097	–0.166
Size	0.030	0.005	1.000	0.388***	0.312***	–0.122	0.068	–0.044	0.113	0.030	–0.142
Lev	0.102	0.043	0.421***	1.000	0.181**	–0.006	0.015	–0.041	0.061	0.012	–0.000
Age	–0.116	0.061	0.303***	0.186**	1.000	–0.041	–0.013	0.123	–0.063	–0.054	–0.080
Relate	0.052	0.004	–0.116	–0.018	–0.035	1.000	0.040	0.172	0.003	0.103	0.049

续表

Panel B：解释变量为 *Cost* 时的相关系数表											
变量	*BHAR*	*Cost*	*Size*	*Lev*	*Age*	*Relate*	*Advisor*	*Major*	Δ*Ocf*	Δ*Growth*	Δ*Beta*
Advisor	0.274***	0.133	0.079	0.020	–0.016	0.040	1.000	0.377***	0.209**	0.014	0.051
Major	0.157	0.185**	–0.026	–0.037	0.123	0.172	0.377***	1.000	0.062	–0.070	0.089
Δ*Ocf*	0.313***	0.118	0.123	0.061	–0.046	0.033	0.191**	0.064	1.000	–0.171	–0.019
Δ*Growth*	–0.106	0.073	0.135	0.045	0.007	0.099	0.043	–0.016	–0.186**	1.000	–0.124
Δ*Beta*	0.125	–0.146	–0.112	0.019	–0.048	0.061	0.063	0.078	0.004	–0.253***	1.000

注：Panel A 和 Panel B 中上三角为 Spearman 相关系数，下三角为 Pearson 相关系数；“*”“**”“***”分别表示在 10%、5%和 1%显著性水平上显著。下同

表 2-6　VIF 检验

变量	VIF	SQRT VIF	Tolerance	R-Squared
CAR	2.87	1.69	0.349	0.651
Cost	2.83	1.68	0.353	0.647
Size	1.45	1.20	0.690	0.310
Lev	1.24	1.11	0.808	0.192
Age	1.17	1.08	0.857	0.143
Relate	1.08	1.04	0.929	0.071
Advisor	1.24	1.11	0.805	0.195
Major	1.45	1.20	0.689	0.311
Δ*Ocf*	1.15	1.07	0.871	0.129
Δ*Growth*	1.18	1.09	0.847	0.153
Δ*Beta*	1.14	1.07	0.881	0.119

2.4.3 回归分析

1. 研究假设 H1 的 OLS 回归分析

本研究通过模型（2）来检验国有企业混合所有制并购的短期预期市场超额报酬（*CAR*）与并购长期绩效（*BHAR*）的关系，表 2-7 列示了具体的回归结果。第（1）列报告了不加入任何控制变量情形下短期预期市场超额报酬（*CAR*）与并购长期绩效（*BHAR*）的回归结果，第（2）列报告了加入并购前、并购中、并购后控制变量情形下短期预期市场超额报酬（*CAR*）与并购长期绩效（*BHAR*）的回归结果，第（3）列报告了加入所有控制变量后短期预期市场超额报酬（*CAR*）与并购长期绩效（*BHAR*）的回归结果。结果显示，无论是否加入控制变量，短期预期市场超额报酬（*CAR*）与并购长期绩效（*BHAR*）均在 1%的显著性水平上正相关，验证了研究假设 H1，国有企业混合所有制并购的短期预期市场超额报酬（*CAR*）越好，并购长期绩效（*BHAR*）越高，表明市场投资者看好竞争性国有企业的混合所有制并购，预期企业通过并购引入非国有资本，实施混合所有制改革，会激发企业活力，提升企业竞争力。

表 2-7 短期预期市场超额报酬与并购长期绩效的回归分析结果

变量	*BHAR*		
	(1)	(2)	(3)
CAR	0.496***	0.487***	0.487***
	(3.57)	(3.51)	(3.44)
Size		–0.042**	–0.046**
		(–2.32)	(–2.35)
Lev		0.134	0.094
		(1.31)	(0.89)
Age		–0.176***	–0.161***
		(–3.18)	(–2.61)
Relate		–0.001	0.017
		(–0.02)	(0.34)
Advisor		–0.155**	–0.154*
		(–2.14)	(–1.92)
Major		0.540***	0.532***
		(4.30)	(4.23)

续表

变量	BHAR		
	(1)	(2)	(3)
ΔOcf		0.324	0.229
		(1.48)	(1.04)
$\Delta Growth$		−0.001	0.001
		(−0.16)	(0.01)
$\Delta Beta$		0.156**	0.124*
		(2.34)	(1.80)
Intercept	0.067***	1.399***	1.686***
	(3.50)	(3.66)	(3.95)
Year	NO	NO	YES
Industry	NO	NO	YES
N	916	916	916
Adj_R^2	0.013	0.054	0.075

此外，第（2）列和第（3）列回归结果均显示，控制变量中，企业规模（*Size*）和企业年龄（*Age*）的回归系数显著为负，说明市场更青睐规模较小而发展空间较大的国有企业的并购活动，认为此类混合所有制并购的长期绩效较高。是否为重大资产重组并购（*Major*）的回归系数显著为正，说明收购方实施重大资产重组并购的长期绩效更好，这可能是因为国有企业通过重大资产重组并购获得了更多优质的非国有资本，且在并购后实施了积极的并购整合，进而提升了长期并购绩效。是否聘请财务顾问（*Advisor*）的回归系数显著为负，这可能是由于财务顾问与并购方之间存在利益冲突而导致的（宋贺等，2019）。并购前后风险变化（$\Delta Beta$）的回归系数显著为正，表明收购方在并购后积极应对了企业的风险变化，提升了长期并购绩效。

2. 研究假设H2的OLS回归分析

本研究通过模型（3）来检验国有企业混合所有制并购的并购成本（*Cost*）与并购长期绩效（*BHAR*）的关系，表2-8列示了具体的回归结果。第（1）列报告了不加入任何控制变量情形下混合所有制并购成本（*Cost*）与并购长期绩效（*BHAR*）的回归结果，第（2）列报告了加入并购前、并购中、并购后控制变量情形下混合所有制并购成本（*Cost*）与并购长期绩效（*BHAR*）的回归结果，第（3）列报告了加入所有控制变量后混合所有制并购成本（*Cost*）与并购长期绩效（*BHAR*）的回归结果。结果显示，无论是否加入控制变量，混合所有制并购成本（*Cost*）与并购长期绩效（*BHAR*）均未在10%的显著性水平上正相关，国有企业混合所有制并购的并购成本（*Cost*）并未对企业的并购长期绩效（*BHAR*）起到显著的提升作用，研究假设H2未得到验证，这可能是因为国有企业（收购方）在并购了非国有资本（目标公司）之后，由于多方面因素的影响，并购双方并未达到预期理想的并购整合效果，也就是说，混合所有制并购和混合所有制改革的作用不是一蹴而就的，也并非仅仅通过简单的并购交易行为就能达到的，它既需要企业本身具备一定的能力，也需要企业外部环境的相辅相成，如企业自身的创新能力（徐经长等，2020）、企业所处的信任文化环境（王艳等，2017）等。

表 2-8　混合所有制并购成本与并购长期绩效的回归分析结果

变量	*BHAR*		
	(1)	(2)	(3)
Cost	–0.010	–0.152	0.150
	(–0.04)	(–0.65)	(0.68)
Size		–0.004	–0.067
		(–0.09)	(–1.48)
Lev		0.287	0.229
		(1.20)	(0.97)
Age		–0.214	–0.266
		(–1.31)	(–1.63)
Relate		0.018	0.043
		(0.19)	(0.50)
Advisor		0.294**	0.450***
		(1.99)	(3.04)
Major		0.150	0.224
		(0.91)	(1.42)
Δ*Ocf*		1.658***	1.383**
		(2.76)	(2.40)
Δ*Growth*		–0.016	–0.018
		(–0.50)	(–0.57)
Δ*Beta*		0.131	–0.116
		(0.81)	(–0.75)

续表

变量	BHAR		
	(1)	(2)	(3)
Intercept	−0.002	0.464	1.894*
	(−0.04)	(0.50)	(1.95)
Year	NO	NO	YES
Industry	NO	NO	YES
N	916	916	916
Adj_R^2	0.001	0.112	0.352

此外，第（2）列和第（3）列回归结果均显示，控制变量中，是否聘请财务顾问（*Advisor*）的回归系数显著为正，这可能是因为在研究假设H2的子样本中，关系型财务顾问的“关系租金”和高声誉财务顾问的“声誉鉴证”功能得到有效发挥，缓解了其与并购方之间存在的利益冲突，进而提升了并购长期绩效（宋贺等，2019）。并购前后自由现金流变化（ΔOcf）的回归系数显著为正，表明收购方在并购后进行了积极的并购整合，为企业带来了现金流，进而提高了并购长期绩效。

2.4.4　稳健性检验

（1）替代变量检验。本研究尝试通过改变国有企业混合所有制并购事件宣告的时间窗口来衡量短期预期市场超额报酬（*CAR*）和国有企业混合所有制并购成本（*Cost*），检验实证结果是否稳健。参考翟进步等（2010）的研究，本研究使用并购事件宣告前后10天[−10，10]作为计算短期预期市场超额报酬（*CAR*）的窗口期，重复模型（2）和（3）的回归分析。回归结果如表2-9所示，列（1）～（3）展示了短期预期市场超额报酬（*CAR*）与并购长期绩效（*BHAR*）的回归结果，列（4）～（6）展示了国有企业混合所有制并购成本（*Cost*）与并购长期绩效（*BHAR*）的回归结果，与表2-7和表2-8一致，本研究在模型仅包含被解释变量和解释变量的基础上，依次加入并购前、并购中和并购后控制变量及行业和年度控制变量，从中可见，回归结果与本研究的主要结果一致，短期预期市场超额报酬（*CAR*）显著促进了并购长期绩效（*BHAR*）的提升，而国有企业混合所有制并购成本（*Cost*）与并购长期绩效（*BHAR*）并无显著的相关关系，表明本研究的实证结果具有一定的稳健性。

表 2-9 稳健性检验结果：替代变量检验

变量	BHAR					
	(1)	(2)	(3)	(4)	(5)	(6)
CAR	0.230***	0.223***	0.218***			
	(3.18)	(3.08)	(3.00)			
Cost				−0.090	−0.237	−0.240
				(−0.57)	(−1.55)	(−1.42)
Size		−0.034**	−0.037**		−0.011	−0.033
		(−2.09)	(−2.20)		(−0.25)	(−0.66)
Lev		0.054	0.054		0.296	0.380
		(0.58)	(0.57)		(1.29)	(1.49)
Age		−0.155***	−0.157***		−0.219	−0.303*
		(−3.07)	(−2.87)		(−1.41)	(−1.74)
Relate		−0.011	0.004		0.027	0.066
		(−0.24)	(0.09)		(0.31)	(0.68)
Advisor		−0.095	−0.104		0.309**	0.327*
		(−1.44)	(−1.45)		(2.18)	(1.97)
Major		0.326***	0.297***		0.166	0.173
		(2.85)	(2.59)		(1.06)	(0.94)
Δ*Ocf*		0.303	0.250		1.678***	1.579**
		(1.52)	(1.25)		(2.93)	(2.29)
Δ*Growth*		−0.002	−0.002		−0.017	−0.035
		(−0.21)	(−0.24)		(−0.57)	(−1.00)
Δ*Beta*		0.158***	0.144**		0.077	0.002
		(2.61)	(2.29)		(0.49)	(0.01)
Intercept	0.063***	1.211***	1.481***	−0.004	0.614	1.048
	(3.62)	(3.49)	(3.94)	(−0.09)	(0.69)	(0.95)
Year	NO	NO	YES	NO	NO	YES
Industry	NO	NO	YES	NO	NO	YES
N	916	916	916	118	118	118
Adj_R^2	0.010	0.039	0.063	0.002	0.134	0.107

（2）采用双重调整标准误和控制双重交互固定效应。为进一步减少模型中的异方差和自相关等问题（Petersen，2009），提高统计推断的稳健性，本研究对标准误进行了异方差检验、时间层面和公司层面的双重聚类调整，回归结果如表 2-10 和表 2-11 所示，列（1）～（3）展示了短期预期市场超额报酬（*CAR*）与并购长期绩效（*BHAR*）的回归结果，列（4）～（6）

展示了国有企业混合所有制并购成本（*Cost*）与并购长期绩效（*BHAR*）的回归结果，与前述表格一致，本研究在模型仅包含被解释变量和解释变量的基础上，依次加入并购前、并购中和并购后控制变量及行业和年度控制变量，可以发现，回归结果与本研究的主要结果一致，研究假设 H1 依然成立，研究假设 H2 依然未得到验证。

表 2-10　稳健性检验结果：控制异方差检验

变量	*BHAR*					
	(1)	(2)	(3)	(4)	(5)	(6)
CAR	0.370**	0.387**	0.419**			
	(2.10)	(2.16)	(2.25)			
Cost				0.019	0.106	−0.002
				(0.10)	(0.22)	(−0.01)
Size		−0.007	−0.059		0.080	0.364
		(−0.11)	(−0.80)		(0.56)	(1.16)
Lev		0.069	−0.016		−1.048	−1.690*
		(0.25)	(−0.06)		(−0.88)	(−1.98)
Age		−0.384*	−1.217**		−0.107	0.565*
		(−1.85)	(−2.52)		(−0.21)	(1.85)
Relate		−0.016	−0.013		0.006	0.442
		(−0.23)	(−0.19)		(0.06)	(1.33)
Advisor		−0.131	−0.127		−0.031	0.522
		(−1.08)	(−1.00)		(−0.05)	(0.96)
Major		0.163	0.185		0.045	−0.039
		(1.17)	(1.14)		(0.31)	(−0.17)
Δ*Ocf*		0.503*	0.397		0.755	0.881**
		(1.69)	(1.35)		(1.45)	(2.21)
Δ*Growth*		−0.006	−0.004		−0.056***	−0.064***
		(−0.68)	(−0.41)		(−3.60)	(−6.11)
Δ*Beta*		0.140	0.112		0.254	−0.198
		(1.32)	(1.03)		(0.63)	(−0.47)
Intercept	0.067***	1.245	4.701**	−0.002	−0.968	−9.593
	(153.94)	(0.96)	(2.18)	(−1.11)	(−0.29)	(−1.22)
Year	NO	NO	YES	NO	NO	YES
Industry	NO	NO	YES	NO	NO	YES
N	916	916	916	118	118	118
Adj_R^2	0.010	0.049	0.119	0.001	0.548	0.859

表 2-11　稳健性检验结果：双重聚类调整标准误

变量	BHAR					
	(1)	(2)	(3)	(4)	(5)	(6)
CAR	0.496***	0.487***	0.482***			
	(3.53)	(3.07)	(3.01)			
Cost				–0.010	–0.152	–0.141
				(–0.03)	(–0.49)	(–0.32)
Size		–0.042	–0.045*		–0.004	–0.026
		(–1.43)	(–1.72)		(–0.06)	(–0.31)
Lev		0.134	0.130		0.287	0.367
		(0.89)	(0.95)		(1.21)	(1.20)
Age		–0.176**	–0.178***		–0.214	–0.304
		(–2.07)	(–2.80)		(–1.16)	(–1.51)
Relate		–0.001	0.014		0.018	0.055
		(–0.01)	(0.17)		(0.14)	(0.44)
Advisor		–0.155	–0.172**		0.294	0.310
		(–1.61)	(–2.09)		(1.31)	(1.45)
Major		0.540	0.513		0.150	0.148
		(1.27)	(1.18)		(0.57)	(0.54)
Δ*Ocf*		0.324	0.266		1.658***	1.498***
		(1.05)	(0.84)		(3.17)	(2.81)
Δ*Growth*		–0.001	–0.002		–0.016	–0.034
		(–0.24)	(–0.32)		(–0.74)	(–1.15)
Δ*Beta*		0.156**	0.135*		0.131	0.049
		(2.11)	(1.79)		(0.65)	(0.22)
Intercept	0.067	1.399*	0.887	–0.002	0.464	1.208
	(1.49)	(1.75)	(1.08)	(–0.03)	(0.43)	(0.86)
Year	NO	NO	YES	NO	NO	YES
Industry	NO	NO	YES	NO	NO	YES
N	916	916	916	118	118	118
Adj_R^2	0.014	0.064	0.107	0.001	0.188	0.298

（3）控制时间和行业的交互固定效应。为进一步排除时间和行业特征的影响，本研究还控制了时间和行业的交互固定效应，回归结果如表 2-12 所示，列（1）～（3）展示了短期预期市场超额报酬（*CAR*）与并购长期绩效（*BHAR*）的回归结果，列（4）～（6）国有企业混合所有制并购成

本（*Cost*）与并购长期绩效（*BHAR*）的回归结果，与表2-7和表2-8一致，本研究在模型仅包含被解释变量和解释变量的基础上，依次加入并购前、并购中和并购后控制变量及行业和年度控制变量，可以发现，回归结果与本研究的主要结果一致，研究假设H1依然成立，研究假设H2依然未得到验证。

表2-12　稳健性检验结果：控制时间和行业的交互固定效应

变量	*BHAR*					
	(1)	(2)	(3)	(4)	(5)	(6)
CAR	0.480***	0.475***	0.487***			
	(2.88)	(2.78)	(2.82)			
Cost				−0.003	−0.147	−0.223
				(−0.01)	(−0.70)	(−0.77)
Size		−0.051**	−0.054**		−0.004	−0.001
		(−2.01)	(−2.22)		(−0.07)	(−0.02)
Lev		0.162	0.163		0.204	0.244
		(0.97)	(0.99)		(0.73)	(0.86)
Age		−0.194***	−0.206***		−0.247*	−0.176
		(−3.21)	(−3.38)		(−1.67)	(−1.19)
Relate		0.005	0.017		0.055	0.058
		(0.09)	(0.32)		(0.71)	(0.64)
Advisor		−0.155*	−0.171*		0.307*	0.326
		(−1.75)	(−1.84)		(1.67)	(1.53)
Major		0.515*	0.500*		0.149	0.151
		(1.83)	(1.78)		(1.30)	(0.89)
Δ*Ocf*		0.396*	0.336		1.253***	1.529***
		(1.79)	(1.52)		(3.23)	(3.46)
Δ*Growth*		−0.004	−0.004		−0.035**	−0.032
		(−0.63)	(−0.55)		(−2.05)	(−1.51)
Δ*Beta*		0.150*	0.138*		0.089	0.093
		(1.92)	(1.74)		(0.46)	(0.43)
Intercept	0.072***	1.625***	1.986***	0.024	0.616	0.234
	(3.35)	(3.02)	(3.57)	(0.46)	(0.51)	(0.18)
Year	NO	NO	YES	NO	NO	YES
Industry	NO	NO	YES	NO	NO	YES
N	916	916	916	118	118	118
Adj_R^2	0.010	0.038	0.084	0.001	0.454	0.652

2.5 进一步讨论

2.5.1 基于创新效率的机制检验

研究假设 H2 没有得到检验，是并购成本难以在并购整合中转化为并购协同效应促进并购长期绩效提升，还是遗漏了某种重要的影响因素所致，还需要深入剖析。本节将通过机制检验来验证研究假设 H2 的真伪。贝恩特·霍姆斯特罗姆（Holmstrom Bengt）和约翰·罗伯茨（John Roberts）认为通过突破自身边界来获取所需战略资源并提高企业竞争力，并购是不二的选择（Holmstrom et al.，1998）。在本研究中，国有企业是竞争性企业，其竞争力不强、资源配置效率并不高，获取的战略资源来自非国有企业，二者通过并购整合要达到 1+1>2 的效果，必须提高存量资源的配置效率，这需要创新驱动才可以实现。

就创新水平的高低是否影响并购，国外文献主要从外部性、市场竞争来研究创新水平与并购是否成功的关系。Holmstrom 和 Roberts（1998）指出许多并购事件都是由于创新驱动而产生的，并购带来开放性创新向自主创新能力转化，并购双方专利技术可以互相转移并“为我所用”，并购后企业的竞争力将增强。我国学者徐经长等（2020）认为，每个企业的资源都是有限的，当企业通过并购获得创新资源时，会减少对自身的自主创新投入，创新增长率越低的公司越倾向于成为收购方。本研究认为竞争性国有企业资源禀赋少且处于完全竞争的市场环境中，从并购动机来看，混合所有制并购是战略并购，并购目的是谋求协同优势，实现长期价值最大化。与徐经长等（2020）的分析逻辑一致，本研究认为竞争性国有企业竞争力不强，资源禀赋少，其耗费成本引入外部创新资源是为了实现企业价值再发现和再创造。既然国有企业并购非国有企业的目的是创新驱动发展，则并购成本与并购长期绩效的关系研究需融入创新效率的机制作用，即在并购整合中，如果来自目标公司非国有企业的外部创新资源能被收购方竞争性国有企业有效利用，混合所有制并购后的集团公司创新投入产出函数就将更优，创新效率将提高并购成本（并购协同效应）对并购长期绩效的敏感性，促进并购创造价值。反之，如果来自目标公司非国有企业的外部创新资源无法将开放式创新转化为收购方竞争性国有企业的自主创新能力，混合所有制并购后的集团公司创新投入产出函数不变，并购成本（并购协同效应）与并购长期绩效之间的关系将不会发生质的变化，混合所有制并购就难以创造价值（于开乐等，2008；王艳，2016）。

具体而言，本研究通过模型（4）来检验创新效率（*Innovation*）在国有企业混合所有制并购成本（*Cost*）与并购长期绩效（*BHAR*）间的机制作用。参考姚立杰和周颖（2018）的研究，收购方各年创新效率的计算方法为创新产出与创新投入之比，其中创新产出用企业各年的专利申请数予以衡量，计算方法为企业各年的专利申请数量加一再取对数，创新投入用企业各年的研发投入水平予以衡量，研发投入水平为企业各年的研发支出与营业收入之比。由于本研究检验的并购长期绩效为收购方在并购后第三年的绩效，同时，创新能力的作用机制并非一蹴而就的，因此，为更好地检验创新能力对于国有企业混合所有制并购成本与并购长期绩效的机制作用，本研究将收购方并购当年至并购后第三年这四年间的创新效率予以加总再取均值。

$$BHAR = \chi_0 + \chi_1 Cost + \chi_2 Innovation + \chi_3 Cost \times Innovation + \chi_i' Control + \chi_k Year + \chi_j Industry + \varsigma \tag{4}$$

模型 4 中 χ_3 是本章主要关注的系数。如果 χ_3 不显著，表明虽然收购方国有企业通过混合所有制并购获取了目标公司非国有企业的外部创新资源，但不能将开创式创新转化为收购方竞争性国有企业的自主创新能力，并购成本难以在并购整合中被消化，并购双方难以发挥协同效应，不能为企业带来并购长期绩效的提升。若 χ_3 显著，则表明收购方国有企业如果能吸收目标公司非国有企业的外部创新资源，优化混合所有制并购后的集团公司创新投入产出函数，并购成本就将在并购整合中被消化，并购双方将发挥协同效应，这将促进并购长期绩效的提升。

表 2-13 列示了具体的回归结果。第（1）列报告了不加入任何控制变量情形下混合所有制并购成本（*Cost*）、创新效率（*Innovation*）与并购长期绩效（*BHAR*）的回归结果，第（2）列报告了加入并购前、并购中、并购后控制变量情形下混合所有制并购成本（*Cost*）、创新效率（*Innovation*）与并购长期绩效（*BHAR*）的回归结果，第（3）列报告了加入所有控制变量后混合所有制并购成本（*Cost*）、创新效率（*Innovation*）与并购长期绩效（*BHAR*）的回归结果。结果显示，无论是否加入控制变量，混合所有制并购成本和创新效率的交乘项（*Cost*×*Innovation*）与并购长期绩效（*BHAR*）均在 5%的显著性水平上正相关，表明虽然竞争性国有企业的竞

争力不强，但其通过混合所有制并购引入外部创新资源，能够在并购整合中提升创新效率，并购成本在并购整合中被消化，并购双方的协同效应敏感性提高，这促进了并购长期绩效的提升。

表 2-13　创新效率的机制检验结果

变量	BHAR		
	(1)	(2)	(3)
Cost	−0.304	−0.454*	−0.475
	(−1.11)	(−1.72)	(−1.60)
Innovation	−0.023	−0.030	−0.033
	(−0.65)	(−0.87)	(−0.91)
Cost×Innovation	0.578**	0.640**	0.687**
	(2.08)	(2.28)	(2.31)
Size		−0.009	−0.041
		(−0.19)	(−0.79)
Lev		0.297	0.420
		(1.26)	(1.59)
Age		−0.194	−0.308*
		(−1.21)	(−1.70)
Relate		0.048	0.090
		(0.51)	(0.87)
Advisor		0.364**	0.377**
		(2.45)	(2.17)
Major		0.058	0.052
		(0.34)	(0.26)
ΔOcf		1.507**	1.481**
		(2.52)	(2.05)
$\Delta Growth$		−0.010	−0.028
		(−0.31)	(−0.78)
$\Delta Beta$		0.194	0.117
		(1.20)	(0.64)
Intercept	0.015	0.519	1.283
	(0.29)	(0.55)	(1.12)
Year	NO	NO	YES
Industry	NO	NO	YES
N	916	916	916
Adj_R^2	0.011	0.141	0.114

2.5.2　嵌入信任文化的考量

在前文的机制检验中，本研究发现提高创新效率是并购成本整合成功的关键因素，当国有企业并购非国有企业后创新效率提高时，伴随并购成本流出，为并购双方带来的利益使国有企业非国有企业产生协同效应，并购长期绩效提升。在上述论断中，有一个重要的机理，竞争性国有企业竞争力不强，资源禀赋少，只有其耗费成本引入外部创新资源并成功整合创新资源，使创新资源为我所用，混合所有制并购后的集团公司创新投入产出函数将更优，才可以成功整合并购成本，使并购双方产生协同效应并促进并购长期绩效提升。然而，国有企业和非国有企业是两种产权主体，非国有企业参与混合所有制发展既有诱惑又有顾虑，非国有企业一方面想借助国有企业的产权优势获得长期发展，另一方面害怕混合后没有话语权和剩余索取权，陷入国有企业发展的低效率中，并产生套牢风险，且在我国新兴加转轨经济背景下，知识产权保护力度还有待增强，非国有企业是否愿意贡献创新资源并帮助国有企业吸收创新资源，可能与非正式制度信任文化有关，即"并购成本—创新效率—并购长期绩效"正式制度分析框架需与非正式制度信任文化相融合，才能真正阐释两类产权主体通过混合所有制并购创造企业价值的内在逻辑。

新制度经济学从行为金融中心理影响的角度强调了信任文化的作用（王玉华等，2020）。然而，由于信任文化本身是一个高度抽象的概念，对文化的界定和区分也存在较大的困难，本研究用收购方国有企业和目标公司非国有企业所在地的信任文化环境，作为并购双方企业信任文化的代替变量，来进一步解析混合所有制并购中非正式制度对正式制度的影响和作用方式。本研究认为，信任文化环境反映了该地区整体的信任水平，并对该地区的经济个体产生重要影响，且信任文化的影响是潜移默化的，当收购方国有企业和目标公司非国有企业在信任文化环境好的地区时，也会无形中受到诚实守信的文化影响，并影响到其行为决策（Li et al.，2017; Dong et al.，2018），如乔治·阿克洛夫（George A. Akerlof）强调，社会中认可并遵循某类规范的人越多，其个人遵循此类规范的激励也就越高（Akerlof, 1980）。总之，信任文化由外向内潜移默化影响并购双方，是激发和维护收购方国有企业和目标公司非国有企业自觉、持久创新的源泉，并购双方以创新为企业使命和核心文化，在制定创新战略和开展战略实施时，会反映出由内及外的创新态度，会首先激发管理层的创新意识，提高其风险承担水平，相应地，企业会建立创新激励和容错机制，并购双方的员工在创新过程中会相互信任，在信任中将更加积极地开始创新活动（杨建君等，2012）。潜移默化，在创新价值观中体现“信任”价值观，形成“创新与信任”价值观，这将有助于减少收购方国有企业与目标公司非国有企业间开放式创新向自主创新转移的“摩擦力”，在两种产权融合的过程中，大家将更多地思考如何发挥资源合力，提高合作创新意愿，而不是更多地纠结于“国进民退”还是“国退民进”，这将提高并购履约效率，促进并购创造价值。因此，在信任文化好的环境中，“并购成本—创新效率—并购长期绩效”正式制度分析框架更可能成立，而在信任文化差的环境中，“并购成本—创新效率—并购长期绩效”正式制度分析框架可能不成立。

具体而言，度量信任文化环境（*Trust*）的方法如下：首先，赵向阳等（2015）基于多学科的文献综述，提出了一个我国区域文化地图模型，量化了我国 31 个省、自治区、直辖市的文化特点，包括 GLOBE 文化习俗和施瓦兹文化价值观，前者具体包括不确定性规避、未来导向、权力差距等 9 类，后者包括平等性、和谐性、智力自主等 7 类，本研究以收购方和目标公司的注册地为基准，对上述 16 类文化特点进行逐一匹配，得到每一个并购交易事件中各收购方和目标公司的 16 类文化特点值，其中目标公司的注册地信息通过手动搜集得到，结合并购公告和百度、谷歌等搜索引擎逐一判定所得；其次，本研究将每个收购方和其目标公司的 16 类文化特点值进行加总，进行加总的原因是并购整合需要并购双方的共同努力，并非单独有某一方即可发挥作用；最后，本研究对信任文化环境（*Trust*）进行赋值，若某一并购交易事件的文化特点值总和超过了样本的均数，则赋值为 1，否则为 0。

本研究将样本分为信任文化环境好（*Trust*=1）和信任文化环境差（*Trust*=0）两组对模型（4）进行回归，回归结果如表 2-14 所示。列（1）～（3）展示了信任文化环境好的一组的回归结果，列（4）～（6）展示了信任文化环境差的一组的回归结果，与前述表格一致，本研究在模型仅包含被解释变量和解释变量的基础上，依次加入并购前、并购中和并购后控制变量及行业和年度控制变量，可以发现，在信任文化环境好（*Trust*=1）的一组中，混合所有制并购成本和创新效率的交乘项（*Cost*×*Innovation*）与并购长期绩效（*BHAR*）均在 5%的显著性水平上正相关，而在信任文化环境差（*Trust*=0）的一组中，混合所有制并购成本和创新效率的交乘项（*Cost*×*Innovation*）与并购长期绩效（*BHAR*）未呈现显著的相关关系，表明在信任文化环境更好的条件下，国有企业更能通过混合所有制并购整合非国有资本，提升企业的创新效率，创新效率能够增强并购长期绩效对并购成本整合的敏感度，当并购后集团公司创新效率高时，收购方国有企业和目标公司非国有企业能够产生并购协同效应，使并购长期绩效提高。

表 2-14　信任文化环境的分组检验结果

变量	信任文化环境好（*Trust*=1）			信任文化环境差（*Trust*=0）		
	BHAR					
	(1)	(2)	(3)	(4)	(5)	(6)
Cost	−0.327	−0.744	−0.453	−0.433	−0.324	−1.326**
	(−0.64)	(−1.44)	(−0.69)	(−1.18)	(−0.84)	(−2.46)
Innovation	0.012	−0.025	−0.006	−0.042	−0.083	−0.082
	(0.26)	(−0.53)	(−0.11)	(−0.78)	(−1.29)	(−1.24)
Cost×*Innovation*	1.124**	1.347***	1.326**	0.140	0.246	0.485
	(2.45)	(2.87)	(2.36)	(0.34)	(0.51)	(0.95)
Size		0.011	−0.002		0.060	−0.037
		(0.18)	(−0.02)		(0.66)	(−0.34)
Lev		−0.177	0.052		0.821*	1.174**
		(−0.54)	(0.13)		(1.91)	(2.44)
Age		−0.145	−0.222		−0.289	−0.234
		(−0.70)	(−0.89)		(−0.94)	(−0.71)
Relate		0.082	0.211		0.017	0.036
		(0.75)	(1.57)		(0.09)	(0.19)
Advisor		0.328*	0.258		0.338	0.320
		(1.75)	(0.90)		(1.14)	(1.11)
Major		0.201	0.001		0.091	0.528
		(0.92)	(0.00)		(0.28)	(1.22)
Δ*Ocf*		1.107	0.474		1.391	1.400
		(1.60)	(0.55)		(1.11)	(0.93)
Δ*Growth*		−0.001	−0.019		−0.184	−0.346**
		(−0.01)	(−0.48)		(−1.48)	(−2.67)
Δ*Beta*		0.223	0.168		−0.075	0.047
		(1.09)	(0.69)		(−0.23)	(0.12)
Intercept	−0.004	0.177	0.577	0.022	−0.915	−0.699
	(−0.06)	(0.16)	(0.39)	(0.25)	(−0.45)	(−0.30)
Year	NO	NO	YES	NO	NO	YES

续表

变量	信任文化环境好（*Trust*=1）			信任文化环境差（*Trust*=0）		
	BHAR					
	(1)	(2)	(3)	(4)	(5)	(6)
Industry	NO	NO	YES	NO	NO	YES
N	406	406	406	510	510	510
Adj_R^2	0.099	0.243	0.173	0.001	0.004	0.164

2.6　研究结论与启示

本章的实证研究结果表明：①收购方会基于市场短期绩效“参照点”确定混合所有制改革成本，国有企业混合所有制并购的短期预期市场超额报酬越好，并购长期绩效越高。②混合所有制并购成本包含混合所有制改革成本和一般企业并购成本，两类成本也分别代表了收购方的财富效应和目标公司的收益，但混合所有制并购并没有实现并购协同效应。③竞争性国有企业的竞争力不强，当其通过混合所有制并购引入外部创新资源，并能够在并购整合中提升创新效率，并购成本在并购整合中将被消化，并购双方的协同效应敏感性提高，这将促进并购长期绩效的提升。④在信任文化环境更好的条件下，国有企业更能通过混合所有制并购整合非国有资本，提升企业的创新效率，创新效率能够增强并购长期绩效对并购成本整合的敏感度，当并购后集团公司创新效率高时，收购方国有企业和目标公司非国有企业能够实现并购协同效应，使并购长期绩效提高。

同时，我们也应该认识到，混合所有制并购交易价格过高，将会引发一系列的风险。付方坚（Fangjian Fu）、林乐明（Leming Lin）和迈卡·奥菲瑟（Micah S. Officer）发现，市场时机下企业的股票价格偏高，收购方会接受并购溢价偏高的交易（Fu et al.，2013），这会滋生并购方管理层的第一类代理问题，在市场时机下管理层极有可能与卖方合谋，用高溢价并购目标公司以实现自己的私利，并购交易完成后，并购却难以实现长期绩效提升并创造并购价值。并购溢价过高还会带来商誉高估的问题（杨威等，2018；刘超等，2019），2018 年我国资本市场发生的大规模商誉减值和商誉“爆雷”事件，也说明了理性并购的重要性和稳健性。未来研究可以聚焦于这类混合所有制并购溢价下的风险问题，为混合所有制并购重组的可持续发展提供更多的决策支持。

第3章 “非国有派”董事与国有企业混合所有制并购绩效

本章用“进入权”对非国有股东委派的董事“赋权”，考察非国有股东参与国有企业董事会治理的局限，以2007～2021年A股国有上市公司作为研究对象，考察并购前后“非国有派”董事的变化对国有企业并购非国有企业的混合所有制并购绩效影响如何。实证结果表明：并购后三年，随着“非国有派”董事在董事会占比的提高，国有企业的混合所有制并购绩效显著提升，该结论在更换核心变量、改变模型、扩大样本区间，以及使用上市公司治理准则双重差分（DID）政策冲击检验后，依然稳健。机制研究发现，并购后“非国有派”董事人数的增加可以强化监督治理水平（增加董事会召开次数并降低国有大股东超额委派董事比例），优化战略决策效果（促进数字化转型并深化三项制度改革），增强资源供给能力（缓解税收负担和融资约束）。拓展性分析发现，“非国有派”董事积极参加混合所有制并购带来的并购绩效提升，最终能够做强做优做大国有企业、提升国有企业的活力及抗风险能力，推动国有企业高质量发展。本章的研究结论为国有企业在混合所有制并购中实现资本的有序扩张，以及保障“非国有派”董事的话语权，提供了相应的经验借鉴与政策启示。

3.1 引 言

随着中国经济进入新常态，党的十九大报告指出要“优化存量资源配置”，并购成为企业整合存量资源和优化资源配置的重要方式（刘昕等，2020），存量资源的价值再发现也显得尤为重要。根据不完全契约理论，并购双方存在有限理性，签订的契约并不完备，而且并购的契约生效和交易在先，创造价值在后，并购绩效的提升存在一定的不确定性。并购是否能够提升企业绩效、如何提升企业绩效仍存在争议。就产权性质而言，国有企业是国有经济的命脉，对存量资源的整合有义不容辞的使命，理应在资源配置效率和并购创造价值方面做出表率。但是国有企业的并购较为复杂，可能包含追求绩效、社会稳定和经济安全等多因素考量（林毅夫等，2004），复杂动因和其他干扰因素带来了国有企业并购绩效结论不一致的问题，如曾敏（2022）认为国有企业并购绩效会高于民营企业并购绩效，但逯东等（2019）发现国有企业的并购活动并未增加企业价值。总体而言，国有企业并购绩效还是一个“黑匣子”，而分类研究并购动机可能是破解“并购绩效之谜”的关键因素。改革开放以来，市场机制在资源配置中的重要性日趋凸显，党的十四大报告提出要让市场在资源配置中起到基础性作用，党的十八届三中全会指出要充分发挥市场在资源配置中的决定性作用。国有企业的并购中恰好有一类充分体现了市场机制，即国有企业并购非国有企业的混合所有制并购，这类并购是存量资源重组式产权改革，可以通过并购整合促进并购双方的生产要素融合并形成要素禀赋比较优势（王艳，2016）。国有企业由于产权特征可能拥有更多的资源禀赋和资金优势（吴秋生等，2022），非国有企业可能拥有后发企业追赶能力或者互补性资源而被并购（卫婧婧，2017）。然而，在国有企业并购非国有企业的生产要素整合中，产权性质的差异和资源禀赋的不同，难免会“和而不同”[①]，导致管理难、治理难、整合难，并购难以达到预期目标。值得庆幸的是，2002 年美国萨班斯法案通过以后，世界各国逐渐形成了董事会中心主义的公司治理模式，在股东和管理层两层代理关系中嵌入董事会，形成了董事和股东间、董事间、董事与经理层间的三层治理体系（张华等，2018）。与此同时，委派董事进入董事会成为股东掌握实际话语权的重要方式（逯东等，2019）。在解决国有企业并购非国有企业的混合所有制并购难题中，非国有股东有动机委派“逐利”的董事进入国有企业董事会，“国有派”和“非国有派”董事的异质性会导致董事会断裂带的形成（Lau et al.，1998；梁上坤等，2020）。处于断裂带中的“非国有派”董事能否提高董事会决策的有效性和科学性，在并购整合中发挥作用，从而推动国有企业混合所有制并购绩效提升？本研究拟对这一关键问题进行探讨和解答。

为回答以上问题，本章借助中国资本市场渐进式开放和持续全面深化

---

① 2004 年底，上汽集团斥资约 5 亿美元收购了韩国双龙汽车；次年，又通过证券市场交易增持了双龙股份，取得了对双龙汽车的绝对控股权。但是上汽集团对并购后的管理和文化整合不力，导致上汽集团陷入罢工风波，这次并购事件最终以失败而告终。

国有企业市场机制改革形成的“自然实验”环境，以2008年至2016年发生的A股国有上市公司并购非国有企业事件为研究对象，采用手工收集的非国有股东委派董事数据，考察并购后三年，董事会中“非国有派”董事在董事会中占比的变化对国有企业混合所有制并购绩效的影响及内在的作用机理。本章的目的是揭示“混股权”和“改机制”相融合的国有企业市场化改革如何通过并购实现自身的价值创造。实证研究发现在国有企业并购非国有企业的混合所有制并购事件中，“非国有派”董事通过在董事会中发挥监督治理职能（Control）、战略决策职能（Strategy）和资源供给职能（Service），显著提高了并购后的绩效。经济后果检验表明，随着“资本+生产要素”相融合的混合所有制并购成功，国有企业能做强做优做大，增强活力和抗风险力，实现高质量发展。

本章整体研究框架如图3-1所示。

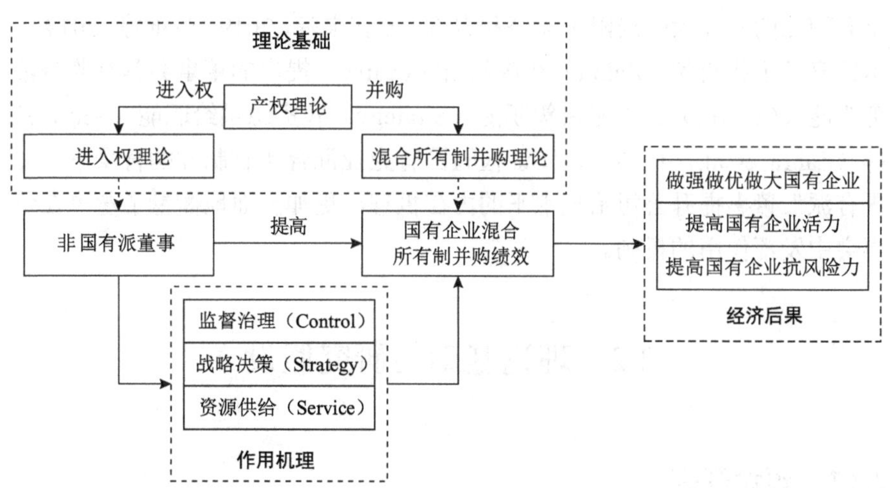

图3-1 “非国有派”董事与国有企业混合所有制并购绩效逻辑框架图

相较于已有文献，本研究的主要贡献在于：第一，在国有企业市场化改革的视域中，为研究国有企业混合所有制并购绩效影响因素提供了新的视角。已有研究发现国有企业实施混合所有制改革能够提升并购绩效（逯东等，2019；马勇等；2020；李济含等，2021），而且国有企业在混合所有制改革中选择并购民营企业可以实现社会福利最大化（陈晓珊，2017），但鲜有文献以混合所有制改革的“改机制”为视角，从所有权配置与进入权配置相匹配出发，用“进入权”对“非国有派”董事赋权，并基于管理学领域的断裂带理论研究董事会中心主义下“非国有派”董事对国有企业混合所有制并购绩效发挥的作用。本研究剖析了非国有股东委派的董事为追求商业利益参与公司治理，为国有企业并购非国有企业后如何提高并购绩效提供了有益的文献补充。

第二，为非国有股东委派董事参与国有企业治理的经济后果提供了增量研究。已有研究发现非国有股东委派的董事影响了国有企业的高管薪酬激励和双元创新等（蔡贵龙等，2018a；马连福等，2021），有助于提升国有企业并购绩效（马勇等，2020），但是鲜有研究聚焦于国有企业并购非国有企业的混合所有制并购绩效。本研究通过分析“非国有派”董事对国有企业混合所有制并购绩效的影响，丰富了国有企业混合所有制改革中非国有股东治理的研究框架和作用范围。

第三，探索了“非国有派”董事在董事会中发挥职能的机制，打开了“非国有派”董事提高混合所有制并购绩效的黑箱。以往研究对董事或者董事会职能的研究大多局限于监督和咨询（谢获宝等，2019；芦雅婷，2019），本研究基于扎哈拉（Zahra）和皮尔斯（Pearce）提出的董事会具有监督治理职能（Control）、战略决策职能（Strategy）和资源供给职能（Service）等（Zahra et al.，1989），实证检验国有企业混合所有制并购背景下“非国有派”董事提升公司治理水平的内在机理，更加全面地衡量了董事在董事会中发挥作用的机制。

3.2 理论基础与研究假设

3.2.1 理论基础

随着企业的发展，从产权理论中发展出来的“不完全契约理论”由于将讨价还价的能力锁定在对专用资产（物质资产）的控制力，越来越显示出局限性，如在促进企业专用资产（人力资本）投资方面“股东至上主义”并非最有效。拉君（Rajan）和津加莱斯（Zingales）基于新范畴“进入权”（Access）提出了进入权理论，充分注意到人力资本的重要性，但其与人力资本理论不同的是，它不仅仅从人力资本角度阐述企业及公司治理的理论和实践问题，还重点从权力的来源、权力的配置机制角度进行论述（Rajan et al.，1998）。

罗兹-克罗普夫（Rhodes-Kropf）和罗宾逊（Robinson）采用产权理论对并购事件进行研究，发现企业可以通过并购获取互补性资源，这有利于企业通过更有效率的资源配置，扩散并增强协同效应（Rhodes-Kropf et al.，2008）。在我国，国有企业和非国有企业的资源禀赋不尽相同且各具优势，因此混合所有制并购恰好可以实现不同所有权性质企业的优势互补，实现两者的融合和共同发展。在国有企业混合所有制并购中，国有企业倾向于优先选择未来股东收益较高的并购项目（Reddy et al.，2016），优质的非国有企业基于转换产权身份及突破资源壁垒等考量，也乐于被国有企业收购。相应地，国有企业收购方和非国有企业被收购方可以充分利用市场机制促进“资本+生产要素”的整合，进一步释放要素市场化红利，实现国有企业与非国有企业的共同发展。

然而，实务界和理论界的经验证据表明，国有企业混合所有制并购与其他混合所有制改革相似，仍然存在“混而不合”的难题（王艳，2016；Jian et al.，2021）。本研究认为，有必要将基于产权理论延伸出来的进入权理论与混合所有制并购理论相结合，遵循“制度情境—理论分析—机理构建”的研究思路，形成新的理论框架，如下：第一，在国有企业全面深化混合所有制改革的进程中，随着非国有资本进入国有企业，寻求私人利益的非国有股东通过“进入权”机制委派董事到国有企业，使得各类资本的代理人与核心资源（进入权、专用投资和所有权）相联系，产生了不同于普通市场合约的特别权力（Rajan et al.，2001）。第二，“非国有派”董事进入国有企业董事会后，“国有派”和“非国有派”董事的异质性会导致董事会形成断裂带（Lau et al.，1998；梁上坤等，2020）。根据断裂带理论，要想形成统一的观点，董事会成员必须重新审视自己的立场，分析反对意见，深入了解、掌握决策和方案，从而激发公司整个管理团队的学习行为（Gibson et al.，2003）。第三，国有企业混合所有制并购不同于一般混合所有制改革方式之处在于，不仅要“混股权”更要“混生产要素”，而在并购整合中激活收购方和被收购方的存量资源价值再创造能力，混合所有制改革“改机制”的作用不可忽视，这需要将“进入权”与“断裂带”理论运用到董事会中心主义的治理效应研究中，剖析董事会中的“非国有派”董事影响国有企业混合所有制并购绩效的内在逻辑和具体作用路径。

3.2.2 研究假设

在国有企业并购非国有企业的活动中，由于董事会是企业最重要的决策机构，非国有股东要想拥有“话语权”，必须拥有董事会权力（逯东等，

2019）。非国有股东凭借董事会席位拥有参与国有企业重要生产经营决策相关事项的投票权力，可以更直接、更高效地为非国有股东“发声”提供保障。非国有股东参与董事会各项议案表决，如对国有企业是否选择优质并购项目及并购整合中的相关活动发表具体意见，这在一定程度上会提高其参与并购决策的有效性，助力利润最大化目标的实现（Kim et al.，2014）。所以，理性的非国有股东为保障其“话语权”，有动机委派董事“进入”国有企业董事会。进一步地，“进入权”机制下“非国有派”董事的专业经验、价值观念及行为方式，均体现出股东利润最大化的理念，与“国有派”董事的行为逻辑可能并不完全一致，二者在董事会中会形成断裂带（Lau et al.，1998；梁上坤等，2020）。同时，本研究认为，国有企业基于市场化改革动机并购非国有企业，异质性明显的“国有派”董事与“非国有派”董事最终会基于“理性经济人”目标在董事会中达成共识，断裂带中的“非国有派”董事在市场机制占主导的并购整合中有能力影响董事会的行为和决策，“国有派”董事在董事会中集权的局面亦将被逐渐打破，呈现出董事会中心渐进回归的公司治理趋势。换言之，“非国有派”董事的董事会治理能力最终会体现为国有企业混合所有制并购绩效的提高。

扎哈拉（Zahra）和皮尔斯（Pearce）将董事会的职能总结为监督职能（Control）、战略决策职能（Strategy）和资源供给职能（Service）（Zahra et al.，1989）。基于此，本研究认为“非国有派”董事提高国有企业混合所有制并购绩效的作用机理，是“非国有派”董事通过履行这三项职能充分发挥了保障“股东利润最大化”的治理能力。

首先，就监督职能（Control）而言。以“股东利润最大化”为经营目标，非国有股东对国有企业管理层的努力程度及机会主义行为具有强烈的监督动机（崔永梅等，2011），非国有股东通过委派董事进入公司内部决策核心，实质性参与国有企业公司治理，可以保障其话语权，有效发挥监督作用（蔡贵龙等，2018a）。具体来说，“国有派”和“非国有派”董事的异质性会导致董事会断裂带的形成（梁上坤等，2020），两派董事能够形成相互监督。而且，非国有董事的“利润最大化”行为特征能够增加国有企业内部人谋取私利的难度，实现监督制衡的作用（吴秋生等，2022）。因此，在国有企业混合所有制并购中，非国有股东有动力亦有能力通过委派董事的形式持续发挥监督职能，避免国有企业高管因现行的激励机制不完善等原因而聚焦于短期个人获益，缺乏长期参与并购绩效整合的耐心和行动力（李济含等，2021）。

其次，就战略决策职能（Strategy）而言。并购整合过程中，董事会成员需基于存量资源整合重新审视并制定新公司的战略和目标（崔永梅等，2011）。一方面，逐利的“非国有派”董事进入后，能够以更加市场化的视角参与企业战略决策，提出激活存量资源配置效率的战略决策方案（吴秋生等，2022）。另一方面，“非国有派”董事形成的董事会断裂带会以子群体的形式嵌入公司正式制度运作过程中，这个子群体长年在民营经济后发追赶的环境中成长，可能在企业数字化转型、减少人员冗余或市场化选聘人才等民营企业后发追赶优势明显的领域更具备能力，进而影响企业的战略决策方向（曹晓芳等，2022）。

最后，就资源供给职能（Service）而言，希尔曼（Hillman）和达尔济尔（Dalziel）深入识别了董事会为企业提供的资源，将董事会的资源提供角色划分为智力资本和社会资本，并认为董事会资本代表了董事会参与企业决策的能力（Hillman et al.，2003）。此外，与资源基础理论和高阶梯队理论对话的文献也支持上述董事会资源供给职能的二分类标准(李维安等，2009）。从智力资本来看，“非国有派”董事作为理性经济人，有能力在竞争市场中充分利用企业现有资源，如并购形成的新型母子公司下的税收差异（欧阳艳艳等，2022），从而为实现利润最大化目标而奋斗。从社会资本来看，天生的逐利性和后发企业追赶能力使“非国有派”董事善于挖掘并购形成的新型母子公司下的人际关系网络等社会资本形成的资源（徐鹏等，2020），为提高企业流动性和发挥市场机制的作用创造条件。总之，“非国有派”董事的智力资本和社会资本供给职能，可以形成“理性经济人”核心竞争优势，在并购整合中提高董事会决策、治理的能力和质量，促进并购创造价值。

因此，本研究提出以下假设：

H：国有企业并购非国有企业后，非国有股东委派的董事在董事会中占比越大，并购绩效越高。

3.3 研究设计

3.3.1 样本选取

本章拟考察“非国有派”董事对国有企业混合所有制并购绩效的影响，

以 2008～2016 年间沪深 A 股发生的国有上市公司并购非国有企业的事件作为初始样本。样本区间选择 2008 年为时间起点，原因有二：一是 2007 年底完成的股权分置改革为非国有股东进入国有企业参与治理提供了契机；二是证监会于 2008 年发布了《上市公司重大资产重组管理办法》，2008 年及以后年度的并购事件拥有相同的制度背景，便于开展研究。此外，本章还考察了国有企业并购非国有企业 t–1、t 至 t+5 年的表现，因此本章实际研究样本期间为 2007～2021 年。

本章在国泰安数据库（CSMAR）“并购重组”数据的基础上，保留收购方是国有上市公司的数据后，再对被收购方进行如下判断：①当被收购方并购前 t–1 年的控股股东为自然人时，则判断为非国有企业；②当被收购方并购前 t–1 年的控股股东为法人时，再追溯实际控制人，如实际控制人为自然人或非国有法人，则判断为非国有企业。关于有企业混合所有制并购后“非国有派”董事占比变化值的数据，借鉴蔡贵龙等（2018a）的方法进行手工收集判断和计算：①收购方国有企业并购前 t–1 年，如果前十大股东中非国有股东为自然人股东，则该股东兼任董事时视为非国有股东委派了一名董事；如果非国有股东为法人股东，则在年报中查找并匹配董事的股东单位及产权属性，以此判断该董事是否为非国有股东委派董事；②收购方国有企业并购后 t+3 年，如果非国有股东为自然人股东，则该股东兼任董事时视为非国有股东委派了一名董事；如果非国有股东为法人股东，则在年报中查找并匹配董事的股东单位及产权属性，以此判断该董事是否为非国有股东委派董事；从国泰安数据库（CSMAR）中获得被收购方非国有企业并购前 t–1 年的自然人股东、董事、监事或者管理层名单，如果并购后 t+3 年上述人员出现在国有企业董事会名单中，则视为被收购方非国有企业委派了董事；③用第②步获得的国有企业并购后 t+3 年非国有股东委派董事占董事会比例减去第①步获得的国有企业并购前 t–1 年非国有股东委派董事占董事会比例，计算得到国有企业混合所有制并购后“非国有派”董事占比变化值。为保证数据的准确性和可靠性，在原始样本的基础上进行了如下筛选：①剔除并购未成功的样本；②同一公司同一并购宣告日可能宣告多宗并购事件，本章将多个并购事件合并为一个并购事件，只保留第一次并购的事件；③按照证监会发布的《上市公司行业分类指引》（2012 年版），剔除收购方分类为金融类公司的样本；④剔除并购当年被 ST 的样本；⑤剔除数据缺失的样本。经过上述筛选，本章最终得到国有企业并购非国有企业事件的有效样本 1 740 个。为了避免极端值的影响，本章对所有的连续变量进行了上下 1%的缩尾处理（Winsorize）。

3.3.2 模型设定与变量说明

本章建立模型（1）用于检验董事会中“非国有派”董事对国有企业混合所有制并购绩效的影响，即研究假设 H：

$$BHAR36 = \alpha_0 + \alpha_1 D\_NONSOE_{[-1,+3]} + \alpha_i Controls + \alpha_j Industry + \alpha_k Year + \varepsilon \quad (1)$$

其中，被解释变量 *BHAR36* 为国有企业混合所有制并购绩效。因部分并购为重大资产重组类并购且使用股份支付完成交易，根据《上市公司重大资产重组管理办法》相关规定，部分战略投资者 36 个月不得转让股份[①]，而且并购整合需要 3～5 年时间才能呈现出效果，为保证结果的客观性，并最大可能地保留有效观测样本，本章参考王艳和李善民（2017）的研究，采用企业在并购后 t 年至 t+3 年表现出的市场绩效（*BHAR36*）来衡量。其计算公式为：

$$BHAR36 = \prod_{t=0}^{36}(1 + R_{i,t}) - \prod_{t=0}^{36}(1 + R_{p,t}) \quad (2)$$

其中，t=0 表示并购当月，t=1 表示并购后一个月，以此类推；$R_{i,t}$ 为实施混合所有制并购的国有企业 i 在第 t 年的收益率；$R_{p,t}$ 表示对应组合的月收益率，采用交叉分组的方法计算。首先，根据公司在 t 年 6 月份的流通市值规模，将公司从小到大排序并均分为 5 组；然后，根据公司 t–1 年年底的数据，计算公司的权益账面-市值比（每股收益/年末收盘价），同样从小到大排序并均分为 5 组。因此每一年中，所有上市公司被划分成 25 组，最后分别计算每组的等权月收益率 $R_{p,t}$。*BHAR36* 计算的是国有企业 i 并购非国有企业后[0, 36]月内股票收益率超过对应组合收益率的值，衡量的是非国有企业进入国有企业后给国有企业带来的超额收益。

① 《上市公司重大资产重组管理办法》规定上市公司原控股股东、原实际控制人及其控制的关联人，以及在交易过程中从该等主体直接或间接受让该上市公司股份的特定对象应当公开承诺，在本次交易完成后 36 个月内不转让其在该上市公司中拥有权益的股份，除收购人及其关联人以外的特定对象应当公开承诺，其以资产认购而取得的上市公司股份自股份发行结束之日起 24 个月内不得转让。

解释变量 $D_NONSOE_{[-1,+3]}$为并购前后董事会中“非国有派”董事比例的变化值，衡量方式为并购后 t+3 年与并购前 t–1 年非国有股东委派董事比例之差。董事会中“非国有派”董事比例指的是“非国有派”董事人数加总后得到的合计人数与董事会总人数的比例。本章预期“非国有派”董事对国有企业混合所有制并购绩效存在显著性影响，即预期 α_1 显著为正。

对于研究假设 H，本章参考了并购绩效影响因素的相关文献，选取了国有企业混合所有制并购前和并购中的一些变量加以控制。其中，并购前的变量包括两权分离度（CS_{t-1}）、第一大股东持股比例（$FirstShare_{t-1}$）、两职合一（$Dual_{t-1}$）、成立年限（$EstablishAge_{t-1}$）、上市年限（$ListAge_{t-1}$）、资产负债率（Lev_{t-1}）、公司规模（$Size_{t-1}$）、企业成长性（$Growth_{t-1}$）和企业现金流（$CashFlow_{t-1}$）；并购中的变量包括相关性并购（$MergeRated_t$）、重大资产重组（$MergeMajor_t$）、跨省域并购（$MergeProvince_t$）、技术并购（$MergeInnov_t$）和并购价格（$MergePrice_t$）。最后，模型还设置了年度虚拟变量与行业虚拟变量，以控制时间效应和行业效应。各变量具体定义如表 3-1 所示。

表 3-1　变量定义表

变量类型	变量名称	变量符号	变量定义与说明
被解释变量	国有企业混合所有制并购绩效	$BHAR36$	i 企业并购后 t 年至 t+3 年的并购绩效
解释变量	非国有派董事比例	$D\_NONSOE_{[-1,+3]}$	i 企业并购后 t+3 年与并购前 t–1 年，非国有股东委派董事与董事会人数总和的比例之差
控制变量	两权分离度	CS_{t-1}	i 企业并购前 t–1 年现金流权与控制权分离度
	第一大股东持股比例	$FirstShare_{t-1}$	i 企业并购前 t–1 年第一大股东持股比例
	两职合一	$Dual_{t-1}$	i 企业并购前 t–1 年董事长兼任总经理为 1，否则为 0
	成立年限	$EstablishAge_{t-1}$	i 企业并购前 t–1 年减企业成立年份之差
	上市年限	$ListAge_{t-1}$	i 企业并购前 t–1 年减企业上市年份之差
	资产负债率	Lev_{t-1}	i 企业并购前 t–1 年的总负债与总资产之比
	公司规模	$Size_{t-1}$	i 企业并购前 t–1 年的总资产取对数
	企业成长性	$Growth_{t-1}$	i 企业并购前 t–1 年主营业务收入－并购前 t–2 年主营业务收入/并购前 t–2 年主营业务收入

续表

变量类型	变量名称	变量符号	变量定义与说明
控制变量	企业现金流	$CashFlow_{t-1}$	i 企业并购前 t–1 年的经营性现金净流量与总资产之比
	相关性并购	$MergeRated_t$	i 企业第 t 年的并购是否为业务相关性并购，业务相关性并购为1，业务非相关性并购为0
	重大资产重组	$MergeMajor_t$	i 企业第 t 年的并购是否为重大资产重组，重大资产重组为1，非重大资产重组为0
	跨省域并购	$MergeProvince_t$	i 企业第 t 年的并购是否为跨省域并购，跨省域并购为1，省内并购为0
	技术并购	$MergeInnov_t$	i 企业第 t 年的并购是否为技术类并购，技术类并购为1，非技术类并购为0
	并购价格	$MergePrice_t$	i 企业第 t 年的并购价格，为收购方支付对价取对数
	年度虚拟变量	*YEAR FE*	年度虚拟变量
	行业虚拟变量	*INDUSTRY FE*	行业虚拟变量

3.4 实证检验

3.4.1 并购事件分布

本章国有企业混合所有制并购的样本跨越了2008～2016年共9个会计年度，涵盖了《中国证监会行业分类标准（2012）》下除金融业的17个行业，国有企业并购非国有企业的混合所有制并购事件在各年度和各行业的分布如表3-2所示。从年度分布来看，国有企业混合所有制并购事件在2014年之后达到新高潮，这也从侧面说明以2013年十八届三中全会为序幕的国有企业第四轮改革，进一步提高了非公有制在国有企业改革中的参与度。从行业分布来看，国有企业混合所有制并购事件主要发生在制造行业（C）中，有909件，占比52.24%，因为制造业作为我国的传统行业，行业内本身的企业数量也较多；不难发现，教育行业（P）中的国有企业混合所有制并购事件数量最少，仅有1起，占比0.06%，由于教育行业作为最近的新兴行业，国有企业混合所有制并购行为较少也在情理之中。

表 3-2　国有企业混合所有制并购事件的年度和行业分布表

年度	并购事件数量（件）	占比（%）	行业	并购事件数量（件）	占比（%）	行业	并购事件数量（件）	占比（%）
2008	176	10.11	A	29	1.67	K	91	5.23
2009	182	10.46	B	82	4.71	L	28	1.61
2010	197	11.32	C	909	52.24	M	3	0.17
2011	165	9.48	D	166	9.54	N	17	0.98
2012	184	10.57	E	46	2.64	O	2	0.11
2013	180	10.34	F	124	7.13	P	1	0.06
2014	208	11.95	G	104	5.98	R	33	1.90
2015	229	13.16	H	17	0.98	S	29	1.67
2016	219	12.59	I	59	3.39			
总计	1 740	100				总计	1 740	100

3.4.2　描述性统计

表 3-3 列示了被解释变量、解释变量和控制变量的样本量、均值、标准差等描述性统计特征的结果。特别地，考虑到解释变量非国有派董事比例（$D\_NONSOE_{[-1,+3]}$）是采用企业非国有股东委派董事与董事会人数总和的比例在并购后 t+3 年与并购前 t–1 年的差值衡量，而差值无法直观呈现并购前后非国有股东委派董事比例的情况，所以在描述性统计中补充列示了并购前非国有股东委派董事比例（D_NONSOE_{t-1}）和并购后非国有股东委派董事比例（D_NONSOE_{t+3}）的数据。国有企业混合所有制并购绩效（*BHAR36*）的最小值为–0.347，最大值为 0.573，说明国有企业并购非国有企业后的市场绩效表现差异较大，均值为 0.032，中位数为 0.006，说明普遍而言，国有企业在混合所有制并购后取得了较好的市场绩效。国有企业并购前后“非国有派”董事占比差异（$D\_NONSOE_{[-1,+3]}$）的最小值为–0.545，最大值为 0.8，说明不同国有企业的“非国有派”董事占比在并购前后的变化较大，且下四分位数、中位数和上四分位数均为 0，说明“非国有派”董事占比一般不会发生变化，一旦发生变化则变动幅度较大。并购前非国有股东委派董事比例（D_NONSOE_{t-1}）和并购后非国有股东委派董事比例（D_NONSOE_{t+3}）的描述性统计结果较为相近，只有最大值略有不同，分别是 0.667 和 0.8，非国有股东委派董事占比在并购后有所上升，这表明国

有企业并购非国有企业后，非国有派股东会委派董事以保障自己的合法权益。其他相关变量特征值如表 3-3 所示。

表 3-3　主要变量描述性统计

变量	并购事件数量（件）	均值	标准差	最小值	P25	中位数	P75	最大值
BHAR36	1 740	0.032	0.152	−0.347	−0.046	0.006	0.072	0.573
$D\_NONSOE_{[-1,+3]}$	1 740	0	0.079	−0.545	0	0	0	0.800
D_NONSOE_{t-1}	1 740	0.039	0.093	0	0	0	0	0.667
D_NONSOE_{t+3}	1 740	0.039	0.093	0	0	0	0	0.800
CS_{t-1}	1 740	0.039	0.071	0	0	0	0.045	0.249
$FirstShare_{t-1}$	1 740	0.039	0.015	0.012	0.027	0.039	0.050	0.075
$Dual_{t-1}$	1 740	0.118	0.323	0	0	0	0	1
$EstablishAge_{t-1}$	1 740	15.085	4.953	4	12	15	18	29
$ListAge_{t-1}$	1 740	11.770	5.328	0	8	12	16	23
Lev_{t-1}	1 740	0.531	0.201	0.086	0.393	0.546	0.679	1.001
$Size_{t-1}$	1 740	22.416	1.330	19.495	21.530	22.236	23.255	26.166
$Growth_{t-1}$	1 740	0.188	0.496	−0.564	−0.023	0.107	0.265	3.547
$CashFlow_{t-1}$	1 740	0.047	0.074	−0.194	0.007	0.046	0.091	0.266
$MergeRated_t$	1 740	0.483	0.500	0	0	0	1	1
$MergeMajor_t$	1 740	0.142	0.349	0	0	0	0	1
$MergeProvince_t$	1 740	0.241	0.428	0	0	0	0	1
$MergeInnov_t$	1 740	0.001	0.034	0	0	0	0	1
$MergePrice_t$	1 740	18.305	2.197	0	16.991	18.312	19.729	23.179

3.4.3　相关性分析

所有连续变量的皮尔森（Pearson）相关系数矩阵如表 3-4 所示。数据表明，国有企业混合所有制并购后 3 年与并购前 1 年“非国有派”董事占比之差（$D\_NONSOE_{[-1,+3]}$）与国有企业混合所有制并购绩效（*BHAR36*）显著正相关，这初步证明假设 H 成立。通过计算各主要变量的方差膨胀因子（Variance Inflation Factor，VIF）发现，最大的 VIF 值为 2.39，说明各主要变量之间不存在多重共线性问题。

表 3-4　相关性分析表

变量	$BHAR36$	$D\_NONSOE_{[-1,+3]}$	CS_{t-1}	$FirstShare_{t-1}$	$EstablishAge_{t-1}$	$ListAge_{t-1}$	Lev_{t-1}	$Size_{t-1}$	$Growth_{t-1}$	$CashFlow_{t-1}$	$MergePrice_t$
$BHAR36$	1										
$D\_NONSOE_{[-1,+3]}$	0.108^{***}	1									
CS_{t-1}	−0.026	0.003	1								
$FirstShare_{t-1}$	−0.030	0.002	0.067^{***}	1							
$EstablishAge_{t-1}$	0.082^{***}	0.074^{***}	-0.050^{**}	-0.240^{***}	1						
$ListAge_{t-1}$	0.048^{**}	0.126^{***}	0.032	-0.121^{***}	0.744^{***}	1					
Lev_{t-1}	0.041^{*}	0.035	0.034	0.003	0.079^{***}	0.158^{***}	1				
$Size_{t-1}$	-0.098^{***}	0.008	0.034	0.258^{***}	0.062^{***}	0.144^{***}	0.296^{***}	1			
$Growth_{t-1}$	-0.076^{***}	-0.046^{*}	0.013	0.046^{*}	-0.091^{***}	-0.095^{***}	0.033	0.028	1		
$CashFlow_{t-1}$	-0.054^{**}	−0.001	0.042^{*}	0.115^{***}	-0.059^{**}	-0.068^{***}	-0.173^{***}	0.090^{***}	0.021	1	
$MergePrice_t$	0.218^{***}	0.033	−0.034	0.109^{***}	0.131^{***}	0.119^{***}	0.065^{***}	0.273^{***}	−0.018	0.031	1

注：“*”“**”“***”分别表示在 10%、5%、1%显著性水平上显著，下同

3.4.4　基准回归结果分析

采用最小二乘估计方法进行的基准模型回归结果如表 3-5 所示。表 3-5 的第（1）列为单变量回归时加入行业固定效应后的回归结果（β_1=0.1936，P>1%）。表 3-5 的第（2）列为单变量回归时同时控制年度和行业固定效应的回归结果（β_1=0.1676，P>1%）。表 3-5 的第（3）列是在第（1）列的基础上加入系列控制变量后的回归结果（β_1=0.1618，P>1%）。表 3-5 的第（4）列是在第（2）列的基础上加入系列控制变量后的回归结果（β_1=0.1430，P>1%）。从表 3-5 的（1）至（4）列来看，国有企业混合所有制并购前后“非国有派”董事在董事会中占比之差（$D\_NONSOE_{[-1,+3]}$）与并购市场绩效（*BHAR36*）在统计上具有显著的相关关系，说明国有企业并购非国有企业后的第三年，董事会中的“非国有派”董事比例相较于混合所有制并购前一年的增加值，会促进国有企业混合所有制并购绩效的提升，验证了假设 H。这表明非国有股东委派“逐利”董事进入董事会，其占比的不断提高可以使董事会决策更加科学、有效，在处理并购的相关事项中发挥更加积极的作用，从而提升国有企业混合所有制并购绩效，进一步验证了以往文献提出的非国有股东“治理有效”必须“实质性参与”的观点（蔡贵龙等，2018a）。

此外，可以看到，表 3-5 第（3）列和第（4）列的控制变量中，两权分离度（CS_{t-1}）、第一大股东持股比例（$FirstShare_{t-1}$）、两职合一（$Dual_{t-1}$）、上市年限（$ListAge_{t-1}$）、公司规模（$Size_{t-1}$）、企业成长性（$Growth_{t-1}$）、企业现金流（$CashFlow_{t-1}$）、相关性并购（$MergeRated_t$）和跨省域并购（$MergeProvince_t$）与国有企业混合所有制并购绩效（*BHAR36*）负相关，成立年限（$EstablishAge_{t-1}$）、资产负债率（Lev_{t-1}）、重大资产重组（$MergeMajor_t$）、技术并购（$MergeInnov_t$）和并购价格（$MergePrice_t$）与国有企业混合所有制并购绩效（*BHAR36*）正相关。

表 3-5　“非国有派”董事与国有企业混合所有制并购绩效基准回归

变量	*BHAR36*			
	(1)	(2)	(3)	(4)
$D\_NONSOE_{[-1,+3]}$	0.1936***	0.1676***	0.1618***	0.1430***
	(3.87)	(3.39)	(3.80)	(3.37)
CS_{t-1}			−0.0062	−0.0257
			(−0.13)	(−0.52)

续表

变量	BHAR36			
	(1)	(2)	(3)	(4)
$FirstShare_{t-1}$			–0.0179	–0.0052
			(–0.08)	(–0.02)
$Dual_{t-1}$			–0.0007	–0.0021
			(–0.07)	(–0.19)
$EstablishAge_{t-1}$			0.0017	0.0024*
			(1.39)	(1.94)
$ListAge_{t-1}$			–0.0014	–0.0017
			(–1.31)	(–1.61)
Lev_{t-1}			0.0411**	0.0431**
			(2.24)	(2.27)
$Size_{t-1}$			–0.0105***	–0.0105***
			(–2.98)	(–2.92)
$Growth_{t-1}$			–0.0099	–0.0080
			(–1.26)	(–1.01)
$CashFlow_{t-1}$			–0.0516	–0.0610
			(–1.06)	(–1.18)
$MergeRated_t$			–0.0040	–0.0050
			(–0.60)	(–0.77)
$MergeMajor_t$			0.1272***	0.1263***
			(7.17)	(7.17)
$MergeProvince_t$			–0.0081	–0.0093
			(–0.97)	(–1.13)
$MergeInnov_t$			0.0126	0.0168
			(0.46)	(0.46)
$MergePrice_t$			0.0062***	0.0063***
			(3.01)	(3.02)
常数项	0.0209*	–0.0034	0.1084	0.0761
	(1.82)	(–0.16)	(1.62)	(1.08)
年度固定效应	否	是	否	是
行业固定效应	是	是	是	是
并购事件数量	1 740	1 740	1 740	1 740
调整 R^2	0.0325	0.0403	0.1557	0.1623

注：括号内为控制聚类标准误 Cluster 后的 t 值

3.4.5 稳健性检验

稳健性检验部分采用替换主要变量、替换模型和扩大样本区间的方式进行，回归结果如表 3-6 所示。表 3-6 的第（1）列主要是替换了被解释变量，参考王艳和李善民（2017）的研究，采用并购短期市场绩效（$CAR_{[-2,+2]}$）作为并购绩效的替代变量。$CAR_{[-2,+2]}$为国有企业混合所有制并购事件宣告日前后两天累计超额回报率之和，即 $CAR_{i,t}=\sum AR_{i,t}$ ，是股票超额回报率，计算公式为 $AR_{i,t}=R_{i,t}-\hat{R}_{i,t}$ ，即并购事件宣告前后两天内样本公司的实际收益率与预计收益率 $\hat{R}_{i,t}$ 之间的差值。其中，预计收益率 $\hat{R}_{i,t}$ 是假设国有企业不发生并购非国有企业事件的收益率，可以通过资本资产定价（CAMP）理论模型 $\hat{R}_{i,t}=\hat{\alpha}_i+\hat{\beta}_i R_{m,t}$ 计算得到，$\hat{\alpha}_i$ 和 $\hat{\beta}_i$ 是清洁期内样本公司的股票收益率与市场收益率用最小二乘法回归得到的估计系数。所以，$CAR_{[-2,+2]}$是按照事件研究法下市场调整模型 $CAR_{i,t}=\sum R_{i,t}-(\hat{\alpha}_i+\hat{\beta}_i R_{m,t})$ 测量计算得出的指标。表 3-6 的第（2）列中的 $D1_NONSOE_{[-1,+3]}$是解释变量“非国有派”董事的替代变量，为并购后 t+3 年非国有股东委派董事席位与并购前 t–1 年非国有股东委派董事席位之差。此外，为解决模型中不随时间变化但随个体变化、不随公司个体变化但随时间变化的遗漏变量问题，提高统计推断的稳健性，本章同时控制了公司固定效应和年度固定效应，回归结果如表 3-6 的第（3）列和第（4）列所示。其中，第（3）列为只控制了双向固定效应的单变量回归，第（4）列则是非国有股东委派董事占比之差（$D\_NONSOE_{[-1,+3]}$）和一系列控制变量与国有企业混合所有制并购绩效（*BHAR36*）的回归结果。表 3-6 的第（5）列将样本区间扩大为 2006～2016 年，因为在 2006～2007 年国有企业进行了股权分置改革，国有企业并购非国有企业的事件时有发生，故将这两年内发生的并购事件也纳入研究对象。表 3-6 所有列的回归结果均显示国有企业并购非国有企业后，“非国有派”董事委派的增加，会提高并购后的绩效表现，再次验证了 H。

表 3-6 “非国有派”董事与国有企业混合所有制并购绩效稳健性检验

变量	$CAR_{[-2,+2]}$	*BHAR36*			
	(1)	(2)	(3)	(4)	(5)
$D\_NONSOE_{[-1,+3]}$	0.0621**		0.1999***	0.1318**	0.1263***
	(2.02)		(2.70)	(2.50)	(3.25)

续表

变量	$CAR_{[-2,+2]}$	BHAR36			
	(1)	(2)	(3)	(4)	(5)
$D1\_NONSOE_{[-1,+3]}$		0.0096**			
		(2.10)			
CS_{t-1}	−0.0541	−0.0277		−0.0136	−0.0222
	(−1.50)	(−0.56)		(−0.09)	(−0.50)
$FirstShare_{t-1}$	0.1579	−0.0186		−1.4963	−0.1749
	(0.92)	(−0.07)		(−1.59)	(−0.76)
$Dual_{t-1}$	−0.0021	−0.0010		0.0058	−0.0005
	(−0.30)	(−0.09)		(0.28)	(−0.05)
$EstablishAge_{t-1}$	0.0017*	0.0023*		0.0081	0.0023**
	(1.94)	(1.84)		(1.18)	(2.03)
$ListAge_{t-1}$	−0.0010	−0.0015		0.0018	−0.0016*
	(−1.36)	(−1.40)		(0.27)	(−1.65)
Lev_{t-1}	0.0191	0.0425**		0.1570***	0.0481**
	(1.34)	(2.21)		(3.04)	(2.51)
$Size_{t-1}$	−0.0089***	−0.0103***		−0.0158	−0.0126***
	(−3.35)	(−2.84)		(−0.98)	(−3.66)
$Growth_{t-1}$	−0.0096*	−0.0079		−0.0138	−0.0058
	(−1.74)	(−0.97)		(−1.31)	(−0.68)
$CashFlow_{t-1}$	0.0141	−0.0637		−0.0737	−0.0538
	(0.36)	(−1.22)		(−0.87)	(−1.02)
$MergeRated_t$	0.0057	−0.0047		−0.0153*	0.0012
	(1.00)	(−0.72)		(−1.66)	(0.19)
$MergeMajor_t$	0.0816***	0.1268***		0.1137***	0.1205***
	(6.86)	(7.18)		(4.99)	(7.02)
$MergeProvince_t$	−0.0045	−0.0092		−0.0185	−0.0104
	(−0.60)	(−1.12)		(−1.64)	(−1.38)
$MergeInnov_t$	0.0279	0.0175		−0.2010	0.0341
	(1.42)	(0.48)		(−1.40)	(1.13)
$MergePrice_t$	0.0042***	0.0062***		0.0057*	0.0072***
	(2.74)	(2.99)		(1.94)	(3.40)
常数项	0.1186*	0.0700	0.0348***	0.1599	0.0963
	(1.95)	(0.99)	(2.65)	(0.46)	(1.45)

续表

变量	$CAR_{[-2,+2]}$	$BHAR36$			
	(1)	(2)	(3)	(4)	(5)
公司固定效应	否	否	是	是	否
年度固定效应	是	是	是	是	是
行业固定效应	是	是	否	否	是
并购事件数量	1 740	1 740	1 740	1 740	2 081
调整 R^2	0.1306	0.1583	0.0332	0.1610	0.1392

3.4.6 内生性检验

早期现代公司治理实践中，企业在股东利益和董事会监督等公司治理方面处理得并不是很成熟。为规范上市公司运作，证监会和原国家经济贸易委员会于 2002 年颁布了《上市公司治理准则》，为董事与董事会制定了行为规范。该准则为上市公司提高治理水平指明了方向，但仍需上市公司加以实践。股权分置改革是上市公司治理水平提升至新台阶的重要实践，特别是对于国有上市公司来说。股权分置改革完成后，非国有股东进入国有企业的门槛降低，“非国有派”董事的治理效应得以充分发挥。根据迪弗洛（Duflo）横截面数据 DID 的方法（Duflo，2001），本章以 2002 年证监会颁布《上市公司治理准则》为政策冲击 *Post*。2002 年《上市公司治理准则》中指出，“股东大会在董事选举中应积极推行累积投票制度”。如果国有企业在 2002 年前首次公开募股（Initial Public Offering，IPO）上市（*SOE Listed Before* 2002），2002 年《上市公司治理准则》颁布后，这类国有企业需要按照该准则行事，但控股股东“一股独大”的特征使《上市公司治理准则》难以发挥作用，股权分置后股份的流动和交易才使得《上市公司治理准则》真正发挥作用，按照持股比例委派董事的规则，实现了从“差公司”向“好公司”转变，取值为 1；如果国有企业在 2002 年后 IPO 上市（*SOE Listed After* 2002），此时《上市公司治理准则》已经成为既定的行为规范，该类公司一经上市就必须遵循《上市公司治理准则》的约束，董事会并不能一味地呈现“一股独大”格局，所以股权分置改革后股份的流动和交易，对董事会格局影响并不大，本章认为这类公司已经是“好公司”，没有因为《上市公司治理准则》发生从差到好的转变，取值为 0。以非国有股东在样本区间内是否始终处于委派董事的状态将全样本划分为两个组，非国有股东坚持委派董事（*Y_Always_D*）为实验组（*Treat*=1），非国有股东未坚持委派董事（*N_Always_D*）为控制组（*Treat*=0）。在此基础上建立模型（3），重点通过参数 β_1 考察《上市公司治理准则》在股权分置改革后对“非国有派”董事提升国有企业并购绩效的净效应。

$$\begin{aligned} BHAR36 = \beta_0 + \beta_1 Treat \times Post + \beta_2 Post + \beta_3 Treat \\ + \beta_i Controls + \beta_j Industry + \beta_k Year + \varepsilon \end{aligned} \tag{3}$$

初始的 T 检验结果如表 3-7 的 Panel A 所示，可以看到，二次差分后的 β_1 为 0.0397，在 10%的水平上显著。这说明 2002 年《上市公司治理准则》颁布后，“非国有派”董事的长期治理效应在股权分置改革后得到充分发挥，这一净效应表现为“非国有派”董事显著提高了国有企业混合所有制并购后的市场绩效。模型（3）的回归结果如表 3-7 Panel B 所示。第（1）列为未控制年度和行业固定效应的回归结果，*Treat*×*Post* 的回归系数和显著性与 Panel A 中的二次差分结果一致；第（2）列为控制年度和行业固定效应的回归结果；第（3）列为加入基准回归模型中的控制变量并同时控制年度和行业固定效应的回归结果，其中控制变量 $ListAge_{t-1}$ 由于与 2002 年的政策冲击 *Post* 高度相关，未纳入控制变量。可以看到，三种回归模型下 *Treat*×*Post* 的回归系数 β_1 均显著为正，这说明即使考虑了外生政策的冲击，“非国有派”董事提高国有企业混合所有制并购绩效这一结论仍然成立。

表 3-7　Difference-in-Difference（DID）双重差分回归模型内生性检验

Panel A			
变量	*BHAR36*		
	N_Alawys_D (*Treat*=0) (1)	*Y_Always_D* (*Treat*=1) (2)	*Difference* (3)
SOE Listed After 2002 (*Post*=0)	β_0 0.0429 (0.009)	$\beta_0+\beta_3$ 0.0058 (0.013)	β_3 −0.0371** (0.017)
SOE Listed Before 2002 (*Post*=1)	$\beta_0+\beta_2$ 0.0305** (0.004)	$\beta_0+\beta_1+\beta_2+\beta_3$ 0.0331** (0.014)	$\beta_1+\beta_3$ 0.0026 (0.014)
Difference	β_2 −0.0123 (0.009)	$\beta_1+\beta_2$ 0.0274 (0.019)	β_1 0.0397* (0.022)

续表

Panel B			
变量	*BHAR36*		
	N_Alawys_D (*Treat*=0) (1)	*Y_Always_D* (*Treat*=1) (2)	*Difference* (3)
Treat×*Post*	0.0397*	0.0460**	0.0411*
	(1.80)	(2.11)	(1.92)
Post	–0.0371**	–0.0394**	–0.0333**
	(–2.24)	(–2.50)	(–2.02)
Treat	–0.0123	–0.0141	–0.0209*
	(–1.31)	(–1.39)	(–1.81)
CS_{t-1}			–0.0320
			(–0.65)
$FirstShare_{t-1}$			–0.0197
			(–0.08)
$Dual_{t-1}$			–0.0004
			(–0.04)
$EstablishAge_{t-1}$			0.0019*
			(1.73)
Lev_{t-1}			0.0403**
			(2.09)
$Size_{t-1}$			–0.0105***
			(–2.91)
$Growth_{t-1}$			–0.0092
			(–1.13)
$CashFlow_{t-1}$			–0.0596
			(–1.15)
$MergeRated_t$			–0.0057
			(–0.88)
$MergeMajor_t$			0.1274***
			(7.21)
$MergeProvince_t$			–0.0087
			(–1.06)
$MergeInnov_t$			0.0176
			(0.44)
$MergePrice_t$			0.0061***
			(2.94)

续表

Panel B			
变量	*BHAR36*		
	N_Alawys_D (*Treat*=0) (1)	*Y_Always_D* (*Treat*=1) (2)	*Difference* (3)
常数项	0.0429***	0.0055	0.0900
	(5.20)	(0.22)	(1.29)
年度固定效应	否	是	是
行业固定效应	否	是	是
并购事件数量	1 740	1 740	1 740
调整 R^2	0.0013	0.0352	0.1586

注：Panel A 括号内为标准误；Panel B 括号内为控制聚类标准误 Cluster 后的 *t* 值

3.4.7 作用机制分析

1. 监督治理机制检验

“进入权”机制下“非国有派”董事代表逐利股东进入国有企业，会与并购动机不尽相同的“国有派”董事形成断裂带。基于并购战略和并购整合中的不同观点，“国有派”和“非国有派”董事会反复讨论自身的立场并分析对立论点，必要的时候会通过召开多次董事会会议的方式进行深度探讨，这会强化董事会的监督治理职能（李姝等，2022）。董事要想监督有效，只有讨论还不够，还要看最终通过的议案是否不偏不倚、科学有效，所以不同力量要在董事会中形成制衡，阻止实际控制人利用超额委派董事的方式进行隧道挖掘，避免董事会中实际控制人“一言堂”的现象存在（郑志刚等，2019）。本章选择董事会会议次数（韩钢等，2011）和国有大股东超额委派董事比例（郑志刚等，2019）作为“非国有派”董事发挥监督治理效应的机制变量，检验结果如表 3-8 所示。

表 3-8 第（1）列中的 $DirectorMeets_{[-1,+3]}$为国有企业并购后 t+3 年董事会召开次数与并购前 t–1 年董事会召开次数之差，“非国有派”董事在董事会占比之差（$D\_NONSOE_{[-1,+3]}$）与董事会召开次数（$DirectorMeets_{[-1,+3]}$）在 1%的水平上显著正相关，说明国有企业并购非国有企业后，“非国有派”董事通过增加董事会召开的次数来对国有企业的并购决策和并购整合情况进行监督。表 3-8 第（2）列中的 $SOE_OverRatio_{[-1,+3]}$是国有企业混合所有制并购后 t+3 年国有大股东超额委派董事比例与国有企业并购前 t–1

年国有大股东超额委派董事比例之差。参考郑志刚等（2019）的方法，将国有大股东委派的董事定义为在股东单位兼职，但不在上市公司领取薪酬的董事。国有大股东超额委派董事比例（$SOE\_OverRatio_{[-1,+3]}$）则为国有大股东实际委派的董事人数减去国有大股东委派董事人数的理论值，然后除以董事会人数，其中国有大股东委派董事人数的理论值是根据（董事会规模–独立董事人数）×国有大股东持股比例的计算结果浮动取整后得到的值。第（2）列中“非国有派”董事在董事会中占比之差（$D\_NONSOE_{[-1,+3]}$）与国有大股东超额委派董事（$SOE\_OverRatio_{[-1,+3]}$）在5%的水平上显著负相关，说明国有企业混合所有制并购后“非国有派”董事的增加，能有效减少国有大股东超额委派所带来的“负外部性”，制约大股东的机会主义行为，加强中小股东的话语权，从而提高董事会决策的科学性和有效性。总体来说，体现“进入权”机制的“非国有派”董事基于股东利益最大化目标深入参与董事会决策，在“非国有派”董事和“国有派”董事形成的断裂带中，增加了董事会会议的召开次数，减少了国有大股东的超额委派，有效监督了国有企业在并购决策和并购整合中践行市场化理念。

表 3-8 “非国有派”董事的监督治理职能

变量	$DirectorMeets_{[-1,+3]}$	$SOE\_OverRatio_{[-1,+3]}$
	(1)	(2)
$D\_NONSOE_{[-1,+3]}$	0.3447***	–0.1648**
	(3.40)	(–2.34)
CS_{t-1}	–0.0210	–0.0134
	(–0.14)	(–0.23)
$FirstShare_{t-1}$	–1.5739**	–0.1183
	(–2.16)	(–0.42)
$Dual_{t-1}$	–0.0011	–0.0211*
	(–0.03)	(–1.96)
$EstablishAge_{t-1}$	–0.0008	0.0006
	(–0.26)	(0.48)
$ListAge_{t-1}$	–0.0035	–0.0002
	(–1.22)	(–0.15)
Lev_{t-1}	0.0302	0.0005
	(0.51)	(0.02)
$Size_{t-1}$	0.0013	–0.0042
	(0.14)	(–1.04)

续表

变量	$DirectorMeets_{[-1,+3]}$	$SOE\_OverRatio_{[-1,+3]}$
	(1)	(2)
$Growth_{t-1}$	−0.0071	0.0142*
	(−0.32)	(1.65)
$CashFlow_{t-1}$	−0.0741	−0.0442
	(−0.51)	(−0.72)
$MergeRated_t$	−0.0202	0.0014
	(−1.10)	(0.17)
$MergeMajor_t$	−0.0173	−0.0102
	(−0.51)	(−0.76)
$MergeProvince_t$	0.0042	0.0086
	(0.20)	(0.98)
$MergeInnov_t$	−0.1420*	0.0502***
	(−1.77)	(2.84)
$MergePrice_t$	0.0068	−0.0002
	(1.22)	(−0.08)
常数项	0.0531	0.0174
	(0.23)	(0.21)
年度固定效应	是	是
行业固定效应	是	是
并购事件数量	1 740	1 740
调整 R^2	0.0173	0.0154

注：括号内为控制聚类标准误 Cluster 后的 t 值，下同

2. 战略决策机制检验

董事会在公司重大战略决策过程中承担着重要角色，制定的战略决策会直接影响企业绩效的表现。一方面，“十四五”规划提出要加快数字化发展，建设数字中国。数字技术的应用也有利于企业更加便捷地进行资源整合（范红忠等，2022），这与国有企业并购非国有企业重新整合存量资源是一脉相承的。与国有企业相比，非国有企业有着更强的动机通过数字化转型实现后发企业的追赶（吴非等，2021）。相应地，“非国有派”董事进入国有企业后会凭借数字化转型的强烈动机和禀赋优势，大力推进国有企业的数字化转型战略落地。在这一过程中，对资产进行数字化管理能提高企业信息的透明度、推进企业的规范化管理，记录流程标准化能提高

生产效率，所以“非国有派”董事作为理性经济人会基于利润最大化目标作出数字化转型战略决策。另一方面，深化国有企业人事、劳动、分配制度改革（以下简称三项制度改革）一直以来都是推进国有企业市场化改革的重要举措。早在2001年，中华人民共和国国家经济贸易委员会和人事部、劳动和社会保障部就联合颁布了《关于深化国有企业内部人事、劳动、分配制度改革的意见》，把深化三项制度改革作为规范建立现代企业制度的必备条件之一。2015年《中共中央、国务院关于深化国有企业改革的指导意见》中指出，要建立“内部管理人员能上能下、员工能进能出、收入能增能减的市场化机制”。最近，国务院国资委又下发了《关于开展2019年中央企业三项制度改革专项行动的通知》。三项制度始终从市场机制出发，要求企业以战略为本，通过劳动、人事和分配的市场调节来提高国有企业的活力与竞争力，是混合所有制改革“改机制”的重点方向。国有企业并购非国有企业后，“非国有派”董事的进入会激发国有企业在混合所有制改革中按照市场化管理选聘职业经理人，有效减少人员冗余，激活人力资本，提高所有权的配置效率和进入权的激励效率。参考汤萱等（2022）和余剑锋（2022）的研究，本章选择数字化转型和三项制度改革作为“非国有派”董事发挥战略决策职能的机制变量，检验结果如表3-9所示。

表3-9第（1）列的$Digital_{[-1,+3]}$是国有企业并购后t+3年对比并购前t–1年在数字化转型方面的表现差异。借鉴吴非等（2021）的方法，从人工智能技术、大数据技术、云计算技术、区块链技术和数字技术运用五大方面，对数字化转型的结构化特征词计数，并以其占年报总词数的比例乘以100后衡量企业的数字化转型，该指标值越大，数字化转型程度越高。第（1）列中“非国有派”董事在董事会中占比之差（$D\_NONSOE_{[-1,+3]}$）与数字化转型（$Digital_{[-1,+3]}$）在1%的水平上显著正相关，说明“非国有派”董事在战略上促进了国有企业的数字化转型，通过优化资源整合效率的方式提高了并购绩效。表3-9第（2）列的$System_{[-1,+3]}$是国有企业并购后t+3年对比并购前t–1年在劳动、人事、分配三项制度改革方面的表现差异。本章选取全员劳动生产率、人工成本利润率和人事费用率作为三项制度的代理变量（郭朝晖，2009），并对全员劳动生产率、人工成本利润率和人事费用率进行主成分拟合，来展现三项制度改革成效。其中，全员劳动生产率为劳动生产总值与员工人数的比值，人工成本利润率为利润总额与人工成本总额的比值，人事费用率为人工成本总额与营业收入的比值。第（2）列中“非国有派”董事在董事会中占比之差（$D\_NONSOE_{[-1,+3]}$）与三项制度改

革（$System_{[-1,+3]}$）在5%的水平上显著正相关，说明非国有股东委派董事进入国有企业后，从战略维度优化了企业在劳动、人事、分配方面的制度，促进了企业层面推行灵活高效的市场化经营机制。总的来说，“非国有派”董事以战略为抓手，从数字化转型和三项制度改革两方面共同推进了混合所有制改革的“改机制”，促进了国有企业混合所有制并购后的市场化改革。

表 3-9 “非国有派”董事的战略决策职能

变量	$Digital_{[-1,+3]}$	$System_{[-1,+3]}$
	(1)	(2)
$D\_NONSOE_{[-1,+3]}$	0.1873***	0.4599**
	(3.61)	(2.47)
CS_{t-1}	0.0188	–0.2091
	(0.48)	(–1.01)
$FirstShare_{t-1}$	0.2146	0.1267
	(0.75)	(0.09)
$Dual_{t-1}$	0.0337**	0.0179
	(2.33)	(0.98)
$EstablishAge_{t-1}$	0.0018	–0.0042
	(1.14)	(–1.26)
$ListAge_{t-1}$	0.0020	0.0004
	(1.30)	(0.13)
Lev_{t-1}	–0.0579***	0.1772**
	(–2.60)	(2.40)
$Size_{t-1}$	0.0027	–0.0219
	(1.15)	(–1.50)
$Growth_{t-1}$	0.0018	–0.0365*
	(0.39)	(–1.79)
$CashFlow_{t-1}$	–0.0196	–0.1845
	(–0.44)	(–0.94)
$MergeRated_t$	0.0079	0.0046
	(1.19)	(0.32)
$MergeMajor_t$	0.0129	0.0683
	(1.30)	(1.14)
$MergeProvince_t$	0.0119	–0.0442
	(1.25)	(–1.63)

续表

变量	$Digital_{[-1,+3]}$	$System_{[-1,+3]}$
	(1)	(2)
$MergeInnov_t$	0.0564	0.0105
	(0.72)	(0.20)
$MergePrice_t$	−0.0017	0.0021
	(−1.15)	(0.44)
常数项	−0.0322	0.3921
	(−0.61)	(1.25)
年度固定效应	是	是
行业固定效应	是	是
并购事件数量	1 740	1 740
调整 R^2	0.0742	0.0103

3. 资源供给机制检验

并购过程需要大量的、不同的资源，故而充沛的资源供给是顺利并购的保障。“非国有派”董事具有市场机制下“理性经济人”属性，能够发挥智力资本和社会资本的供给能力。一方面，改革开放 40 年的经验数据表明，非国有企业有较强的动机和能力进行税收筹划，减少纳税金额（刘昕等，2020），“非国有派”董事进入董事会后，出于逐利的目的，会利用智力资本分析收购方被收购方母子公司的税收差异并积极对新公司开展税收筹划（徐鹏等，2020），为实现股东利益最大化贡献自己的智慧。另一方面，根据资源基础理论，不同性质的股东掌握的不同融资渠道，可以构成企业的一种排他性资源。基于市场机制，国有企业并购非国有企业可能是技术等轻资产并购，而并非重资产并购（王馗等，2022），并购后的合并账面资产可抵质押能力可能并不强，会使混合所有制并购后的新企业面临融资约束并导致流动性偏紧的问题，这会激发“非国有派”董事深度梳理新型母子公司下的人际关系网络，通过社会资本的力量获取信贷资源，缓解融资约束并提高企业的流动性（段敏等，2022）。借鉴谭劲松等（2019）和许艳（2021）的思想，本章选择税收负担和融资约束作为“非国有派”董事资源供给的机制变量，检验结果如表 3-10 所示。

表 3-10 第（1）列 $Tax_{[-1,+3]}$为国有企业并购后 t+3 年对比并购前 t–1 年税收负担的变化，借鉴刘行和李小荣（2012），选择企业实际所得税率作

为衡量税收负担的替代性变量，该指标值越大，税收负担越重。第（1）列中“非国有派”董事在董事会占比之差（$D\_NONSOE_{[-1,+3]}$）与税收负担（$Tax_{[-1,+3]}$）在 5%的水平上显著负相关，说明逐利的“非国有派”董事利用自身在税收筹划方面的优势，帮助混合所有制并购后的新企业进一步减轻税收负担。第（2）列 $KZ_{[-1,+3]}$为国有企业并购后 t+3 年对比并购前 t–1 年融资约束的变化。参考魏志华等（2014）的方法，构建 KZ 指数①，KZ 指数越大，融资约束程度越高。第（2）列中“非国有派”董事在董事会中的占比之差（$D\_NONSOE_{[-1,+3]}$）与融资约束（$KZ_{[-1,+3]}$）在 5%的水平上显著负相关，说明“非国有派”董事发挥智力资本和社会资本的供给能力，降低了新企业的融资约束，释放了企业的流动性，从而会促进国有企业混合所有制并购绩效提升。总的来说，“非国有派”董事通过智力资本和社会资本形成了核心竞争优势，降低了国有企业混合所有制并购后的税收负担和融资约束程度，在供给资源的同时创造了价值。

表 3-10 “非国有派”董事的资源供给职能

变量	$Tax_{[-1,+3]}$	$KZ_{[-1,+3]}$
	(1)	(2)
$D\_NONSOE_{[-1,+3]}$	–0.0790**	–1.4232**
	(2.01)	(–2.22)
CS_{t-1}	–0.0528	–0.0626
	(1.02)	(–0.11)
$FirstShare_{t-1}$	–0.5256**	–6.7687**
	(2.22)	(–2.05)
$Dual_{t-1}$	–0.0122	0.1820
	(1.27)	(1.32)
$EstablishAge_{t-1}$	0.0007	–0.0208
	(–0.60)	(–1.42)

① KZ 指数的具体计算步骤如下：①各公司分年度计算以下指标：如果经营性净现金流/年初总资产低于中位数，则 KZ_1=1，否则为 0；如果现金股利/年初总资产低于中位数，则 KZ_2=1，否则为 0；如果现金持有/年初总资产低于中位数，则 KZ_3=1，否则为 0；如果资产负债率高于中位数，则 KZ_4=1，否则为 0；如果托宾 Q 高于中位数，则 KZ_5=1，否则为 0；②通过 $KZ=KZ_1+KZ_2+KZ_3+KZ_4+KZ_5$ 计算 KZ 指数；③对模型 $KZ=a_1$×经营性净现金流/年初总资产+a_2×现金股利/年初总资产+a_3×现金持有/年初总资产+a_4×资产负债率+a_5×托宾 Q 进行排序逻辑回归，并保留回归系数；④运用③中回归模型的估计结果，计算各公司每年的融资约束程度 KZ。

续表

变量	$Tax_{[-1,+3]}$	$KZ_{[-1,+3]}$
	(1)	(2)
$ListAge_{t-1}$	0.0003	−0.0233*
	(−0.27)	(−1.80)
Lev_{t-1}	−0.0237	−2.7466***
	(1.42)	(−8.23)
$Size_{t-1}$	0.0066**	0.2526***
	(−2.29)	(4.89)
$Growth_{t-1}$	0.0103	0.1927*
	(−1.20)	(1.73)
$CashFlow_{t-1}$	0.0071	7.9261***
	(−0.15)	(11.27)
$MergeRated_t$	−0.0017	−0.1046
	(0.26)	(−1.15)
$MergeMajor_t$	−0.0009	−0.3656**
	(0.08)	(−2.35)
$MergeProvince_t$	−0.0042	0.0407
	(0.47)	(0.37)
$MergeInnov_t$	−0.0344**	−1.6289***
	(1.98)	(−4.02)
$MergePrice_t$	0.0007	−0.0110
	(−0.35)	(−0.45)
常数项	−0.1123*	−2.4092**
	(1.80)	(−2.54)
年度固定效应	是	是
行业固定效应	是	是
并购事件数量	1 740	1 740
调整 R^2	0.0137	0.3538

3.4.8 经济后果分析

以上实证结果已经表明，“非国有派”董事能够通过监督治理、战略决策和资源供给三个机制，提升国有企业混合所有制并购绩效。进一步地，基于“进入权+断裂带”的“董事会中心主义”治理与“资本+生产要素”的混合所有制并购融合后，会对国有企业发展产生什么影响呢？这一问题仍需进一步检验。对于国有企业混合所有制改革来说，最重要的是实现改革的目标。“十四五”规划指出，“深化国资国企改革，做强做优做大国有资本和国有企业”，党的二十大报告指出，“推动国有资本和国有企业做强做优做大，提升企业核心竞争力”。通过总结近年来国有企业改革相关文件精神①，本章认为当下有三点目标比较重要：一是做强做优做大国有企业。这是众多文件中出现频次较高的一个目标，而且也能从整体上评价改革效果。二是增强国有企业的活力。在实践中，国有企业改革以“扩大企业自主权”“放权让利”作为激发国有企业活力的开端，始终强调加强国有企业和国有经济的活力。三是增强国有企业的抗风险能力。当前和今后一个时期是我国各类矛盾和风险易发期，各种可以预见和难以预见的风险因素明显增多，抗风险能力则是国有企业基于底线思维发展的必然要求（李政，2022）。有效防范化解重大风险，也是“十四五”时期国有企业高质量发展必须跨越的关口。

因此，本章将检验“非国有派”董事积极参加并购整合带来的增量并购绩效，是否能够做强做优做大国有企业，增强国有企业的活力和抗风险能力，从而验证“非国有派”董事积极参加国有企业并购，能否引导国有资本有序扩张并实现国有企业高质量发展。

本章根据国资委 2019 年发布的《中央企业负责人经营业绩考核暂行办法》和辛宇等（2022）的研究，以经济增加值为基础来衡量“做强做优做大国有企业”。因为经济增加值既体现了国有资产保值增值的情况，又考核了管理者的经营业绩，能提高管理者工作的积极性，规范国有企业价值投资行为，规避国有企业短期经营行为，维护中小股东的合法权益。

本章根据沈红波等（2018）的研究，采用管理层持股来衡量“国有企业活力”。“十四五”规划提出，“完善市场化薪酬分配机制，灵活开展多种形式的中长期激励”。管理层持股作为一种市场化的中长期激励方式，能够形成有效的管理层激励机制，充分调动核心骨干人才的积极性，不断释放国有企业发展活力。

本章根据杨道广等（2014）的研究，采用破产风险来衡量“国有企业抗风险能力”。2006 年的《中央企业全面风险管理指引》指出，“企业全面风险管理是一项十分重要的工作，关系到国有资产保值增值和企业持续、健康、稳定发展”。破产风险作为其他风险的综合结果，能够比较全面地

① 详见国务院国有资产监督管理委员会（网址为 http://www.sasac.gov.cn/n2588030/n2588924/index.html）和《国企改革 1+N 政策文件汇编》（网址为 http://sie.wcif.cn/info/info-35-104.html）。

衡量企业所面临的风险，而且合并后公司的破产风险也在很大程度上反映了企业并购整合的好坏（Higgins et al., 1975）。

参考饶品贵等（2022）的方法，构建两阶段模型以识别“非国有派”董事提升的并购绩效对国有企业未来高质量发展的影响。首先用基准模型（1）拟合出并购绩效的拟合值 $\widehat{BHAR36}$ $\widehat{BHAR36}$，再用如下模型（4）、（5）和（6）对经济后果进行检验：

$$\Delta EVA_{[+4.+5]} = \delta_0 + \delta_1 \widehat{BHAR36} + \delta_i Controls + \delta_j Industry + \delta_k Year + \varepsilon \quad (4)$$

$$\Delta DJG\_Shareratio_{[+4,+5]} = \phi_0 + \phi_1 \widehat{BHAR36} + \phi_i Controls + \phi_j Industry + \phi_k Year + \varepsilon \quad (5)$$

$$\Delta ZSCORE_{[+4.+5]} = \gamma_0 + \gamma_1 \widehat{BHAR36} + \gamma_i Controls + \gamma_j Industry + \gamma_k Year + \varepsilon \quad (6)$$

其中，式（4）的$\Delta EVA_{[+4,+5]}$为国有企业并购后 t+5 年与并购后 t+4 年经济增加值占营业收入的比值之差，经济增加值的计算公式为税后净营业利润–资本总额*加权平均资本成本。式（5）的$\Delta DJG_Shareratio_{[+4,+5]}$为国有企业并购后 t+5 年与并购后 t+4 年管理层持股比例之差。式（6）的$\Delta ZSCORE_{[+4,+5]}$为国有企业并购后 t+5 年与并购后 t+4 年破产风险的差距，借鉴奥特曼（Altman）的研究（Altman，1968），通过 1.2×营运资金/总资产+1.4×留存收益/总资产+3.3×EBIT/总资产+0.6×权益的市场价值/总负债的账面价值+0.999×营业收入/总资产计算破产风险，该值越大，破产风险越小，混合所有制并购后的国有企业抗风险能力越强。回归结果如表 3-11 所示，可以看到经济增加值（$\Delta EVA_{[+4,+5]}$）回归结果在 5%的水平上显著为正，管理层持股比例（$\Delta DJG\_Shareratio_{[+4,+5]}$）回归结果在 1%的水平上显著为正，破产风险（$\Delta ZSCORE_{[+4,+5]}$）回归结果在 5%的水平上显著为正。实证结果显示非国有股东委派的董事在促进国有企业混合所有制并购绩效后能做优做强做大国有企业、提高国有企业的活力和抗风险能力，推动国有企业高质量发展。

表 3-11 “非国有派”董事、国有企业混合所有制并购绩效与国有企业高质量发展

变量	$\Delta EVA_{[+4,+5]}$	$\Delta DJG\_Shareratio_{[+4,+5]}$	$\Delta ZSCORE_{[+4,+5]}$
	(1)	(2)	(3)
$\widehat{BHAR36}$ $\widehat{BHAR36}$	2.1354**	0.0533***	11.5391**
	(2.09)	(3.00)	(2.09)

续表

变量	$\Delta EVA_{[+4,+5]}$	$\Delta DJG\_Shareratio_{[+4,+5]}$	$\Delta ZSCORE_{[+4,+5]}$
	(1)	(2)	(3)
CS_{t-1}	0.0632	0.0001	0.3865
	(0.43)	(0.06)	(0.58)
$FirstShare_{t-1}$	–0.5632	0.0066	5.3251
	(–0.82)	(0.53)	(1.58)
$Dual_{t-1}$	0.0480	–0.0001	–0.0195
	(1.54)	(–0.15)	(–0.12)
$EstablishAge_{t-1}$	–0.0007	–0.0002*	–0.0020
	(–0.20)	(–1.94)	(–0.10)
$ListAge_{t-1}$	–0.0020	0.0003***	0.0203
	(–0.75)	(3.62)	(1.01)
Lev_{t-1}	–0.1863	–0.0034**	–0.2148
	(–1.30)	(–2.10)	(–0.52)
$Size_{t-1}$	0.0482*	0.0005	0.1810**
	(1.74)	(1.40)	(2.57)
$Growth_{t-1}$	0.0136	0.0001	0.0581
	(0.60)	(0.15)	(0.50)
$CashFlow_{t-1}$	–0.2346	0.0022	–0.4600
	(–1.18)	(1.00)	(–0.42)
$MergeRated_t$	0.0468**	0.0002	0.0333
	(2.21)	(0.48)	(0.31)
$MergeMajor_t$	–0.2108**	–0.0068***	–1.2009*
	(–2.13)	(–2.92)	(–1.69)
$MergeProvince_t$	–0.0018	0.0002	0.0281
	(–0.06)	(0.54)	(0.20)
$MergeInnov_t$	–0.0530*	–0.0023	0.0941
	(–1.68)	(–1.45)	(0.34)
$MergePrice_t$	–0.0222*	–0.0003	–0.0528
	(–1.76)	(–1.25)	(–1.18)
常数项	–0.4582	–0.0008	–3.0947***
	(–1.56)	(–0.16)	(–3.35)
年度固定效应	是	是	是
行业固定效应	是	是	是
并购事件数量	1 740	1 740	1 740
调整 R^2	0.0033	0.0101	0.0343

3.5 研究结论

在以要素市场化配置推动混合所有制改革的时代背景下，本章以 2008～2019 年间发生的 A 股国有企业混合所有制并购事件为样本，实证研究发现在国有企业并购非国有企业的事件中，“国有派”和“非国有派”董事会形成断裂带，“进入权”机制下“非国有派”董事在并购决策和并购整合中发挥了监督治理、战略决策和资源供给“三效合一”的作用，提高了并购后的绩效水平。进一步地，“非国有派”董事积极参与国有企业公司治理带来的并购绩效提升，会进一步做强做优做大国有企业、激发国有企业的活力、提高国有企业的抗风险能力，推动国有企业高质量发展。

本章的研究结论具有重要的实践启示。

第一，在实施国有企业混合所有制并购的过程中，应重视资本扩张的问题，厘清中国特色社会主义条件下实现资本有序扩张的行动路径。随着 2023 年 2 月 1 日起股票发行注册制改革全面实行，未来会有更多优质的民营企业上市，资本的流通也更加便捷。全面实行股票发行注册制改革后，上市 IPO 壳资源价值会下降，被收购方借助并购间接上市的动机也将逐渐消失。全面注册制“改写”并购生态后，收购方国有企业更要慎重对待混合所有制并购。首先，美国英国已经实行股票注册制上市多年，同时并购交易依然活跃，并购交易的目的，是用企业控制权转移的外部治理代替内部公司治理，从而更换不称职的职业经理人。我国国有企业混合所有制并购与西方国家并购有相同的制度逻辑，也有其个性化，因为国有企业和非国有企业代表两种产权，“和而不同”是常态。国有企业混合所有制并购有资源禀赋互补和能力优势共融等考量，并不仅仅是通过企业的外部治理代替内部治理，更换不职称的管理者。换言之，由于非国有企业的董事高管更熟悉被收购方的文化及管理方式，国有企业混合所有制并购后应该适当地让“卖方”老股东在新公司的治理层中继续发挥作用，促进混合所有制改革“改机制”，聚合公司内外部的治理能力，激发国有企业高质量发展。其次，国有企业对被收购方非国有企业的尽职调查也不容忽视，详细而全面的尽职调查有助于发现潜在的并购风险，防范国有企业支付对价中的国有资产流失隐患。在已经形成的混合所有制改革“混股权”基础上提高“非国有派”董事的话语权，发挥他们熟悉非国有企业运作特点和风险点的优势，促进国有企业对非国有企业开展充分的并购前尽职调查，做出理性的并购决策，避免资本的无序扩张。最后，将股份支付作为国有企业在并购中深化混合所有制改革的重要举措，因为股份支付可以实现国有股东从绝对控股到相对控股、从“一股独大”到多个大股东并存的转变，使异质性机构投资者和战略投资者与国有控股股东相匹配与融合，通过混资本和生产要素促进存量资源的价值挖掘和价值创造。

第二，在国有企业混合所有制并购整合的过程中，应注重保障“非国有派”董事的话语权，充分发挥董事会在监督治理、战略决策和资源供给方面的职能，提升企业绩效。2021 年 12 月 24 日全国人大常委会第一次对《中华人民共和国公司法（修订草案）》审议后，便公开向社会征求意见。此次修订草案赋予了董事会除股东会职权之外的职权，突出了董事会在公司治理中的地位，使得公司治理结构中监事会成为可选项，公司治理模式逐渐向董事会中心主义靠拢。基于董事会中心主义，国有企业混合所有制并购整合实践可以从以下两个方面“融治理”。一是从董事会出发，以异质性董事的进入融合带动并购后企业人力资本的融合，提高并购后企业整体的凝聚力和向心力。除了生产要素的合并重组，董事会还要牵头促进资源禀赋和企业文化等非正式制度的深入融合，减少国有企业与非国有企业在并购整合中的距离感和摩擦,促进国有企业与非国有企业之间优势互补，相互转移核心竞争力，实现国有企业混合所有制并购从“混合”向“融合”的转变。二是对“非国有派”董事“赋权”并保障“非国有派”董事的话语权，让“非国有派”董事进入董事会之后基于理性经济人思维模式充分发挥监督治理、战略决策和资源供给职能，真正融入公司的实质性治理，借助异质性董事在董事会治理中形成的断裂带提高并购整合管理能力，实现国有企业混合所有制并购从“混股权”向“改机制”激发并购协同效应的转变。

第 4 章 实证研究：公司治理与管理层留任——基于上市公司控制权转移的经验证据

“IPO 核准制”催生了区别于西方国家的上市公司控制权转移交易定价。本章以 2000～2017 年发生控制权转移的 A 股上市公司为样本，研究了目标公司市场选聘类核心管理层为规避因控制权转移带来的离职风险而与新控股股东合谋的策略与路径及经济后果。研究发现：①管理层的负向盈余管理行为会使扣除“壳价值”的控制权转移真实溢价下降，且扣除“壳价值”的控制权转移真实溢价越低，控制权转移后管理层留任的机率越高，该研究结论在考虑了遗漏变量和样本选择性偏误的内生性问题后依旧稳健。②扣除“壳价值”的控制权转移真实溢价在管理层的负向盈余管理行为与其自身留任之间具有完全中介作用，同时，由于“卖方”老股东保留了目标公司的少部分股权，在控制权转移后仍会以中小股东身份存续在企业中，控制权转移中的“合谋压价”中介效应，会受到包含“卖方”老股东在内的非控股股东治理的反向调节。③目标公司控制权转移后，当由“卖方”老股东（转变为中小股东）、机构投资者和股权制衡所形成的非控股股东治理机制向好时，管理层通过负向盈余管理压低目标公司控制权转移价格进而实现留任的路径会不成立。本章的结论为规范上市公司控制权转移行为、形成优秀职业经理人保护机制、控制权转移后通过善用“卖方”老股东来完善公司治理和缓解代理冲突提供了经验证据，也对我国当前新《证券法》注册制改革具有一定的启示作用。

4.1 引 言

作为资本市场的重要组成部分，同时也作为公司外部治理的重要机制，完善的控制权市场在监督并激励管理层提高经营业绩方面发挥着重要作用。股权的协议转让是控制权转移的最主要方式，受到《公司法》规定持股比例达到30%时要触发要约收购、收购方资金不充分和目标公司控制人为了“东山再起”以转让股份和表决权相结合的方式转让控制权等因素的影响，买方股东仅收购“卖方”股东的大部分股权就可以获得控制权，“卖方”股东由于保留了公司的少部分股权，控制权转移后仍会以中小股东身份存续在企业中。在新的股权结构下，随着“卖方”从大股东演变为中小股东，买方大股东是否允许“卖方”老股东（转变为中小股东）在公司治理中发挥作用？如果允许，“卖方”老股东会发挥什么作用及如何发挥作用？值得研究。同时，随着国有企业混合所有制改革的深入和民营企业公司治理水平的逐步提高，越来越多的公司按照现代企业制度从市场直接选聘职业经理人组建管理团队，促进企业可持续发展。迈克尔·詹森（Michael C. Jensen）和理查德·卢拜克（Richard S. Ruback）发现，若管理层追求个人私利而背离股东价值最大化目标，导致经营业绩下降，股东将不再支持和信任管理层，公司就容易成为控制权市场上的交易对象，低效率的管理层在公司控制权转移后也会被接管（Jensen et al.，1983；Biggerstaff et al.，2021）。但在我国IPO核准制背景下，买方收购上市公司可能更多是为了获得上市资格，而企业的经营业绩可能并不是评价和接替管理层的最主要动因，这可能滋生管理层与买方合谋压价以实现继续留任的自利动机。进一步，如果管理层与买方合谋成功，通过降低控制权转移价格和牺牲“卖方”利益实现了留任，存续在企业中的“卖方”老股东能否通过有效的公司治理机制阻止自利管理层持续留任，更需要考察和解析。基于此，本章将主要围绕管理层通过机会主义盈余管理降低控制权转移价格而留任、企业控制权转移后包含“卖方”在内的非控股股东治理对自利管理层留任的纠偏机制两方面展开研究。

围绕控制权转移和管理层被接管，现有的文献从管理层能力与公司业绩、控制权交易价格与股东财富效应、管理层薪酬和经理人市场及公司治理等方面展开了研究。约翰·伊斯特伍德（John C. Easterwood）发现管理层会通过向上盈余管理传递管理有效率的信号，降低自己在控制权转移后被接管的风险（Easterwood，1998；Donnelly et al.，2014）。德·本-阿马尔（Walid Ben-Amar）和弗兰克·米索尼尔-皮耶拉（Franck Missonier-Piera）认为，控制权转移中的代理问题会变得更加突出，管理层可能利用自己的信息不对称优势进行机会主义盈余管理，在控制权转移前通过向下盈余管理帮助买方减少收购成本，在控制权转移后通过向上盈余管理美化控制权转移效率（Ben-Amar et al.，2008）。在买卖双方的控制权交易中，目标公司的盈余信息构成了交易定价的基础，作为理性经济人，管理层可能利用代理人独有的信息资源，通过盈余管理影响交易公平，瓜分股东财富以满足自利需求（Wu，1997）。克雷格·勒法诺维奇（Craig E. Lefanowicz）、约翰·罗宾逊（John R. Robinson）和里德·史密斯（Reed Smith）研究了控制权转移对职业经理人市场的影响，发现控制权转移后管理层难以找到同质同薪的工作，这使管理层有动机与买方合作，牺牲"卖方"利益以换取自身的留任福利（Lefanowicz et al.，2000）。兰德尔·莫克（Randall Morck）、安德烈·施莱费尔（Andrei Shleifer）和罗伯特·维什尼（Robert W. Vishny）针对管理层持股研究了公司内部治理的作用机制，发现当管理层的持股比例达到25%时，他们对于并购和管理层被接管等外部冲击会产生免疫力，这可以缓解控制权转移中的第一类代理问题（Morck et al.，1998；Hadlock et al.，1999；North，2001；康勇军等，2020）。在我国IPO核准制背景下，控制权交易价格包含股东权益价值和由于IPO管制所带来的壳资源价值，且近年来证监会对新股发行的管制增加了企业上市的时间成本和寻租成本（Yang，2013），这使得包含壳资源价值的控制权转移价格很难一言以蔽之，这会给管理层在控制权转移中实现私利创造机会和空间。换言之，盈余信息是控制权转移价格形成的基础，而盈余管理基于经理人的信息优势形成，具有隐蔽性特征，且控制权转移价格包含着壳资源价值，这又使得控制权转移价格难以被外部利益相关者甚至"卖方"完全诠释，机会主义盈余管理极有可能成为管理层与买方合谋压价的工具。接下来，随着公司控制权转移，公司外部治理机制向内部治理机制演化，管理层是否可以仅靠与买方"合谋"成功就成功留任？有"卖方"老股东存续的非控股股东治理是否会对自利管理层的持续留任产生影响？有待于深入探讨。基于现实需求和理论缺口，本章以控制权转移公司核心管理层的机会主义盈余管理动机为切入点，首先把控制权转移定价分为股东权益价值和由于IPO管制所带来的壳资源价值，通过鉴别机会主义盈余管理与各类控制权转移定价的关系，找到控制权转移中核心管理层和买方"合谋压价"的中介变量。通过考察有"卖方"老股东存续的非控股股东治理对目标公司核心管理层留任的抑制效应，本章进一步研究内部公司治理替代不完善外部公司治理，对核心管理层自利行为的纠偏机制。本章尝试从控制权市场外部治理不完善和内部公司治理机制两方面补充控制权市场的研究文献。

具体来说，本章以2000～2017年发生控制权转移的A股上市公司为样本，研究了控制权转移公司核心管理层的负向盈余管理对控制权转移价格的影响，及控制权转移价格与管理层留任之间的关系。研究发现，在我国IPO严格管制、核心管理层从职业经理人市场选聘而不是由大股东委派、股权激励政策实施效果仍不足、在股权转让方案中买方有美化控制权转移效率需求等的制度背景下，控制权转移前目标公司的市场选聘类核心管理层会进行显著的负向盈余管理，且该行为降低了“卖方”的股东权益价值，使“卖方”获得了名义上的溢价而实际上的折价。扣除壳资源价值后，“卖方”获得的基于股东权益价值的真实溢价越低，核心管理层事后的留任比例越大，扣除“壳价值”的控制权真实溢价在市场选聘类核心管理层通过盈余管理与买方“合谋”进而达到留任这一路径中起着完全中介作用。研究还表明，控制权转移后的非控股股东治理在该路径中起反向调节作用，“卖方”老股东转变为中小股东仍可以形成有效的股东治理机制，这会使市场选聘类核心管理层通过与买方合谋压价以实现留任的合谋路径失效。

本章从以下三个方面构成对已有文献的补充。

第一，王克敏和刘博（2014）也探讨了控制权转移公司高管为应对离职风险而与买方合谋的策略及后果，但本章与这篇文献存在明显的差别。其一，在研究内容上，已有研究并未考虑在我国IPO核准制背景下，控制权交易价格中包含的股东权益价值和由于IPO管制所带来的壳资源价值影响，本章在IPO核准制背景下，以市场选聘类核心管理层面临被接管风险为切入点，沿控制权交易事件的事前、事中和事后时间轴开展研究，发现管理层的负向盈余管理行为仅仅作用于扣除“壳价值”的控制权转移真实溢价，这厘清了管理层机会主义盈余管理的作用边界。其二，在研究方法上，本章运用中介效应模型，对控制权转移中核心管理层留任的动机、策略与后果，进行了完整的路径研究，揭示了控制权转移公司的市场选聘类核心管理层为避免被接管，与买方合谋降低控制权交易价格以换取留任的完整路径。其三，鉴于已有研究并未对控制权转移样本的选择性偏误和遗漏变量等内生性问题做深入的探讨和解决，本章一方面加入遗漏变量进行交互效应检验，如解释管理层的负向盈余管理是在公司盈利较好的情况下进行的，这是机会主义盈余管理而不是盈利较差公司的理性“洗大澡”行为，再如解释管理层和买方“合谋压价”效应在控制权转移消息宣告的短期市场绩效好时作用更显著，这既使本章所构造的“名溢实折”模型更符合逻辑，也能更好地诠释管理层和买方“合谋压价”对管理层留任的影响；另一方面，将倾向评分配比法（PSM）与 Heckman 两阶段模型相结合，以管理层籍贯地的地区人口教育水平和控制权转移前目标公司的管理层权力为工具变量（*IV*），较好地解决了控制权转移模型的样本选择性偏误问题。

第二，大量研究表明内部公司治理与控制权市场的外部公司治理之间存在着互补效应（Morck et al.，1998；Hadlock et al.，1999；North，2001），然而，本章的研究发现，在我国 IPO 核准制下，控制权市场作为外部公司治理机制并不完善，针对自利管理层和买方合谋所带来的第二类代理问题，在控制权转移后的实验场景中，本章通过构建由"卖方"老股东（转变为中小股东）、机构投资者和股权制衡所形成的非控股股东治理结构，分析有效的非控股股东治理机制对自利管理层留任的抑制作用，为内部公司治理与外部公司治理之间存在着替代效应而非互补效应提供了新的经验证据。特别地，王克敏和刘博（2014）的研究也探讨了控制权市场外部公司治理机制不完善所导致的管理层的机会主义盈余管理行为，但他们并未探析针对不完善外部公司治理的弥补机制。本章运用带调节的中介效应模型构建了包含"卖方"老股东的非控股股东治理结构，并通过选点法下的正负标准差和 Bootstrap 非线性模型，就非控股股东治理阻止自利管理层留任的作用大小和范围进行了合理的界定，这为规范上市公司控制权转移行为和完善非控股股东治理机制提供了理论支持和实践依据。

第三，本章的发现对我国企业上市制度由核准制向注册制改革也有一定的参考价值。首先，通过提高公司治理质量构建完善的投资者保护机制，可以为我国企业上市注册制实施提供一定的决策参考。其次，随着公司发行证券上市注册制改革的全面推行，控制权转移的首要目的将不再是获取上市壳资源，而控制权交易市场也将逐步体现公司外部治理的效能，对管理层业绩进行持续、公开、透明的评价，形成优秀职业经理人保护机制刻不容缓。同时，企业上市注册制改革会使上市公司控制权交易常态化，控制权转移会带来新旧股东的更替，当"卖方"老股东转变为中小股东时，新控股股东应适当地任用老控股股东，使其在治理层中发挥积极作用，促使新老股东形成命运共同体，共谋第一类代理问题和第二类代理问题的解决方案，以促进企业更优质高效发展。

本章余下部分安排如下：第一部分为理论分析与研究假设，第二部分为研究设计，第三部分为实证结果与分析，第四部分为进一步讨论，最后为研究结论与讨论。

4.2 理论分析与研究假设

4.2.1 管理层机会主义盈余管理与控制权溢价

控制权市场理论认为控制权市场是通过外部公司治理来淘汰低效率的管理层，且会计盈余是评价管理层效率的重要信息（王克敏等，2014），在控制权转移视角下，会计盈余信息不仅与公司变革相关，也与管理层职业生涯变迁联系紧密（Christie et al.，1994）。21 世纪以来，在 A 股上市的公司主要采用核准制，证监会对新股发行的管制和审批制度增加了企业上市的时间和成本（Yang，2013），许多企业转而购买上市公司控制权以实现间接上市。在我国新兴加转轨的资本市场下，基于管理层经营效率低下而发生的控制权交易事件较少，面对控制权转移带来的被接管风险，管理层的机会主义盈余管理动机也可能偏离经营效率目标(王克敏等,2014)。除了配合新控股股东美化控制权转移效率外，管理层可能利用委托代理关系与信息不对称优势,与买方合谋通过负向盈余管理降低控制权交易价格,减少自己在公司控制权转移后的离职风险（吕长江等，2007）。桑福德·格罗斯曼（Sanford J. Grossman）和奥利弗·哈特（Oliver D. Hart）指出，控制权是一种股东权益，更是从股东所有权中派生出来的经济性权利，拥有排他性利用公司资产从事投资和市场营运的决策权（Grossman et al.，1985；徐晓东等，2003）。在控制权交易中，买卖双方由于经营能力、风险偏好和乐观程度不同，对目标公司的价值估计有所差异，这种差异正是控制权交易的基础，因为只有双方都感到有利可图，交易才能达成（奚俊芳等，2006）。这为管理层进行机会主义盈余管理创造了条件，在控制权转移前，管理层利用自己的独特信息优势，通过负向盈余管理使账面盈余较真实盈余水平下降，在控制权转移价格衡量中，由于账面盈余水平低、股东收益下降，控制权交易价格基准评估值偏低，这样就容易构建满足卖方“高价卖出”利益诉求的控制权名义溢价。同时，管理层将真实盈余信息传递给买方，帮助买方衡量出控制权真实溢价，满足买方“低价买入”利益诉求（王克敏等，2014）。

在我国，严格的企业上市核准制使上市公司成为“壳”资源，上市公司控制权收益还包含着上市“壳”资源价值拥有权。屈源育等（2018）认为，中国任何上市公司的企业价值中都包含着一部分“壳价值”，“壳价值”与二级股票市场投资者的判断、宏观政策冲击和企业性质等外部因素关系密切。受到屈源育等（2018）研究的启发，本章认为，盈余管理基于管理层内部信息优势而产生，管理层通过机会主义盈余管理粉饰控制权转移价格的作用可能有限（王克敏等，2014），将控制权转移价格分为名义价格、剔除盈余管理的真实价格、剔除盈余管理和“壳价值”的真实价格，可以识别机会主义盈余管理究竟会影响哪种控制权转移价格，进而，可能出现两种结果：第一，基于会计盈余是控制权转移价格的测算基础（Barclay et al.，1989；王克敏等，2014），管理层可以利用信息优势进行机会主义盈余管理，使控制权转移价格“名溢实折”。第二，虽然会计盈余是控制权转移价格的测算基础，管理层只能利用企业内部信息进行机会主义盈余管理，而控制权转移价格包含以企业内部盈余信息为基础测算的股东权益价值和以企业外部因素为主要驱动力形成的上市“壳价值”（屈源育等，2018），这种机会主义盈余管理对控制权转移价格的作用边界仅仅是股东权益价值，却难以对与外部因素密切相关的“壳价值”产生影响。换言之，管理层的负向盈余管理会使扣除“壳价值”的控制权转移价格“名溢实折”。基于此，本章提出以下两个研究假设：

H1a：在其他条件一定的情况下，较控制权转移名义溢价而言，目标公司负向盈余管理越严重，控制权转移真实溢价越低。

H1b：在其他条件一定的情况下，较控制权转移名义溢价而言，目标公司负向盈余管理越严重，扣除“壳价值”的控制权转移真实溢价越低。

4.2.2 控制权溢价与管理层留任

兰德尔·莫克（Randall Morck）、安德烈·施莱费尔（Andrei Shleifer）和罗伯特·维什尼（Robert W. Vishny）围绕控制权转移中买卖双方的财富效应展开研究，发现除买卖双方外，管理层在控制权转移过程中担任重要的角色，他们拥有选择合作伙伴和谈判定价等权利（Morck et al.，1998）。詹姆斯·科特（James F. Cotter）和马克·泽纳（Marc Zenner）在控制权转移交易中嵌入管理层利益，发现管理层会衡量自身财富的变化，当预期财富增加时，他们会减少交易抵制，并促进交易成功（Cotter et al.，1994）。杰伊·哈泽尔（Jay C. Hartzell）、伊莱·奥菲克（Eli Ofek）和大卫·耶马克（David Yermack）的研究表明，并购后目标公司管理层有接受离职补偿和继续留任两种选择，相比接受离职补偿，管理层更愿意留任（Hartzell et al.，2004），克雷格・勒法诺维奇（Craig E. Lefanowicz）、约翰・罗宾逊（John R. Robinson）和里德・史密斯（Reed Smith）发现离职后管理层的再就业前景并不乐观（Lefanowicz et al.，2000）。基于此，本章认为从市场选聘的管理层希望控制权转移后继续留任，在控制权转移交易中，他们会选择友善交易方案并促使交易成功。詹姆斯・科特（James F. Cotter）和马克・泽纳（Marc Zenner）认为对于卖方而言，能够实现控制权溢价预期的交易方案最佳，管理层作为卖方代理人，在谈判中会选择高定价方案，并通过分析友善交易可能给买方带来的超额市场报酬（Abnormal Returns）等综合财富效应，使买方以财富效应最大化目标对交易方案进行评判并最终选择接受交易（Cotter et al.，1994）。然而，面对控制权转移后的被接管风险，管理层可能不满足于仅仅在交易谈判中实施友善交易方案促进交易成功，根据本章的分析逻辑，核心管理层进行机会主义盈余管理，除了帮助买方美化控制权转移效率之外，更可能立足于自身的利益，选择与买方合谋，通过压低控制权转移价格使买方受益，来换取自身的留任。袁春生等（2008）发现，当管理层来自于职业经理人市场而非大股东委派时，其声誉越差，越容易在控制权转移等并购重组事件中产生第一类代理问题。屈源育等（2018）发现 IPO 政策越严，企业越趋向于选择通过并购重组获取上市公司控制权，此时上市公司的“壳价值”也更高。查尔斯・哈德洛克（Charles Hadlock）、乔尔・休斯（Joel Houston）和迈克尔・雷恩加尔特（Michael Ryngaert）发现相比实施股权激励的公司，当上市公司不实施股权激励时，管理层在控制权买卖交易中更可能偏向于买方，这使得第一类代理问题严重（Hadlock et al.，1999；肖曙光等，2018）。杨瑞龙和周业安（1998）发现，在公司管理层中，CEO 和 CFO 合谋就可以实现利用应计制下的收入费用与现金流不匹配来粉饰财务报表（Dechow，2006），这会导致国有企业混合所有制改革出现国有资产流失。

在上述文献所呈现的制度背景下，本章认为市场选聘类管理层会与买方合谋降低控制权转移价格而实现自身的留任，且利用信息优势构建“名溢实折”控制权转移价格。在交易谈判中，管理层作为卖方代言人则会积极推进“名溢实折”的高定价友善交易方案，强化控制权转移是促进资源配置效率提升的业务存续方案而非借壳上市，买方可以通过增加综合财富等方式实现利益最大化，最终使买卖双方均满意、控制权转移交易成功。与机会主义盈余管理的作用边界相匹配，管理层留任可能存在两条路径。

一是目标公司核心管理层会利用自己独特的信息优势进行机会主义盈余管理，通过粉饰名义上溢价而真实上折价的控制权转移价格，同时满足卖方“溢价卖出”和买方“折价买入”的利益诉求，这会促使控制权转移交易友善且顺利完成，进而核心管理层实现留任。二是目标公司核心管理层利用企业内部信息优势，通过粉饰控制权转移中的股东权益价值，压低扣除“壳价值”的控制权转移真实溢价，达到留任的目的。基于此，本章提出如下假设：

H2a：在其他条件一定的情况下，较控制权转移名义溢价而言，控制权转移的真实溢价越低，目标公司核心管理层在控制权转移后留任的比例越高。

H2b：在其他条件一定的情况下，较控制权转移名义溢价而言，扣除“壳价值”的控制权转移真实溢价越低，目标公司核心管理层在控制权转移后留任的比例越高。

4.3　研究设计

4.3.1　样本选择

根据徐晓东和陈小悦（2003）的观点，将控制权转移定义为第一大股东发生变更，并以2000～2017年第一大股东发生变更的A股上市公司为样本开展研究。2000年3月，中国证监会规定我国证券发行由审批制过渡到核准制，因此研究起点是2000年；本章考察了企业控制权转移后两年管理层的留任情况，实质上的研究区间为2000～2019年。样本选择的依据为：①第一大股东发生变更样本2 457个；②剔除发生多次控制权变更的公司样本672个；③由于金融保险行业的特殊性，不适合本章的研究，故剔除样本23个；④剔除发生控制权交易具有关联方关系的公司样本302个；⑤剔除ST的样本198个；⑥剔除转让壳资源的样本305个[①]；⑦剔除控股股东担任核心管理层职位以及核心管理层并非来源于市场选聘的样本295个；⑧剔除存在缺失值的样本160个。最终得到有效观测值为502个。

① 壳资源样本公司的界定参考《上市公司重大资产重组管理办法》第十三条规定的标准。

发生控制权转移的公司及其股权转让相关数据来自中国经济金融数据库（CCER）和国泰安金融数据库（CSMAR）数据库。除股权分置改革等虚拟变量外，本章对所有连续变量都进行了上下 1%的缩尾处理（Winsorize）。本章使用的数据处理软件为 SAS9.4 和 STATA15。

4.3.2　模型设定与变量说明

1. 盈余管理与控制权转移溢价回归分析

首先，参考已有文献的研究（王克敏等，2014），建立模型（1）用于检验发生控制权转移公司的盈余管理对控制权转移溢价的影响，即研究假设 H1a 和 H1b：

$$Premium_{i,t} = \beta_0 + \beta_1 Dacc_{i,t-1} + \beta_i' Control + \beta_j Year_t + \beta_k Industry_i + u_{i,t} \qquad (1)$$

模型（1）的解释变量为盈余管理 *Dacc*，根据帕特里夏·德乔（Patricia M. Dechow）、理查德·斯隆（Richard G. Sloan）和艾米·赫顿（Amy P. Hutton）的修正 Jones 模型计算所得的应计盈余管理，取第 *i* 家公司第 *t*–1 年的值（Dechow et al.，1995）。模型（1）的被解释变量 *Premium* 为控制权溢价，与迈克尔·巴克利（Michael J. Barclay）和克利福德·霍尔德内斯（Clifford G. Holderness）等的方法不同①，基于对我国证券市场独有特点的考虑②，用目标公司控制权转移的价格相对于每股净资产的溢价程度来衡量控制权转移溢价（Dechow et al.，1995；Bange et al.，2004），且分别用控制权转移名义溢价 *Ln_nameP*、真实溢价 *Ln_realP* 及扣除“壳价值”的真实溢价 *Ln_shell* 来测度，其中：

名义溢价 *Ln_nameP* 通过公式 $Ln\_nameP = \log\left(\frac{TransferP_{i,t}}{EPS_{i,t-1}}\right)$ 计算，$TransferP_{i,t}$ 为控制权转移每股价格，$EPS_{i,t-1}$ 为第 *t*–1 年 *Equity*（所有者权益账面价值）与第 *t*–1 年末普通股股数之比。

---

① 迈克尔·巴克利（Michael J. Barclay）和克利福德·霍尔德内斯（Clifford G. Holderness）基于西方完全流通的股票市场，将控制权溢价定义为控制权转移价格与股票市场上少数股份市价的差异（Barclay et al.，1989）。

② 我国股票市场自建立以来至 2006 年股权分置改革，都处于流通股与非流通股并存的局面，且 2006 年之后，仍然有部分股权不可流通，控制权转移的价格大多基于每股净产的价值进行确定。国内文献中有关控制权转移溢价的也大多是根据控制权转移价格与每股净资产的比值进行确定（吕长江等，2007；王克敏等，2014）。

真实溢价 Ln_realP 通过公式 $Ln\_realP = \log\left(\frac{TransferP_{i,t}}{REPS_{i,t}}\right)$ 计算，$TransferP_{i,t}$ 为控制权转移每股价格，$REPS_{i,t}$ 为第 t 年 $Equity$（所有者权益账面价值）与 $Dacc \times TA_{t-1}$（第 t 年的盈余管理×第 $t-1$ 年的总资产值）的差额除以第 t 年末普通股股数。

扣除“壳价值”的真实溢价 Ln_shell 通过公式 $Ln\_shell = \log\left(\frac{TransferP_{i,t} - ShellP_{i,t}}{REPS_{i,t}}\right)$ 计算，$TransferP_{i,t}$ 和 $REPS_{i,t}$ 的定义同上，$ShellP_{i,t}$ 为“壳价值”，参考查尔斯·李（Charles M. C. Lee）、屈源育（Yuanyu Qu）和沈涛（Tao Shen）的研究计算而来，具体计算方法如下。

首先，以 2000～2017 年的控制权转移 A 股上市公司为样本，通过模型（2）的回归估计控制权转移中实现的“壳价值”（SV）：

$$\begin{aligned} LnSV_{i,t} = {} & \eta_0 + \eta_1 LnMV_{i,t-1} + \eta_2 \left(LnMV_{i,t-1}\right)^2 + \eta_3 SOE_{i,t-1} \\ & + \eta_4 Cash_{i,t-1} + \eta_5 Roe_{i,t-1} + \eta_6 Shrcr_{i,t-1} + \epsilon_{i,t} \end{aligned} \tag{2}$$

其中 $LnSV$ 是借壳交易中实现的“壳价值”的对数，借壳交易中实现的“壳价值”通过公式 $SV=(MVCE \times SFS)-OC$ 计算而来，$MVCE$ 为控制权转移交易信息宣布时公司的市场价值，SFS 为目标公司所有者最终获得的公司控制权转移后的股权比例，OC 为目标公司的转让价值。$LnMV$ 代表市值的对数，（$LnMV$）^{2} 为市值对数的二次项，用于控制“壳价值”与目标公司市值可能存在的非线性关系。SOE 是上市公司是否为国企的虚拟变量，是为 1，否则取 0；$Cash$ 为现金持有率，通过目标公司控制权转移前一年的现金持有量与期末资产总额之比计算而来；Roe 为净资产收益率，是目标公司控制权转移前一年的净利润与股东权益之比；$Shrcr$ 为目标公司控制权转移前一年的第一大股东持股比例。

其次，以 2000～2017 年的 A 股上市公司为样本，通过如下 logit 模型的回归估计控制权转移公司被借壳的概率 Pr：

$$\begin{aligned} Pr_{i,t}\left(Shell_{i,t} = 1\right) = {} & \alpha_0 + \alpha_1 Size_{i,t-1} + \alpha_2 OP_{i,t-1} + \alpha_3 ST_{i,t-1} \\ & + \alpha_4 Ipo\_reject_{i,t-1} + \alpha_5 Insider_{i,t-1} + e_{i,t} \end{aligned} \tag{3}$$

其中 $Shell$ 为上市公司在第 t 年是否进行控制权转移交易的虚拟变量，

是为 1，否则为 0，控制权转移交易的判断方法与前文在进行样本选择时所用的方法一致。*Size* 为公司第 *t*–1 年期末资产总额的对数；*OP* 为经营利润率，通过公司第 *t*–1 年的营业利润与全部业务收入总额之比计算而来；*ST* 为公司第 *t*–1 年是否被 ST 处理的虚拟变量，是为 1，否为 0；*Ipo_reject* 代表 IPO 和管理政策的松紧，等于第 *t*–1 年的[1–（通过 IPO 审核的企业数量/上会的总企业数量）]的自然对数；*Insider* 为公司第 *t*–1 年的高管持股比例。

最后，通过公式 *ESV=SV×Pr* 计算得到控制权转移公司的期望“壳价值”，即为 *Ln_shell* 计算中所需要用到的“壳价值”。

模型（1）的控制变量及其定义具体见表 4-1 控制变量定义表。

基于盈余管理的隐蔽性以及“壳价值”转让价格与公司业绩的无关性，本章认为相比名义溢价 *Ln_nameP* 而言，管理层的盈余管理 *Dacc* 更可能促使控制权转移真实溢价 *Ln_realP* 和扣除“壳价值”的控制权转移真实溢价 *Ln_shell* 下降。对应 H1a 和 H1b，本章预期 *Dacc* 对 *Ln_realP* 或 *Ln_shell* 的回归系数 β_1 显著为正。

2. 控制权转移溢价与核心管理层留任回归分析

为检验研究假设 H2a 和 H2b，即控制权转移溢价与目标公司核心管理层留任比例的关系，本章建立了如下回归模型：

$$Retention_{i,t} = \gamma_0 + \gamma_1 Premium_{i,t} + \gamma_i' Control + \gamma_j Year_t + \gamma_k Industry_i + \tau_{i,t} \quad (4)$$

其中 *Retention* 为被解释变量，表示核心管理层总经理 CEO 和财务总监 CFO 留任比例。首先，根据高管简历中的历任职位信息，手工查找企业 CEO 和 CFO 历任工作单位的性质，对于国有企业的高管，采用杨志强和胡小璐（2018）的方法，若高管曾于民营或外资企业任职，视为“市场化选聘高管”，若其就职单位均为国有企业或行政事业单位，则不认为经理人为“市场化选聘高管”，予以删除；对于民营企业的高管，参考李欢等（2014）的方法，首先查阅上市公司招股说明书中“董事、监事、高级管理人员与其他核心人员相互之间的亲属关系”，并对照上市后每年公司年报中披露的“董事、监事和高级管理人员”信息 ，判断区分 CEO 和 CFO 是否是大股东关联方，如果是，则不认为经理人为“市场化选聘高管”，予以删除，对上市后公司高级执行层中的新成员，通过巨潮咨询、新浪财经等网站，百度搜索和公司其他公开信息查询其与实际控制人之间的关联方关系进而判断是否为关联方，对于关联方 CEO 和 CFO 的名单予以删除。接下来，对比目标公司上述“市场化选聘高管”CEO 和 CFO 的名单变动情况计算核心管理层留任比例，具体计算方法为：目标公司控制权转移前第 t–1 年任总经理 CEO 的高管在控制权转移后第 t+2 年公司公布的高管名单内定义为 1，否则为 0；目标公司控制权转移前第 t–1 年任财务总监 CFO 的高管在控制权转移后第 t+2 年公司公布的高管名单内定义为 1，否则为 0；两项分数的总和与总分 2 之比即为核心管理层留任比例。*Premium* 为解释变量，即控制权转移溢价，沿用模型（1）中的控制权转移名义溢价 *Ln_nameP*、真实溢价 *Ln_realP* 和扣除“壳价值”的真实溢价 *Ln_shell* 分别测量。根据理论推导，真实溢价 *Ln_realP* 和扣除“壳价值”的真实溢价 *Ln_shell* 是核心管理层留任 *Retention* 的驱动因素，对应 H2a 和 H2b，本章预期真实溢价 *Ln_realP* 或扣除“壳价值”的真实溢价 *Ln_shell* 对管理层留任 *Retention* 的回归系数 γ_1 显著为负。

模型（4）的控制变量与模型（1）的相同，变量定义报告在表 4-1 中。

表 4-1 控制变量定义表

变量名称	变量符号	变量定义说明
股权分置改革	*Reform*	虚拟变量，2006 年股权分置改革后为 1，否则为 0
市场时机	*MB*	第 t–1 年年末公司的资产总额与市值之比
控制权转移效率	*Tobin_Q*	第 t+1 年与第 t–1 年公司的 *Tobin_Q* 值之差，*Tobin_Q* 为公司年末市值与资产总额之比
IPO 拒绝率	*Ipo_reject*	IPO 和管理政策的松紧，等于[1–（通过 IPO 审核的企业数量/上会的总企业数量）]的自然对数
公司年龄	*Age*	公司年龄为其股权转让交易首次公告之日与注册之日的差值，再对其取自然对数
公司规模	*Size*	第 t–1 年公司资产总额的自然对数值
管理层声誉	*Reputation*	参考袁春生等（2008）的研究，采用打分加总形式构建，具体的指标包括：管理层年龄（大于所有上市公司中位数赋值 1，否则为 0）、管理层性别（男性赋值 1，否则为 0）、管理层学历（本科及以上赋值 1，否则为 0）、管理层薪酬（金额最高前三名高管报酬总额的自然对数，大于所有上市公司中位数赋值 1，否则为 0）、管理层担任现职的时间（大于所有上市公司中位数赋值 1，否则为 0）
高管持股比例	*MSH*	第 t–1 年公司的高管持股比例
年度固定效应	*Year*	年度虚拟变量
行业固定效应	*Industry*	行业虚拟变量

4.4　实证结果与分析

4.4.1　描述性统计分析

表 4-2 报告了股权转让公司的总体分布及年度分布等情况。Panel A 显示样本期间共有 3 522 家公司发生股权转让，其中因股权转让而发生控制权转移的公司为 502 次，占比为 14.25%。Panel B 报告了发生控制权转移的公司的股票市场分布情况，结果显示主板市场样本分布最多，占比 88.65%。Panel C 报告了发生控制权转移的公司的行业分布情况，结果显示样本分布最多的行业是制造业，占比 54.58%。Panel D 报告了发生控制权转移的公司的股权转让比例分布情况，结果显示股权转让比例低于 50%的样本公司较多，占比 88.25%，说明控制权转移大部分发生在股权比较分散的公司。

表 4-2　样本公司股权转让统计表

Panel A：股权转让公司样本总数分布

是否发生控制权转移	样本数/次	占比/%
发生控制权转移	502	14.25
未发生控制权转移	3 020	85.75

Panel B：股权转让公司样本股票市场分布

股票市场	主板	中小板	创业板
样本数	445	44	13
样本数占比（%）	88.65	8.76	2.59

Panel C：股权转让公司样本行业分布

行业	制造业	批发和零售业	房地产业	其他
样本数	274	52	41	135
样本数占比（%）	54.58	10.36	8.17	26.89

Panel D：股权转让公司样本股权转让比例分布

股权转让比例区间（%）	[0，20]	[20，50]	[50，75]
样本数	218	225	59
样本数占比（%）	43.43	44.82	11.75

注：①我国资本市场创业板不允许借壳上市，因此本章所涉及的创业板市场控制权转移样本均不涉及借壳上市；

②Panel D 中股权转让比例区间最大值为 75%是因为样本中发生控制权转移的公司的最大转让股比为 74.44%

表4-3报告了实证检验中主要变量的描述性统计结果。盈余管理*Dacc*的均值为–0.012，同时*Dacc*与0的单样本均值T检验结果为*t*=–2.74，*P*<–0.01，初步判断目标公司在控制权转移前一年进行了负向盈余管理。控制权转移名义溢价*Ln_nameP*均值为–0.059（与0的单样本均值T检验结果为*t*=–3.29，*P*<–0.01），中位数为–0.157；控制权转移真实溢价*Ln_realP*均值为–0.129（与0的单样本均值T检验结果为*t*=–6.55，*P*<–0.01），中位数为–0.168；扣除“壳价值”的控制权转移真实溢价*Ln_shell*均值为–0.201（与0的单样本均值T检验结果为*t*=–10.29，*P*<–0.01），中位数为–0.232；同时*Ln_realP*与*Ln_nameP*的配对样本均值T检验结果为*t*=–7.01，*P*<–0.01，以及*Ln_shell*与*Ln_realP*的配对样本均值T检验结果为*t*=–9.65，*P*<–0.01，初步表明控制权转移价格出现“名溢实折”的现象。管理层留任比例*Retention*的均值为0.416，中位数为0.500，这一现象表明基于控制权转移是提高资源配置效率的业务存续而非借壳上市，目标公司控制权转移后总经理CEO和财务总监CFO具有较大留任可能性。

表4-3　主要变量的描述性统计

变量名称	观测值	均值	中位数	标准差	最小值	最大值
Retention	502	0.416	0.500	0.386	0.000	1.000
Ln_nameP	502	–0.059	–0.157	0.405	–0.416	1.337
Ln_realP	502	–0.129	–0.168	0.440	–0.579	1.046
Ln_shell	502	–0.201	–0.232	0.437	–0.679	1.019
Dacc	502	–0.012	0.000	0.100	–0.330	0.385
Reform	502	0.434	0.000	0.496	0.000	1.000
MB	502	0.622	0.639	0.230	0.080	1.026
Tobin_Q	502	0.406	–0.051	1.974	–3.783	12.654
Ipo_reject	502	–1.982	–1.906	0.458	–3.000	–1.548
Age	502	2.368	2.403	0.511	1.108	3.344
Size	502	20.974	20.837	1.045	18.688	24.147
Reputation	502	1.731	2.000	1.201	0.000	5.000
MSH	502	0.023	0.001	0.081	0.000	0.475

表4-4报告了按照控制权是否转移进行分类，对控制权转移公司和非控制权转移公司的盈余管理*Dacc*和股权转让名义溢价*Ln_nameP*、真实溢价*Ln_realP*、扣除“壳价值”的真实溢价*Ln_shell*及其主要特征变量的均

值差异 T 检验和中位数差异 Z 检验结果。结果显示，就盈余管理而言，控制权转移公司盈余管理 *Dacc* 的均值为–0.012，中位数为 0.000，在 5%水平上显著低于非控制权转移公司的盈余管理 *Dacc*（均值为 0.007，中位数为 0.005）；就控制权转移溢价而言，控制权转移公司名义溢价、真实溢价、扣除“壳价值”的真实溢价的均值和中位数均在 1%的水平上显著低于非控制权转移公司。这一结果和理论分析一致，表明较未进行控制权转移的公司而言，控制权转移公司的管理层更倾向于在控制权转移前进行负向盈余管理。此外，表 4-4 的 T 检验和 Z 检验的结果也表明控制权转移公司与非控制权转移公司在控制权转移效率（*Tobin_Q*）、公司年龄（*Age*）、公司规模（*Size*）、管理层声誉（*Reputation*）、高管持股比例（*MSH*）等主要特征指标方面均存在显著差异。其中管理层声誉（*Reputation*）和高管持股比例（*MSH*）的均值差异 T 检验和中位数差异 Z 检验结果表明发生控制权转移公司的管理层声誉和管理层持股显著低于未发生控制权转移的公司。发生控制权转移公司的控制权转移效率（*Tobin_Q*）也显著大于一般股权转让公司，说明发生控制权转移后管理层有美化控制权转移效率的可能性。总体而言，上述表格信息初步表明控制权转移公司的管理层更倾向于在控制权转移前进行负向盈余管理。

表 4-4　主要变量的 T 检验和 Z 检验

变量名	控制权转移 *Transfer*=1			非控制权转移 *Transfer*=0			均值差异 T 检验	中位数差异 Z 检验
	观测数	均值	中位数	观测数	均值	中位数		
Dacc	502	–0.012	0.000	3020	0.007	0.005	–0.019***	–2.394**
Ln_nameP	502	–0.059	–0.157	3020	0.140	0.189	–0.199***	–12.958***
Ln_realP	502	–0.129	–0.168	3020	0.215	0.280	–0.343***	–17.687***
Ln_shell	502	–0.201	–0.232	3020	0.169	0.231	–0.370***	–18.680***
MB	502	0.622	0.639	3020	0.614	0.624	–0.008	0.789
Tobin_Q	502	0.406	–0.051	3020	0.202	0.030	0.205***	–0.525
Age	502	2.368	2.403	3020	2.530	2.582	–0.162***	–6.668***
Size	502	20.974	20.837	3020	21.465	21.303	–0.491***	–8.992***
Reputation	502	1.731	2.000	3020	2.290	2.000	–0.559***	–9.072***
MSH	502	0.023	0.001	3020	0.071	0.001	–0.048***	–3.421***

注：①由于 IPO 拒绝率（*Ipo_reject*）衡量的是每一年度 IPO 和管理政策的松紧程度，不会因公司是否发生控制权转移而产生差异，因此本表未报告 *Ipo_reject* 的均值差异 T 检验和中位数差异 Z 检验结果；

②根据 T 检验和 Z 检验判断样本之间的均值和中位数差异是否显著区别于 0，“*”“**”“***”分别表示在 10%、5%、1%显著性水平上显著

4.4.2　回归结果分析

1. 盈余管理对控制权转移溢价的影响

表 4-5 检验研究假设 H1a 和 H1b，即在其他条件一定的情况下，相对控制权转移名义溢价 *Ln_nameP* 而言，目标公司负向盈余管理越严重，控制权转移真实溢价 *Ln_realP* 或扣除“壳价值”的控制权转移真实溢价 *Ln_shell* 就越低。回归模型如模型（1）所示。第（1）至第（3）列检验了盈余管理 *Dacc* 对控制权转移名义溢价 *Ln_nameP* 的影响，不论是单变量回归结果，还是加入企业特征控制变量以及年度和行业等宏观因素后的回归结果（β_1=0.029，P>10%），都表明二者在统计上没有显著的相关关系。第（4）至第（6）列检验了盈余管理 *Dacc* 与控制权转移真实溢价 *Ln_realP* 的影响，不论是单变量回归结果，还是加入企业特征控制变量以及年度和行业等宏观因素后的回归结果（β_1=0.128，P>10%），都表明二者在统计上没有显著的相关关系，研究假设 H1a 未得到验证。第（7）至第（9）列检验了盈余管理 *Dacc* 与扣除“壳价值”的控制权转移真实溢价 *Ln_shell* 的关系。第（7）列单变量回归的结果显示二者正相关且在 1%的水平上显著。第（8）列和第（9）列的结果显示，在控制企业微观因素与行业和年度宏观因素后，盈余管理 *Dacc* 对扣除“壳价值”的控制权转移真实溢价 *Ln_shell* 的回归系数为正，分别在 5%和 1%的水平上显著，研究假设 H1b 得到验证。这与本章的理论分析相一致，管理层的负向盈余管理行为通过降低每股净资产的账面价值，使得控制权转移价格被压低，当本章还原净资产的真实账面价值以及剔除控制权转移价格中的“壳价值”后，目标公司扣除“壳价值”的控制权转移价格较真实账面净资产的溢价率降低。与控制权转移名义溢价和真实溢价相比，目标公司管理层的负向盈余管理行为促使了扣除“壳价值”的控制权转移真实溢价下降。

表 4-5　盈余管理与控制权转移溢价的回归结果

变量名称	*Ln_nameP*			*Ln_realP*			*Ln_shell*		
	(1)	(2)	(3)	(4)	(5)	(6)	(7)	(8)	(9)
Dacc	0.103	−0.048	0.029	0.234	0.069	0.128	0.558***	0.359**	0.423***
	(0.57)	(−0.30)	(0.19)	(1.19)	(0.41)	(0.77)	(2.87)	(2.23)	(2.71)
Reform		−0.050	0.717**		−0.079	0.489		−0.045	0.682*
		(−0.97)	(1.97)		(−1.44)	(1.26)		(−0.86)	(1.88)

续表

变量名称	Ln_nameP			Ln_realP			Ln_shell		
	(1)	(2)	(3)	(4)	(5)	(6)	(7)	(8)	(9)
MB		−0.225**	−0.027		−0.397***	−0.282*		−0.386***	−0.193
		(−2.33)	(−0.20)		(−3.91)	(−1.96)		(−4.00)	(−1.43)
Tobin_Q		0.016*	0.018**		0.022**	0.021**		0.011	0.011
		(1.85)	(2.09)		(2.40)	(2.26)		(1.27)	(1.26)
Ipo_reject		−0.410***	0.021		−0.425***	−0.104		−0.506***	−0.084
		(−5.79)	(0.07)		(−5.70)	(−0.34)		(−7.12)	(−0.29)
Age		−0.076*	−0.102**		−0.054	−0.065		−0.111***	−0.121***
		(−1.89)	(−2.39)		(−1.26)	(−1.43)		(−2.74)	(−2.84)
Size		0.008	−0.019		0.039*	0.027		0.011	−0.012
		(0.37)	(−0.77)		(1.72)	(1.04)		(0.50)	(−0.50)
Reputation		−0.015	−0.019		−0.042**	−0.041**		−0.045***	−0.042***
		(−0.94)	(−1.20)		(−2.48)	(−2.39)		(−2.79)	(−2.60)
MSH		0.747***	0.297		0.990***	0.593***		0.901***	0.451**
		(3.52)	(1.38)		(4.42)	(2.59)		(4.23)	(2.10)
Contant	−0.058***	−0.697*	0.410	−0.126***	−1.341***	−0.744	−0.194***	−0.849**	0.114
	(−3.19)	(−1.84)	(0.65)	(−6.36)	(−3.36)	(−1.11)	(−9.93)	(−2.24)	(0.18)
Industry	NO	NO	YES	NO	NO	YES	NO	NO	YES
Year	NO	NO	YES	NO	NO	YES	NO	NO	YES
N	502	502	502	502	502	502	502	502	502
Adj_R^2	0.001	0.245	0.321	0.001	0.291	0.348	0.014	0.348	0.418

注："*""**""***"分别表示在 10%、5%、1%显著性水平上显著，括号内为回归 *t* 值，如无特殊标注下同

2. 控制权转移溢价对控制权转移后核心管理层留任的影响

表 4-6 检验了研究假设 H2a 和 H2b，即相对于控制权转移名义溢价而言，是否控制权转移真实溢价或扣除"壳价值"的控制权转移真实溢价越低，核心管理层的留任比例越大。回归模型如模型（4）所示。第（1）列至第（3）列检验了控制权转移名义溢价 *Ln_nameP* 对核心管理层留任比例 *Retention* 的影响，回归结果显示控制权转移名义溢价 *Ln_nameP* 与核心管理层留任比例 *Retention* 之间不存在显著关系。第（4）至第（6）列检验了控制权转移真实溢价 *Ln_realP* 对核心管理层留任比例 *Retention* 的影响，回归结果显示控制权转移真实溢价 *Ln_realP* 与核心管理层留任比例

Retention 之间也不存在显著的相关关系。这一结果表明包含“壳价值”的控制权转移真实溢价的高低并非核心管理层留任与否的核心驱动因素，研究假设 H2a 未得到验证。第（7）至第（9）列检验了扣除“壳价值”的控制权转移真实溢价 *Ln_shell* 对核心管理层留任比例 *Retention* 的影响，回归结果显示扣除“壳价值”的控制权转移真实溢价 *Ln_shell* 与核心管理层留任比例 *Retention* 存在负相关关系，且在 1%的水平上显著，表明核心管理层能够通过降低扣除“壳价值”的控制权转移真实溢价水平，即通过操纵股东权益以达到留任的目的，研究假设 H2b 得到验证。

表 4-6 控制权转移溢价与核心管理层留任的回归结果

变量名称	Retention								
	(1)	(2)	(3)	(4)	(5)	(6)	(7)	(8)	(9)
Ln_nameP	−0.039	−0.035	−0.050						
	(−0.93)	(−0.73)	(−0.98)						
Ln_realP				−0.067*	−0.064	−0.078			
				(−1.71)	(−1.41)	(−1.62)			
Ln_shell							−0.137***	−0.158***	−0.180***
							(−3.53)	(−3.34)	(−3.58)
Reform		−0.029	0.450		−0.032	0.451		−0.035	−0.180
		(−0.52)	(1.12)		(−0.58)	(1.12)		(−0.64)	(1.34)
MB		0.254**	0.119		0.237**	0.099		0.202*	0.091
		(2.46)	(0.80)		(2.27)	(0.66)		(1.96)	(0.62)
Tobin_Q		0.024***	0.028***		0.025***	0.029**		0.025***	0.029***
		(2.58)	(2.91)		(2.67)	(2.99)		(2.73)	(3.05)
Ipo_reject		0.021	0.289		0.008	0.279		−0.047	0.267
		(0.27)	(0.91)		(0.10)	(0.88)		(−0.60)	(0.85)
Age		0.013	−0.048		0.012	−0.048		−0.003	−0.066
		(0.31)	(−1.02)		(0.29)	(−1.03)		(−0.08)	(−1.42)
Size		0.030	0.041		0.032	0.045		0.032	0.040
		(1.31)	(1.51)		(1.40)	(1.63)		(1.39)	(1.47)
Reputation		0.031*	0.020		0.028*	0.018		0.024	0.013
		(1.78)	(1.11)		(1.65)	(0.98)		(1.39)	(0.74)
MSH		0.236	0.120		0.274	0.152		0.356	0.193
		(1.03)	(0.50)		(1.19)	(0.64)		(1.56)	(0.82)

续表

变量名称	Retention								
	(1)	(2)	(3)	(4)	(5)	(6)	(7)	(8)	(9)
Contant	0.414***	–0.420	0.077	0.408***	–0.482	–0.001	0.389***	–0.532	0.077
	(23.80)	(–1.03)	(0.11)	(22.78)	(–1.18)	(–0.00)	(20.76)	(–1.32)	(0.11)
Industry	NO	NO	YES	NO	NO	YES	NO	NO	YES
Year	NO	NO	YES	NO	NO	YES	NO	NO	YES
N	502	502	502	502	502	502	502	502	502
Adj_R^2	0.002	0.052	0.087	0.004	0.054	0.090	0.022	0.072	0.109

注：括号内为回归 *t* 值

4.4.3 稳健性检验

1. 替代变量检验

本章对研究假设 H1 进行替代变量稳健性检验时，采用了 Jones 模型（1991）来计算控制权转移公司的应计盈余管理。本章将该方法下计算出的盈余管理 *Dacc* 分别与控制权转移名义溢价 *Ln_nameP*、控制权转移真实溢价 *Ln_realP*、扣除“壳价值”的控制权转移真实溢价 *Ln_shell* 用模型（1）再次进行回归，回归结果如表 4-7 所示。表 4-7 结果显示，盈余管理 *Dacc* 与扣除“壳价值”的控制权转移真实溢价 *Ln_shell* 的回归系数为正且在 5%的水平上显著，盈余管理 *Dacc* 与控制权转移名义溢价 *Ln_nameP* 或控制权转移真实溢价 *Ln_realP* 的回归系数均不显著，表明本章研究假设 H1b 的结果具有一定的稳健性。

表 4-7　稳健性检验：盈余管理与控制权转移溢价回归的替代变量检验

变量名称	Ln_nameP			Ln_realP			Ln_shell		
	(1)	(2)	(3)	(4)	(5)	(6)	(7)	(8)	(9)
Dacc	0.167	0.108	0.103	0.146	0.091	0.119	0.220**	0.407**	0.428**
	(0.82)	(0.60)	(0.59)	(0.66)	(0.48)	(0.65)	(2.20)	(2.27)	(2.47)
Reform		–0.050	0.715**		–0.080	0.481		–0.050	0.655*
		(–0.97)	(1.97)		(–1.46)	(1.24)		(–0.96)	(1.80)
MB		–0.226**	–0.027		–0.396***	–0.276*		–0.380***	–0.171
		(–2.34)	(–0.20)		(–3.90)	(–1.92)		(–3.93)	(–1.27)
Tobin_Q		0.016*	0.018**		0.022**	0.021**		0.011	0.010
		(1.89)	(2.09)		(2.40)	(2.23)		(1.22)	(1.15)
Ipo_reject		–0.408***	0.020		–0.428***	–0.113		–0.521***	–0.115
		(–5.79)	(0.07)		(–5.77)	(–0.37)		(–7.38)	(–0.40)

续表

变量名称	Ln_nameP			Ln_realP			Ln_shell		
	(1)	(2)	(3)	(4)	(5)	(6)	(7)	(8)	(9)
Age		−0.074*	−0.101**		−0.055	−0.066		−0.117***	−0.125***
		(−1.84)	(−2.38)		(−1.30)	(−1.46)		(−2.92)	(−2.94)
Size		0.008	−0.019		0.039*	0.028		0.013	−0.012
		(0.39)	(−0.75)		(1.74)	(1.04)		(0.58)	(−0.48)
Reputation		−0.015	−0.020		−0.042**	−0.042**		−0.047***	−0.043***
		(−0.95)	(−1.21)		(−2.51)	(−2.41)		(−2.95)	(−2.66)
MSH		0.735***	0.291		0.988***	0.595***		0.897***	0.457**
		(3.46)	(1.35)		(4.41)	(2.60)		(4.21)	(2.12)
Contant	−0.057***	−0.703*	0.400	−0.127***	−1.351***	−0.755	−0.193***	−0.899**	0.073
	(−3.10)	(−1.86)	(0.64)	(−6.34)	(−3.38)	(−1.13)	(−9.80)	(−2.36)	(0.12)
Industry	NO	NO	YES	NO	NO	YES	NO	NO	YES
Year	NO	NO	YES	NO	NO	YES	NO	NO	YES
N	502	502	502	502	502	502	502	502	502
Adj_R^2	0.001	0.246	0.321	0.001	0.291	0.348	0.008	0.348	0.416

注：括号内为回归 *t* 值

本章对研究假设 H2 进行替代变量稳健性检验时，参考已有文献的做法，将 CEO 是否留任作为核心管理层留任的替代变量（吕长江等，2007），将控制权转移名义溢价 *Ln_nameP*、控制权转移真实溢价 *Ln_realP*、扣除“壳价值”的控制权转移真实溢价 *Ln_shell* 分别与 CEO 留任 *Retention* 进行 Logistic 回归，回归结果如表 4-8 所示。表 4-8 显示的回归结果与前文检验结果一致，不论是单变量回归或是分别加入企业特征和行业及年度宏观因素后的回归结果均显示，扣除“壳价值”的控制权转移真实溢价 *Ln_shell* 与 CEO 留任 *Retention* 的回归系数均在 5%的水平上显著为负，控制权转移名义溢价 *Ln_nameP*、控制权转移真实溢价 *Ln_realP* 与 CEO 留任 *Retention* 的回归系数均不显著，表明本章研究假设 H2b 的检验结果具有一定的稳健性。

表 4-8 稳健性检验：控制权转移溢价与核心管理层留任回归的替代变量检验

变量名称	Retention								
	(1)	(2)	(3)	(4)	(5)	(6)	(7)	(8)	(9)
Ln_nameP	0.111	0.132	0.202						
	(0.50)	(0.49)	(0.66)						

续表

变量名称	Retention								
	(1)	(2)	(3)	(4)	(5)	(6)	(7)	(8)	(9)
Ln_realP				−0.195	−0.232	−0.351			
				(−0.94)	(−0.90)	(−1.21)			
Ln_shell							−0.647**	−0.576**	−0.505**
							(−2.04)	(−2.02)	(−2.18)
Reform		−0.137	0.829		−0.160	1.117		0.846	4.04
		(−0.45)	(0.35)		(−0.52)	(0.47)		(−0.54)	(0.57)
MB		1.956***	0.882		1.827***	0.768		5.577***	2.103
		(3.35)	(0.99)		(3.11)	(0.86)		(2.93)	(0.83)
Tobin_Q		0.120**	0.129**		0.128**	0.141**		1.134**	1.152**
		(2.30)	(2.28)		(2.43)	(2.47)		(2.45)	(2.48)
Ipo_reject		−0.095	−0.083		−0.235	−0.136		0.660	0.839
		(−0.22)	(−0.05)		(−0.54)	(−0.07)		(−0.94)	(−0.09)
Age		0.119	−0.234		0.097	−0.287		1.041	0.697
		(0.49)	(−0.80)		(0.40)	(−0.98)		(0.16)	(−1.22)
Size		0.017	0.149		0.029	0.158		1.027	1.152
		(0.13)	(0.91)		(0.23)	(0.96)		(0.21)	(0.86)
Reputation		0.192**	0.129		0.182*	0.107		1.184*	1.099
		(2.01)	(1.21)		(1.89)	(1.00)		(1.74)	(0.88)
MSH		1.130	0.615		1.472	0.927		5.852	2.916
		(0.90)	(0.45)		(1.15)	(0.67)		(1.37)	(0.77)
Contant	−0.356***	−2.773	−4.990	−0.388***	−3.191	−5.241	0.635***	0.034	0.007
	(−3.89)	(−1.23)	(−1.21)	(−4.08)	(−1.40)	(−1.26)	(−4.43)	(−1.49)	(−1.18)
Industry	NO	NO	YES	NO	NO	YES	NO	NO	YES
Year	NO	NO	YES	NO	NO	YES	NO	NO	YES
N	502	502	502	502	502	502	502	502	502
Pseudo R^2	0.001	0.055	0.130	0.001	0.056	0.132	0.006	0.061	0.137
Wald χ^2	0.245	34.273	95.945	0.875	34.677	71.640	4.159	37.214	73.399
最大似然比	0.245	37.410	70.861	0.881	37.978	96.971	4.257	41.310	100.381
预测百分比	0.399	0.666	0.747	0.473	0.666	0.746	0.590	0.670	0.749

注：括号内为回归 Wald 卡方值

2. 新增控制变量及分组检验

已有研究在探究控制权转移的经济后果时，常考虑产权性质及目标公司股份流通性的影响（Chen et al.，2008；王克敏等，2014；王甄等，2016），因此，本章对研究假设 H1 进行新增控制变量稳健性检验时，选取买方公司和目标公司的产权属性以及目标公司股份属性作为新的控制变量加入原模型（1）进行回归。买方公司和目标公司的产权属性设置了四个虚拟变量，分别为 *Propertya*（买方公司和目标公司均为国有企业），*Propertyb*（买方公司和目标公司均为非国有企业），*Propertyc*（买方公司为国有企业，目标公司为非国有企业），*Propertyd*（买方公司为非国有企业，目标公司为国有企业），买方公司和目标公司的产权属性依据最终控制人的产权属性进行判断，其中买方公司的产权属性为手工搜集数据，结合股权转让数据库（CSMAR）、百度、谷歌等搜索引擎逐一判定所得。目标公司股份属性（*Share*）定义为流通股份赋值为 2，限售股份赋值为 1，非流通股份赋值为 0，回归结果如表 4-9 所示。表 4-9 回归结果表明，*Dacc* 与 *Ln_nameP* 和 *Ln_realP* 的回归系数不显著，*Dacc* 与 *Ln_shell* 的回归系数在 1%的水平上显著为正，研究假设 H1b 依然成立。

表 4-9 稳健性检验：新增控制变量后盈余管理与控制权转移溢价的回归结果

变量名称	*Ln_nameP*	*Ln_realP*	*Ln_shell*
	(1)	(2)	(3)
Dacc	0.029	0.119	0.429***
	(0.19)	(0.71)	(2.74)
Reform	0.556	0.373	0.582
	(1.47)	(0.93)	(1.54)
MB	−0.021	−0.269*	−0.186
	(−0.15)	(−1.87)	(−1.38)
Tobin_Q	0.018**	0.021**	0.010
	(2.09)	(2.23)	(1.19)
Ipo_reject	0.001	−0.087	−0.048
	(0.00)	(−0.28)	(−0.17)
Age	−0.112***	−0.077*	−0.131***
	(−2.62)	(−1.70)	(−3.07)
Size	−0.013	0.031	−0.007
	(−0.53)	(1.17)	(−0.30)
Reputation	−0.022	−0.044**	−0.043***
	(−1.33)	(−2.56)	(−2.68)
MSH	0.241	0.554**	0.380*
	(1.09)	(2.37)	(1.73)

续表

变量名称	*Ln_nameP*	*Ln_realP*	*Ln_shell*
	(1)	(2)	(3)
Propertya	0.010	0.004	–0.045
	(0.15)	(0.06)	(–0.65)
Propertyb	0.095	0.080	0.026
	(1.39)	(1.09)	(0.38)
Propertyc	0.066	0.099	0.025
	(0.89)	(1.25)	(0.34)
Share	0.057	0.064	0.063
	(1.29)	(1.36)	(1.42)
Contant	0.192	–0.872	0.051
	(0.30)	(–1.27)	(0.08)
Industry	YES	YES	YES
Year	YES	YES	YES
N	502	502	502
Adj_R^2	0.327	0.355	0.422

注：变量 *Propertyd* 由于共线在回归时被遗漏了，因此未在表中列报；括号内为回归 *t* 值

同时，考虑到负向盈余管理和正向盈余管理对于扣除“壳价值”的控制权转移真实溢价的影响机制会有所不同，进一步，本章将全样本分为 *Dacc* <0 的子样本和 *Dacc* >0 的子样本对 H1 进行了再检验，回归结果如表 4-10 和表 4-11 所示。表 4-10 列报了原模型（1）的分组检验结果，表 4-11 列报了在新增控制变量的情况下，H1 的分组检验回归结果。表 4-10 和表 4-11 回归结果表明，*Dacc* 与 *Ln_shell* 的回归系数在 *Dacc* <0 的子样本中为正且在 5%的水平上显著，在 *Dacc* >0 的子样本中不显著，*Dacc* 与 *Ln_nameP* 和 *Ln_realP* 的回归系数在 *Dacc* <0 和 *Dacc* >0 的两组子样本中均不显著，表明本章研究假设 H1b 的结果具有一定的稳健性。

表 4-10　稳健性检验：盈余管理与控制权转移溢价回归的分组检验

变量名称	*Dacc* >0			*Dacc* <0		
	Ln_nameP	*Ln_realP*	*Ln_shell*	*Ln_nameP*	*Ln_realP*	*Ln_shell*
	(1)	(2)	(3)	(4)	(5)	(6)
Dacc	–0.167	–0.168	–0.092	0.043	0.217	0.527**
	(–0.37)	(–0.35)	(–0.20)	(0.17)	(0.76)	(2.09)

续表

变量名称	Dacc >0			Dacc <0		
	Ln_nameP	Ln_realP	Ln_shell	Ln_nameP	Ln_realP	Ln_shell
	(1)	(2)	(3)	(4)	(5)	(6)
Reform	0.787	0.668	0.676	1.031*	0.577	0.928*
	(1.54)	(1.24)	(1.28)	(1.88)	(0.96)	(1.75)
MB	–0.138	–0.418*	–0.413*	0.071	–0.186	–0.010
	(–0.68)	(–1.94)	(–1.96)	(0.38)	(–0.90)	(–0.06)
Tobin_Q	0.021	0.013	0.012	0.025**	0.031**	0.017
	(1.44)	(0.86)	(0.78)	(2.28)	(2.52)	(1.60)
Ipo_reject	0.165	0.033	0.014	0.121	–0.117	–0.030
	(0.42)	(0.08)	(0.03)	(0.28)	(–0.24)	(–0.07)
Age	–0.167***	–0.173**	–0.166**	–0.041	0.022	–0.086
	(–2.62)	(–2.56)	(–2.52)	(–0.70)	(0.34)	(–1.51)
Size	0.002	0.027	0.018	–0.014	0.040	–0.021
	(0.04)	(0.64)	(0.44)	(–0.44)	(1.12)	(–0.65)
Reputation	–0.029	–0.038	–0.041	–0.009	–0.053**	–0.047**
	(–1.19)	(–1.49)	(–1.64)	(–0.38)	(–2.12)	(–2.15)
MSH	0.909***	0.942***	0.875***	–0.728**	–0.092	–0.252
	(2.94)	(2.89)	(2.74)	(–2.13)	(–0.24)	(–0.76)
Contant	0.509	–0.179	–0.003	0.195	–1.289	0.096
	(0.52)	(–0.17)	(–0.00)	(0.22)	(–1.31)	(0.11)
Industry	YES	YES	YES	YES	YES	YES
Year	YES	YES	YES	YES	YES	YES
N	251	251	251	251	251	251
Adj_R^2	0.292	0.311	0.337	0.379	0.384	0.501

注：括号内为回归 t 值

表 4-11　稳健性检验：新增控制变量后盈余管理与控制权转移溢价回归的分组检验

变量名称	Dacc >0			Dacc <0		
	Ln_nameP	Ln_realP	Ln_shell	Ln_nameP	Ln_realP	Ln_shell
	(1)	(2)	(3)	(4)	(5)	(6)
Dacc	–0.190	–0.158	–0.084	0.067	0.228	0.556**
	(–0.42)	(–0.33)	(–0.18)	(0.25)	(0.79)	(2.18)
Reform	0.578	0.605	0.658	0.977*	0.463	0.814
	(1.08)	(1.07)	(1.18)	(1.72)	(0.75)	(1.49)

续表

变量名称	Dacc >0			Dacc <0		
	Ln_nameP	Ln_realP	Ln_shell	Ln_nameP	Ln_realP	Ln_shell
	(1)	(2)	(3)	(4)	(5)	(6)
MB	–0.117	–0.388*	–0.380*	0.070	–0.162	0.006
	(–0.58)	(–1.82)	(–1.82)	(0.37)	(–0.77)	(0.03)
Tobin_Q	0.017	0.010	0.009	0.024**	0.030**	0.015
	(1.17)	(0.65)	(0.57)	(2.09)	(2.46)	(1.40)
Ipo_reject	0.032	0.003	0.005	0.146	–0.078	–0.000
	(0.08)	(0.01)	(0.01)	(0.33)	(–0.16)	(–0.00)
Age	–0.176***	–0.186***	–0.181***	–0.044	0.014	–0.085
	(–2.79)	(–2.78)	(–2.76)	(–0.74)	(0.21)	(–1.46)
Size	0.011	0.037	0.028	–0.012	0.034	–0.024
	(0.27)	(0.87)	(0.66)	(–0.35)	(0.92)	(–0.73)
Reputation	–0.035	–0.042*	–0.045*	–0.009	–0.059**	–0.049**
	(–1.47)	(–1.67)	(–1.81)	(–0.40)	(–2.34)	(–2.21)
MSH	1.023***	0.975***	0.900***	–0.772**	–0.097	–0.270
	(3.18)	(2.86)	(2.70)	(–2.21)	(–0.25)	(–0.80)
Propertya	0.163	0.060	0.045	–0.080	0.012	–0.077
	(1.44)	(0.51)	(0.39)	(–0.87)	(0.12)	(–0.87)
Propertyb	0.278**	0.191	0.175	–0.050	–0.000	–0.098
	(2.48)	(1.61)	(1.51)	(–0.54)	(–0.00)	(–1.11)
Propertyc	0.293**	0.228*	0.222*	–0.067	0.077	–0.082
	(2.47)	(1.82)	(1.81)	(–0.66)	(0.70)	(–0.84)
Share	0.033	0.020	0.011	0.038	0.099	0.092
	(0.49)	(0.28)	(0.15)	(0.52)	(1.25)	(1.31)
Contant	–0.142	–0.574	–0.336	0.228	–1.198	0.194
	(–0.14)	(–0.54)	(–0.32)	(0.25)	(–1.21)	(0.22)
Industry	YES	YES	YES	YES	YES	YES
Year	YES	YES	YES	YES	YES	YES
N	251	251	251	251	251	251
Adj_R^2	0.329	0.316	0.356	0.371	0.381	0.498

注：变量 *Propertyd* 由于共线在回归时被遗漏了，因此未在表中列报；括号内为回归 *t* 值

借鉴王克敏和刘博（2014）的研究，本章对研究假设 H2 进行新增控制变量稳健性检验时，选取公司成长性（*Growth*，*t*–1 年的营业收入增长

率）、目标公司老股东在控制权转移后是否持有目标公司股份（*AfterState*，若持股则赋值为 1，否则为 0）、买方公司和目标公司是否属于同一行业（*Same_Ind*，若属于同一行业则赋值为 1，否则为 0）作为新的控制变量加入原模型（4）进行回归，回归结果如表 4-12 所示。表 4-12 回归结果表明，*Ln_nameP* 和 *Ln_realP* 与 *Retention* 的回归系数不显著，*Ln_shell* 与 *Retention* 的回归系数在 1%的水平上显著为负，研究假设 H2b 依然成立。

表 4-12　稳健性检验：新增控制变量后控制权转移溢价与核心管理层留任的回归结果

变量名称	全样本		
	Retention		
	(1)	(2)	(3)
Ln_nameP	−0.052		
	(−1.01)		
Ln_realP		−0.076	
		(−1.57)	
Ln_shell			−0.182***
			(−3.60)
Reform	0.440	0.441	0.526
	(1.08)	(1.09)	(1.31)
MB	0.117	0.098	0.089
	(0.79)	(0.65)	(0.60)
Tobin_Q	0.028***	0.029***	0.029***
	(2.91)	(2.97)	(3.03)
Ipo_reject	0.271	0.264	0.252
	(0.84)	(0.82)	(0.80)
Age	−0.049	−0.049	−0.068
	(−1.03)	(−1.03)	(−1.44)
Size	0.040	0.043	0.038
	(1.43)	(1.55)	(1.39)
Reputation	0.019	0.017	0.012
	(1.07)	(0.95)	(0.69)
MSH	0.119	0.149	0.191
	(0.50)	(0.62)	(0.81)
Growth	−0.001	−0.001	−0.002
	(−0.81)	(−0.72)	(−0.91)
AfterState	−0.017	−0.014	−0.015
	(−0.41)	(−0.35)	(−0.37)

续表

变量名称	全样本		
	Retention		
	(1)	(2)	(3)
Same_Ind	0.003	0.002	–0.001
	(0.07)	(0.06)	(–0.02)
Contant	0.083	0.005	0.086
	(0.12)	(0.01)	(0.13)
Industry	YES	YES	YES
Year	YES	YES	YES
N	502	502	502
Adj_R^2	0.082	0.085	0.105

注：括号内为回归 *t* 值

同时，考虑到负向盈余管理和正向盈余管理下扣除“壳价值”的控制权转移真实溢价对于核心管理层留任的作用机制会有所不同，进一步，本章将全样本分为 *Dacc* <0 的子样本和 *Dacc* >0 的子样本对 H2 进行了再检验，回归结果如表 4-13 和表 4-14 所示。表 4-13 列报了原模型（4）的分组检验结果，表 4-14 列报了在新增控制变量的情况下，H2 的分组检验回归结果。表 4-13 和表 4-14 回归结果表明，*Ln_shell* 与 *Retention* 的回归系数在 *Dacc* <0 的子样本中为负且在 1%的水平上显著，在 *Dacc* >0 的子样本中不显著，*Ln_nameP* 和 *Ln_realP* 与 *Retention* 的回归系数在 *Dacc* <0 和 *Dacc* >0 的两组子样本中在 5%的水平上均不显著，表明本章研究假设 H2b 的结果具有一定的稳健性。

表 4-13　稳健性检验：控制权转移溢价与核心管理层留任的分组检验

变量名称	*Dacc* >0			*Dacc* <0		
	Retention			*Retention*		
	(1)	(2)	(3)	(4)	(5)	(6)
Ln_nameP	0.013			–0.158		
	(0.17)			(–1.59)		
Ln_realP		–0.078			–0.122*	
		(–1.13)			(–1.68)	
Ln_shell			–0.091			–0.330***
			(–1.30)			(–4.17)

续表

变量名称	Dacc >0			Dacc <0		
	Retention			Retention		
	(1)	(2)	(3)	(4)	(5)	(6)
Reform	0.660	0.722	0.732	0.432	0.336	0.555
	(1.20)	(1.32)	(1.34)	(0.67)	(0.53)	(0.89)
MB	0.248	0.213	0.208	0.001	–0.031	0.007
	(1.14)	(0.97)	(0.95)	(0.00)	(–0.14)	(0.03)
Tobin_Q	0.036**	0.038**	0.038**	0.020	0.020	0.021*
	(2.32)	(2.42)	(2.42)	(1.55)	(1.52)	(1.72)
Ipo_reject	0.448	0.453	0.451	0.190	0.155	0.143
	(1.06)	(1.07)	(1.07)	(0.37)	(0.30)	(0.29)
Age	–0.116*	–0.131*	–0.133*	–0.014	–0.005	–0.037
	(–1.67)	(–1.90)	(–1.93)	(–0.21)	(–0.08)	(–0.56)
Size	0.017	0.019	0.018	0.074*	0.081**	0.069*
	(0.38)	(0.44)	(0.42)	(1.93)	(2.11)	(1.85)
Reputation	0.052**	0.049*	0.048*	–0.032	–0.037	–0.046*
	(2.02)	(1.89)	(1.86)	(–1.23)	(–1.40)	(–1.78)
MSH	–0.154	–0.070	–0.064	0.210	0.316	0.261
	(–0.46)	(–0.21)	(–0.19)	(0.52)	(0.79)	(0.68)
Contant	0.664	0.653	0.667	–0.528	–0.721	–0.571
	(0.64)	(0.63)	(0.65)	(–0.51)	(–0.69)	(–0.57)
Industry	YES	YES	YES	YES	YES	YES
Year	YES	YES	YES	YES	YES	YES
N	251	251	251	251	251	251
Adj_R^2	0.102	0.107	0.109	0.073	0.079	0.137

注：括号内为回归 t 值

表 4-14　稳健性检验：新增控制变量后控制权转移溢价与核心管理层留任的分组检验

变量名称	Dacc >0			Dacc <0		
	Retention			Retention		
	(1)	(2)	(3)	(4)	(5)	(6)
Ln_nameP	0.010			–0.119		
	(0.14)			(–1.63)		
Ln_realP		–0.083			–0.153*	
		(–1.18)			(–1.90)	

续表

变量名称	*Dacc* >0			*Dacc* <0		
	Retention			*Retention*		
	(1)	(2)	(3)	(4)	(5)	(6)
Ln_shell			–0.095			–0.328***
			(–1.34)			(–4.10)
Reform	0.658	0.718	0.727	0.263	0.353	0.475
	(1.19)	(1.30)	(1.32)	(0.40)	(0.54)	(0.75)
MB	0.259	0.223	0.217	–0.032	–0.001	0.010
	(1.16)	(0.99)	(0.97)	(–0.15)	(–0.00)	(0.05)
Tobin_Q	0.035**	0.036**	0.036**	0.019	0.019	0.021*
	(2.20)	(2.27)	(2.27)	(1.42)	(1.45)	(1.66)
Ipo_reject	0.455	0.460	0.458	0.086	0.119	0.065
	(1.06)	(1.08)	(1.08)	(0.16)	(0.23)	(0.13)
Age	–0.117*	–0.133*	–0.134*	–0.000	–0.011	–0.038
	(–1.67)	(–1.91)	(–1.94)	(–0.00)	(–0.16)	(–0.55)
Size	0.017	0.019	0.019	0.075*	0.068*	0.064*
	(0.38)	(0.44)	(0.43)	(1.92)	(1.76)	(1.69)
Reputation	0.053**	0.049*	0.049*	–0.037	–0.032	–0.045*
	(2.01)	(1.89)	(1.87)	(–1.37)	(–1.20)	(–1.74)
MSH	–0.150	–0.061	–0.055	0.322	0.221	0.272
	(–0.44)	(–0.18)	(–0.16)	(0.80)	(0.55)	(0.70)
Growth	0.001	0.001	0.001	0.001	–0.000	–0.002
	(0.24)	(0.24)	(0.22)	(0.08)	(–0.05)	(–0.20)
AfterState	0.032	0.041	0.041	–0.001	–0.007	–0.021
	(0.52)	(0.66)	(0.66)	(–0.01)	(–0.11)	(–0.35)
Same_Ind	–0.007	–0.005	–0.005	0.049	0.043	0.031
	(–0.12)	(–0.09)	(–0.08)	(0.87)	(0.76)	(0.56)
Contant	0.665	0.651	0.666	–0.558	–0.745	–0.614
	(0.64)	(0.63)	(0.64)	(–0.53)	(–0.70)	(–0.60)
Industry	YES	YES	YES	YES	YES	YES
Year	YES	YES	YES	YES	YES	YES
N	251	251	251	251	251	251
Adj_R^2	0.091	0.097	0.099	0.073	0.069	0.127

注：括号内为回归 *t* 值

4.4.4　内生性检验

1. 遗漏变量的交互效应检验

以往研究表明，公司业绩高低是管理层进行盈余管理的重要影响因素（王福胜等，2014），应用到本章的研究情景中，控制权溢价的高低有可能并不是盈余管理导致的，而是公司本身业绩所造成的经济后果。因此，为了排除这一可能性，在H1的内生性检验部分，本章考虑了公司业绩高低对于盈余管理与扣除“壳价值”的控制权转移真实溢价之间的影响。具体来说，首先，借鉴已有研究（Chen et al.，2008；王福胜等，2014），本章选取总资产收益率（ROA）作为公司业绩的代表，根据公司在控制权转移前一年的ROA定义代表公司业绩高低的虚拟变量 *G_performance*，若公司在控制权转移前一年的ROA高于当年行业中位数，则赋值为1，否则赋值为0；其次，本章将 *G_performance* 及 *G_performance* 与 *Dacc* 的交乘项一同加入原模型（1）进行回归，回归结果如表4-15所示，列（4）～（6）在列（1）～（3）的基础上加入了稳健性检验中的新增控制变量。表4-15回归结果显示，交乘项 *G_performance*×*Dacc* 的系数仅与 *Ln_shell* 在5%水平上显著为正，此时用合并同类项的方式来分析公司业绩 *G_performance* 对盈余管理 *Dacc* 与扣除“壳价值”的控制权转移真实溢价 *Ln_shell* 的调节效应。

以表4-15列（3）的回归结果为例，*G_performance* 的调节效应表达为如下函数：

$$Ln\_shell = 0.132 + 0.172 \times Dacc + 0.062 \times G\_performance + 0.709 \times G\_performance \times Dacc + \cdots$$

将第二项和第四项提取公因式，并重新整合得到如下公式：

$$Ln\_shell = 0.132 + (0.172 + 0.709 \times G\_performance) \times Dacc + 0.062 \times G\_performance + \cdots$$

当公司业绩较差时，*G_performance* 取0，此时 *Dacc* 与 *Ln_shell* 的相关系数仅为0.172，而当公司业绩较好时，*G_performance* 取1，此时 *Dacc* 与 *Ln_shell* 的相关系数上升至0.881，表明在业绩更好的公司中，负向盈余管理越严重，扣除“壳价值”的控制权转移真实溢价越低，与本章的研究结论保持一致。

表 4-15　内生性检验：考虑遗漏变量“公司业绩”对盈余管理与控制权转移溢价的影响

变量名称	Ln_nameP	Ln_realP	Ln_shell	Ln_nameP	Ln_realP	Ln_shell
	(1)	(2)	(3)	(4)	(5)	(6)
Dacc	−0.126	−0.031	0.172	−0.042	−0.126	0.176
	(−0.67)	(−0.15)	(0.90)	(−0.21)	(−0.67)	(0.92)
G_performance	0.124***	0.102***	0.062*	0.100***	0.121***	0.060*
	(3.72)	(2.85)	(1.85)	(2.80)	(3.63)	(1.79)
G_performance × Dacc	0.294	0.344	0.709**	0.349	0.296	0.721**
	(0.83)	(0.91)	(2.00)	(0.93)	(0.84)	(2.04)
Reform	0.753**	0.516	0.685*	0.413	0.607	0.596
	(2.10)	(1.34)	(1.89)	(1.04)	(1.63)	(1.59)
MB	0.066	−0.205	−0.138	−0.192	0.070	−0.132
	(0.48)	(−1.41)	(−1.01)	(−1.32)	(0.52)	(−0.96)
Tobin_Q	0.019**	0.022**	0.013	0.021**	0.019**	0.012
	(2.17)	(2.34)	(1.46)	(2.31)	(2.17)	(1.38)
Ipo_reject	−0.031	−0.147	−0.111	−0.122	−0.042	−0.068
	(−0.11)	(−0.48)	(−0.39)	(−0.40)	(−0.14)	(−0.23)
Age	−0.105**	−0.067	−0.121***	−0.080*	−0.115***	−0.130***
	(−2.50)	(−1.49)	(−2.85)	(−1.77)	(−2.73)	(−3.07)
Size	−0.037	0.013	−0.019	0.017	−0.031	−0.014
	(−1.48)	(0.49)	(−0.77)	(0.62)	(−1.23)	(−0.55)
Reputation	−0.021	−0.043**	−0.043***	−0.046***	−0.024	−0.044***
	(−1.34)	(−2.50)	(−2.67)	(−2.67)	(−1.47)	(−2.74)
MSH	0.190	0.506**	0.402*	0.473**	0.141	0.334
	(0.89)	(2.20)	(1.86)	(2.02)	(0.65)	(1.51)
Propertya				0.001	0.007	−0.051
				(0.01)	(0.10)	(−0.74)
Propertyb				0.072	0.086	0.019
				(0.99)	(1.28)	(0.28)
Propertyc				0.099	0.066	0.023
				(1.26)	(0.90)	(0.31)
Share				0.062	0.055	0.062
				(1.33)	(1.25)	(1.39)
Contant	0.519	−0.661	0.132	−0.767	0.325	0.085
	(0.83)	(−0.99)	(0.21)	(−1.12)	(0.51)	(0.13)

续表

变量名称	*Ln_nameP*	*Ln_realP*	*Ln_shell*	*Ln_nameP*	*Ln_realP*	*Ln_shell*
	(1)	(2)	(3)	(4)	(5)	(6)
Industry	YES	YES	YES	YES	YES	YES
Year	YES	YES	YES	YES	YES	YES
N	502	502	502	502	502	502
Adj_R^2	0.338	0.358	0.424	0.364	0.343	0.428

注：变量 *Propertyd* 由于共线在回归时被遗漏了，因此未在表中列报；括号内为回归 *t* 值

同时，以往研究表明，当公司发生控制权转移时，资本市场上的股价会表现出有规律的异常波动（Chen et al.，2008；王化成等，2010）。本章已述及，管理层是在“名溢实折”的情景下，通过降低扣除“壳价值”的控制权转移真实溢价而提升自身的留任机率，这既能满足“卖方”高溢价卖出的诉求，也能体现买方以财富效应最大化目标（而非买价最低目标）对交易方案进行评判并最终选择接受交易的内在逻辑。因此，如果“名溢实折”的控制权交易策略有效，高定价方案会传递出转让优质目标公司的信息，此消息宣告带来的短期市场绩效也会更好，相应地，在研究假设 H2 的内生性检验部分，本章考虑了目标公司控制权转移首次宣告日前后市场反应的高低对于扣除“壳价值”的控制权转移真实溢价与核心管理层留任之间的影响。具体来说，首先，借鉴已有研究（王化成等，2010），本章选取目标公司控制权转移首次宣告日前后的累计超额收益率作为市场反应的替代变量，以[–150,–30]作为市场模型估计的清洁期进行计算，若目标公司控制权转移首次宣告日前 30 天开始至首次宣告日后 5 天[–30,+5]的累计超额收益率高于当年中位数，则赋值 *CAR* 为 1，否则赋值为 0；其次，本章将 *CAR* 及 *CAR* 与控制权转移溢价的交乘项一同加入原模型（4）进行回归，回归结果如表 4-16 所示，列（4）～（6）在列（1）～（3）的基础上加入了稳健性检验中的新增控制变量。表 4-16 回归结果显示，仅交乘项 $CAR\times Ln\_shell$ 的系数在 5%水平上显著为负，此时用合并同类项的方式来分析市场反应 *CAR* 对扣除“壳价值”的控制权转移真实溢价 *Ln_shell* 与管理层留任 *Retention* 的调节效应。

以表 4-16 列（3）的回归结果为例，*CAR* 的调节效应表达为如下函数：

$$Retention = 0.066 - 0.066\times Ln\_shell + 0.039\times CAR - 0.166\times CAR\times Ln\_shell + \cdots$$

将第二项和第四项提取公因式，并重新整合得到如下公式：

$$Retention=0.066+(-0.066-0.166\times CAR)\times Ln\_shell+0.039\times CAR+\cdots$$

当市场反应较差时，*CAR* 取 0，此时 *Ln_shell* 与 *Retention* 的相关系数仅为–0.066，而当市场反应较好时，*CAR* 取 1，此时 *Ln_shell* 与 *Retention* 的相关系数为–0.232，这表明“名溢实折”定价策略向市场传递了高定价交易信息，短期市场绩效好代表买方以财富效应最大化目标而非买价最低目标购买了目标公司，买卖双方的利益诉求得以实现，此时，扣除“壳价值”的控制权转移真实溢价越低，目标公司核心管理层在控制权转移后留任的比例越高，与本章的研究结论保持一致。

表 4-16　内生性检验：考虑遗漏变量市场反应对控制权转移溢价与核心管理层留任的影响

变量名称	*Retention*					
	(1)	(2)	(3)	(4)	(5)	(6)
Ln_nameP	0.024			0.025		
	(0.33)			(0.34)		
CAR	0.075**	0.064*	0.039	0.077**	0.066*	0.040
	(2.13)	(1.77)	(1.04)	(2.19)	(1.81)	(1.07)
CAR × *Ln_nameP*	–0.113			–0.119		
	(–1.29)			(–1.34)		
Ln_realP		0.012			0.016	
		(0.17)			(0.23)	
CAR× *Ln_realP*		–0.129			–0.131	
		(–1.62)			(–1.64)	
Ln_shell			–0.066			–0.063
			(–0.95)			(–0.90)
CAR×*Ln_shell*			–0.166**			–0.174**
			(–2.08)			(–2.17)
Reform	0.456	0.455	0.530	0.452	0.446	0.523
	(1.14)	(1.14)	(1.34)	(1.12)	(1.11)	(1.31)
MB	0.091	0.075	0.067	0.087	0.073	0.063
	(0.61)	(0.51)	(0.46)	(0.58)	(0.49)	(0.43)
Tobin_Q	0.029***	0.030***	0.030***	0.029***	0.030***	0.030***
	(3.00)	(3.10)	(3.13)	(2.98)	(3.08)	(3.12)

续表

变量名称	Retention					
	(1)	(2)	(3)	(4)	(5)	(6)
Ipo_reject	0.304	0.292	0.268	0.292	0.277	0.251
	(0.97)	(0.93)	(0.86)	(0.92)	(0.87)	(0.80)
Age	−0.057	−0.055	−0.077	−0.059	−0.056	−0.079*
	(−1.21)	(−1.18)	(−1.65)	(−1.24)	(−1.19)	(−1.68)
Size	0.045*	0.047*	0.041	0.044	0.045	0.039
	(1.66)	(1.72)	(1.52)	(1.58)	(1.65)	(1.44)
Reputation	0.020	0.017	0.012	0.019	0.016	0.011
	(1.11)	(0.95)	(0.66)	(1.05)	(0.90)	(0.59)
MSH	0.131	0.154	0.173	0.129	0.151	0.169
	(0.55)	(0.65)	(0.74)	(0.54)	(0.63)	(0.72)
Growth				−0.002	−0.002	−0.002
				(−1.07)	(−0.91)	(−1.19)
AfterState				−0.013	−0.016	−0.019
				(−0.32)	(−0.39)	(−0.46)
Same_Ind				−0.001	0.000	−0.002
				(−0.03)	(0.01)	(−0.04)
Contant	0.024	−0.032	0.066	0.039	−0.023	0.080
	(0.03)	(−0.05)	(0.10)	(0.06)	(−0.03)	(0.12)
Industry	YES	YES	YES	YES	YES	YES
Year	YES	YES	YES	YES	YES	YES
N	502	502	502	502	502	502
Adj_R^2	0.096	0.101	0.121	0.093	0.097	0.118

注：括号内为回归 t 值

2. Heckman 检验（样本选择性偏误）

为了降低和缓解控制权转移过程中可能存在的样本选择性偏误，借鉴王甄和胡军（2016）的研究，本章选取 Heckman 两阶段模型进行内生性检验。首先，本章使用 Rosenbaum 和 Rubin（1983）提出的倾向评分配比法（PSM），以模型（1）和（4）的 7 个控制变量为特征变量①，以发生了控

① 由于 IPO 拒绝率（*Ipo_reject*）衡量的是每一年度 IPO 和管理政策的松紧，不会因公司是否发生控制权转移而产生差异，因此在进行 PSM 配对时未选取此指标；由于前述稳健性检验中的新增控制变量为发生控制权转移的公司才能够予以衡量的指标，因此在进行 PSM 配对时也未对其进行选取。

制权转移的样本公司为处理组、未发生控制权转移的公司为控制组进行 1∶1 匹配，PSM 后一共得到 946 个观测样本（表 4-17 和图 4-1），再用 Heckman 两阶段模型进行内生性检验。

表 4-17　内生性检验：PSM 匹配前后的样本特征对比

变量	样本	平均值		偏差/%	减幅/%	*T* 值
		处理组	控制组			
Reform	匹配前	0.434	0.909	−117.1	99.6	−34.54***
	匹配后	0.434	0.436	−0.5		−0.06
MB	匹配前	0.622	0.582	16.9	84.2	3.59***
	匹配后	0.622	0.616	2.7		0.44
Tobin_Q	匹配前	0.406	−0.099	3.8	64.9	0.61
	匹配后	0.406	0.584	−1.3		−0.26
Age	匹配前	2.368	2.584	−45.2	89.4	−10.58***
	匹配后	2.368	2.345	4.8		0.74
Size	匹配前	20.974	21.687	−60.3	97.4	−12.07***
	匹配后	20.974	20.992	−1.6		−0.26
Reputation	匹配前	1.731	2.570	−65.7	92.9	−13.69***
	匹配后	1.731	1.671	4.7		0.78
MSH	匹配前	0.023	0.119	−64.8	96.6	−11.07***
	匹配后	0.023	0.019	2.2		0.65

注：①“匹配前”指未实施倾向得分配对前的样本，“匹配后”指进行最近邻匹配后的样本；②“处理组”表示发生控制权转移的公司，“控制组”表示未发生控制权转移的公司

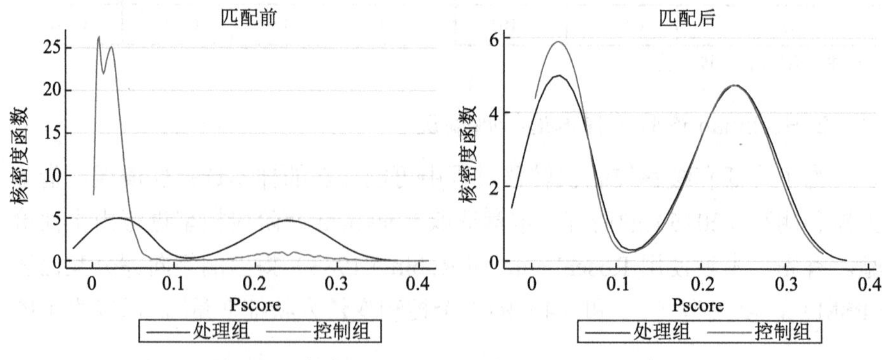

图 4-1　处理组和控制组 PSM 配对前后的核密度函数分布对比

在对 H1 进行内生性检验时，本章选取目标公司核心管理层籍贯地的

地区人口教育水平（*Education*）作为工具变量（*IV*）加入 Heckman 第一阶段 Probit 模型进行回归，如模型（5）所示，因变量为企业是否发生控制权转移 *Transfer*，如果企业发生了控制权转移赋值为 1，否则为 0。一般而言，工具变量需同时满足相关性和外生性条件。一方面，地区人口教育水平反映了一个地区的诚信度和社会规范水平（姜付秀等，2015b），当核心管理层籍贯地的地区人口教育水平越高时，其出于自利而通过负向盈余管理压低目标公司控制权转移价格与新控股股东“合谋”的可能性就越低，另一方面，地区人口教育水平属于宏观层面影响因素，而控制权转移价格是各方交易主体博弈的结果（王克敏等，2014），目标公司核心管理层籍贯地的地区人口教育水平（*IV*）的强弱不直接影响扣除“壳价值”的控制权转移真实溢价（第二阶段因变量 *Ln_shell*）的高低，*IV* 具有一定的外生性。核心管理层籍贯地以 CSMAR 数据库披露的 CEO 和 CFO 简历及籍贯信息为基础，结合新浪财经人物、百度、搜狗、360 综合搜索等互联网工具，通过手动收集和整理所得。借鉴姜付秀等（2015b）的研究，地区人口教育水平的计算方法为籍贯地平均每百人中受高等教育的人数（单位：人），数据来源于国家统计局官网的中国统计年鉴，相应缺失值通过查阅人口统计年鉴进行补充。

$$Transfer_{i,t} = \omega_1 Education_{i,t} + \omega_2' Control + \omega_j Year_{i,t} + \omega_k Industry_{i,t} + \zeta_{i,t} \quad (5)$$

表 4-18 列报了 Heckman 两阶段模型的回归结果，列（1）为第一阶段回归，列（2）～（7）为第二阶段回归[加入逆米尔斯指数（*Invmr*）后按模型 1 回归]，列（5）～（7）在列（2）～（4）的基础上增加了稳健性检验中的新增控制变量。回归结果显示，在第一阶段，工具变量地区人口教育水平（*Education*）与控制权是否转移（*Transfer*）在 5%水平上显著负相关；在第二阶段，逆米尔斯指数（*Invmr*）在 1%水平上显著，*Dacc* 与 *Ln_shell* 依然在 1%水平上显著正相关，表明控制了样本选择性偏误后，H1b 的结论仍然成立。

表 4-18　内生性检验：盈余管理与控制权转移溢价的 Heckman 检验

变量名称	First-stage	Second-stage					
	(1)	(2)	(3)	(4)	(5)	(6)	(7)
	Transfer	*Ln_nameP*	*Ln_realP*	*Ln_shell*	*Ln_nameP*	*Ln_realP*	*Ln_shell*
Education	−0.006**						
	(4.18)						

续表

变量名称	First-stage	Second-stage					
	(1)	(2)	(3)	(4)	(5)	(6)	(7)
	Transfer	*Ln_nameP*	*Ln_realP*	*Ln_shell*	*Ln_nameP*	*Ln_realP*	*Ln_shell*
Dacc		0.039	0.144	0.421***	0.041	0.138	0.427***
		(0.25)	(0.89)	(2.76)	(0.27)	(0.85)	(2.79)
Reform	−0.044	−0.000	−0.301	−0.033	−0.099	−0.355	−0.086
	(0.02)	(−0.00)	(−0.66)	(−0.08)	(−0.23)	(−0.76)	(−0.20)
MB	0.275	0.107	−0.142	−0.042	0.095	−0.147	−0.051
	(0.62)	(0.75)	(−0.94)	(−0.30)	(0.66)	(−0.97)	(−0.35)
Tobin_Q	−0.002	0.020**	0.022**	0.012	0.020**	0.021**	0.011
	(0.40)	(2.29)	(2.39)	(1.39)	(2.31)	(2.37)	(1.33)
Ipo_reject	−0.751	−0.430	−0.596*	−0.529*	−0.418	−0.536	−0.465
	(0.74)	(−1.34)	(−1.76)	(−1.66)	(−1.29)	(−1.56)	(−1.44)
Age	0.319***	0.084	0.133*	0.062	0.061	0.107	0.041
	(7.31)	(1.23)	(1.84)	(0.92)	(0.88)	(1.47)	(0.60)
Size	−0.100	−0.067**	−0.028	−0.065**	−0.056*	−0.020	−0.056*
	(2.65)	(−2.17)	(−0.87)	(−2.11)	(−1.79)	(−0.59)	(−1.78)
Reputation	0.068	0.013	−0.006	−0.010	0.008	−0.011	−0.013
	(2.26)	(0.66)	(−0.29)	(−0.50)	(0.44)	(−0.53)	(−0.66)
MSH	1.222**	0.949***	1.293***	1.099***	0.835***	1.190***	0.976***
	(3.99)	(3.26)	(4.18)	(3.78)	(2.79)	(3.74)	(3.26)
Propertya					0.012	−0.006	−0.044
					(0.17)	(−0.09)	(−0.65)
Propertyb					0.080	0.050	0.010
					(1.19)	(0.70)	(0.15)
Propertyc					0.039	0.059	−0.002
					(0.53)	(0.76)	(−0.03)
Share					0.053	0.068	0.065
					(1.22)	(1.47)	(1.49)
Invmr		1.007***	1.090***	0.975***	0.916***	0.996***	0.893***
		(3.37)	(3.43)	(3.27)	(3.04)	(3.11)	(2.96)
Contant	0.9466	−0.450	−1.550**	−0.579	−0.618	−1.598**	−0.594
	(0.68)	(−0.71)	(−2.29)	(−0.91)	(−0.95)	(−2.31)	(−0.91)
Industry	YES	YES	YES	YES	YES	YES	YES

续表

变量名称	First-stage	Second-stage					
	(1)	(2)	(3)	(4)	(5)	(6)	(7)
	Transfer	*Ln_nameP*	*Ln_realP*	*Ln_shell*	*Ln_nameP*	*Ln_realP*	*Ln_shell*
Year	YES	YES	YES	YES	YES	YES	YES
N	946	502	502	502	502	502	502
Chi–Square	86.61***						
Adj_R^2		0.341	0.372	0.436	0.344	0.375	0.437

注：Heckman 第一阶段的 Probit 模型回归结果仅包括参数估计值、Wald 卡方、*P* 值及标准误差，不包括 *t* 值，因此列（1）所列示第一阶段回归结果中括号内为 Wald 卡方值；变量 *Propertyd* 由于共线在回归时被遗漏了，未在表中列报；括号内为回归 *t* 值

在对 H2 进行内生性检验时，本章选取目标公司控制权转移前管理层权力（*Power*）作为工具变量（*IV*）加入 Heckman 第一阶段 Probit 模型进行回归，如模型（6）所示，因变量为企业是否发生控制权转移 *Transfer*，如果企业发生了控制权转移赋值为 1，否则为 0。借鉴悉尼·芬克斯坦（Sydney Finkelstein）（Finkelstein，1992）、权小锋和吴世农（2010）的研究，管理层权力（*Power*）通过以下四个指标（*t*–1 年）打分加总的形式予以构建：①董事会规模，若 *t*–1 年目标公司董事会人数超过当年行业中位数则赋值为 1，否则为 0；②目标公司是否为股权分散的公司，若 *t*–1 年第一大股东占比小于当年行业中位数，赋值为 1，否则为 0；③目标公司独立董事与公司工作地点是否一致，*t*–1 年的地点若不一致则赋值为 1，否则为 0；④金字塔层级，目标公司控股股东到公司最长控制链条的层数，若 *t*–1 年公司最长控制链条的层数大于行业中位数则赋值为 1，否则为 0（王茂林等，2014；张行等，2019）。[①]一般而言，工具变量需同时满足相关性和外生性条件。一方面，本章所度量的管理层权力是公司层面的相对权力，公司层面管理层权力越大，核心管理层越可能出于自利与买方“合谋”压价以获得控制权转移后的留任福利，另一方面，公司层面的管理层相对权力并非管理层个人本身的能力，因为管理层个人本身的能力会影响其留任的机率（不满足 *IV* 的外生性条件），而控制权转移前公司层面的管理层相对权力（*IV*）的强弱不直接影响公司控制权转移后核心管理层个人的留任机率（第二阶段因变量 *Retention*），此 *IV* 具有一

① 所采用的金字塔层级相关数据是通过手动查询巨潮资讯网站年报资料、整理计算年报中披露的控股关系链图所得，其余指标计算所使用的数据均源于 CSMAR。

定的外生性。

$$Transfer_{i,t} = \upsilon_1 Power_{i,t} + \upsilon_2' Control + \upsilon_j Year_{i,t} + \upsilon_k Industry_{i,t} + \varsigma_{i,t} \quad (6)$$

表 4-19 列报了 Heckman 两阶段模型的回归结果，列（1）为第一阶段回归，列（2）～（7）为第二阶段回归[加入逆米尔斯指数（*Invmr*）后按模型 4 回归]，列（5）～（7）在列（2）～（4）的基础上增加了稳健性检验中的新增控制变量。回归结果显示，在第一阶段，工具变量管理层权力（*Power*）与控制权是否转移（*Transfer*）在 5%水平上显著正相关，表明工具变量是有效的；在第二阶段，逆米尔斯指数（*Invmr*）在 1%水平上显著，*Ln_shell* 与 *Retention* 依然在 1%水平上显著负相关，表明控制了样本选择性偏误后，H2b 的结论仍然成立。

表 4-19 内生性检验：控制权转移溢价与核心管理层留任的 Heckman 检验

变量名称	First-stage	Second-stage					
	(1)	(2)	(3)	(4)	(5)	(6)	(7)
	Transfer	*Retention*					
Power	0.153**						
	(7.49)						
Ln_nameP		–0.063			–0.063		
		(–1.23)			(–1.24)		
Ln_realP			–0.073			–0.072	
			(–1.53)			(–1.49)	
Ln_shell				–0.180***			–0.180***
				(–3.60)			(–3.58)
Reform	0.071	0.153	0.157	0.235	0.126	0.128	0.213
	(0.057)	(0.37)	(0.38)	(0.57)	(0.30)	(0.30)	(0.51)
MB	0.348	0.164	0.142	0.132	0.169	0.147	0.135
	(1.00)	(1.12)	(0.96)	(0.91)	(1.14)	(0.99)	(0.92)
Tobin_Q	–0.002	0.026***	0.026***	0.027***	0.026***	0.027***	0.027***
	(0.25)	(2.69)	(2.73)	(2.82)	(2.73)	(2.76)	(2.86)
Ipo_reject	–0.783	0.098	0.097	0.082	0.061	0.062	0.050
	(0.81)	(0.30)	(0.30)	(0.26)	(0.19)	(0.19)	(0.16)
Age	0.345***	0.024	0.021	0.006	0.023	0.022	0.005
	(8.43)	(0.44)	(0.41)	(0.11)	(0.44)	(0.41)	(0.09)

续表

变量名称	First-stage	Second-stage					
	(1)	(2)	(3)	(4)	(5)	(6)	(7)
	Transfer	*Retention*					
Size	–0.122**	0.021	0.025	0.020	0.018	0.022	0.018
	(3.89)	(0.74)	(0.88)	(0.74)	(0.63)	(0.78)	(0.65)
Reputation	0.066	0.025	0.022	0.018	0.025	0.023	0.018
	(2.15)	(1.36)	(1.22)	(0.99)	(1.36)	(1.23)	(0.97)
MSH	1.286**	0.360	0.374	0.425*	0.366	0.380	0.428*
	(4.44)	(1.43)	(1.48)	(1.71)	(1.44)	(1.49)	(1.70)
Growth					–0.000	–0.000	–0.001
					(–0.23)	(–0.15)	(–0.34)
AfterState					–0.030	–0.027	–0.029
					(–0.72)	(–0.65)	(–0.69)
Same_Ind					0.016	0.015	0.013
					(0.41)	(0.41)	(0.35)
Invmr		0.403***	0.384***	0.394***	0.407***	0.390***	0.394***
		(2.90)	(2.77)	(2.87)	(2.85)	(2.73)	(2.79)
Contant	0.8841	–0.259	–0.321	–0.261	–0.276	–0.338	–0.272
	(0.59)	(–0.38)	(–0.47)	(–0.38)	(–0.40)	(–0.49)	(–0.40)
Industry	YES	YES	YES	YES	YES	YES	YES
Year	YES	YES	YES	YES	YES	YES	YES
N	946	502	502	502	502	502	502
Chi-Square	90.25***						
Adj_R^2		0.101	0.102	0.122	0.096	0.097	0.118

注：Heckman 第一阶段的 Probit 模型回归结果仅包括参数估计值、Wald 卡方、*P* 值及标准误差，不包括 *t* 值，因此列（1）所列示第一阶段回归结果中括号内为 Wald 卡方值；括号内为回归 *t* 值

4.5 进一步讨论

4.5.1 盈余管理与核心管理层留任之间的路径分析：扣除“壳价值”的控制权转移真实溢价的中介作用

前文的理论分析表明，核心管理层通过盈余管理粉饰控制权交易价

格，与买家“合谋压价”实现留任，可能是控制权转移公司核心管理层实现留任的可行路径（王克敏等，2014），但已有的文献对该完整路径的研究尚比较缺乏。在王克敏等（2014）研究的基础上，受到屈源育等（2018）研究的启发，前文通过对研究假设 H1b 和 H2b 的实证检验，发现负向盈余管理对扣除“壳价值”的控制权转移真实溢价具有显著正向影响，扣除“壳价值”的控制权转移真实溢价对管理层留任具有显著负向影响。接下来，通过中介效应模型探究扣除“壳价值”的控制权转移真实溢价是否在核心管理层通过负向盈余管理实现留任的路径中发挥中介作用。

首先，本章根据克里斯托弗·普里彻（Kristopher J. Preacher）和安德鲁·海耶斯（Andrew F. Hayes）、温忠麟和叶宝娟（2014）提出的依次检验法从路径上分析扣除“壳价值”的控制权转移真实溢价的中介作用（Preacher et al.，2008），按（7）～（10）模型进行检验：

$$Retention_{i,t} = \lambda_1 + cDacc_{i,t-1} + \lambda_i' Control + \lambda_j Year_t + \lambda_k Industry_i + \sigma_{i,t} \quad (7)$$

$$Ln\_shell_{i,t} = \lambda_2 + aDacc_{i,t-1} + \lambda_i' Control + \lambda_j Year_t + \lambda_k Industry_i + \pi_{i,t} \quad (8)$$

$$Retention_{i,t} = \lambda_3 + bLn\_shell_{i,t} + \lambda_i' Control + \lambda_j Year_t + \lambda_k Industry_i + \sigma_{i,t} \quad (9)$$

$$Retention_{i,t} = \lambda_4 + c'Dacc_{i,t-1} + bLn\_shell_{i,t} + \lambda_i' Control + \lambda_j Year_t + \lambda_k Industry_i + \varrho_{i,t} \quad (10)$$

进一步，在依次检验法的基础上，使用 Sobel 检验（Sobel，1982）来具体量化中介效应的大小（*ab* 系数乘积）及其显著性水平。依次检验法假定变量间存在线性关系、Sobel 检验前提是间接效应 *ab* 为正态分布，这两种方法均有一定的局限性（Parker et al.，2011），本章最后再采用信度较高 Bootstrap 方法（Preacher et al.，2008）。该方法基于区间估计的理念，采用重复抽样的方式对间接效应 *ab* 进行非参数检验，从而计算出 5%及以上显著水平上间接效应 *ab* 的置信区间。综上，本章运用上述三种方法对盈余管理 *Dacc*、扣除“壳价值”的控制权转移真实溢价 *Ln_shell* 和核心管理层留任 *Retention* 之间的中介效应进行了分析与检验，具体结果如表 4-20 所示。

表 4-20　扣除“壳价值”的控制权转移真实溢价的中介作用分析

Panel A：控制权转移真实溢价的中介效应路径分析		
	系数	*t* 值
盈余管理 *Dacc* 与核心管理层留任 *Retention* 回归（*c*）	–0.353**	–2.06
盈余管理 *Dacc* 与扣除“壳价值”的控制权转移真实溢价 *Ln_shell* 回归（*a*）	0.423***	2.71
控制盈余管理 *Dacc* 后，扣除“壳价值”的控制权转移真实溢价 *Ln_shell* 与核心管理层留任 *Retention* 回归（*b*）	–0.170***	–3.36
控制扣除“壳价值”的控制权转移真实溢价 *Ln_shell* 后，盈余管理 *Dacc* 与核心管理层留任 *Retention* 回归（*c'*）	–0.281*	–1.65

Panel B：间接效应（*ab*）的 Sobel 检验以及基于 5 000 次 Bootstrap 重复抽样的分位数 Bootstrap 置信区间						
					95%置信区间上下限	
	值	标准误	*Z* 值	*P* 值	下限	上限
间接效应	–0.072	0.034	–2.111	*P*<0.05	–0.144	–0.014

Panel A 中报告的 *a*，*b*，*c* 及 *c'*是根据温忠麟和叶宝娟（2014）提到的三步检验法标示。前文的研究中本章已经验证了盈余管理 *Dacc* 与扣除“壳价值”的控制权转移真实溢价 *Ln_shell* 之间的关系，模型的 Adj_R^2 为 0.418；控制盈余管理 *Dacc* 后，扣除“壳价值”的控制权转移真实溢价 *Ln_shell* 与核心管理层留任 *Retention* 回归模型的 Adj_R^2 为 0.109。

表 4-20 的 Panel A 显示在依次检验法下，三步 OLS 回归结果表明，盈余管理 *Dacc* 与核心管理层留任比例 *Retention* 在 5%的显著性水平上负相关（$c = –0.353$，$t = –2.06$）；盈余管理 *Dacc* 与扣除“壳价值”的控制权转移真实溢价 *Ln_shell* 在 1%的显著性水平上正相关（$a= 0.423$，$t =2.71$）；控制盈余管理 *Dacc* 后，扣除“壳价值”的控制权转移真实溢价 *Ln_shell* 与核心管理层留任比例 *Retention* 也在 1%的显著性水平上负相关（$b= –0.170$，$t = –3.36$）；控制扣除“壳价值”的控制权转移真实溢价 *Ln_shell* 后，盈余管理 *Dacc* 与核心管理层留任比例 *Retention* 在 5%的显著性水平上不相关（$c'= –0.281$，$t = –1.65$），表明中介效应存在，且扣除“壳价值”的控制权转移真实溢价在核心管理层的负向盈余管理和其自身留任之间具有完全中介效应。表 4-20 Panel B 显示中介效应的大小为 0.423×–0.170= –0.072，并且 Sobel 检验（$Z= –2.111$，$P<0.05$）和 Bootstrap 置信区间（CI）[–0.144, –0.014]的结果显示该间接效应的大小显著异于 0，完全中介效应成立。

4.5.2　非控股股东治理在扣除“壳价值”的控制权转移真实溢价与核心管理层留任之间的反向调节作用

虽然前文中介效应的检验结果显著，但研究假设 H2b 的检验结果表明，扣除“壳价值”的控制权转移真实溢价 *Ln_shell* 与核心管理层留任

Retention 的回归系数仅为 0.180（考虑所有控制变量时），核心管理层留任的比例并不高。同时，本章的理论分析也表明，核心管理层进行盈余管理更可能在核心管理层和股东之间存在信息不对称、股东对核心管理层内部监督效率不高的情况下发生，即在目标公司股东治理机制不完善的情况下，核心管理层有机会进行机会主义盈余管理。受到实证结果和理论分析的启发，本章认为，控制权转移后，如果公司股东治理结构变好，核心管理层可能难以留任，这种股东治理对中介效应的反向调节机制需要进一步讨论。

与已有文献多聚焦于研究大股东或实际控制人的股东治理效应不同（高磊等，2020；肖万等，2020），本章基于大股东与目标公司管理层的合谋行为，主要研究非控股股东的治理作用。如姜付秀等（2015a）发现除监督机制外，非控股股东可以通过派出董事在董事会发表异议发挥公司治理作用，抑制控股股东的私利行为和管理层的机会主义行为（Cheffi et al.，2019），曾志远等（2018）研究发现机构投资者持股可以约束控股股东的侵占意图，对于公司治理具有积极作用，费迪南德・古尔（Ferdinand A. Gul）、本・斯里尼迪（Bin Srinidhi）和安东尼・吴（Anthony C. Ng）发现股权制衡、股权分散度等多重制衡机制可以促进企业可持续发展（Gul et al.，2011）。

为检验非控股股东治理的反向调节作用，以及在非控股股东治理的反向调节下，扣除“壳价值”的控制权转移真实溢价的中介作用差异，本章首先构建非控股股东治理质量 *SGQ* 指标。保罗・冈珀斯（Paul Gompers）、乔伊・埃希（Joy Ishii）和安德鲁・迈特里克（Andrew Metrick）通过对公司治理各项治理结构打分加总的方式，构建了公司治理文献中著名的 GIM 指数（Gompers et al.，2003）。参照他们的做法，本章通过对三个维度下的 9 个变量打分（变量指标优于平均水平赋值为 1，否则为 0），加总得分得到非控股股东治理质量 *SGQ*。首先，考虑到大多数老控股股东不需要转让全部股权就可以实现控制权转移，老控股股东在新控股股东控制的公司中可以以中小股东身份发挥治理作用，本章选取的第一个维度是“卖方”老股东治理，参考孙光国和孙瑞琦（2018）等的研究，选取“卖方”老股东持股比例、“卖方”老股东在董事会的席位比例、“卖方”老股东是否在提名委员会任职三个指标构建非控股股东治理机制（Moursli，2020）①。

① 股东治理质量 *SGQ* 指标构建中的基础数据来自于 CSMAR 的公司治理数据库，结合巨潮资讯网相关公告判断而得；手工数据通过查阅巨潮资讯网的相关《董事会决议》或《临时公告》而获得，判断后得到相关数据。

其次，考察机构投资者的治理效应（谭劲松等，2016），参考牛建波等（2013）等的研究，选取机构投资者持股比例、机构投资者持股市值、异质机构投资者三个指标构建非控股股东治理机制。最后，选取股权制衡机制并参考赵景文和于增彪（2005）等的方法，用股权制衡指标、Z 指数、Herfindahl_51 指数三个指标构建非控股股东治理机制（非控股股东治理质量 *SGQ* 指标的构建过程详见表 4-21）。基于此，一家公司非控股股东治理质量 *SGQ* 最高的得分为 9 分，最低得分为 0 分，为了更好地检验非控股股东治理的反向调节机制，本章对非控股股东治理质量指标进行了标准化处理，标准化处理后非控股股东治理质量 *SGQ* 的取值区间为（0,1）。

表 4-21　非控股股东治理质量 *SGQ* 构建过程

治理机制维度	变量名称	定义	打分方式
老控股股东治理	*Share_rate*	“卖方”老股东持股比例	大于所有非金融企业上市公司中位数，赋值 1；其余为 0
	Seat_rate	“卖方”老股东在董事会的席位比例	大于所有非金融企业上市公司中位数，赋值 1；其余为 0
	Nomination	“卖方”老股东是否在提名委员会任职	在提名委员会任职，赋值 1；其余为 0
机构投资者治理	*Invh*	机构投资者持股比例	大于所有非金融企业上市公司中位数，赋值 1；其余为 0
	Inmv	机构投资者持股市值	大于所有非金融企业上市公司中位数，赋值 1；其余为 0
股权制衡机制	*Iosi*	异质机构投资者，即机构投资者是属于交易型还是稳定型机构投资者	参考牛建波等（2013）对机构投资者的分类模型，综合时间和行业两个维度考虑机构投资者异质性。具体计算公式如下： $\begin{cases} SD_{i,t} = \dfrac{Invh_{i,t}}{STD\left(Invh_{i,t-3}, Invh_{i,t-2}, Invh_{i,t-1}\right)} \\ Iosi_{i,t} = \begin{cases} 1, & SD_{i,t} \geqslant Median_{i,t}\left(SD_{i,t}\right) \\ 0, & 其他 \end{cases} \end{cases}$ 在时间维度上，用公司机构投资者持股比例（$Invh_{i,t}$）与该公司机构投资者前三年持股比例的标准差（*STD*）之比（$SD_{i,t}$）表示机构投资者稳定性。在行业维度上，构建公司所属行业机构投资者的中位数[$Median_{i,t}$（$SD_{i,t}$）]，表示行业内相对稳定性指标。如果 $SD_{i,t}$ 大于等于该年度该行业的中位数，则 *Iosi* 赋值为 1，此时为稳定型机构投资者；其余为 0，属于交易型机构投资者

续表

治理机制维度	变量名称	定义	打分方式
股权制衡机制	*Gqzh*	股权制衡	参考赵景文和于增彪（2005）的研究，将股权制衡公司定义为当（0.1<Shr1<0.5 且 Shr2>0.1 且 Shr1<Shr2+Shr3+Shr4+Shr5）时 *Gqzh* 取 1，否则为 0；Shr1、Shr2 分别代表第一大股东、第二大股东持股比例，以此类推
	Z	Z 指数	公司第一大股东与第二大股东持股比例的比值，小于所有非金融企业上市公司中位数，赋值 1；其余为 0
	Herfindahl_51	Herfindahl_51 指数	公司前 5 位大股东持股比例的平方和，小于所有非金融企业上市公司中位数，赋值 1；其余为 0

接下来，本章将采用依次检验法、Sobel 检验和 Bootstrap 等三种方法对有调节的中介效应进行检验（Parker et al.，2011；温忠麟等，2006）。依次检验法的回归模型如下：

$$Ln\_shell_{i,t} = \rho_1 + a_1 Dacc_{i,t-1} + \rho_i' Control + \rho_j Year_t + \rho_k Industry_i + \kappa_{i,t} \quad (11)$$

$$\begin{aligned} Retention_{i,t} = \rho_2 + b_1 Ln\_shell_{i,t} + b_2 SGQ_{i,t} + b_3 SGQ_{i,t} \times Ln\_shell_{i,t} \\ + \rho_i' Control + \rho_j Year_t + \rho_k Industry_i + \epsilon_{i,t} \end{aligned} \quad (12)$$

$$Retention_{i,t} = \rho_4 + c_1' Dacc_{i,t-1} + b_4 Ln\_shell_{i,t} + \rho_i' Control + \rho_j Year_t + \rho_k Industry_i + \varrho_{i,t} \quad (13)$$

依次检验法的回归结果，以及用 Sobel 检验和 Bootstrap 法对调节效应和有调节的中介效应的显著性水平检验结果如表 4-22 所示。

表 4-22　非控股股东治理调节下扣除“壳价值”的控制权转移真实溢价的中介作用分析

Panel A：非控股股东治理的调节效应的回归结果		
	系数	*t* 值
盈余管理 *Dacc* 与扣除“壳价值”的控制权转移真实溢价 *Ln_shell* 的回归结果：		
Dacc	0.423***	2.71
扣除“壳价值”的控制权转移真实溢价 *Ln_shell*、非控股股东治理质量 *SGQ*、交互项 *Ln_shell×SGQ* 与核心管理层留任 *Retention* 的回归结果：		
Ln_shell	−0.462***	−3.26
SGQ	−0.316**	−2.41

续表

Panel A：非控股股东治理的调节效应的回归结果						
					系数	t 值
Interaction（*Ln_shell*×*SGQ*）					0.484**	2.07
盈余管理 *Dacc*、扣除“壳价值”的控制权转移真实溢价 *Ln_shell* 与核心管理层留任 *Retention* 的回归结果：						
Dacc					–0.281*	–1.65
Ln_shell					–0.170***	–3.36
Panel B：调节变量（*SGQ*）不同取值条件下盈余管理 *Dacc* 间接效应（b_1+b_3）×a_1 的 Sobel 检验和 Bootstrap 95%置信区间（5 000 次重复抽样）						
					95%置信区间上下限	
非控股股东治理质量	间接效应	标准误	Z 值	P 值	下限	上限
SGQ=Mean–1 SD （0.429）	–0.110	0.047	–2.329	0.020	–0.214	–0.027
SGQ=Mean （0.616）	–0.069	0.034	–2.099	0.036	–0.143	–0.013
SGQ=Mean+1 SD （0.803）	–0.031	0.034	–0.925	0.355	–0.096	0.033

Panel A 中报告的是原中介效应模型的回归结果。Panel B 报告的是非控股股东治理质量 *SGQ* 分别取 Mean–1 SD、Mean、Mean+1 SD 时，中介效应间接效应值的大小、显著性及 95%置信区间

表 4-22 中 Panel A 的结果表明扣除“壳价值”的控制权转移真实溢价和非控股股东治理质量的交互项 *Interaction*（*Ln_shell*×*SGQ*）与核心管理层留任比例 *Retention* 在 5%的显著性水平上正相关（系数=0.484，t=2.07），表明非控股股东治理对扣除“壳价值”的控制权转移真实溢价和核心管理层留任这一路径具有反向调节作用。参照安德鲁·海耶斯（Andrew F. Hayes）和约尔格·马特斯（Jörg Matthes）对调节效应的分析方法并根据依次检验法的回归结果（Hayes et al.，2009），本章将非控股股东治理质量 *SGQ* 的调节效应表达为如下函数：

$$Retention = 0.342 - 0.462 \times Ln\_shell - 0.316 \times SGQ + 0.484 \times Ln\_shell \times SGQ + \cdots$$

将第三项和第五项提取公因式，并重新整合得到如下公式：

$$Retention = 0.342 + (-0.462 + 0.484 \times SGQ) \times Ln\_shell - 0.316 \times SGQ + \cdots$$

此时本章采用分析调节效应常用的选点法 Pick-a-Point Approach（Hayes et al.，2009），对非控股股东治理质量 *SGQ* 的调节效应大小及其显著性进行分析。首先本章对 *Ln_shell* 取一阶偏导数得到–0.462+ 0.484×*SGQ*。从此处可以看出，扣除“壳价值”的控制权转移真实溢价 *Ln_shell* 对核心

管理层留任 *Retention* 的影响会因非控股股东治理 *SGQ* 的不同而有所差异。其次本章根据安德鲁·海耶斯（Andrew F. Hayes）和约尔格·马特斯（Jörg Matthes）提出的方法对调节效应的显著性进行了手工计算（Hayes et al., 2009）。当非控股股东治理取 Mean–1 SD（*SGQ*=0.429），即非控股股东治理质量较差时，扣除"壳价值"的控制权转移真实溢价 *Ln_shell* 的系数为–0.462+0.484×0.429= –0.254，*P*<0.001，95%置信区间（CI）为[–0.377, –0.143]。当非控股股东治理取 Mean（*SGQ*=0.616），即非控股股东治理质量处于中等水平时，扣除"壳价值"的控制权转移真实溢价 *Ln_shell* 的系数为–0.462+0.484×0.616= –0.164，*P*<0.01，95%置信区间（CI）为[–0.262, –0.061]。当非控股股东治理取 Mean+1 SD（*SGQ*=0.803），即非控股股东治理质量较好时，扣除"壳价值"的控制权转移真实溢价 *Ln_shell* 的系数为–0.462+ 0.484×0.803= –0.073，*P*>0.30，95%置信区间（CI）为[–0.209, 0.083]。由此看出，当控制权转移后目标公司的非控股股东治理质量较高时，扣除"壳价值"的控制权转移真实溢价 *Ln_shell* 与核心管理层留任 *Retention* 之间没有显著关系，且随着非控股股东治理质量的提升，扣除"壳价值"的控制权转移真实溢价 *Ln_shell* 的系数无论是从大小还是显著性而言都有所下降。非控股股东治理的调节效应呈现在图 4-2 中。

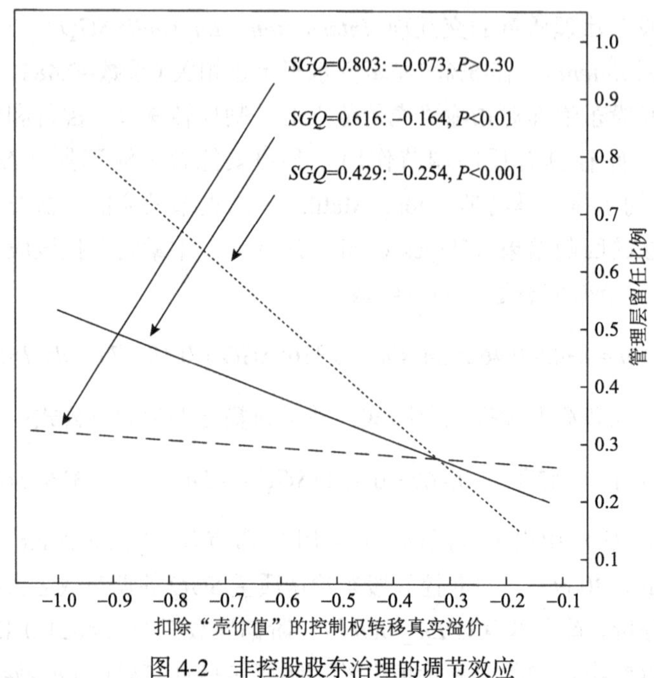

图 4-2　非控股股东治理的调节效应

表 4-22 的 Panel B 报告了在非控股股东治理 *SGQ* 的调节下，盈余管理 *Dacc* 通过扣除“壳价值”的控制权转移真实溢价 *Ln_shell* 对核心管理层留任比例 *Retention* 的间接效应的大小，即当调节变量 *SGQ* 取不同的值的时候，中介效应也会不同。该效应根据 Panel A 中盈余管理 *Dacc* 与扣除“壳价值”的控制权转移真实溢价 *Ln_shell* 的回归系数并结合上述分析的调节效应计算得来，即[0.423 ×（–0.462+ 0.484×*SGQ*）]。Panel B 的结果显示，当控制权转移后目标公司的非控股股东治理质量较低时（*SGQ*=0.429），间接效应的大小为–0.110，*Z* 值为–2.329，在 5%的水平上显著，Bootstrap 置信区间（CI）为[–0.214, –0.027]。当控制权转移后目标公司的非控股股东治理质量处于中等水平时（*SGQ*=0.616），间接效应的大小为–0.069，*Z* 值为–2.099，在 5%的水平上显著，Bootstrap 置信区间（CI）为[–0.143, –0.013]。当控制权转移后目标公司的非控股股东治理质量较高时（*SGQ*=0.803），核心管理层进行负向盈余管理通过压低溢价间接达到留任这一路径已不成立（间接效应的大小为–0.031，*Z* 值为–0.925，*P*=0.355，Bootstrap 置信区间（CI）为[–0.096, 0.033]）。综合上述结果，非控股股东治理能够反向调节核心管理层通过负向盈余管理压低控制权转移价格而留任这一路径，特别好的非控股股东治理可以瓦解目标公司核心管理层与新控股股东的合谋。

4.6　研究结论与讨论

以 2000～2017 年发生控制权转移的上市公司为样本，本章研究了目标公司核心管理层为规避因控制权转移带来的离职风险而与新控股股东合谋的策略与路径，也进一步讨论了控制权转移后目标公司的非控股股东治理在核心管理层留任路径中的反向调节作用。研究发现，控制权转移公司核心管理层在控制权转移前会通过负向盈余管理来实现留任，扣除“壳价值”的控制权转移真实溢价在核心管理层的负向盈余管理行为与其留任之间具有完全中介效应。进一步的研究表明，控制权转移中的“合谋压价”中介效应，会受到控制权转移后的非控股股东治理的反向调节，特别当非控股股东治理质量好时，核心管理层通过负向盈余管理压低目标公司控制权转移价格进而实现留任这一路径会不成立。

本章的研究基于核心管理层与新控股股东“合谋压价”产生的中介效应，通过理论推导和模型甄别，探索性地发现了盈余管理的作用边界为不包含“壳价值”的控制权转移真实溢价，揭示了核心管理层与新控股股东合谋的策略与路径。同时，在控制权转移的实验场景中，将“卖方”老股东转换为中小股东所形成的非控股股东治理机制，嵌入核心管理层与新控股股东合谋的路径分析中，探究了非控股股东治理对核心管理层自利行为的纠偏机制。本章的结论为规范上市公司控制权转移行为和完善非控股股东治理机制提供了理论支持和实践依据。

2019 年 7 月，首批 25 只科创板股票开始在上交所交易，科创板正式开市，并在该板块内进行注册制试点。2020 年 8 月，创业板注册制首批 18 家首发企业上市。随着 A 股市场全面注册制渐行渐近，上市“壳资源”价值将下降，接管低效率的管理层可能将成为上市公司控制权交易的主要驱动力。在新发展格局下，为了更好地发挥上市公司控制权交易的外部治理效能，一方面需对管理层业绩进行持续、公开和透明的评价，通过市场机制抑制经理人自利行为，同时形成优秀职业经理人保护机制，另一方面要发挥老控股股东的公司治理作用，在董事会、股东会中善用老控股股东，促使其通过治理经理人自利产生的第一类代理问题和治理新控股股东自利产生的第二类代理问题，促进企业的可持续发展。

第 5 章　民营企业多交税就能获取政府补助吗——兼论混合所有制改革的作用机制

本章以 2008～2018 年 A 股上市民营企业为研究对象，探讨民营企业减少合理避税对其未来获得政府补助的影响。实证研究发现：在地方经济表现下滑及政府面临的财政压力日益增大的背景下，民营企业会将减少合理避税作为一种寻租手段，以便能够在未来获取更多的政府补助，进一步研究发现，民营企业参与混合所有制改革有助于抑制上述现象。本章揭示了在面临市场准入限制等困境下，民营企业仍选择减少合理避税背后的逻辑，有助于人们认识民营企业的纳税动机及经济后果，并为推动企业混合所有制改革提供理论和经验支持。

5.1　引　　言

企业避税一直是学术界和实务界关注的焦点问题。在宏观经济层面，企业的避税行为会受经济周期（陈冬等，2016；Vegh et al.，2015）、政府税收征管（Chen，2017；Dang et al.，2019）、地区执法效率（Desai et al.，2007）等因素的影响；在微观层面，影响企业避税的因素主要有企业的经营状况（Klassen et al.，2012；Richardson et al.，2015）、高管特征（Armstrong et al.，2012；Lai et al.，2020）、公司所有权结构和治理结构（McGuire et al.，2014；Kovermann et al.，2019）。企业避税所产生的经济后果则主要集中于微观企业层面，如约翰·格雷厄姆（Graham John）和艾伦·塔克（Tucker Alan）研究发现避税可以增加企业的现金流、提升企业价值（Graham et al.，2006；Phillips，2003）；德赛·米希尔（Desai Mihir）和达摩帕拉·达摩米卡（Dharmapala Dhammika）认为避税存在道德风险及管理层自利问题，会抑制企业经营业绩的提升（Desai et al.，2006；Desai et al.，2007），不利于企业获取更多的政府资源（如政府补助），且相关新闻也会影响其市值管理等（Hanlon et al.，2009；Blaufus et al.，2019）。

在企业纳税与政府资源配置的关系研究中，学者们普遍认为国有企业和民营企业的行为动机及逻辑不同，但却较少区分产权经济主体进行探讨。如刘思义等（2018）研究发现，当因台风灾害导致地方政府财政压力增大时，企业会主动减少避税以响应政府；陈冬等（2016）分析了国有企业纳税行为与政府资源配置之间的关系，发现在经济下行时国有企业相应地会增加纳税为政府提供支持，而作为补偿，政府在未来会给予这些企业获得更多的补助。那么，民营企业是否也会通过纳税以响应地方政府，进而获取政府补助呢？民营企业和地方政府两个行为主体在何种情境下会达到利益均衡点并实现各自的利益诉求？对此问题尚未有文献进行研究。此外，十八届三中全会提出混合所有制是我国基本经济制度的微观实现形式，十九届四中全会强调我国的基本经济制度具有显著的制度优势，那么，民营企业积极引入国有股东进行混合所有制改革，是否会对民营企业的纳税动机和行为方式产生纠偏机制？基于此，本章以 2008～2018 年获得政府补助的 A 股上市民营企业为样本，研究宏观制度环境对民营企业合理避税行为和其获得政府补助的影响。研究发现，经济下行和财政压力增大的宏观制度环境会驱动民营企业减少合理避税，而民营企业避税的减少可以帮助其获得更多的政府补助。进一步的研究表明，民营企业可以通过减少避税提高声誉，进而获得更多的政府补助。引入国有股东进行混合所有制改革，对民营企业通过多纳税以获得政府补助的行为会产生反向调节机制。

本章的边际贡献主要体现在以下两个方面：一是将 2008 年金融危机之后国内的经济下行和政府财政压力增大的宏观制度环境嵌入民营企业的微观纳税行为的研究之中，构建了民营企业“地方经济表现（宏观体制驱动）—民营企业不避税（微观个体行为）—获得政府补助（经济后果）”的发展路径，解析了民营企业和地方政府之间的互惠关系，从宏微观互动视角扩展了民营企业发展的相关研究；二是探究了混合所有制改革对于地方经济表现、企业避税和政府补助三者之间关系的反向作用机制，从动态视角剖析了民营企业在面临现实困境下的发展路径，并展现了制度优势对推动民营经济高质量发展的作用机理，丰富了混合所有制改革对民营经济高质量发展的研究文献，并为民营企业参与混合所有制改革提供了理论支持和经验证据。

5.2 理论分析与研究假设

5.2.1 理论基础

本章基于资源依赖理论和社会交换理论对民营企业和政府之间的关系进行分析。资源依赖理论认为，组织的生存发展需要大量的资源，但组织通常无法自己生产这些资源，因此需要与其生存的环境进行互动，以换取更多的资源（Hillman et al.，2009）。相较于国有企业，民营企业面临更大的融资约束（Allen et al.，2005），也更有动机通过慈善捐赠、履行社会责任、减少避税等方式获取政治资源。林·卡伦·景荣（Lin Karen Jingrong）等研究了企业社会责任决策，发现在地方政府换届当期，民营企业倾向于通过资产捐赠等方式建立政企关系，而政府在提供补助时也会优先考虑该类型的企业（Lin et al.，2015）。

社会交换理论将社会个体关系的相互作用描述为社会交换，互惠交换是其中最常见的一种方式（Homans，1958；Cropanzano et al.，2005）。在互惠交换过程中并不存在明确的谈判，相反，在并不知道对方是否会有回应的情况下，一方会先采取有利于另一方的行动，若对方及时回应，则这种互惠关系便可继续下去并形成良性循环。基于政府和企业均为理性经济人的假设，我们认为，中国的政府和民营企业之间存在着互惠交换关系。相较于国有企业，民营企业缺乏与生俱来的资源禀赋和政治优势，其更有可能主动通过减少避税的方式向政府“示好”，以换取更为积极和紧密的政企关系并获得相应的经济利益。已有研究发现，民营企业可以通过主动减少避税帮助政府完成业绩目标，增强企业与政府之间的联系，从而获得更多的资源（于文超等，2015；曹伟等，2016）。当政府向缴纳更多税收的企业提供更多的资源时，政府和民营企业之间便建立了互惠关系，在这个过程中，双方的信任程度不断加强，进一步强化了这种互惠关系的循环（Cropanzano et al.，2005）。

5.2.2 研究假设

1. 企业避税与政府补助

与国有企业相比，民营企业缺乏与生俱来的资源禀赋和政治优势，面临着更大的融资约束，从而制约了企业的可持续发展。但随着我国实体经济结构的转型，政府补助作为一种调控手段，在企业的资源配置中发挥着重要作用，特别是当民营企业面临资金短缺、转型升级等困境时，更希望获得政府补助。首先，企业获取补助即意味着拥有更多的现金流，进而能有效减少流动性风险，且政府为企业提供政府补助，无论金额大小，相当于政府为企业背书，有利于企业获取信用贷款，减轻融资约束（Arqué-Castells，2013；Santos，2019）。拉罗卡·毛里齐奥（La Rocca Maurizio）研究发现，随着现金持有水平的提升，企业的可持续发展能力也会相应提高（La Rocca et al.，2019）。其次，民营企业如果能够获得政府补助，则可以向社会公众传递其具有良好的政企关系、具备良好的发展前景等积极信号，有助于公司股价在资本市场有更好的表现（Lee et al.，2014）。最后，政府补助可以促进民营企业转型升级和帮助企业获得核心竞争力。特别在技术进步方面，政府补助能够降低企业的研发成本、分散创新投入风险、促进企业的创新投入（Howell，2017；张根文等，2018；李奎等，2019），帮助企业从根本上实现转型升级。

就国有经济和民营经济两种微观实践主体而言，国有企业具有产权优势，与政府更容易建立亲密关系，也更有可能从政府获得优质资源，而民营企业只能依靠寻租的方式才能与政府建立良好关系（Kornai et al.，2003）。Lin 等（2015）研究了企业的社会责任决策，发现在地方政府换届当期，民营企业会通过增加纳税、资产捐赠等方式建立政企关系；苏峻（Su Jun）和何佳（He Jia）研究发现，慈善捐赠可以帮助民营企业获得更高的市场关注度、增强其与政府的政治关联（Su et al.，2010）。就寻租的经济后果而言，高野·吉列尔莫（Takano Guillermo）指出，民营企业可能利用参与PPP 基础设施投资的机会进行寻租以获得超额收益（Takano，2017；Walwyn et al.，2018）。近年来，部分学者开始将研究的关注点从捐赠、PPP 投资等民营企业的自愿性显性寻租行为转向纳税等强制性隐性寻租行为。于文超等（2015）基于地方政府换届这一独特视角，发现民营企业可以通过主动减少避税增强企业与政府之间的联系，从而获得更多的政府资源（曹伟等，2016）。卡罗尔·阿奇（Carroll Archie）认为在一定的时间范围内，企业社会责任包括企业在经济、法律等方面承担的义务，而税收属于企业社会责任的重要范畴，民营企业主动承担更多的税负是积极履行社会责任的表现，政府在提供补助时也将优先考虑这类企业（Carroll，1979；Lin et al.，2015）。约翰·格雷厄姆（Graham John）和艾伦·塔克（Tucker Alan）

基于44个避税案例的研究，发现企业多交纳所得税可以向市场释放盈利能力良好、现金流充足等积极信号，这有利于其进行市值管理，提升公司的股票价格（Graham et al.，2006）。因此，相比自愿性“迎合”性寻租，民营企业也乐于用纳税这种隐性寻租方式与政府建立良好关系并获得政府补助。

综上，获得政府补助可以为民营企业发展带来缓解融资约束、加速技术革新等诸多机遇，但由于所有权性质的局限性，民营企业可能会通过纳税寻租、与政府建立良好关系等方式来获得政府补助。交纳所得税是企业的强制性义务，企业积极纳税可以树立其积极履行社会责任的良好公众形象，特别地，它可以成为一种相对安全和隐蔽的寻租方式，帮助企业迅速有效地建立起与政府官员之间的联系和获得更多的政府补助。因此，本章提出以下研究假设：

H1：控制其他条件，民营企业越不避税，其未来获取的政府补助越多。

2. 地方经济表现、企业避税与政府补助

2008年金融危机之后，我国逐渐进入经济下行期，一方面经济增长放缓，另一方面为促进经济增长，政府出台了许多以减降税费为主的支持企业发展的政策，收支矛盾日益突出，政府面临的财政压力不断增大（Ying，2012）。陈晓光（Chen Shawn Xiaoguang）的实证研究发现，取消农业税使地方政府的财政压力增加，继而增强了税收征管的力度（Chen，2017）；党丹丹（Dang Dandan）等的研究也发现，当地方政府面临的财政压力越大时，企业接受税收检查的概率越大，实际承担的税负越多（Dang et al.，2019）。陈汉文（Chen Hanwen）等学者则认为，在经济下行期，政府除了加强税收征管以增加收入外，企业也有可能主动减少避税、承担更多的税负，以应对政府需求，增强与政府之间的联系（Chen et al.，2015）；刘思义等（2018）实证研究发现，政府面临的财政压力越大，企业越有动机应对政府的需求；陈冬等（2016）基于经济周期的视角对国有企业避税行为进行研究，发现在经济衰退时期，其会减少避税行为对地方政府进行支持。

前已述及，民营企业减少避税可能是为了获得更多的政府补助，那么，民营企业与地方政府之间存在的“投之以桃、报之以李”的互惠关系的理论逻辑是什么呢？交纳所得税的行为主体是民营企业，提供政府补助的行为主体是地方政府，只有双方的利益诉求均得到满足时，才可能呈现互惠局面。目前相关法律并没有对政府补助的对象和用途做出明确的规定，地方政府拥有很大的自主权。在经济下行期，地方政府面临的财政压力增大，如果民营企业此时承担额外的税负，主动减少合理避税以应对政府需求，帮助政府获得财政收入以及支持政府官员达到当年业绩考核指标，作为回报，政府官员便可能利用职务便利，在以后年度为民营企业提供更多的政府补助，政府和企业之间建立起了一种稳定、长久的双向互惠关系。因此，经济下行和财政压力增大成为民营企业违背"理性经济人"假设，多交纳所得税进而获取政府补助的驱动力。基于此，本章提出以下研究假设：

H2：控制其他条件，地方经济表现越差，民营企业越不避税，其未来获得的政府补助越多。

5.3 研究设计

5.3.1 研究样本与数据来源

本章选取 2008～2018 年沪深 A 股上市的民营企业为研究样本。2008 年国际金融危机的爆发对我国经济产生了巨大冲击，四万亿计划一方面促进了国民经济增长，但另一方面也使地方政府的财政压力增大，以此为研究起点，可以更好地探索地方经济表现、企业避税和政府补助三者之间的关系。对研究样本（2008 年之前上市的民营企业）依据以下标准进行筛选：剔除 2008～2018 年未能连续获得政府补助的公司、金融行业及 ST 公司；为减少异常值的影响，剔除所有者权益为负、税前利润为负、所得税费用为负、实际税率低于 0 或大于 1（陈冬等，2016），以及数据缺失的样本。最终得到 3 199 个民营企业年度观测值。文中所使用的数据主要来自国泰安（CSMAR）数据库，公司名义税率来自万得（Wind）数据库。为减小极端值的影响，对主要连续变量进行 1%的缩尾处理（Winsorize）。

5.3.2 变量定义

1. 解释变量

企业合理避税程度。企业合理避税程度表示相对于利润总额所得税的减少，可以捕捉企业采取的避税策略的最终经济后果（Hanlon et al.，2010）。

由于不同企业享有的税收优惠各异，使用实际税率衡量企业的避税程度不一定准确，本章采用名义税率与实际税率之差来衡量企业的合理避税程度，其值越大表明企业越倾向于进行税务筹划，合理避税程度越高。理论上逃税和避税有着明确、清晰的边界，但在实践中却不易区分（田彬彬等，2016），目前实证研究中通常交替使用逃税和避税指标，本章对此也不进行区分。

2. 被解释变量

企业未来获取的政府补助（*Subsidy*）。为减少企业规模带来的影响，借鉴 Chen 等（2015）、刘思义等（2018）的研究方法计算企业未来获取的政府补助。

3. 工具变量：地方经济表现（EP）

借鉴陈冬等（2016）的研究，选取剔除时间趋势的实际 GDP 来衡量地方经济表现。原因在于：一方面，当地方经济表现较差时，企业有可能主动降低合理避税程度，以应对政府需求，增强与政府间的联系。刘思义等（2018）研究发现，政府面临的财政压力越大，企业越有动机应对政府需求（Chen et al.，2015）。另一方面，地方经济表现很难在短期内对企业的其他方面（例如企业规模）产生显著影响，也很难对企业未来有可能获取的政府补助产生直接影响。建立如下模型：

$$\ln(GDP) = \beta_1 + \beta_2 Year + \mu \tag{1}$$

其中，*GDP* 为各省份名义 GDP 采用消费物价指数（1978 年为基期）进行调整得到的实际 GDP，*Year* 为以 1、2、3 等序数替代的年度；经过以上回归得到的残差 μ 即为剔除时间趋势的实际 GDP，其值越小，表明当年地方经济表现越差。

4. 控制变量

主要变量及其定义参见表 5-1。

表 5-1　主要变量及定义

变量名称		变量符号	变量定义
被解释变量	未来获取的政府补助	$Subsidy_{t+1}$	第 t+1 年企业获得的政府补助金额/第 t 年利润总额
解释变量	合理避税程度	*Rate*	名义所得税率−实际所得税率，其中实际所得税率=当期所得税费用/利润总额
工具变量	地方经济表现	*EP*	各省剔除时间趋势的实际 GDP

续表

变量名称		变量符号	变量定义
控制变量	企业规模	*Size*	企业年末资产总额的自然对数
	营业收入成长性	*Growth*	（第 *t* 年营业收入–第 *t*–1 年营业收入）/第 *t*–1 年营业收入
	财务杠杆	*Lev*	年末负债总额/资产总额
	高管持股比例	*Magratio*	高管持股总数/企业期末总股数
	董事会会议次数	*Btimes*	当年企业召开的董事会次数
	上市年数	*Ipo_year*	企业上市年数
	高新企业	*Gaoxin*	为高新技术企业取值为 1，否则为 0
	年度	*YEAR*	年度虚拟变量
	行业	*IND*	行业虚拟变量

5.3.3 模型设计

1. 企业避税与政府补助

构建如下普通最小二乘法（OLS）模型分析民营企业避税对其未来获得政府补助的影响：

$$\begin{aligned} Subsidy_{i,t+1} = {} & \alpha_1 + \alpha_2 Rate_{i,t} + \alpha_3 Size_{i,t} + \alpha_4 Growth_{i,t} + \alpha_5 Lev_{i,t} + \alpha_6 Magratio_{i,t} \\ & + \alpha_7 Btimes_{i,t} + \alpha_8 Ipo\_year_{i,t} + \alpha_9 Gaoxin_i + YEAR + IND + \varepsilon_{i,t} \end{aligned} \tag{2}$$

2. 地方经济表现、企业避税与政府补助

为了克服 OLS 模型存在的遗漏变量等内生性问题，同时为探究由于地方经济表现引起的企业合理避税与未来获取的政府补助之间的关系，构建如下内生性模型（IV-2SLS）：

$$\begin{aligned} Rate_{i,t} = {} & k_1 + k_2 EP_t + k_3 Size_{i,t} + k_4 Growth_{i,t} + k_5 Lev_{i,t} + k_6 Magratio_{i,t} \\ & + k_7 Btimes_{i,t} + k_8 Ipo\_year_{i,t} + k_9 Gaoxin_i + YEAR + IND + \phi_{i,t} \end{aligned} \tag{3a}$$

根据模型（3a）估计的 *Rate* 的拟合值作为自变量进行第二阶段回归：

$$\begin{aligned} Subsidy_{i,t+1} = {} & \rho_1 + \rho_2 Rate_{i,t} + \rho_3 Size_{i,t} + \rho_4 Growth_{i,t} + \rho_5 Lev_{i,t} + \rho_6 Magratio_{i,t} \\ & + \rho_7 Btimes_{i,t} + \rho_8 Ipo\_year_{i,t} + \rho_9 Gaoxin_i + YEAR + IND + \pi_{i,t} \end{aligned} \tag{3b}$$

5.4　实证结果与分析

5.4.1　描述性统计分析

从表 5-2 观测样本的统计情况来看，有超过一半的民营企业合理避税程度为正；地方经济表现差和地方经济表现好的样本各占 1/2 左右，前者略多于后者；在连续获得政府补助的民营企业中，高新技术企业占比较大，表明政府更偏向于为这类企业提供补助，这与目前国家支持高新技术企业发展的方针相一致[①]；主板的观测样本数目最多，说明主板连续获得政府补助的民营企业数量最多；样本数最大的三个行业分别为制造业，批发和零售业，信息传输、软件和信息技术服务业，其中制造业样本数为 2 167，占比 67.74%。

表 5-2　2008～2018 年观测样本统计情况

合理避税情况	合理避税程度为正	合理避税程度为负
样本数	1 750	1 449
比例/%	54.70	45.30
地方经济表现	地方经济表现差	地方经济表现好
观测样本数	1 726	1 473
比例/%	53.95	46.05
企业资质	高新技术企业	非高新技术企业
样本数	2 020	1 179
比例/%	63.14	36.86

股票市场	主板沪市	主板深市	中小板
样本数	1 380	746	1 073
比例/%	43.14	23.32	33.54

行业	制造业	批发和零售业	信息传输、软件和信息技术服务业	其他行业
样本数	2 167	206	183	643
比例/%	67.74	6.44	5.72	20.10

注：总样本观测样本数 N 为 3 199 个

① 详情请见《财税〔2017〕34 号》《财税〔2018〕5 号》文件相关规定。

表 5-3 报告了描述性统计结果。其中民营企业未来获取的政府补助（$Subsidy_{t+1}$）的均值为 0.222，最小值为 0.001，最大值为 2.821，表明不同民营企业获得的政府补助存在较大差异。合理避税程度（*Rate*）的均值和中位数分别为–0.001、0.006，表明超过半数的民营企业名义所得税率高于实际所得税率，说明民营企业的避税行为较为普遍，这与刘思义等（2018）的研究发现相一致。地方经济表现（*EP*）最小值为–3.121，最大值为 0.824，表明不同省份经济表现存在较大差异。高新企业（*Gaoxin*）的均值和中位数分别为 0.631 和 1.000，表明大部分连续获得政府补助的民营企业是高新技术企业，与目前我国支持高新技术企业发展的政策相一致。

表 5-3 变量的描述性统计

变量	观测值	均值	最小值	最大值	中位数
$Subsidy_{t+1}$	3 199	0.222	0.001	2.821	0.083
Rate	3 199	–0.001	–0.434	0.245	0.006
EP	3 199	0.000	–3.121	0.824	0.219
Size	3 199	21.975	19.689	24.903	21.934
Growth	3 199	0.226	–0.426	4.095	0.127
Lev	3 199	0.456	0.060	0.860	0.458
Magratio	3 199	0.039	0.000	0.409	0.000
Btimes	3 199	9.877	4.000	24.000	9.000
Ipo_year	3 199	11.706	1.000	26.000	12.000
Gaoxin	3 199	0.631	0.000	1.000	1.000

从表 5-4 面板 A（Panel A）中可以看出，民营企业合理避税程度（*Rate*）与未来获取的政府补助（$Subsidy_{t+1}$）在 1%水平上显著负相关，初步表明民营企业越不避税，其未来获取的政府补助越多。从相关性分析中也可以看出，各变量之间不存在较强的共线性问题。此外，本章还对相关变量进行了 VIF 检验，检验结果列示于表 5-4 面板 B（Panel B），各控制变量的 VIF 均小于 10，表明模型不存在多重共线性问题。

表 5-4 相关性分析

Panel A									
变量	$Subsidy_{t+1}$	*Rate*	*Size*	*Growth*	*Lev*	*Magratio*	*Btimes*	*Ipo_year*	*Gaoxin*
$Subsidy_{t+1}$	1.000								
Rate	–0.151***	1.000							

续表

Panel A

变量	$Subsidy_{t+1}$	*Rate*	*Size*	*Growth*	*Lev*	*Magratio*	*Btimes*	*Ipo_year*	*Gaoxin*
Size	–0.166***	–0.035*	1.000						
Growth	–0.091***	0.045**	0.103***	1.000					
Lev	0.089***	–0.172***	0.402***	0.075***	1.000				
Magratio	0.027	–0.017	–0.166***	0.001	–0.139***	1.000			
Btimes	–0.051***	0.019	0.343***	0.102***	0.227***	–0.020	1.000		
Ipo_year	–0.035*	0.012	0.442***	0.021	0.170***	–0.383***	0.199***	1.000	
Gaoxin	0.074***	–0.053**	–0.165***	–0.026	–0.209***	0.257***	–0.066***	–0.437***	1.000

Panel B

Variable	VIF	SQRT VIF	Tolerance	R^2
Size	1.54	1.24	0.648	0.352
Growth	1.02	1.01	0.982	0.018
Lev	1.25	1.12	0.797	0.203
Magratio	1.20	1.09	0.835	0.165
Btimes	1.16	1.08	0.860	0.140
Ipo_year	1.66	1.29	0.604	0.396
Gaoxin	1.29	1.14	0.775	0.225

注：本章只采用 Pearson 相关系数进行相关性分析，“*”“**”“***”分别表示在 10%、5%、1%显著性水平上显著，下同

5.4.2　回归结果分析

1. 企业避税与政府补助

表 5-5 报告了民营企业避税与其未来获得的政府补助之间的回归结果。从中可以看出，对于被解释变量 $Subsidy_{t+1}$ 而言，无论是单变量回归还是控制了企业规模等一系列变量后的多元变量回归，解释变量企业合理避税程度（*Rate*）的系数均在 1%的水平上显著为负，与相关性分析结果一致，从而支持了假设 H1，说明民营企业越不避税，其未来获取的政府补助越多。

在控制变量方面，企业规模（*Size*）与 $Subsidy_{t+1}$ 显著负相关，由于规模小的民营企业面临的现金流压力更大，缴纳所得税会增加企业承担的税负，政府有可能会通过税收返还等方式给予减轻，并为企业提供更多的补助。高新企业（*Gaoxin*）与 $Subsidy_{t+1}$ 显著正相关，表明该类型的企业更容易获得政府补助，这与国家政策相一致。

表 5-5 企业避税与政府补助的 OLS 回归结果

变量	$Subsidy_{t+1}$		
	(1)	(2)	(3)
Rate	–0.559*** (–8.65)	–0.445*** (–6.97)	–0.480*** (–7.55)
Size		–0.099*** (–12.45)	–0.100*** (–11.91)
Growth		–0.055*** (–4.19)	–0.052*** (–3.91)
Lev		0.418*** (9.64)	0.513*** (11.26)
Magratio		0.103 (1.19)	0.079 (0.86)
Btimes		–0.001 (–0.41)	0.001 (0.46)
Ipo_year		0.008*** (4.89)	0.006*** (2.89)
Gaoxin		0.087*** (5.27)	0.038** (2.07)
YEAR	NO	NO	YES
IND	NO	NO	YES
Cons	0.221*** (30.42)	2.064*** (13.05)	2.274*** (13.03)
N	3 199	3 199	3 199
Adj R^2	0.023	0.087	0.115

注：括号内为 *t* 值

2. 地方经济表现、企业避税与政府补助

关于工具变量的相关性和有效性，从表 5-6 2SLS 第一阶段回归结果中可以看出，地方经济表现（*EP*）与企业避税显著正相关。在消除了扰动项异方差的影响后，模型的 *Kleibergen-Paap LM* 值在 1%水平显著，*Kleibergen-Paap* 的 *F* 值为 10.249，大于 10，高于 15%的 *Stock-Yogo* 的临界值（8.96），表明 *EP* 是弱工具变量的可能性较小（Stock et al.，2002）。从表 5-6 Panel B 中可以看出，*Hausman* 检验的 *P* 值小于 0.05，表明 OLS 模型存在内生性问题，IV-2SLS 模型优于 OLS 模型。

表 5-6　地方经济表现、企业避税与政府补助的 2SLS 回归结果（N=3 199）

Panel A		
变量	First Stage	Second Stage
	(1)	(2)
	Rate	$Subsidy_{t+1}$
Rate		-6.609^{***} (–3.16)
EP	0.010^{***} (3.38)	
Size	0.004^{*} (1.66)	-0.074^{***} (–3.92)
Growth	0.011^{***} (2.90)	0.012 (0.34)
Lev	-0.120^{***} (–9.57)	–0.211 (–0.80)
Magratio	–0.013 (–0.53)	0.007 (0.04)
Btimes	0.002^{***} (3.00)	0.010^{**} (2.03)
Ipo_year	0.001 (1.23)	0.008^{*} (1.91)
Gaoxin	-0.020^{***} (–3.89)	–0.075 (–1.40)
YEAR	YES	YES
IND	YES	YES
Cons	0.023 (0.48)	2.355^{***} (6.81)
Under identification tests：		
Kleibergen–Paap LM	10.146^{***}	
Weak identification tests：		
Kleibergen–Paap F	10.249	
Stock–Yogo weak ID test critical values：		
15% maximal IV size	8.960	
Panel B		
	$Subsidy_{t+1}$	
Chi–Sq.statistics	33.510	
Chi–Sq.d.f	1.000	
Prob	0.000	
结论	IV–2SLS 模型优于 OLS 模型	

注：R^2 在工具变量回归中不具有统计意义，未予汇报，下同

IV-2SLS 回归结果列示于表 5-6 的 Panel A。在第一阶段回归结果中，地方经济表现（*EP*）与企业合理避税程度（*Rate*）在 1%的水平上显著正相关，表明地方经济表现越差，民营企业越不避税。本章采用剔除时间趋势的实际 GDP 衡量地方经济表现（*EP*），数值越小，表示地方经济表现越差。在第二阶段的回归结果中，对于被解释变量 $Subsidy_{t+1}$，企业合理避税程度（*Rate*）的系数在 1%的水平上显著为负，表明地方经济表现越差，民营企业越不避税，其未来获得的政府补助越多，支持了假设 H2。我国市场机制尚不完善，政府在市场经济中仍扮演着较为重要的角色，主导着土地、政府补助、银行信贷等重要资源的分配。由于所有权性质的局限性以及发展中面临的诸多困难，民营企业具有强烈的动机通过寻租的方式获得更多的政府补助。2008 年全球金融危机后，中国逐渐进入经济下行期，为了促进经济增长，政府实施了四万亿计划，使得地方政府面临的财政压力不断增大。在此背景下，民营企业之间合理避税程度的高低导致其获得的政府补助存在差异，可能使减少合理避税程度成为民营企业寻租的新工具。

5.5 稳健性检验

本部分从变更模型、替换变量、企业异质性分析三个方面进行稳健性检验。

5.5.1 变更模型

在主模型中采用 IV-2SLS 模型验证假设 H2，在稳健性检验中采用高斯混合模型（GMM）进行回归分析。在主假设中，我们采用 IV-2SLS 模型分析财政压力、企业避税和政府补助三者间的关系，在一定程度上缓解了内生性问题。考虑到模型设定可能存在的异方差和自相关问题，从而使 IV-2SLS 的估计结果有偏，此处使用 GMM 方法进行进一步的估计。

表 5-7 列示了研究假设 H2 的 GMM 回归结果。结果与前文 IV-2SLS 模型回归结果一致，支持了本章提出的假设 H2，表明地方经济表现越差，民营企业越不避税，其未来获得的政府补助会越多。

表 5-7　地方经济表现、企业避税与政府补助的 GMM 回归结果

变量	First Stage	Second Stage
	(1)	(2)
	Rate	$Subsidy_{t+1}$
Rate		−6.609*** (−2.91)
EP	0.010*** (3.20)	
Size	0.004 (1.55)	−0.074*** (−3.38)
Growth	0.011*** (3.11)	0.012 (0.35)
Lev	−0.120*** (−8.86)	−0.211 (−0.71)
Magratio	−0.013 (−0.61)	0.007 (0.04)
Btimes	0.002*** (3.06)	0.010* (1.89)
Ipo_year	0.001 (1.23)	0.008* (1.82)
Gaoxin	−0.020*** (−3.50)	−0.075 (−1.24)
YEAR	YES	YES
IND	YES	YES
Cons	0.023 (0.44)	2.355*** (6.00)
N	3 199	3 199
弱工具变量检验(*F* 值)	10.249	

5.5.2　替换变量

1. 替换政府补助衡量指标

本章借鉴陈冬等（2016）的做法，以 *Subsidy*2 = 第 t+1 年企业获得的政府补助金额/第 t+1 年净利润，对企业未来期间获取的政府补助进行度量。

表 5-8 报告了替换政府补助变量的 OLS 多元回归结果。回归结果与前文回归结果相似，在 OLS 多元回归结果中，无论是单变量回归还是控制了企业规模等一系列变量后的多元变量回归，对于被解释变量 *Subsidy*2，企业合理避税程度（*Rate*）的系数均显著为负。

表 5-8　企业避税与政府补助替换政府补助变量的 OLS 回归结果

变量	Subsidy2		
	(1)	(2)	(3)
Rate	−0.268*** (−3.59)	−0.167** (−2.20)	−0.196*** (−2.59)
Size		−0.048*** (−5.12)	−0.043*** (−4.26)
Growth		−0.036** (−2.28)	−0.039** (−2.45)
Lev		0.328*** (6.37)	0.390*** (7.19)
Magratio		0.150 (1.46)	0.103 (0.95)
Btimes		−0.001 (−0.55)	−0.001 (−0.03)
Ipo_year		0.003 (1.40)	0.001 (0.27)
Gaoxin		0.071*** (3.60)	0.042* (1.90)
YEAR	NO	NO	YES
IND	NO	NO	YES
Cons	0.213*** (25.36)	1.058*** (5.64)	1.105*** (5.32)
N	3 199	3 199	3 199
R^2	0.004	0.025	0.055

表 5-9 报告了替换政府补助变量的 IV-2SLS 回归结果。地方经济表现（*EP*）与企业避税（*Rate*）显著正相关，企业合理避税程度（*Rate*）与 *Subsidy*2 显著负相关，结果支持了本章的假设 H1 和假设 H2。从（2）列可以看出，对于被解释变量 *Subsidy*2，企业合理避税程度（*Rate*）的系数显著为负。这一回归结果支持了本文研究假设 H2，表明地方经济表现越差，民营企业越不避税，其未来获取的政府补助会越多。

工具变量的有效性和相关性、模型的内生性的检验结果在表 5-9 中最后九行列示。工具变量的相关性的检验中，地方经济表现（*EP*）的 *Kleibergen-Paap LM* 值在 1%水平显著，*Kleibergen-Paap* 的 *F* 值为 10.249，大于 10，高于 15%的 *Stock-Yogo* 的临界值（8.96），拒绝地方经济表现（*EP*）是弱工具变量的原假设。

表 5-9　地方经济表现、企业避税与政府补助替换政府补助变量的 2SLS 回归结果

变量	First Stage	Second Stage
	(1)	(2)
	Rate	*Subsidy2*
Rate		–3.557** (–2.22)
EP	0.010*** (3.38)	
Size	0.004* (1.66)	–0.028* (–1.96)
Growth	0.011*** (2.90)	–0.004 (–0.15)
Lev	–0.120*** (–9.57)	–0.007 (–0.03)
Magratio	–0.013 (–0.53)	0.064 (0.46)
Btimes	0.002*** (3.00)	0.005 (1.32)
Ipo_year	0.001 (1.23)	0.002 (0.54)
Gaoxin	–0.020*** (–3.89)	–0.020 (–0.49)
YEAR	YES	YES
IND	YES	YES
Cons	0.023 (0.48)	1.149*** (4.35)
N	3 199	3 199
Under identification tests:		
Kleibergen–Paap LM	10.146***	
Weak identification tests:		
Kleibergen–Paap F 值	10.249	
Stock–Yogo weak ID test critical values:		
15% maximal IV size	8.960	
Endogenous test:		
Hausman 检验(chi^2)		7.11
Hausman 检验($Prob>chi^2$)		0.008

2. 替换地方经济表现衡量指标

考虑到大部分上市公司是多地经营，避税行为会发生在各地，仅采用上市公司注册地的地方经济表现探究地方经济表现、企业避税与政府补助三者的关系可能会存在一定的偏差，本章采用上市公司前三大子公司的注册地的地方经济表现的算术平均值，作为地方经济表现的替换变量，以 *EP*2 表示。

表 5-10 列示了替换地方经济表现变量的回归结果。从结果中可以看出，地方经济表现（*EP*2）与企业合理避税程度（*Rate*）在 1%的水平上显著正相关；对于被解释变量 $Subsidy_{t+1}$，企业合理避税程度（*Rate*）的系数在 1%的水平上显著为负。该结果支持了本章的研究假设 H2，与前文回归结果一致。

表 5-10　地方经济表现、企业避税与政府补助替换地方经济表现变量的 2SLS 回归结果

变量	First Stage	Second Stage
	(1)	(2)
	Rate	$Subsidy_{t+1}$
Rate		-5.238^{***} (–3.02)
*EP*2	0.012^{***} (3.42)	
Size	0.004^{*} (1.68)	-0.080^{***} (–5.05)
Growth	0.011^{***} (2.88)	–0.003 (–0.09)
Lev	-0.120^{***} (–9.56)	–0.049 (–0.22)
Magratio	–0.012 (–0.46)	0.023 (0.15)
Btimes	0.002^{***} (2.97)	0.008^{*} (1.94)
Ipo_year	0.001 (1.11)	0.008^{**} (2.15)
Gaoxin	-0.020^{***} (–3.82)	–0.049 (–1.11)
YEAR	YES	YES
IND	YES	YES
Cons	0.024 (0.50)	2.337^{***} (8.06)
N	3 199	3 199
Kleibergen–Paap LM	9.702^{***}	.
Kleibergen–Paap F 值	11.697	

5.5.3 异质性检验

为了探究不同情境中企业避税和政府补助的关系，本章进行了异质性检验。具体而言，分析了企业减少避税的动机，并从宏观（政府面临的财政赤字）、中观（企业的“羊群效应”）、微观（企业经营状况）三个角度，探究地方经济表现、企业避税和政府补助的关系，以进一步加深读者对政府和民营企业互惠关系的理解。

1. 民营企业减少合理避税的动机：获得更多的政府补助还是在资本市场获得超额回报

在前述 H1 和 H2 的理论分析中，我们提到，民营企业主动减少合理避税的主要原因可能有两个。第一个原因是民营企业可能希望通过减少避税的方式进行寻租，与政府官员建立起良好的政企关系、树立企业积极履行社会责任的良好形象，从而帮助其在未来获取更多的政府补助。第二个原因是民营企业可能希望通过多缴纳所得税的方式，显示其经营状况良好、拥有充足的资金，从而在资本市场中获得更好表现。在实证研究部分，本章对民营企业减少避税是否可以帮助企业在未来期间获取更多的政府补助进行了探讨。在稳健性检验部分，本章将对民营企业避税和其在资本市场的表现的关系进行探讨。具体而言，以民营企业的超额年回报率（企业股票年回报率与市场年回报率之差）为被解释变量，重新估计了模型（2）和模型（3），分别进行 OLS 和 IV-2SLS 回归。若回归结果中民营企业超额年回报率与企业避税显著负相关，则说明民营企业减少避税可以帮助其在资本市场获得超额回报，民营企业对于减少避税具有多重动机，并不仅仅为了在未来期间获取更多的政府补助。

表 5-11 列示了相关回归结果。从第（1）列 OLS 回归结果中可以看出，企业合理避税程度（*Rate*）系数在 1%的水平显著为正；从第（3）列 2SLS 回归结果中可以看出，企业合理避税程度（*Rate*）系数为正但并未显著，表明民营企业在经济下行和财政压力增大的背景下减少合理避税并不能帮助其在资本市场获得超额回报。因此，民营企业减少合理避税的主要原因并不是为了在资本市场中获得超额回报，更可能是为了与政府建立良好的政企关系，从而获得更多的稀缺资源。

表 5-11 分析民营企业动机的异质性检验

变量	OLS	IV-2SLS	
	(1)	(2)	(3)
	Excess_return	First Stage *Rate*	Second Stage *Excess_return*
Rate	0.353*** (5.44)		1.200 (1.08)
EP		0.010*** (3.38)	
Size	–0.043*** (–5.00)	0.004* (1.66)	–0.047*** (–4.67)
Growth	0.095*** (7.03)	0.011*** (2.90)	0.086*** (4.82)
Lev	0.155*** (3.32)	–0.120*** (–9.57)	0.255* (1.83)
Magratio	–0.123 (–1.31)	–0.013 (–0.53)	–0.113 (–1.17)
Btimes	0.006*** (3.05)	0.002*** (3.00)	0.005* (1.83)
Ipo_year	–0.003 (–1.35)	0.001 (1.23)	–0.003 (–1.43)
Gaoxin	0.025 (1.32)	–0.020*** (–3.89)	0.041 (1.45)
YEAR	YES	YES	YES
IND	YES	YES	YES
Cons	0.758*** (4.24)	0.023 (0.48)	0.747*** (4.08)
N	3 199	3 199	3199
Adj R^2	0.049	0.059	.

2. 基于政府面临的财政赤字分组的异质性检验

在前述研究假设 H2 的理论分析中，我们提到，地方经济表现越差，地方政府面临的财政压力越大，民营企业越会减少合理避税，其未来会获得越多的政府补助。本章根据样本中地方政府面临的财政赤字[（一般预算支出–一般预算收入）/GDP]的中位数进行分组，若样本的地方政府面临的财政赤字大于中位数，为组 1；低于中位数，为组 2。如果组 1 中企业合理避税程度（*Rate*）的系数显著为负，而组 2 中企业合理避税程度（*Rate*）

的系数不显著，则进一步检验了本章的研究假设 H2。

从表 5-12 回归结果中可以看出，在财政赤字大的样本组，*Rate* 与获取的政府补助显著负相关；而在财政赤字小的样本组，*Rate* 的系数并不显著。该回归结果进一步检验了本章的研究假设 H2，表明民营企业行为会受宏观环境的影响，经济下行和财政压力增大会成为民营企业违背“理性经济人”假设，多交纳所得税进而获取政府补助的驱动力。

表 5-12　基于政府面临的财政赤字分组的异质性检验

变量	财政赤字大		财政赤字小	
	First Stage	Second Stage	First Stage	Second Stage
	(1)	(2)	(3)	(4)
	Rate	$Subsidy_{t+1}$	*Rate*	$Subsidy_{t+1}$
Rate		−5.241*** (−2.93)		−6.376 (−0.73)
EP	0.014*** (3.30)		0.006 (0.78)	
Size	0.003 (0.75)	−0.082*** (−3.98)	0.004 (1.09)	−0.081** (−2.08)
Growth	0.010** (2.05)	−0.003 (−0.08)	0.015*** (2.57)	0.026 (0.18)
Lev	−0.110*** (−5.72)	−0.055 (−0.24)	−0.127*** (−7.41)	−0.190 (−0.17)
Magratio	0.020 (0.41)	0.344 (1.19)	−0.028 (−0.91)	−0.102 (−0.31)
Btimes	0.002*** (2.90)	0.012* (1.95)	0.001 (1.40)	0.007 (0.56)
Ipo_year	0.001 (0.94)	0.007 (1.31)	0.001 (1.34)	0.011 (1.11)
Gaoxin	−0.029*** (−4.04)	−0.076 (−1.21)	−0.012 (−1.48)	−0.038 (−0.32)
YEAR	YES	YES	YES	YES
IND	YES	YES	YES	YES
Cons	0.033 (0.48)	2.339*** (5.74)	0.060 (0.73)	2.489*** (3.12)
N	1 600	1 600	1 599	1 599
Kleibergen–Paap LM	10.231***		0.657	
Kleibergen–Paap F 值	10.258		0.647	

3. 企业行为与行业表现相悖的异质性检验

一般而言，企业中会存在着“羊群效应”，即企业往往会选择跟随行业的行为，不愿意选择对于同行业而言过于保守或激进的行为。我们认为，如果民营企业的避税行为与行业的均值产生较大的偏离，则该行为背后应该存在某种动机，可能当企业避税行为与行业的偏离很大时，该企业更容易引起政府的关注，因而减少合理避税更能帮助其获得更多的政府补助。因此，首先，本章计算了民营企业的避税行为的偏离程度（企业合理避税程度–行业均值）的绝对值；其次，本章根据民营企业的避税行为偏离程度的绝对值的中位数进行分组，若样本的避税行为偏离程度的绝对值大于中位数，为组 1，代表样本企业的异质性强；小于中位数，为组 2，代表样本企业选择跟随行业行为作出决策。如果组 1 中企业合理避税程度（*Rate*）与未来获得的政府补助均显著相关，组 2 中企业合理避税程度（*Rate*）与未来获得的政府补助没有显著关系，则说明民营企业避税行为与行业行为的异质性会对其未来获得的政府补助产生影响。

从表 5-13 回归结果中可以看出，在异质性强的样本组，企业合理避税程度（*Rate*）的系数显著为负；而在异质性弱的样本组，企业合理避税程度（*Rate*）的系数并不显著，表明“特立独行”的企业更容易受到政府的关注，也更能通过在地方经济表现差时减少合理避税的方式，在未来获取更多的政府补助。

表 5-13　企业行为与行业表现相悖的异质性检验

变量	异质性强		异质性弱	
	First Stage	Second Stage	First Stage	Second Stage
	(1)	(2)	(3)	(4)
	Rate	$Subsidy_{t+1}$	*Rate*	$Subsidy_{t+1}$
Rate		-4.446^{***} (–3.03)		–103.070 (–0.37)
EP	0.019^{***} (3.46)		0.001 (0.37)	
Size	0.005 (1.07)	-0.087^{***} (–3.68)	0.001 (0.96)	0.024 (0.09)
Growth	0.021^{***} (2.96)	0.013 (0.28)	0.000 (0.23)	0.003 (0.02)
Lev	-0.206^{***} (–8.65)	–0.282 (–0.88)	-0.010^{**} (–2.14)	–0.684 (–0.24)

续表

变量	异质性强		异质性弱	
	First Stage	Second Stage	First Stage	Second Stage
	(1)	(2)	(3)	(4)
	Rate	$Subsidy_{t+1}$	*Rate*	$Subsidy_{t+1}$
Magratio	–0.031 (–0.60)	–0.043 (–0.16)	–0.000 (–0.10)	–0.008 (–0.01)
Btimes	0.003*** (2.62)	0.008 (1.23)	0.000* (1.84)	0.041 (0.38)
Ipo_year	0.001 (0.58)	0.006 (1.04)	0.000* (1.67)	0.038 (0.38)
Gaoxin	–0.036*** (–3.77)	–0.046 (–0.68)	0.001 (0.19)	0.084 (0.34)
YEAR	YES	YES	YES	YES
IND	YES	YES	YES	YES
Cons	0.039 (0.43)	2.586*** (5.62)	0.051*** (2.67)	6.777 (0.48)
N	1 596	1 596	1 603	1 603
Kleibergen–Paap LM	11.662***		0.114	
Kleibergen–Paap F 值	11.744		0.112	

4. 企业行为与盈利能力相悖的异质性检验

在前述研究假设H1和H2的理论分析中，我们提到，在现实的发展中，民营企业面临着融资约束、转型升级等困难，因此，民营企业更有动机通过减少合理避税的方式进行寻租，以获得更多的政府补助。相较于经营状况不好的企业，经营状况良好的民营企业更容易在资本市场中获得优质资源，面临的融资约束也会较小。因此，本章根据样本中民营企业税前利润的中位数进行分组，若样本的税前利润大于中位数，为组 1，表明企业经营状况良好；低于中位数，为组 2。如果组 1 中企业避税与未来获得的政府补助没有显著关系；而组 2 中企业避税与未来获得的政府补助显著负相关，则说明民营企业经营状况会对企业的避税行为以及未来获得的政府补产生影响。

从表 5-14 回归结果中可以看出，在经营状况好的样本组，企业合理避税程度（*Rate*）的系数并不显著；而在经营状况差的样本组，企业合理避税程度（*Rate*）的系数显著为负，表明相较于经营状况好的民营企业，经营状况差的企业更需要通过在地方经济表现差时减少合理避税的方式，以获得更多的政府补助，缓解其面临的融资困境。

表 5-14 企业行为与盈利能力相悖的异质性检验

变量	经营状况好		经营状况差	
	First Stage	Second Stage	First Stage	Second Stage
	(1)	(2)	(3)	(4)
	Rate	$Subsidy_{t+1}$	*Rate*	$Subsidy_{t+1}$
Rate		30.554 (0.21)		-4.706^{***} (−3.27)
EP	−0.001 (−0.21)		0.019^{***} (4.06)	
Size	0.002 (0.56)	−0.048 (−0.18)	-0.031^{***} (−6.32)	-0.208^{***} (−3.98)
Growth	0.003 (1.08)	−0.114 (−0.22)	0.018^{**} (2.04)	−0.052 (−0.89)
Lev	-0.052^{***} (−3.72)	1.793 (0.23)	-0.102^{***} (−4.75)	0.119 (0.63)
Magratio	0.041 (1.24)	−1.262 (−0.21)	−0.025 (−0.66)	−0.009 (−0.04)
Btimes	0.001^{***} (2.58)	−0.043 (−0.21)	0.002 (1.45)	0.009 (1.37)
Ipo_year	0.002^{***} (2.93)	−0.059 (−0.22)	0.000 (0.17)	0.012^{**} (2.12)
Gaoxin	-0.023^{***} (−4.58)	0.736 (0.21)	−0.012 (−1.29)	0.060 (1.08)
YEAR	YES	YES	YES	YES
IND	YES	YES	YES	YES
Cons	0.054 (0.85)	−1.657 (−0.20)	0.759^{***} (7.43)	5.015^{***} (4.15)
N	1 596	1 596	1 603	1 603
Kleibergen–Paap LM	0.043		15.527^{***}	
Kleibergen–Paap F 值	0.042		15.869	

5.6 进一步讨论

5.6.1 企业避税对政府补助影响的具体作用机制：声誉

假设部分提到，民营企业可以通过减少避税树立积极履行社会责任的形象、获得较高声誉，从而帮助其在未来获得更多的政府补助。借鉴周丽萍等（2016）的研究，考虑到商誉较高的企业往往拥有较多的商标等，本章采用无形资产的比例来衡量企业声誉，对减少避税对政府补助影响的中介机制进行探究。中介效应模型设计如下：

$$\begin{aligned} Subsidy_{i,t+1} = {} & \alpha_1 + \alpha_2 Rate_{i,t} + \alpha_3 Size_{i,t} + \alpha_4 Growth_{i,t} + \alpha_5 Lev_{i,t} + \alpha_6 Magratio_{i,t} \\ & + \alpha_7 Btimes_{i,t} + \alpha_8 Ipo\_year_{i,t} + \alpha_9 Gaoxin_{i,t} + YEAR + IND + \varepsilon \end{aligned} \tag{4a}$$

$$\begin{aligned} Reputation_{i,t} = {} & \delta_1 + \delta_2 Rate_{i,t} + \delta_3 Size_{i,t} + \delta_4 Growth_{i,t} + \delta_5 Lev_{i,t} + \delta_6 Magratio_{i,t} \\ & + \delta_7 Btimes_{i,t} + \delta_8 Ipo\_year_{i,t} + \delta_9 Gaoxin_{i,t} + YEAR + IND + \tau \end{aligned} \tag{4b}$$

$$\begin{aligned} Subsidy_{i,t+1} = {} & \theta_1 + \theta_2 Rate_{i,t} + \theta_3 Reputation_{i,t} + \theta_4 Size_{i,t} + \theta_5 Growth_{i,t} \\ & + \theta_6 Lev_{i,t} + \theta_7 Magratio_{i,t} + \theta_8 Btimes_{i,t} + \theta_9 Ipo\_year_{i,t} \\ & + \theta_{10} Gaoxin_{i,t} + YEAR + IND + o \end{aligned} \tag{4c}$$

企业避税与政府补助的中介机制检验结果列示于表5-15。可以看出，企业避税（*Rate*）与政府补助（$Subsidy_{t+1}$）、声誉（*Reputation*）显著负相关，表明民营企业越不避税，其未来获取的政府补助越多，声誉越高。从列（3）可以看出，声誉（*Reputation*）的系数显著为正，而企业避税（*Rate*）的系数显著为负。同时，Sobel 检验的 Z 值为2.05，表明中介效应显著，即民营企业可以通过减少避税增加企业声誉，进而帮助其在未来获得更多的政府补助。

表5-15　基于声誉的中介机制检验

变量	$Subsidy_{t+1}$	*Reputation*	$Subsidy_{t+1}$
	(1)	(2)	(3)
Rate	−0.480*** (−7.55)	−0.020*** (−2.96)	−0.470*** (−7.40)
Reputation			0.470*** (2.85)
Size	−0.100*** (−11.91)	−0.006*** (−6.76)	−0.098*** (−11.49)
Growth	−0.052*** (−3.91)	−0.001 (−0.46)	−0.051*** (−3.89)
Lev	0.513*** (11.26)	−0.001 (−0.16)	0.513*** (11.28)

续表

变量	$Subsidy_{t+1}$	$Reputation$	$Subsidy_{t+1}$
	(1)	(2)	(3)
Magratio	0.079 (0.86)	–0.004 (–0.36)	0.080 (0.88)
Btimes	0.001 (0.46)	0.001*** (5.64)	0.000 (0.17)
Ipo_year	0.006*** (2.89)	0.001** (2.27)	0.006*** (2.78)
Gaoxin	0.038** (2.07)	–0.003 (–1.40)	0.040** (2.14)
YEAR	YES	YES	YES
IND	YES	YES	YES
Cons	1.855*** (9.76)	0.157*** (7.65)	1.782*** (9.30)
N	3 199	3 199	3 199
Adj R^2	0.115	0.113	0.117

5.6.2 混合所有制改革的纠偏机制

在上文的分析中，本章揭示了民营企业在产权经济不平等困境中所采取的发展策略与路径，即民营企业有可能会将减少合理避税作为一种寻租手段，通过与政府建立良好的政企关系来获得更多的补助。近年来，中国政府一直提倡构建“亲”“清”的新型政商关系，优化企业的营商环境，并不鼓励民营企业通过寻租来追求经济利益。那么，是否存在一种有效的经济制度来引导企业健康发展？我国的基本经济制度能否对民营企业的寻租行为形成纠偏机制从而展现制度优势特征？下面尝试从基本经济制度的微观实现形式混合所有制改革入手，构建混合所有制制度优势对民营企业在地方经济表现下滑、财政压力大的制度环境下，通过多交所得税获得政府补助的行为的纠偏机制。

党的十九届四中全会提出要积极探索公有制多种实现形式，发展混合所有制经济，健全支持民营经济发展的法治环境。其后，学者们开始关注企业参与混合所有制改革的经济后果以及创造的社会效益。企业参与混合所有制改革有助于促进其创新，提高核心竞争力，改善绩效（Gupta，2005；Liu et al.，2015）。对于民营企业而言，其参与混合所有制改革更可以获得之前国有资本才能拥有的优势，如政治资源、信贷优势、进入垄断性行业等，继而缓解融资困境（罗进辉，2013），而不必通过减少避税进行寻租的方式获得优质资源。因此，本章采用民营企业中国有股东的比例这一指标来衡量民营企业混合所有制改革的程度，对混合所有制改革的纠偏机制进行分析。*Hungai*1= 民营企业 2～10 名大股东中国有股东的比例，*Hungai*2 = 民营企业 2～5 名大股东中国有股东的比例。考虑到民营企业混合所有制改革的程度对于企业避税和未来获得的政府补助关系的调节作用可能是曲线而非线性的，本章以混合所有制改革程度[$(Hungai2)^2$]作为调节变量进行 2SLS 回归。相关带调节项的 IV-2SLS 模型设定如下：

第一阶段：

$$\begin{aligned}Rate_{i,t} = \beta_1 + \beta_2 EP_t + \beta_3 EP_t * (Hungai_{i,t})^2 + \beta_4 Hungai_{i,t} + \beta_5 (Hungai_{i,t})^2 \\ + \beta_6 Size_{i,t} + \beta_7 Growth_{i,t} + \beta_8 Lev_{i,t} + \beta_9 Magratio_{i,t} + \beta_{10} Btimes_{i,t} \\ + \beta_{11} Ipo\_year_{i,t} + \beta_{12} Gaoxin_i + YEAR + IND + \iota_{i,t}\end{aligned} \tag{5a}$$

$$\begin{aligned}Rate_{i,t} \times (Hungai_{i,t})^2 = \chi_1 + \chi_2 EP_t + \chi_3 EP_t * (Hungai_{i,t})^2 + \chi_4 Hungai_{i,t} \\ + \chi_5 (Hungai_{i,t})^2 + \chi_6 Size_{i,t} + \chi_7 Growth_{i,t} + \chi_8 Lev_{i,t} \\ + \chi_9 Magratio_{i,t} + \chi_{10} Btimes_{i,t} + \chi_{11} Ipo\_year_{i,t} \\ + \chi_{12} Gaoxin_i + YEAR + IND + \psi_{i,t}\end{aligned} \tag{5b}$$

根据模型（5a）、（5b）所估计的 *Rate* 和 $Rate \times (Hungai)^2$ 的拟合值作为自变量进行第二阶段回归：

$$\begin{aligned}Subsidy_{i,t+1} = \mu_1 + \mu_2 Rate_{i,t} + \mu_3 Rate_{i,t} * (Hungai_{i,t})^2 + \mu_4 Hungai_{i,t} + \mu_5 (Hungai_{i,t})^2 \\ + \mu_6 Size_{i,t} + \mu_7 Growth_{i,t} + \mu_8 Lev_{i,t} + \mu_9 Magratio_{i,t} + \mu_{10} Btimes_{i,t} \\ + \mu_{11} Ipo\_year_{i,t} + \mu_{12} Gaoxin_i + YEAR + IND + \varsigma_{i,t}\end{aligned} \tag{5c}$$

表 5-16 中 Panel A、Panel B 分别列示了以混合所有制改革程度 $(Hungai1)^2$ 和 $(Hungai2)^2$ 作为调节变量的 2SLS 回归结果，可以看出，对于被解释变量 $Subsidy_{t+1}$，企业合理避税程度与混合所有制改革程度的交乘项 $Rate \times (Hungai1)^2$、$Rate \times (Hungai2)^2$ 的系数在 5%的水平显著为正，表明民营企业参与混合所有制改革的确可以抑制假设 H2 提出的“地方经济表现越差，民营企业越不避税，其未来获得的政府补助会越多”的关系。

表 5-16 基于混合所有制改革的进一步讨论

Panel A

变量	First Stage		Second Stage
	(1)	(2)	(3)
	Rate	*Rate*×(*Hungai*2)^2	$Subsidy_{t+1}$
Rate			−6.940*** (−3.04)
Rate∗(*Hungai*1)^2			130.507** (2.29)
EP	0.010*** (3.39)	0.000 (1.47)	
EP∗(*Hungai*1)^2	1.273*** (3.04)	0.077*** (29.74)	
*Hungai*1	−0.040 (−0.25)	0.008*** (8.38)	−0.405 (−0.32)
(*Hungai*1)^2	−0.696 (−0.97)	−0.086*** (−19.48)	3.652 (0.60)
Size	0.004* (1.68)	0.000** (2.16)	−0.077*** (−3.95)
Growth	0.012*** (3.12)	0.000** (2.18)	0.012 (0.34)
Lev	−0.122*** (−9.73)	−0.000 (−1.57)	−0.246 (−0.86)
Magratio	−0.013 (−0.52)	0.000 (0.29)	−0.004 (−0.02)
Btimes	0.002*** (2.85)	−0.000** (−2.54)	0.011** (2.05)
Ipo_year	0.001 (1.33)	−0.000 (−1.24)	0.009** (1.99)
Gaoxin	−0.021*** (−4.01)	−0.000* (−1.67)	−0.081 (−1.42)
YEAR	YES	YES	YES
IND	YES	YES	YES
Cons	0.026 (0.52)	−0.001 (−1.61)	2.438*** (6.69)
N	3 199	3 199	3 199
Kleibergen–Paap LM	9.593***		
Kleibergen–Paap F 值	4.831		

续表

Panel B			
变量	First Stage		Second Stage
	(1)	(2)	(3)
	Rate	*Rate*×(*Hungai*2)^2	$Subsidy_{t+1}$
Rate			–6.931*** (–3.05)
*Rate**(*Hungai*2)^2			134.550** (2.36)
EP	0.010*** (3.39)	0.000 (1.34)	
*EP**(*Hungai*2)^2	1.329*** (3.08)	0.079*** (31.32)	
*Hungai*2	0.033 (0.18)	0.011*** (9.99)	0.132 (0.10)
(*Hungai*2)^2	–1.049 (–1.29)	–0.100*** (–21.11)	1.878 (0.28)
Size	0.004* (1.66)	0.000** (2.19)	–0.077*** (–3.99)
Growth	0.011*** (3.08)	0.000** (2.39)	0.011 (0.32)
Lev	–0.122*** (–9.70)	–0.001 (–1.47)	–0.245 (–0.86)
Magratio	–0.013 (–0.52)	0.000 (0.23)	–0.002 (–0.01)
Btimes	0.002*** (2.84)	–0.000*** (–2.77)	0.011** (2.06)
Ipo_year	0.001 (1.30)	–0.000 (–1.43)	0.009** (1.97)
Gaoxin	–0.021*** (–4.03)	–0.000 (–1.38)	–0.082 (–1.45)
YEAR	YES	YES	YES
IND	YES	YES	YES
Cons	0.027 (0.54)	–0.001 (–1.58)	2.439*** (6.70)
N	3 199	3 199	3 199
Kleibergen–Paap LM	9.640***		
Kleibergen–Paap F 值	4.857		

关于工具变量的相关性和有效性，从 Panel A、Panel B 中 2SLS 第一阶段回归结果可以看出，地方经济表现 *EP*、地方经济表现与混合所有制改革程度的交乘项 $EP\times(Hungai)^2$ 系数均显著为正。在消除了扰动项异方差的影响后，模型的 *Kleibergen-Paap LM* 值均在 1%水平显著，*Kleibergen-Paap* 的 *F* 值均高于 15%的 *Stock-Yogo* 的临界值（4.58），说明 *EP*、$EP*\times(Hungai)^2$ 是弱工具变量的可能性较小（Stock et al.，2002）。

5.7 研究结论

本章以 2008～2018 年沪深 A 股上市民营企业为研究对象，在地方经济表现下滑和政府财政压力增大的背景下，分析民营企业将减少合理避税作为一种寻租手段对其未来获得的政府补助的影响，探究民营企业可以仅仅依靠减少避税就能在未来获得更多政府补助背后的逻辑，并进一步分析了民营企业参与混合所有制改革对于上述关系的反向作用机制，主要结论如下：①民营企业减少合理避税有助于其未来获取更多的补助。民营企业可以通过主动减少合理避税的方式，树立积极履行社会责任的公众形象、与政府建立良好的政企关系，从而帮助其在未来获取更多的政府补助。②当民营企业因为地方经济表现下滑而承担额外的税负，帮助政府渡过难关后，作为回报，政府会帮助民营企业在未来获得更多的政府补助。此时，民营企业虽然牺牲了短期的经济利益，却获得了长期经济利益的流入。③民营企业可以通过减少避税获得更高声誉，从而在未来获得更多补助。民营企业的混合所有制改革程度可以对“地方经济表现越差，民营企业越不避税，其未来获得的政府补助会越多”的关系产生一定的反向作用。

本章的结论具有一定的政策意义。一方面，政府部门应努力构建“亲”“清”型政企关系，减少民营企业的寻租行为，帮助民营企业提升核心竞争力和实现长远发展。另一方面，本章发现企业混合所有制改革可以一定程度上抑制民营企业的寻租行为、促进民营企业健康可持续发展，所以应当积极鼓励和引导民营企业进行混合所有制改革，促进经济高质量发展。

$$\ln(GDP)=\beta_1+\beta_2 Year+\mu$$

$$
\begin{aligned}
Subsidy_{i,t+1} = {} & \alpha_1 + \alpha_2 Rate_{i,t} + \alpha_3 Size_{i,t} + \alpha_4 Growth_{i,t} + \alpha_5 Lev_{i,t} + \alpha_6 Magratio_{i,t} \\
& + \alpha_7 Btimes_{i,t} + \alpha_8 Ipo\_year_{i,t} + \alpha_9 Gaoxin_i + YEAR + IND + \varepsilon_{i,t}
\end{aligned}
$$

$$
\begin{aligned}
Rate_{i,t} = {} & k_1 + k_2 EP_t + k_3 Size_{i,t} + k_4 Growth_{i,t} + k_5 Lev_{i,t} + k_6 Magratio_{i,t} \\
& + k_7 Btimes_{i,t} + k_8 Ipo\_year_{i,t} + k_9 Gaoxin_i + YEAR + IND + \phi_{i,t}
\end{aligned}
$$

$$
\begin{aligned}
Subsidy_{i,t+1} = {} & \rho_1 + \rho_2 Rate_{i,t} + \rho_3 Size_{i,t} + \rho_4 Growth_{i,t} + \rho_5 Lev_{i,t} + \rho_6 Magratio_{i,t} \\
& + \rho_7 Btimes_{i,t} + \rho_8 Ipo\_year_{i,t} + \rho_9 Gaoxin_i + YEAR + IND + \pi_{i,t}
\end{aligned}
$$

$$
\begin{aligned}
Subsidy_{i,t+1} = {} & \alpha_1 + \alpha_2 Rate_{i,t} + \alpha_3 Size_{i,t} + \alpha_4 Growth_{i,t} + \alpha_5 Lev_{i,t} + \alpha_6 Magratio_{i,t} \\
& + \alpha_7 Btimes_{i,t} + \alpha_8 Ipo\_year_{i,t} + \alpha_9 Gaoxin_{i,t} + YEAR + IND + \varepsilon
\end{aligned}
$$

$$
\begin{aligned}
Reputation_{i,t} = {} & \delta_1 + \delta_2 Rate_{i,t} + \delta_3 Size_{i,t} + \delta_4 Growth_{i,t} + \delta_5 Lev_{i,t} + \delta_6 Magratio_{i,t} \\
& + \delta_7 Btimes_{i,t} + \delta_8 Ipo\_year_{i,t} + \delta_9 Gaoxin_{i,t} + YEAR + IND + \tau
\end{aligned}
$$

$$
\begin{aligned}
Subsidy_{i,t+1} = {} & \theta_1 + \theta_2 Rate_{i,t} + \theta_3 Reputation_{i,t} + \theta_4 Size_{i,t} + \theta_5 Growth_{i,t} + \theta_6 Lev_{i,t} \\
& + \theta_7 Magratio_{i,t} + \theta_8 Btimes_{i,t} + \theta_9 Ipo\_year_{i,t} + \theta_{10} Gaoxin_{i,t} \\
& + YEAR + IND + o
\end{aligned}
$$

$$
\begin{aligned}
Subsidy_{i,t+1} = {} & \mu_1 + \mu_2 Rate_{i,t} + \mu_3 Rate_{i,t} * (Hungai_{i,t})^2 + \mu_4 Hungai_{i,t} + \mu_5 (Hungai_{i,t})^2 \\
& + \mu_6 Size_{i,t} + \mu_7 Growth_{i,t} + \mu_8 Lev_{i,t} + \mu_9 Magratio_{i,t} + \mu_{10} Btimes_{i,t} \\
& + \mu_{11} Ipo\_year_{i,t} + \mu_{12} Gaoxin_i + YEAR + IND + \varsigma_{i,t}
\end{aligned}
$$

第 6 章　“创新—资本”互动共演对后发企业发展的促进机制研究——以药明康德为例

本章聚焦于创新型企业自主创新能力演化路径这一主题，试图解决在创新能力演进的过程中，后发企业的创新导向和投资者偏好可能产生冲突，从而产生的融资约束这一问题。基于这一问题，本章以后发企业①、“独角兽”②和中概股作为一脉相承的研究对象，采用纵向单案例研究方法，探究了案例企业药明康德在创新能力演进中的创新与资本互动共演的路径与机理。研究发现，在“创新—资本”共演机制的影响下，企业的技术创新能力和融资规模互相促进、协同共生，这一过程中也存在创新导向和资本的投资偏好不匹配的情况，此时企业需要通过资本运作的方式，放弃原有的市场寻求新的资本投入，避免被资本裹挟而放弃自主创新。本章揭示了企业创新导向和投资者偏好之间的匹配关系，也为后发企业实现技术追赶提供了实践指导。

6.1　引　　言

改革开放 40 年，中国综合国力日益提升，已经成为经济规模仅次于美国的第二大经济体，但经济增长方式需要从目前的廉价劳动力、高储蓄率、高投资率粗放型增长转向技术进步集约型增长。特别就产权性质而言，由于资源禀赋并不充足，民营企业亟需从“要素驱动”向“创新驱动”转

---

① 后发企业（latecomer firms）是面临技术劣势和市场劣势的并试图参与国际竞争的创新企业。

② 2013 年美国 Cowboy Venture 投资人艾琳·李（Aileen Lee）提出“独角兽”的概念，指的是那些成长速度超快、稀缺且被投资者追捧的创业企业，其成立时间一般不超过 10 年且公司价值超过 10 亿美元，企业获得过私募投资且未上市。

变，如此才可实现民营经济高质量发展。目前以“独角兽”为代表的高成长创业企业已成为新时代民营经济高质量发展的新引擎，《2019 胡润全球独角兽榜》数据显示，中国目前“独角兽”数量虽然位居世界第一，但基于前沿技术驱动的“独角兽”企业占比偏低。生物医药企业是技术驱动型“独角兽”企业的典型代表，探寻这类后发企业实现技术追赶的内在机理，将为后发情境下创新企业高成长创业实践开启新的洞见。

传统技术追赶理论认为，后发企业最初需先引进学习国外先进技术，然后逐步吸收学习并最终形成自主创新能力，但现有研究未能从价值链创造价值的视角解析后发企业的创新能力演化过程，因而对创新能力如何促使后发企业成长为“独角兽”企业缺乏解释力。同时，创新对企业来说是典型的资本密集型投资，需要大量的资金投入，当内部资金不足以支撑创新项目，而外部融资存在严重约束时，企业不得不推迟或放弃创新。詹姆斯·布朗（James R. Brown）等研究发现，由于外源性融资不足，中国创新型企业特别是民营企业存在显著的融资约束，创新活动会因此受到抑制。事实上，后发企业在实现技术追赶和参与国际竞争的过程中，特别需要通过外源融资获得资本或资金投入创新活动，企业会根据市场时机选择上市融资的时间和地点。

21 世纪以来，部分后发企业成长为“独角兽”后，会因为国内 A 股市场上市政策的一些限制，最后选择去美国上市，这样一来技术驱动型“独角兽”企业便多了另外一个身份——“中概股”。然而，中概股企业的生产经营主要在国内，而融资市场主要在海外，由于国内外存在法律、制度和文化差异，企业的创新导向和投资者偏好可能匹配或不匹配，而鲜有研究将后发企业、“独角兽”和中概股作为一脉相承的研究对象，解析创新与资本的动态关系，财务管理文献未能与战略管理文献建立对话。

基于此，本章聚焦于创新型企业自主创新能力演化路径这一主题，以后发企业、“独角兽”和中概股作为一脉相承的研究对象，采用单案例研究回答本章的研究问题：创新型企业如何通过创新与资本运作的互动共演实现自主创新能力的提升及跃迁？具体而言，本章通过梳理典型案例“药明康德”自身发展状况及面临的融资约束情况，就“创新—资本”互动共演关系，将企业分为初创期、成长期、对抗期和共生期四个阶段，运用时序区间策略和基于扎根理论的结构化数据分析方法，归纳出药明康德在不同阶段是如何通过“创新—资本”的互动共演，实现基于价值链的综合创新能力提升的技术创新能力演化和重构。本章的理论贡献是运用单案例研究来探讨后发企业在成长为“独角兽”、中概股和中国A股上市公司的过程中，其“企业融资—企业投资（创新投入）—创新产出（能力演进）—企业再融资”的“创新—资本”互动共演机制，形成创新能力演化理论和企业投融资理论的文献补充。此外，本章的研究结论对引导企业通过形成创新产出破解企业创新投入与融资约束矛盾具有启示意义，提出的《无形资产》会计准则改革建议对促进创新企业的可持续发展亦具有实践价值。

6.2 理论背景与文献综述

6.2.1 制度背景

20 世纪 90 年代，正值中国资本市场建立初期，国内资本市场成熟度尚未完善，在企业上市、融资及多层次的资本市场支持体系建设上并不健全，且国内外资本市场对创新企业的估值存在差异，中国企业在美国纳斯达克（National Association of Securities Dealers Automated Quotations，NASDAQ）尝试性开展股票融资，这些公司也因此被称作“中概股”公司。2000 年 4 月，中国企业新浪首先在美国纳斯达克股票市场挂牌上市，中概股便掀起了长达 20 年的赴美上市潮。在纳斯达克股票市场的融资支持下，中国企业的创新能力与创新意愿不断提升，资本和创新呈现出相互支持的特征。同时，企业的市值分化、企业治理、财务透明度、市场认可度等多方面的参差不齐也引起了境外做空机构的关注，2010 年开始，浑水公司（Muddy Waters Research）等做空机构开始做空中概股，中概股之所以被做空机构质疑，除了公司在会计上的违规处理外，中美两国对企业商业模式的理解和会计准则计量上也存在诸多差异，这使得中概股企业股票价值因存在做空压力而普遍被低估，如创新型企业的并购扩张策略不被海外投资者看好，且随着一次次的股权融资，大股东控制权逐渐被稀释，海外上市中概股再次面临外源性融资约束从而抑制了企业创新能力成长，资本和创新呈现出相互对抗的特征。此时，中国多层次资本市场正伴随着经济体制改革的深入而不断发展，特别是通过资本市场制度创新来吸引创新类中概股回归中国A股市场。

2015 年 6 月 4 日，国务院常务会议审议通过《关于大力推进大众创业万众创新若干政策措施的意见》；2018 年 2 月，中国证监会对证券公司作出指导：若有生物科技、云计算、人工智能、高端制造在内的四个行业的“独角兽”，应立即向发行部报告，符合相关规定者可以实行“即报即审”，上述四个领域的“独角兽”IPO 不用排队，只需要两三个月就可以审核完毕，“即报即审”政策是针对“独角兽”企业接近注册制的尝试；2018 年 3 月，国务院办公厅转发证监会《关于开展创新企业境内发行股票或存托凭证试点的若干意见》，对于符合国家战略、掌握核心技术、市场认可度高，属于互联网、大数据、云计算、人工智能、软件和集成电路、高端装备制造、生物医药等高新技术产业和战略性新兴产业，且达到相当规模的创新企业，如已在境外上市的大型红筹企业（即注册地在境外、主要经营活动在境内的中概股），市值不低于 2 000 亿元人民币，允许其在境内发行股票或存托凭证试点（CDR）。由此可见，由于中概股企业的经营发展根植于中国大地，企业在境外注册并在海外上市，其发展战略与资本市场所在国国家战略和投资者诉求可能不匹配。相反，如果企业属于我国国家支持类企业且具有规模效应，我国资本市场可能将更加包容和支持企业发行股票筹集资金进行创新投入，资本和创新的互相支持也将促进企业实现创新驱动发展。近年来，符合中国国家战略支持的中概股纷纷试尝私有化退市并转板到中国 A 股市场再上市，Wind 数据显示，截至 2018 年 7 月，在美国（纳斯达克证券交易所、纽约证券交易所、美国证券交易所）上市的中概股公司达 191 家，其中完成私有化退市的 52 家，回归中国 A 股资本市场的已超过 10 家。

6.2.2 文献综述

1. 关于自主创新能力演进的研究

现有研究中解释企业自主创新能力的演进过程主要有以基于资源观理论的动态能力观与包括集成创新的创新能力重构观。动态能力的视角认为，不论是企业环境还是经济环境都是不断变化的，为了动态适应环境，需要动态能力来克服能力刚性。动态能力提供了能力发展的逻辑，但仍未清晰地反映出动态演化的过程，缺乏实证研究。相比而言，能力重构领域的研究对演化过程的表述较为清晰，其主要代表观点为德文 • 拉维（Doven Lavie）提出的能力重构的三种方式，分别是能力替代、能力转换和能力进化，这三种方式分别对应中国学界认为的“二次创新”“集成创新”“原始创新”。

在后发企业成立前期，首先需要大量资金的支持来发挥其创始人的低阶原始创新能力，以支持企业在行业中生存，这一阶段企业主要依靠资本进行后续发展，处于资本密集型发展模式。在企业解决生存问题，谋求进一步发展时，则需要开始培育其核心能力，转变为依靠知识的技术密集型发展模式。在企业培育创新能力初期，主要依靠外部组织的核心技术引进，进行以利用式学习为主的模仿式创新到开发式学习为导向的技术的改造，表现为从初级二次创新能力到成熟二次创新能力，而后发企业对外进行并购重组，吸收外部核心技术，人才团队，则是在这一阶段进行知识和能力积累的重要途径。在企业拥有部分核心创新能力后，则以集成创新的方式，对组织内部知识和外界进行连接，主要体现为企业间的协同发展，联合研发等，组织层由零散资源拼凑到整合异质性资源，再到协同共享资源推进，并向高阶的自主创新能力进行过渡。最终形成企业更高层次的自主创新能力，与外界的协同合作升级为创新生态圈的构建，由前期的开放式创新转变为综合的创新能力，以获得系统性的持续竞争优势。

近年来，国内外研究者从研发资本、人力资本、组织内知识交流氛围、知识交流网络、知识管理等不同角度探讨了企业创新能力演进的机理。这些研究帮助我们理解企业如何利用充足的资源构建创新能力，却忽略了企业在资源不足的情况下如何构建创新能力，尤其是当企业面临融资约束的时候。

2. 融资约束与企业创新的关系研究

“新经济”下，依托知识经济、信息经济为支撑的高技术企业创新能力的跃升离不开资金的支持，这类企业具有高人力资本投入、高科技资本投入和高隐形资产的特点，且随着经济的发展，人力资本越来越成为关键的创新要素，但人力资本发挥作用必须有相应的物资资本与其配合。然而，乔纳森·坎特（Jonathan Kanter）认为，企业在研发活动中拥有创新投入的排他性私有信息，且创新产出存在高风险性和高不确定性，公司内外利益相关性的信息不对称程度高，自主研发项目投资有较严重的外部融资约束问题（Kanter，1993）。同时，德克·查尔尼茨基（Dirk Czarnitzki）发现创新产出大多是无形资产，主要依靠研究人员的人力资本创造而得，很难度量，这使得自主研发的融资更像“柠檬”市场，外部投资者很难评估投资标的优劣，转而要求较高的风险溢价，这进一步增加了企业的融资成本（Czarnitzki，2007）。

为初步了解融资约束与企业创新这一研究领域目前的关键研究热点，

作者以中国知网（CNKI）作为国内文献库，在主题为“融资约束”+“创新”的条件筛选下，清洗后共得到文献 818 篇。通过 VOSviewer 软件进行聚类分析，可得出在融资约束下，企业可选择的资本主要分为内部融资、外部融资和政府补助三种类型（如图 6-1 所示）。

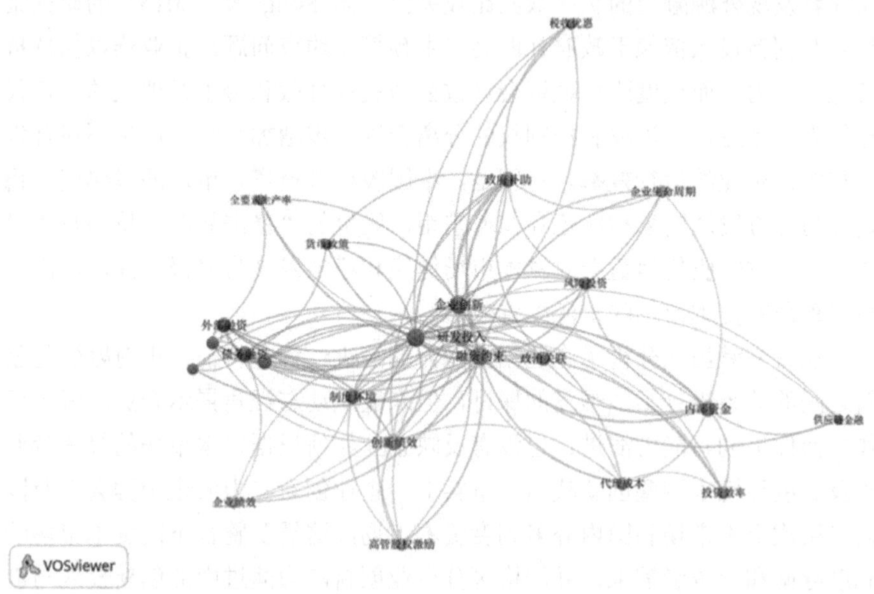

图 6-1　融资约束与企业创新领域国内文献关键词共现图

在融资约束的困境下，胡恒强等（2020）围绕企业创新活动研究了不同类型资本的作用及经济后果，验证了内源融资由于成本相对外源融资较低，面临的风险较小，可以提高企业的创新投入，而外源债务融资债权人基于每期固定的收益，无法获得可能的高额回报，有降低风险的倾向，对企业创新投入有抑制的作用。布朗温·霍尔（Bronwyn H. Hall）也发现创新型企业更加依赖内部融资，低成本资金可以促进企业的创新质量更高（Hall，2002）。杨理强等（2019）从内部资本市场的角度，也发现为企业集团内部资本市场可以有效缓解企业的融资约束，从而促进企业创新。之后，维尔·阿查里亚（Viral Acharya）等（2017）却发现外部资本市场更公平且更有效率，外源融资对创新投入的促进效应大于内源融资。基于信号传递理论，闫红蕾等（2020）发现上市公司股票流动性越高，越可以吸引机构投资者和加强公司治理，提高研发效率，高雷和张杰（2014）也认为机构投资者有助于提高公司治理水平。张秀峰等（2019）则进一步考察股权融资、债权融资、政府补助的经济后果，发现政府补助最能够促进中国上市公司的创新投入、股权融资的影响次之，债权融资则不明显。在政府补助方面，马文聪等（2022）发现直接补贴资助对企业创新产出反而有负向影响，直接税收优惠才对企业的新产品、新研发有促进作用。近年来，研究者发现外源融资的负面效应比较突出，如 Song 等（2015）的研究结果表明创新投入依赖于政府补助会产生预算软约束问题，企业难以保持持续竞争能力，而过度股权融资会导致公司股权分散和滋生经理人的委托代理行为，企业现金流权和控制权的分离会进一步增加公司的信息不对称程度和弱化企业的运行效率。特别是，中国股权融资资本市场的成熟度、稳定性与西方发达国家相比还存在着差距，股价的“暴涨暴跌”特别是“暴跌”所引发的股价崩盘会对资本市场健康和稳定发展带来极大冲击，而这将严重影响资本市场的资源配置效率。

现有文献虽然分析了企业创新能力的演进过程和特征，也对融资与创新之间的关系进行了多维度的探讨，但未能从动态视角揭示企业的资本运作如何促进创新能力演进，也没有反映企业如何根据资本市场的投资者要求及制度环境来调整创新战略。事实上，企业创新能力演进历程会涉及国内多层次资本市场和国内外多制度资本市场，这需要整合不同资本市场的制度导向和投资者需求，并严格区分企业创新能力演进中的创新投入与创新产出的内涵异同，形成企业投资融资和创新投入产出的理论对话。总之，将资本嵌入企业创新能力的演进过程中，构建“企业融资—企业投资（创新投入）—创新产出（能力演进）—企业再融资”的“创新—资本”互动共演机制，对于后续企业创新与资本运作的研究具有重要理论意义，这正是本章将聚焦研究的主要内容。

6.3 研究设计

6.3.1 研究方法与案例选择

1. *研究方法*

本章聚焦于企业发展过程中技术创新与资本的互动共演从而揭示企业自主创新能力的演进路径，研究的情境具有动态性和复杂性。案例研究依靠大量的定性数据，深入地描述某个现象问题并且进行剖析，擅长寻找某一现象所隐藏的动态复杂机制，尤其是用于观察和总结企业内部的纵向演变机制。此外，对复杂现象规律的探索上，单案例研究比多案例研究更有优势，在纵向过程的分析中，单案例研究也比多案例研究更适用。因此，本章采用单案例研究方法，从纵向案例分析视角出发，探讨创新型企业在成长的过程中其资本运作与创新发展的互动共演关系。

2. 案例选择

为了体现案例的极端性和独特性，基于理论抽样的原则，本章确定了案例企业选择的标准：①企业属于后发企业，且长时间专注于自主创新，在创新实践方面已经成熟且已经成为同行业的领先者，这有利于本章探讨自主创新能力演进的过程。②企业在发展过程中的资本运作比较丰富，这有利于本章探讨创新型企业在成长过程中其资本运作与创新发展的互动共演关系并且这样的企业才具有代表性和典型性。③企业数据应当容易获得，公开的信息比较多，这保证资料的可获得性和全面性，有利于本章的研究顺利进行。

基于上述标准，本章确定药明康德为本章的研究案例。具体原因如下：①药明康德所处的医药研发外包（Contract Research Organization，简称 CRO）行业在国内起步较晚，相较于美国市场上的成熟企业，最初的药明康德缺乏研发能力和市场经验，属于典型的后发企业。然而发展至今，药明康德已经从一家由海外留学职员初创的小公司，发展为国际领先的开放式能力与技术平台公司，为全球制药及医疗器械等领域提供从药物发现、开发到市场化的全方位一体化的实验室研发和生产服务，实现了后发企业的成功追赶。②在资本运作方面，药明康德通过自主创新获得战略投资，在获得资金的支持下，一边建立从化学合成到原料药生产、药物安全评价等一整套服务体系，一边拓展国际市场，不断创造企业的价值，并且于 2007 年 8 月在美股成功上市。美股市场公开筹资为企业带来更大规模的并购扩张，促进企业二次创新，扩展了自己的医药研发服务平台建设。但随后进一步的并购扩张受到抵制，股价被低估，药明康德管理层果断选择私有化退市，通过巧妙的资本运作，实现了交叉上市：即报即审 IPO 回归 A 股和 H 股上市，打造了“A+H”双融资平台。③药明康德是一家上市公司，收集资料会更加全面和容易，而且该企业有大量的相关研究资料。

6.3.2　数据收集

药明康德退市和再上市被诸多媒体报道，有丰富的二手资料，因此本章主要以文献资料和档案记录为分析数据。其中，文献资料的收集主要包括四个方面。①通过药明康德的官方网站了解公司的发展历程和基本情况；②通过中国知网 CNKI 学术文献总库检索与药明康德相关的学术文献，主要收集了 67 篇期刊论文和 34 篇硕士论文；③在中外专利数据库服务平台检索药明康德的专利申请情况；④通过百度等搜索引擎检索药明康德的其他相关信息。

档案记录的收集主要包括四个方面：①与药明康德员工取得联系，获得药明康德高级管理层关于目前 CRO 行业发展趋势与企业战略、五大业务线的总体发展情况及未来展望详细描述的文件共 6 份，包括药明康德化学业务板块（WuXi Chemistry）、生物学板块（WuXi Biology）、国内新药研发板块（DDSU）、测试业务板块（WuXi Testing）和细胞及基因疗法业务板块（WuXi ATU）；②查阅有关药明康德初创期、成长期、对抗期和共生期的相关新闻报道，包括《经济日报》《中国企业报》等；③查阅药明康德的业务发展情况和企业高层受访谈和讲话资料；④查阅药明康德资本运作的相关资料，主要途径为天眼查企业征信机构网、招股说明书、年报等。

因此，本章的资料主要包含案例企业的创新相关信息报道、资本运作的资料记录及高级管理者的受访谈资料等公开信息，并结合文档分析，利用多种互联网检索工具进行公开信息检索，以深入了解案例企业的创新与资本运作的互动过程，通过多元化的数据来源保证资料的完整性和丰富性（表 6-1）。

表 6-1　案例资料获取方式

资料类型	具体资料	资料获取方式
文献资料	企业发展历程	药明康德官方网站
	相关学术文献	中国知网学术文献总库检索
	专利申请情况	中外专利数据库服务平台
	其他信息	百度、Google 等搜索引擎
外部公开资料	业务发展情况	季度会议、年度总结会议等各类会议报道
	创新能力的演变过程	《经济日报》、《人民日报》、企业会议报道等
	资本运作情况	天眼查企业征信机构网、招股说明书、年报等
内部资料	五大业务线发展情况 企业发展战略历程 未来规划目标	药明康德内部分享

6.3.3 数据处理与分析

作为一个纵向单案例研究，本章所收集的数据跨越了 18 年并且具有明显的阶段性，在这种情况下，为了提升本章的可信性和规范性，充分挖掘数据带来的价值和洞见，我们将时序区间策略和基于扎根理论的结构化数据分析方法相结合，以构建适合本研究的数据分析策略。具体的数据分析过程分为如下五个步骤。

第一，依据 Langley 的指导，我们依据时间线索梳理了药明康德的整体发展脉络，识别企业发展过程中的关键事件，并依据这些事件将药明康德的自主创新能力发展历程分为初创期、成长期、对抗期、共生期四个阶段，关注药明康德在不同发展阶段创新与资本运作的互动共演。

第二，基于各个阶段内的数据分析和阶段间的数据对比，本章在 NVivo11 软件的辅助下，基于大量的数据进行开放式编码。编码由多个作者同时进行，围绕企业创新能力与资本的关系这一核心主题，对原始的资料进行解读、提炼，出现不一致的情况进行探讨并最终达成一致，形成基于实践者视角的一阶概念。

第三，基于前一步形成的一阶概念，我们一方面尽可能客观地解读数据资料，另一方面与资本和创新的文献不断对话，进一步提升数据的抽象程度和理论化程度，进行主轴编码。在编码的过程中，我们首先将企业的整个发展历程视为一个整体进行分析，提炼整体的分析框架，然后基于时序区间策略的要求，依据逐项复制的逻辑将四个阶段的内容视作四个案例，在同一框架中分别进行分析，提炼共同点、比较和区分不同点，最终形成研究者视角下的二阶主题。在这个阶段的分析过程中，共涌现出了 7 个二阶主题。

第四，通过对一阶概念和二阶主题的分析，结合“创新—资本”互动共演的视角，我们进行了选择性编码，通过提炼、分类和合并，将二阶主题进一步汇总为聚合维度，并且构建了本章的数据结构图（如图 6-2 所示）。

第五，基于本章的数据结构图和四个阶段的对比分析，我们进一步深入探讨了概念之间的关系，识别每个阶段“创新—资本”互动共演的模式、过程、结果及其内在的机理，首先对每个阶段进行抽象化的概括和提炼，然后对比每个阶段的机制最终进一步凝练形成本章的理论模型和主要研究结论——“创新—资本”互动共演过程中的匹配与循环机制。

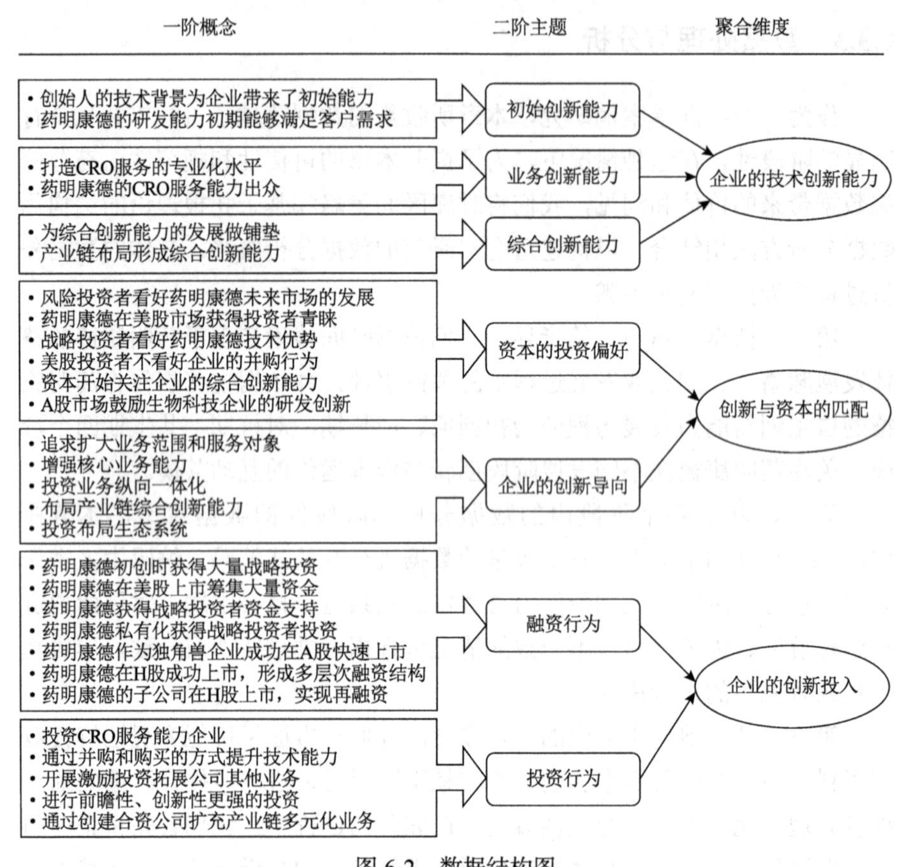

图 6-2　数据结构图

6.4　案 例 描 述

医药研发外包（CRO），最早于 20 世纪 80 年代在美国诞生，它是指通过合同形式，为制药企业的药物研发、专业化提供外包服务。众所周知，创新型医药企业以新药研发能力作为其核心竞争力。但新药的研发具有风险高、技术难、投入多、周期长等特点，为了降低研发风险、缩短研发周期、控制成本，在制药产业链上，就出现了 CRO 这样专业的社会分工。

CRO 产业始于最初聚焦于临床前和临床药物的研发。在随后数十年中，这一产业领域经历了扩张、合并和重组这三个阶段，并成为真正意义上的全球性产业。近年来，全球 CRO 行业发展趋于缓和。2014 年至 2018 年，全球 CRO 行业的销售额由 270 亿美元稳步上升至 365 亿美元，增长率则由 8.8%逐年下降至 7.42%。相比于欧美等市场发展历史，中国 CRO 行业发展起步较晚，只有 20 年左右的发展历程，但由于处于起步阶段，增长率远高于世界水平（图 6-3）。一般认为 2000 年是中国 CRO 行业发展的元年，当年药明康德成立，随后尚华医药、博济医药、泰格医药等目前国内主要 CRO 公司也相继成立，中国 CRO 行业开始真正起步。2007 年药明康德在美国上市，成为第一家上市的中国 CRO 公司。2012 年泰格医药在国内上市，成为第一家在 A 股上市的国内 CRO 公司。

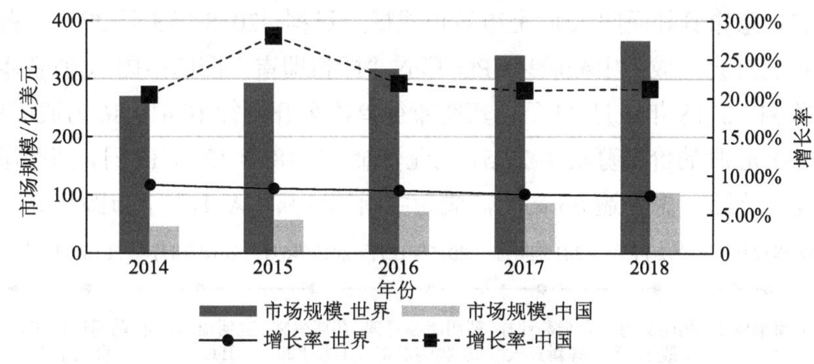

图 6-3 2014～2018 年全球/中国 CRO 行业规模、增长率图

在了解整个行业的背景后，我们接下来简单地介绍本章选取的案例企业药明康德（其发展时间线总结如图 6-4 所示）。提到药明康德，与其密不可分的灵魂人物就是其董事长李革。李革 1993 年毕业于哥伦比亚大学化学专业，获得了博士学位。攻读博士期间他研发出的"标记的组合化学技术"，获得了专利技术认证。凭借这项技术，他创办了一家生物医药公司，并获得了风险投资，该公司于 1995 年在纳斯达克成功上市。在此过程中，李革增强了将新药开发的技术转化为实际生产力能力，以及掌握了运作资本市场第一手经验。

1999 年，李革受邀回国访问考察，发现国内的医药研发市场还处于初级阶段，在国外非常普遍的医药研发外包业务这种商业模式在国内甚至还未为人所知。市场的空白为他带来了事业发展的新机遇，2000 年 12 月，李革与三位伙伴一起在江苏无锡创立了企业药明康德。他们从一间仅 650 平方米的化学服务实验室起步，规模慢慢发展壮大。2005 年，药明康德的化学服务规模达到全球第一，为全球各地近 80 家大型制药企业提供化学药研发服务，其新药开发能力已经超过了很多医药制造企业。

在迅速成长扩张的背景下，2007 年 8 月 9 日，药明康德成功登陆美股，共融资超过1.85亿美元，大大充实了药明康德的成长扩张实力。上市后，药明康德除了扩建研发基地，还开展了一系列并购活动。但在药明康德一路高歌猛进扩张成长时，却遭到了美股市场的不看好，股价不断下跌，融资也遭到了困难。于是，2015年4月30日，在美股市场历经8年后，药明康德联合汇侨资本实行了总成本约为33亿美元管理层收购退市。2015年12月10日，药明康德发布退市公告，宣告从纽交所退市。2017年3月23日，退市后迎来新发展局面的药明康德在官网发布接受华泰联合证券上市辅导的公告，意味着其回归A股上市被正式提上日程。2018年3月27日，药明康德顺利过会，成为中概股以IPO形式“即报即审”回归中国A股资本市场的首例。2018年4月24日，药明康德首次公开发行10 419.86万股股票，以21.60元/股的价格募集了22.51亿元资金。2018年12月13日，药明康德在港交所上市，融资逾66亿元，成为中国第六只“A+H”上市医药股。

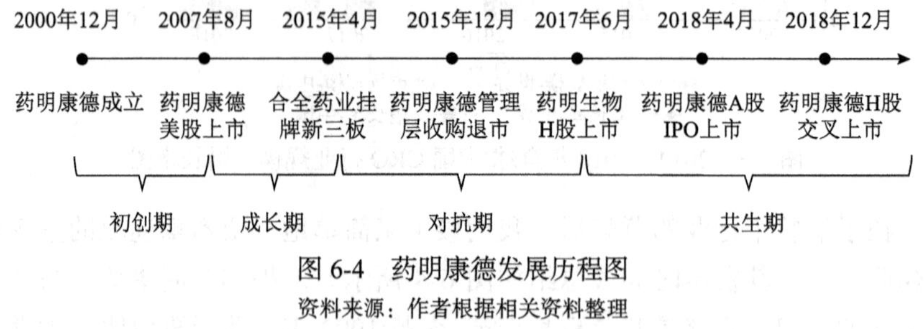

图6-4 药明康德发展历程图

资料来源：作者根据相关资料整理

6.5 案例分析与发现

纵观企业的发展，药明康德从创办到最终成为多资本市场上市的医药龙头企业，其发展历程可以分为初创期、成长期、对抗期、共生期四个阶段，在每个阶段，药明康德的创新能力、创新导向、资本选择及与资本的关系都有所不同，从而导致了“创新—资本”互动共演的过程不尽相同。本节依据时序分析的数据分析方法，分析对比每个阶段的“创新—资本”互动共演发展关系，梳理整个企业自主创新能力的发展脉络，并从中提炼有价值的理论洞见。

6.5.1 初创期（2000～2006年）

一般而言，后发企业会面临技术劣势或与主流国际市场相隔离，如企业的某种机制或核心竞争力可以迅速突破技术劣势并与国际主流市场相对接，后发企业可以实现创新能力追赶。中国的医疗卫生条件在2000年加入世贸组织之前都一直较差，药企既缺少必备的药品，也缺少先进的医疗器械，更提不上自主创新。因此，中国的原研药市场还处于被进口药一统天下的状态，中国本土的 CRO 业务更是一片空白。在市场的各项配套设施都缺失的情况下，“第一个吃螃蟹”的药明康德在初期创立发展的过程中遭遇了很多困难，其初创时的业务设定及前期发展基本依靠李革等创始人的原始智力资本积累。最典型的例子是：初期药明康德的化学实验室需要专业通风橱，向国外购买一个通风橱至少需要28 000美元，对于初创企业来说着实价格不菲，难以承担；但当时国内没有任何一个生产厂家能生产专业通风橱，无奈之下，几个创始人只得靠自己动手画图纸来定制生产。

因此，在发展初期，创业者原始的智力资本对吸引早期的投资至关重要。马丁-德-卡斯特罗（Martín-de-Castro）等发现智力资本不仅有资本属性，更是企业拥有创新能力的重要源泉（Martín-de-Castro et al., 2011），董屹宇和郭泽光认为这类后发企业在实现突破式创新的过程中，仍然需要外部资本支持，而风险资本可以为其提供相关的重要资源（董屹宇等，2021）。基于“逐利”目的，风险资本有着更高的风险承担意愿和能力，基于“逐名”目的，风险资本还可能为后发企业的突破式创新提供管理咨询、监督和建立网络关系，这使企业的创新导向与风险资本的投资偏好相匹配，风险资本成为后发企业在初创期实现突破式创新的重要影响因素。

在这一阶段，药明康德的创新主要来自于李革及其团队的智力资本及前期的积累，我们将这种创新能力称为初始创新能力。药明康德依靠自身的原始创新实力开始积极寻求外部投资者进行股权融资，以缓解创新企业所面临的融资约束问题，李革依据自己丰富的医药领域从业经验，带领着药明康德建立不同于传统医药企业的一整套服务体系，从医药研发外包服务开始，到为全球制药及医疗器械等领域提供从药物发现、开发到市场化的全方位一体化的实验室研发和生产服务，包括化学合成到原料药生产、药物安全评价、生物分析服务、生物服务、毒理及制剂服务等。由于企业具备了较好的初始创新能力，药明康德在初创时期就获得了大量的战略投资（如表6-2所示），值得注意的是，不少投资方都进行了连续投资，而非“一轮游”，这说明药明康德的创新战略和业务模式受到了投资者的认可，这些投资是战略性的而非纯粹的逐利行为。最终，以“创新产出吸引资本，资本反哺创新投入”为路径，药明康德一边广揽国内外人才，布局软硬件设施，建立从化学合成到原料药生产、药物安全评价等一整套服务体系，一边大力拓展国际市场，以较低的价格提供最好的服务。2005 年，药明康德化学服务规模达到全球第一，为 80 多家大型制药企业提供药物研发服务，客户中包括诺华、辉瑞、礼来等 9 家世界排名前十的制药企业。药明康德因其提供的服务性价比高、出成果快，赢得了许多海外客户的赞誉：美国礼来公司在其上千家供应商中，将“全球供应商奖”颁给了药明康德；诺华制药授予药明康德“特别成就奖”；基因泰克则把药明康德视为“杰出战略合作伙伴”。

表 6-2　初创期药明康德融资来源表

披露日期	融资金额	融资轮次	投资方
2005/07/01	221 万美元	A 轮	天地资本、大华创投、富达国际
2006/10/01	1920 万美元	B 轮	斯道资本、天地资本、大华创投
2007/02/01	5450 万美元	C 轮	斯道资本、泛大西洋资本

资料来源：天眼查企业征信机构网

本阶段“创新—资本”互动共演关系如图 6-5 所示。创始人凭借初始创新能力来吸引资本，再进而以其创新能力寻找资本进行企业的再扩大发展，将资本用于进一步创新投入，形成了技术创新和资本的匹配，企业得以继续实行其未来的规划，打造其区别于传统企业的 CRO 服务体系，逐步形成企业的核心业务创新能力。

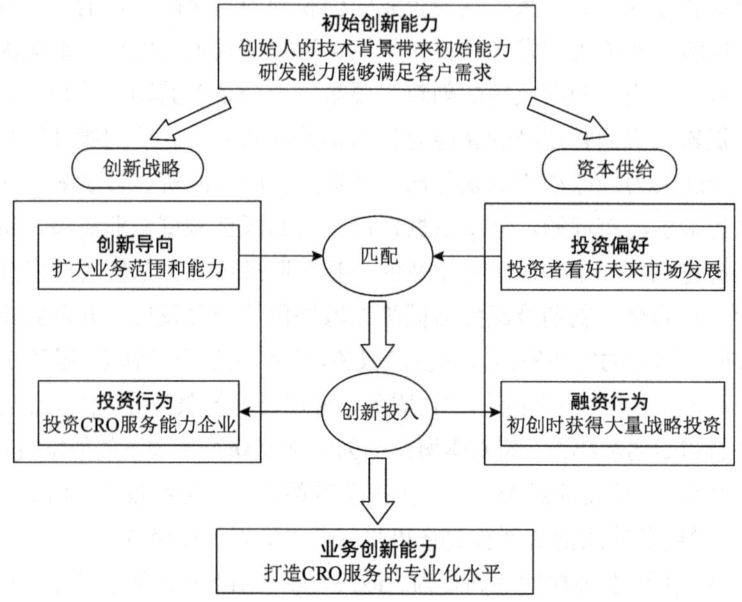

图 6-5　药明康德初创期“创新—资本”互动共演关系图

6.5.2 成长期（2007～2014年）

对于创新企业而言，市场时机与技术并购之间，存在着互动共演关系。在公司股权融资决策中，围绕市场时机对企业股权融资时点选择的影响，Lucas和McDonald通过规范研究从理论上提出了基于信息不对称视角下的股权融资择时假说。Stein将假说进行了进一步的推导，形成了资本结构市场时机理论。在经过几年的发展后，药明康德已经发展成为科研团队超过2 100人的CRO大型企业。此时CRO产业在美股资本市场正蓬勃发展，CRO上市公司占据了全球最大的市场份额，此时进入美股资本市场正赶上资本利好的时期，2007年8月，药明康德正式挂牌纽约证券交易所，以14美元/股的价格首次公开发行1 516万股美国存托股份（ADS，每一ADS代表8股普通股），融资总额为1.85亿美元。上市当日股价涨幅超过40%，总市值超过10亿美元，被誉为“华尔街首次为中国的头脑买单”。同时，公司会根据股市的发展状况选择入市，且在不同市场时机下，融资地点也是企业融资决策需要考虑的另一重要方面。当时美国的CRO产业发展比较成熟，具有较完善的配套设施和管理团队，而中国CRO仍处于初级阶段，在市场规模、服务质量等与发达国家相比存在着巨大差距，因此这也是药明康德选择在美股资本市场上市的又一重要考虑因素。

市场时机虽然可以使创新型企业缓解融资约束，但这类企业仍然面临资源约束，崔永梅等发现以获取协同价值为目标的并购重组成为企业获取创新能力的重要手段，企业通过并购可以跨越壁垒，较快地猎取目标公司的技术，实现交易性协同价值创造。同时，施莱费尔（Shleifer）和维什尼（Vishny）基于市场时机理论，提出了股票市场的并购动因假说，他们认为在市场并非完全有效的情况下，股票市场中部分公司股价处于高估状态，部分公司的股价处于低估状态，此时股价处于高估状态的公司则倾向于去并购股价遭到低估的公司。

2007年8月纽交所上市之后，药明康德进入了成长期，这期间，药明康德通过在美股市场上公开筹资，筹集到大量用以支持创新投入的资金；同时，药明康德前期优秀的创新产出成果也为其吸引到了战略投资者（表6-3）。在获得充足资金后，药明康德能够在提升创新能力上大展拳脚，旋即实施了一系列的并购二次创新及研发投资。

表 6-3　成长期药明康德融资来源表

披露日期	交易金额	融资轮次	投资方
2007/08	1.85 亿美元	IPO 上市	—
2008/07	6 300 万美元	战略融资	华平投资
2015/01	2 550 万美元	战略融资	红杉资本中国、高瓴资本

资料来源：天眼查企业征信机构网

在这个阶段，药明康德仍然追求扩大业务范围和服务对象，开始涉足创新医疗器械、生物制剂等临床前 CRO 业务，通过二次创新扩展了自己的医药研发服务平台建设，扩充了服务的范围与领域，同时也形成了较好的客户网络，提升了自身的业务创新能力。这里的业务创新能力主要包括与企业主营业务（即 CRO 服务）息息相关，用于维持或者促进业务能力提升的相关技术创新能力。

2015 年 1 月，药明康德收购了 NextCODE 公司，这是全球唯一一家拥有储存超过三十万人全基因组信息的集中式数据库，这为药明康德进军基因医药打下了基础。2015 年 5 月药明康德与复星医药联合收购美国 Ambrx 公司，还从美国 Illumina 公司购入 Illumina Hiseq X10 基因测序系统，并与华为联合推出了针对基因测序消费级市场的产品“明码云”。2007～2015 年药明康德主要收购的公司及特点如表 6-4 所示。

表 6-4　2007～2015 年药明康德主要收购的公司及特点表

年份	被收购公司	特点
2007	Chemdepo	化学合成物提供商
2007	Abgent	生物试剂提供商
2007	Jiecheng，MedKey	中国临床研究服务公司
2008	AppTech	美国生物学服务和医学设施供应商
2014	XenoBiotic Laboratories	生物分析、药物代谢以及药代动力学研究的研发服务
2015	NextCODE	专有的能将药物活性分子更加精准地偶联到蛋白质分子内的特定位置技术平台
2015	Ambrx	药物活性分子精准偶联技术平台

资料来源：根据相关新闻公告整理

从上面一系列的并购动作可以看出，美股市场为药明康德提供了一个更加开放、广阔的融资平台，借助国际资本市场的力量，药明康德得以对具有技术先进性的企业进行并购，通过这种方式来吸收外部技术团队，进行新知识与旧知识的连接贯通，并结合自主研发形成的专利开展模仿创新，为全面推进和加强其开放式、全方位、一体化研发服务技术平台建设提供了坚实的基础和保障。此外，上市后更加严格的监管对药明康德业务快速发展和企业规划管理提出了更高的要求，这也是公司健康快速发展的一个新起点。

药明康德不但通过并购、快速发展自身业务，以便实现研发服务平台的全线布局，还设立了风险投资基金，依托产业资源，投资创新药研发企业。截至 2014 年底，药明康德已经投资了十几个项目，主要都是偏技术和研发型的生物医药企业，以中美两地为主，药明康德旗下的风投公司毓承资本也已投资了 16 家医药企业。这一阶段药明康德表现为并购式创新，通过资本市场的支持，对具有技术先进性的企业进行并购，吸收外部技术团队，并结合之前的自主研发专利，形成了一批卓有成效的创新产出，企业的业务创新能力得到提升。

这一阶段药明康德“创新—资本”互动共演关系机制如图 6-6 所示，在经过初创期企业获得大量原创投资和自身 CRO 专业化服务水平提升后，企业已具备一定的规模，创新技术能力增强，在美股上市的市场时机驱动下，企业筹集到大量用于持续创新投入的资本。基于融资约束的放松，在

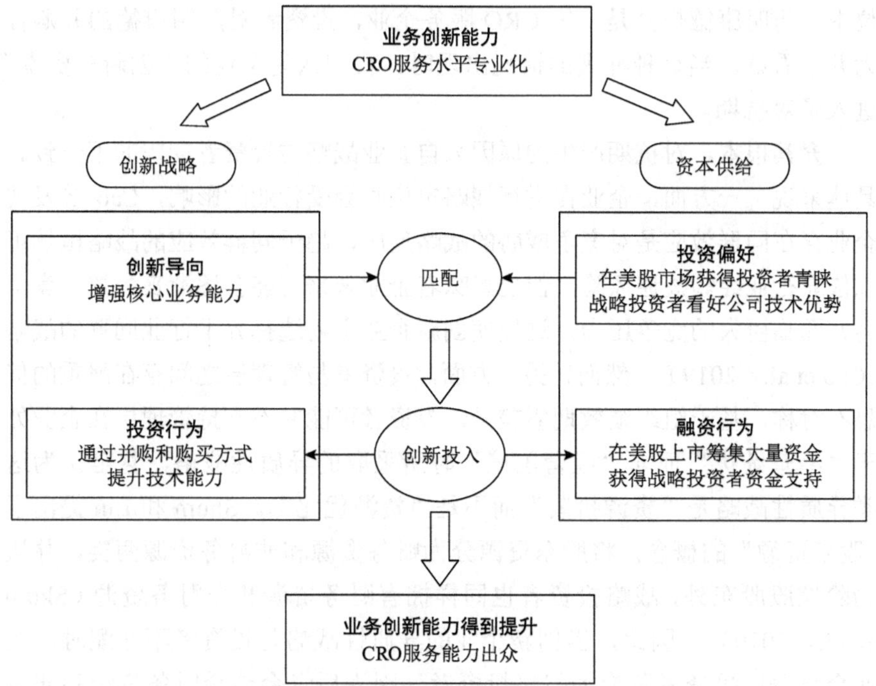

图 6-6 药明康德成长期“创新—资本”互动共演关系图

投资者和企业领导人意见达成一致后，药明康德开始在业务布局上大展拳脚，在初创期的研发和生产业务的基础上拓展临床前 CRO 服务，通过并购和投资同行业技术先进企业，吸收和学习技术知识，药明康德业务创新能力大幅提升。在这一过程中，由于药明康德的股价上升，用股份支付完成交易的并购成本相对较低，企业估值差异带来的市场时机亦使药明康德“创新—资本”相匹配。

6.5.3 对抗期（2015～2018 年）

“创新—资本”互动共演关系并非只有匹配状态，也会存在矛盾冲突，具体到案例来看，药明康德发展也并不是完全一帆风顺。华尔街投资者奉行“现金为王”，美股投资者更加注重企业的现金流，虽然连续并购可以使企业快速扩张，但以华尔街为代表的投资机构十分怀疑这种创新产出的可持续性，且随着药明康德的大举并购，其现金流表现并不如人意。除此之外，着眼于企业长期发展的战略需要，药明康德并购投资开始逐渐倾向于构建企业的综合创新能力，即能够覆盖产业链上下游、多领域、多元化、深层次的技术创新能力，但由于在美股市场投资者的定位中，药明康德依然是一家 CRO 服务企业，投资者对药明康德的并购行为并不看好。当这种冲突的情况出现时，我们认为企业的“创新—资本”进入了对抗期。

究其根本，对抗期产生的原因来自企业战略与投资者期望的不一致。具体来说，一方面，企业在进行战略定位时会受行业的影响，Cao 等发现企业存在同群效应是对竞争威胁的战略反应，趋于同群效应的战略虽然可以依靠行业经验规避风险，但也意味着企业未来可能会逐渐丧失核心竞争力并面临巨大的竞争压力，这促使创新企业主动选择异于行业同群的战略（Cao et al.，2019）。然而，另一方面，投资者与管理层之间存在严重的信息不对称，基于组织绩效期望差异，投资者可能并不支持管理层在企业处于“经营绩优”而非“经营困境”时所采取的异质性战略，甚至认为这类异质性战略是“资源拼凑”而不是“资源优化”。Shum 和 Lin 提出了“股东资源”的概念，将股东资源分为财务资源和非财务资源两类，并认为除控股股东外，战略投资者也同样拥有财务资源和非财务资源（Shum et al.，2010）。因此，当创新企业的异质性战略与投资者不匹配时，企业会将普通投资者替换为战略投资者，因为后者会结合财务资源和非财务资源对组织绩效做出更合理的期望，与企业的异质性战略而非同群战略更一致。

2015年，当药明康德公布财务报表并表示在费城建立CAR-T工厂后，投资者纷纷受此影响抛售股票，药明康德股价一路从40美元下跌到将近34美元，跌幅超过了16%。与国内创业板的同行企业泰格医药相比，在纽交所上市的药明康德的确受到了低估。药明康德2014年营收和净利润将近泰格医药的5～6倍，市值却只是后者的1.2倍。股价低迷的负面影响之一就是上市公司估值过低，丧失了再融资的可能性，对企业发展产生不良影响。在这种情况下，药明康德如果不退市，可能会面临被海外金融机构下调评级的风险。对此，李革表示非常失望——“我们想要保持创新，却不能得到正向的激励。因此我觉得是时候下市了。下市能够帮助我们更加大胆地投资平台建设，更加灵活地把握新兴机会”。持续扩张的药明康德面临外源性的融资约束，为了持续提升和打造企业的技术竞争力，缩小与同行的差距，药明康德需要筹集更多的资金，投入到技术研发中去。

资本市场作为配置社会资本的一种运行机制，必须使投资者的要求和筹资者的要求能够得到匹配，在不匹配的情况下，企业可能就需要进行转板。Kedia和Panchapagesan（2011）认为市场关注度和流动性差异是决定公司转板与否的两个最重要因素，同时转板也向投资者传递了正面信息，并减少了信息不对称。

为了实现全产业链的医药研发服务平台的愿景，李革等人为药明康德设立了下一步的大目标——回归A股上市。以此为目标，药明康德进行了非常缜密的资本运作布局，在私有化之前，它其实已经开始做回归上市的准备工作，其步骤主要为：①拆分小分子新药工艺研发及生产业务（CMO/CDMO业务），将子公司合全药业挂牌新三板；②引入新的战略投资者，进行私有化退市，梳理股权架构；③子公司药明生物港股上市，实现大分子业务拆分及市值的最大化；④抓住机遇即报即审IPO上市（具体情况如图6-4所示）。

2015年4月29日，药明康德联合汇侨资本集团发出私有化要约，价格为5.75美元/普通股，并在2015年12月以33亿美元的对价完成私有化，正式退市。在此过程中，药明康德也引入了数位新的战略投资者，包括博裕资本、淡马锡、汇侨资本、中国平安、浦银国际、云锋基金、红杉资本等。拓宽了自己融资渠道的同时，药明康德也对自己的股权架构做了进一步的梳理，由于过去多轮次融资的原因，药明康德李革等几位创始人的股权占比是非常低的（李革持股比例仅为 1.4%）。经过私有化的资本运作后，药明康德借外部 PE 的力量提升管理层股权结构，增强了创始人的股权控制（表 6-5），结束了在美股市场上的“苟且”，希望避免以前稀释股权、牺牲实际控制的窘境，以便更好地提高决策效率，为药明康德的战略调整保驾护航，奠定了良好的股权基础。

表 6-5　药明康德退市前后创始人股权比例变化

创始人	退市前股权比例	退市后股权比例	变化值 Δ
李革	1.45%	21.84%	20.39
赵宁	0.21%	1.10%	0.89
刘晓钟	0.19%	1.08%	0.89
张朝晖	1.03%	1.05%	0.02

资料来源：作者自行整理

除了私有化阶段获得的 33 亿美元融资，药明康德也获得了其他 PE 机构的战略投资，这些支持药明康德持续创新的机构为药明康德加大技术创新的投入提供了必要的资金（表 6-6）。

表 6-6　私有化与集成创新阶段药明康德融资来源表

披露日期	交易金额	融资轮次	投资方
2015/12/11	33 亿美元	私有化	汇桥资本集团、平安创新投资基金、Temasek 淡马锡、博裕资本
2016/04/01	1000 万人民币	战略融资	联新资本、弘晖资本
2016/11/09	1900 万人民币	战略融资	斯道资本、天地资本、大华创投、君联资本
2017/01/24	未披露	战略融资	京冀资本、泰康人寿、华泰证券、国寿大健康、云锋基金、华兴新经济基金

资料来源：天眼查企业征信机构网

自 2016 年 1 月以来，药明康德进行了一系列的纵向合并，扩展产业链，进行大规模的集成创新。在表 6-7 的并购活动中，药明康德对 Crelux 公司的收购进一步增强和充实药明康德的药物研发平台的技术及能力，同时建立和扩大其在欧洲地区的研发设施。对于辉源生物的这一收购，药明康德将进一步增强自身从靶标验证到先导化合物发现和优化的药物研发能力，完善和扩大一体化研发服务平台。2016 年时，药明康德集团和美国巨诺（Juno）共同创建了药明巨诺——一家专注于最新细胞治疗技术领域的临床阶段的创新型生物科技公司，针对细胞疗法进行合作研究。

表 6-7 药明康德退市后主要并购活动表

时间	收购方	标的资产	收购价格（万元）	技术领域
2015.02	苏州药明	XBL-US（美新诺美国）100%股权	25 863.79	药物研发
2016.02	上海药明	合营企业上海康德保瑞（现已更名为上海康德弘翼）49%股权	2 581.48	研发平台系统
2016.04	WXAT Holding（药明美国控股）	Crelux（药明康德德国）100%股权	4 586.10	基础研发
2017.05	上海药明	辉源生物 100%股权	102 787.50	药物研发

资料来源：根据药明康德招股说明书整理

通过私有化引入新的战略投资者，药明康德得以收购上下游产业拓展多元化业务，投资版图包括创新生物技术、人工智能、变革性技术和医药健康信息技术等方面。在这一阶段，药明康德除了并购 Crelux、辉源生物等具有先进性技术的企业（具体见表 6-8），吸收外部技术团队，还积极与国内外领先医药企业、科研单位、高校等进行交流合作，学习外部先进技术，并逐步实施全球化人才管理战略，打造国际化的研发团队。通过原始创新与并购吸收，药明康德的创新能力不断增强，不仅能够在原有创新能力上进行二次创新，也能通过整合与协同对各个创新要素和创新内容进行选择、集成和优化，药明康德形成了优势互补的有机整体动态创新体系，重视创新性的质量和产品多样化。

表 6-8 私有化后药明康德主要收购的公司及特点表

时间（年）	被收购公司	特点
2016	Crelux	领先药物发现服务供应商，蛋白质结构药物发现平台
2017	HD Biosciences，HDB	靶标验证到先导化合物发现和优化的药物研发能力
2017	ResearchPoint Global（RPG）	美国临床研究机构

资料来源：根据新闻及公告整理

对抗期呈现出资本市场的投资偏好与企业创新能力的发展导向的不匹配问题。具体来说，药明康德一直追求业务范围和医药研发服务平台建设的扩展，但药明康德在美股上市后的一系列并购并不被看好，反而遭到了抑制，投资者资本偏好与创始人对企业战略的规划不相匹配，在融资约束下，企业无法再进行下一步创新战略的实施。解决这种不匹配的办法是通过巧妙的资本运作来突破融资约束，将受同群效应影响的一般投资者更换为与企业前瞻性战略一致的战略投资者，同时夯实企业创始人的控制权，从而最终实现自己的创新发展战略，具体过程见图 6-7。

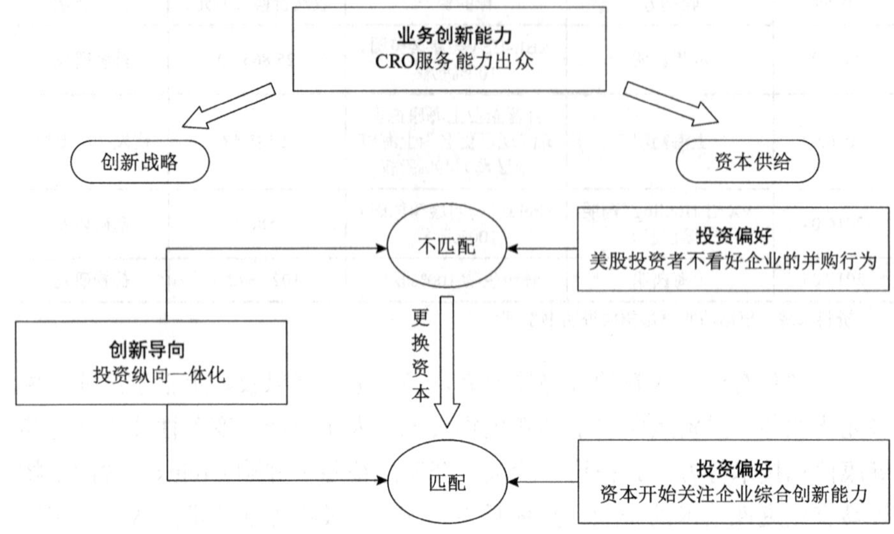

图 6-7　药明康德对抗期“创新—资本”互动共演关系图

6.5.4　共生期（2018 年至今）

为了更好地实现发展目标，企业在达到一定规模和实力后可以在多个资本市场融资。帕加诺（Pagano）等认为高研发支出公司面临较为严重的融资约束问题，到多个资本市场上市融资，将有利于创新企业的价值链重构（Pagano et al.，2002）。创新企业的价值链包括研发、采购、生产、物流、经销商和售后等，价值链重构需要大量资金支持，企业到多个资本市场上市不仅放松了融资约束，还释放了股票流动性和股东权益保护信息，提高了公司的信息透明度，可以缓解创新企业在价值链重构中不主动披露研发信息而引起的投资者不信任，资本将支持企业的持续创新投入，将创新布局于价值链从而实现企业价值创造。

2015 年 4 月 3 日药明康德拆分小分子新药工艺研发及生产业务（CMO/CDMO）注入子公司合全药业，挂牌新三板。这是药明康德实行“一拆三”回归的第一步。新三板的挂牌企业的市盈率弹性很大，特别是对于创新型的科技企业，合全药业的 CMO/CDMO 业务在新三板企业中很有竞争力，能够获得较高估值。合全药业挂牌新三板后，成为新三板医药行业估值最高的公司，也为药明康德私有化和 A 股上市提供了融资支持。它为药明康德私有化时的 8 亿美元并购贷款提供了担保，促使和确保药明康德的私有化能顺利进行。2017 年 6 月 13 日，药明康德旗下的药明生物在中国香港联交所上市，筹得资金 36.93 亿元，其中 45.1%用于偿还银行贷款，44.9%用于无锡、上海基地的建设，剩余 10%用于日常运营。2018 年 3 月 22 日，药明生物发布配售新股的公告，拟募资 39.9 亿元，用于未来扩张——增加多个实验室及生产设施，以提升研发能力。在药明生物上市后，以药明生物控股股东 Biologics Holdings 持有的药明生物股份作为质押，将替换前期的质押安排。以上市之后市值大幅提升的药明生物股份，进一步为 3 亿美元的管理层贷款，以及 8 亿美元的并购贷款提供增信，置换出前期管理层质押的更多股份。同时，在拆分药明生物独立上市之后，药明生物能更加专注地进行自身的运营，进行独立发展，提升经营业绩，同时其自身创新研发能力的增强也反哺了药明康德。

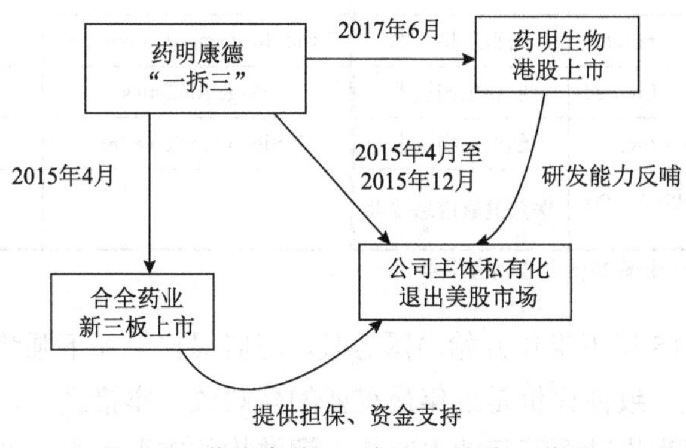

图 6-8 药明康德“一拆三”资本运作图

2017 年 3 月 23 日，药明康德正式启动 IPO 回归 A 股程序，但“人人都希望 IPO，并非人人都能 IPO”。药明康德究竟为何能“即报即审”上市，甚至于同年达成港股上市，形成自己的双资本平台呢？本章认为主要有两部分的原因：①优秀的核心技术优势与创新产出；②资本市场的投资导向带来的政策红利。

药明康德最初以合成化学服务创业，合成化学分子提供给客户进行后续分子筛选，积累了优秀的合成化学能力。在此基础上通过收购与自建形成综合的药物研发服务平台，从而打造出新药研发产业链上游的核心技术优势，同时不断衍生出药物生产和工艺开发、临床前研究、临床研究等服务，最终构建新药开发的全服务平台。截至 2018 年末，药明康德在多元技术领域进行了投资，如表 6-9 所示。

表 6-9 药明康德的多元技术领域投资情况表

企业名称	技术领域	企业名称	技术领域
Unity Biotechnology，Inc.	创新生物技术	北海康成（北京）医药科技有限公司	创新生物技术
Syros Pharmaceuticals，Inc.	创新生物技术	华辉安健（北京）生物科技有限公司	创新生物技术
Adagene Inc.	创新生物技术	NeuroRX，Inc.	创新生物技术
AltheaDx，Inc.	创新生物技术	CANbridge Pharma Limited	创新生物技术
AMBRX BIOPHARMA INC.	创新生物技术	Transcriptic，Inc.	变革性技术
Avelas Biosciences，Inc.	创新生物技术	NuProbe Global	变革性技术
FOG Pharmaceuticals，Inc.	创新生物技术	广州康丞唯业生物科技有限公司	变革性技术
Hua Medicine Limited	创新生物技术	TruTag Technologies，Inc.	变革性技术
Petra Pharma Corporation	创新生物技术	Twist Bioscience Corporation	变革性技术
TenNor Therapeutics Limited	创新生物技术	Verge Analytics	人工智能
XW Laboratories Inc.	创新生物技术	InSilico Medicine Inc.	人工智能
Raiing Medical (Beijing) Co.，Ltd.	医药健康信息技术		

资料来源：药明康德 2018 年度财务报告

同时，2015 年下半年开始由国务院、药监局自上而下强势推动的仿制药质量与疗效一致性评价是近年最重要的药政改革举措之一，和其他的审批新规一道成为推动医药行业去产能、调结构的重要动力。2015 年 8 月，中共中央办公厅、国务院办公厅印发了《国务院关于改革药品医疗器械审评审批制度的意见》，2017 年 10 月，又印发了《关于深化审评审批制度改革鼓励药品医疗器械创新的意见》，这些纲领性文件为中国医药产业创新发展奠定了基石。“专利制度改革，强调专利保护，激励创新”等，国内药品专利设置制度正向欧美规范市场靠齐。药审改革，推动创新药优先审评审批，将消除中国研究审批时间过长的瓶颈，大大加速新药上市速度。对于药明康德这样的大型医药公司，医改红利不仅在于创新药，还在于仿制药一致性评价。国家食品药品监督管理总局 CFDA 已经陆续发布了十余个政策文件和多个技术指导原则，辅助、指导并推动企业开展一致性评价工作。一致性评价过程主要包括制剂体外溶出和生物等效性试验两大类，药明康德的 CRO 及部分并购所形成的核心业务均能参与其中。

因此，2018 年 2 月，证监会宣布将对包括生物科技、云计算、人工智能、高端制造这四大新经济领域的拟上市企业中，市值达到一定规模的“独角兽”企业，放宽审批时间和盈利标准。药明康德抓住这个政策红利，凭借自身优势，仅用了 50 天就于 2018 年 3 月 27 日顺利过会，成为中概股以 IPO 形式“即报即审”回归 A 股的首例。2018 年 5 月 8 日，药明康德正式挂牌上市，筹得资金 22.51 亿元，上市当天药明康德涨幅达 43.98%，总市值达 324.06 亿元。同时高瓴资本、弘晖资本等 PE 机构以 IPO 方式退出药明康德，也都获得了丰厚回报。2018 年 12 月，药明康德正式在港交所挂牌，募集资金约为 75 亿港元，通过此次融资，药明康德能够进一步对研发外包 CRO、生产外包 CMO 和营销外包 CSO 公司进行外延式并购，投资布局大健康生态圈建设、开发医药领域前沿科技、偿还银行贷款、补充运营资金等。药明康德上市整合后的五大业务线如图 6-9 所示，化学业务板块和细胞及基因疗法业务板块都已实现从药物发现到商业化生产服务的全流程业务覆盖，测试业务板块也正在整合临床测试的 SMO 和 CDS，不断向后端延伸，而区别于化学和测试板块的小分子药物业务，药明生物集中于大分子药物的领域，体现出目前药明康德纵向发展与横向发展并行的态势，正朝建立全产业链医药研发平台的愿景不断迈进。

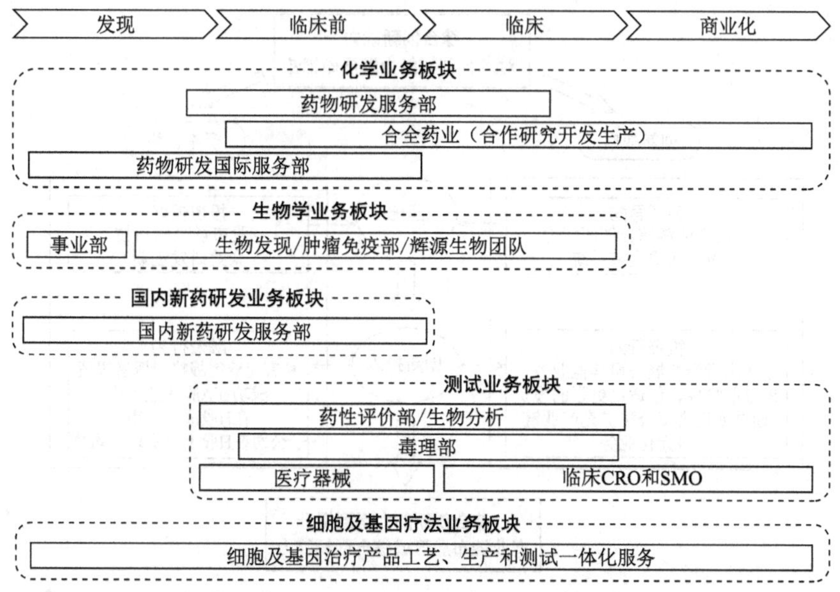

图 6-9　药明康德整合后的五大业务线

随着 H 股的成功发行，药明康德成功实现“A+H 股”双资本平台的落地，不仅极大地提升了药明康德的知名度，也在药明康德的投资者和潜在客户间打造了中国药企龙头的企业形象。更重要的是“A+H 股”平台也使药明康德的资本运作能力大大加强，使得药明康德突破融资约束，通过不断增加研发投入，并购吸收以及与其他创新平台合作，保持多种创新形式同时存在，持续提升了企业的综合创新能力并保持企业竞争力。

药明康德在私有化退市，结束在美股市场上的“苟且”后，依靠过往扎实的资本运作基础和优异的研发创新平台，抓住新资本市场的政策机遇，通过“一拆三”的创新方式“即报即审”IPO 回归 A 股，所筹集的资金进一步推进持续创新以及投资前沿创新研发产业的同时，继续进行新一轮的资本运作——H 股上市，打造了“A+H”双融资平台，为其进一步夯实其全产业链创新研发平台以及下一步打造大健康生态圈提供资金支持。在这一阶段企业仍通过其优秀的核心技术优势吸引资本的投入，国内市场投资者在国内政策导向下对药明康德的创新战略提供大力支持，投资者与企业创始人意见相匹配，进而使药明康德得以进行前瞻性、创新性更强的投资，扩充产业链多元化业务，在实现全产业链医药平台的愿景道路上奋力前行，具体情况见图 6-10。

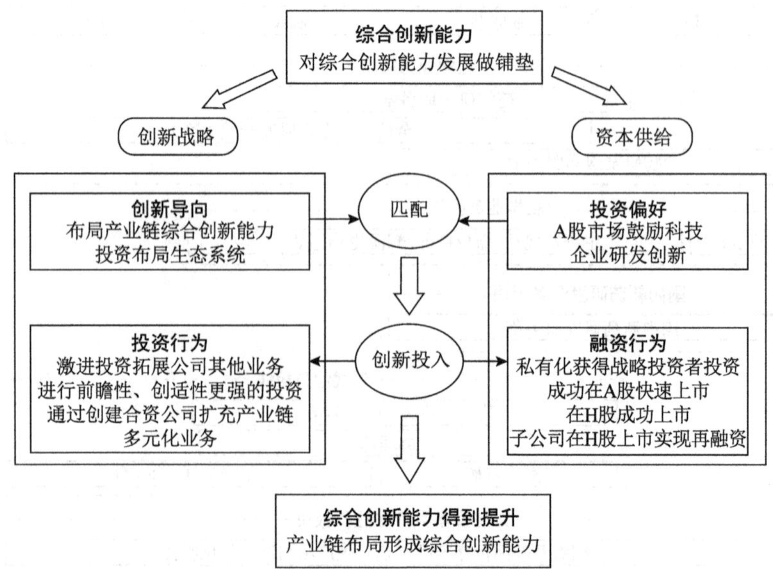

图 6-10 药明康德共生期“创新—资本”互动共演关系图

6.6 结论与讨论

6.6.1 "创新—资本"互动共演促进企业自主创新能力提升的路径解析

纵观整个案例，我们可以依据药明康德自身发展状况及面临的相应的融资约束情况，将其发展过程中"创新—资本"互动共演关系分为初创期、成长期、对抗期、共生期四个阶段，如表6-10所示。

表6-10 药明康德各个阶段的特征对比

时期	初创期	成长期	对抗期	共生期
时间区间	2000～2006年	2007～2014年	2015～2018年	2018年至今
企业的技术创新能力	初始创新能力	业务创新能力	业务创新能力	综合创新能力
企业的创新投入导向	提升服务能力	提升服务能力、构建综合创新能力	提升综合创新能力	提升综合创新能力
企业创新投入的主要方式	自主研发+并购	专业化并购	多元化并购	多元化并购+自主研发
资本的投资偏好	业务创新能力	业务创新能力	业务创新能力	综合创新能力
资本对药明康德的定位	初创CRO企业	专业CRO企业	专业CRO企业	综合创新型药企
创新与资本的关系	匹配	匹配	不匹配	匹配

资料来源：作者自行整理

在初创期，药明康德的创新主要依靠创始团队的经验以及前期积累，并依靠初始创新能力带来的收入不断组建技术团队，表现为内源性的融资与初始创新能力的互相支持，并带动了风险资本投资；在成长期，药明康德海外上市后持续进行并购扩张，市场时机使企业同时利用资本市场外源性融资支持药明康德连续并购进行二次创新等获得业务创新能力；在对抗期，由于药明康德的CRO业务进入成熟阶段，此时激进的横向并购扩张受到外源性的融资约束，药明康德随即通过私有化引入了支持其创新战略的投资者，表现为融资渠道调整，将受同群效应影响的一般投资者更换为新的战略投资者，进一步支持药明康德创新投资，将初始创新产出与并购所获得的创新资源协同整合，打造多元化业务，企业的业务创新能力大幅提升，并向综合创新能力迈进；最后，在共生期，药明康德重新选择了与当前企业创新能力和创新导向最匹配的资本，通过“一拆三”分拆上市，最终形成“A+H 股”交叉上市的资本布局，进一步打通了多个资本市场的融资渠道，企业在多个资本市场上市，传递了资本流动性强、股东保护机制健全等信息，缓解了自主研发信息不披露而带来的投资者不信任问题。企业资本运作能力跃升，破除了企业的融资约束，使得药明康德能够通过不断增加自主研发投入和增强并购知识吸收能力，其综合创新能力得到提升并保持了持续竞争力。

进一步地，基于药明康德的案例分析，本章认为，在“创新—资本”互动共演的机制影响下，企业的技术创新能力和融资规模以互相促进、协同共生的方式螺旋上升，形成一种“创新吸引资本，资本促进创新”的正反馈循环，从而实现企业整体的创新能力螺旋式上升的态势（如图 6-11 所示）。在循环的过程中，企业构建的创新能力从浅到深，从简单到复杂，从专精的某种业务向整个产业价值链扩展，相对应地，由于创新能力匹配和吸引的资本不同，企业的融资结构在每个阶段也有所不同。

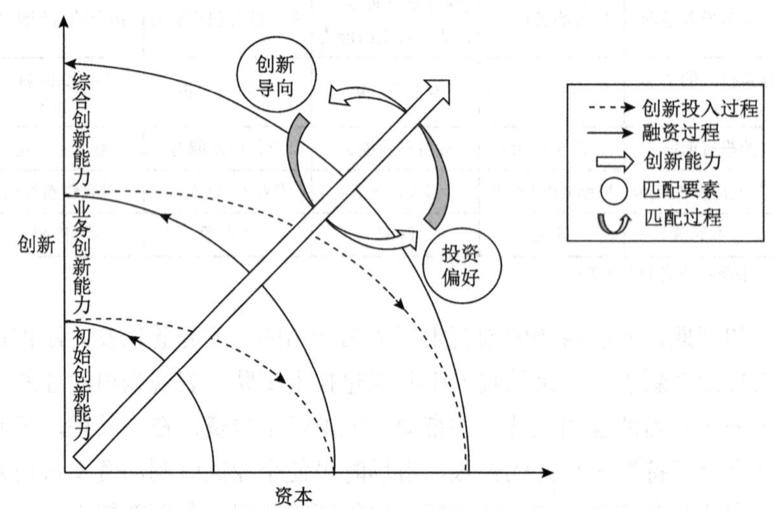

图 6-11　“创新—资本”互动共演影响企业创新能力过程模型

6.6.2　“创新—资本”互动共演过程中的匹配与循环机制

通过进一步对药明康德发展历程四个阶段进行对比分析，本章进一步发现，“创新—资本”互动共演并不只是简单的正反馈循环过程，也会存在资本的投资偏好与企业本身的创新导向不符的情况。以药明康德为例，在药明康德的初创期和成长期，该企业通过原始创新能力进行创收的同时，广揽国内外人才，布局软硬件设施，建立从化学合成到原料药生产、药物安全评价等一整套服务体系，一边大力拓展国际市场，通过技术优势，以较低的价格提供最好的服务，一边在内源性融资无法满足企业创新投入需要时，寻求外部的风险资本，并不断积累原始创新能力，为海外上市积累资本，最终实现在海外上市，良好的上市地点和企业估值高等市场时机使企业增加了资本市场的融资渠道，这是典型的正反馈过程（图6-12）。

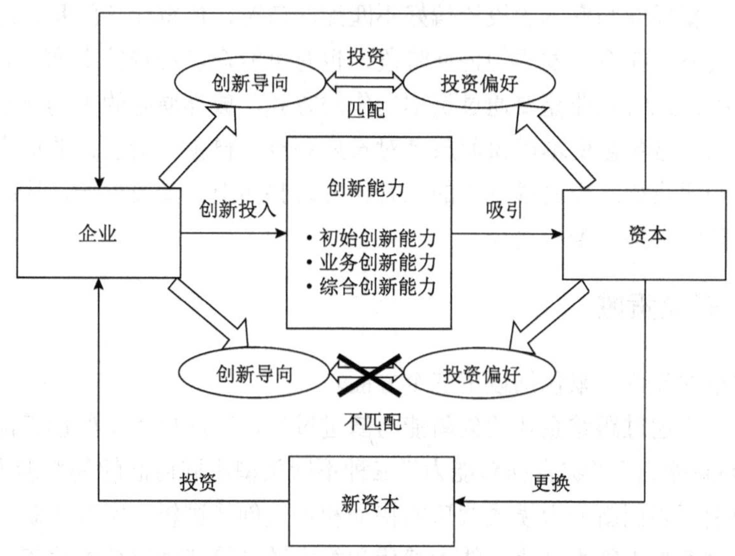

图6-12 “创新—资本”互动共演过程中的匹配与循环机制示意图

然而，在对抗期，药明康德的CRO业务逐渐发展成熟，激进的纵向并购所带来的风险不再为海外投资者所接受，由于多年CRO业务根深蒂固的形象与定位，在同群效应的影响下，海外投资者并不认为这样的并购能够使药明康德从CRO企业转型成为综合创新型企业，此时，药明康德的创新导向与资本的投资偏好产生了不匹配的情况，从而导致药明康德面临新的融资约束，反映在资本市场上即药明康德在美股的股价大跌。此时，药明康德通过私有化引入支持其横向并购创新战略投资者，并借此提升管理层股权控制能力，使得药明康德在获得资金的同时，能够更好地实施创新投资战略，同时寻求能够匹配创新导向的新资本市场，最终，药明康德通过“一拆三”分拆上市，形成“A+H股”交叉上市的资本布局，药明康德进一步打通了境内外多个资本市场及境内多层次资本市场的融资渠道，在通过价值链布局实现企业价值创造的过程中，企业通过在多个资本市场上市的信号传递，释放了流动性强、股东保护机制好等信息，企业在保守自主研发秘密的同时，赢得了资本市场投资者的信任，资本运作能力大大加强，破解了企业价值链布局的融资困境。此前的创新能力演进与重构让药明康德在资本市场的估值定价水平提升，股价持续上升释放出资本市场服务实体经济和支持国家科技创新战略的信号，企业的研发资金更加充裕。

因此，本章认为在企业“创新—资本”互动共演的过程中可能会出现企业的创新导向和资本的投资偏好不匹配的情况，值得注意的是，这种现象可能会发生在企业发展的任何阶段，也有可能众多投资的资本中有部分资本更换。此时企业需要通过资本运作的方式，放弃原有的市场寻求新的资本投入，避免被资本裹挟而放弃对长期利益、自主创新能力的追求，而不是像药明康德这样通过激进的私有化方式整体退出美股市场，这并不是解决不匹配问题的唯一途径。

6.6.3 理论贡献

本章的理论贡献包括以下三个方面。

第一，通过跟踪企业的创新能力演进过程，归纳出“初始创新能力”“业务创新能力”“综合创新能力”三种不同类型不同内涵的创新能力，并系统识别不同创新能力模式背后的特征和价值创造逻辑及实现机制。尽管已有研究着眼于能力进化、能力替代和能力转换等能力重构方式深入解析了创新能力的演化过程，但缺乏基于价值链的视角去归纳和总结创新能力演化和迭代过程。本章分析的三类创新能力（即初始创新能力、业务创新能力、综合创新能力）属于创造细分市场价值、核心业务价值和产业链价值的内在逻辑。我们归纳了不同创新能力的实现机制，并对不同创新能力的特征、作用范围和优势进行系统比较，这有助于丰富和扩展企业创新能力的演化研究。

第二，聚焦于企业在创新能力演进中海外上市、上市后退市、重回中国 A 股市场的动因和决策依据，揭示了创新与资本之间的动态匹配关系。对于融资与创新之间的关系，已有研究主要遵循“单向”影响逻辑，探讨企业的融资来源和途径对企业创新投入及创新能力的影响，或企业创新对资本市场可持续发展的影响。然而，资本与创新之间的单向关系研究不能准确描述动态能力演进中资本需求变化并通过考察资本的结构调整来解析投资者的异质性。本章遵循“动态匹配”思想，探究不同资本市场的资本与创新的匹配关系，特别通过开展中概股在美国和中国上市融资分析，揭示不同国家的战略导向和制度环境差异对资本与创新的匹配关系的深层次影响，这将从资本与创新的适应性和匹配度视角为新兴经济体的后发企业实现技术追赶提供学理支持。

第三，本章在资本与创新的研究场景中赋予了创新投入和创新产出的新内涵，强调了二者之间的互动共演过程。已有的研究多从创新效率、自主研发费用化和资本化处理呈现的研发水平、研发质量识别创新投入和创新产出的异同，但大多忽略了创新能力和资本在投入产出变化中的重要作用，也没有使用创新投入和创新产出来解释互动共演的动态过程。本章在企业创新和融资约束的矛盾中考虑了创新产出的先导作用，创新产出（即创新能力）可以形成企业融资的信用背书，引导融资资金向创新投入方面投资，形成“企业融资—企业投资（创新投入）—创新产出（能力演进）—企业再融资”的“创新—资本”互动共演机制。因此，本章认为前一阶段的创新产出可以作为破解企业创新投入与融资约束矛盾的重要驱动力，为创新产出提供了新内涵。

6.6.4　实践启示与研究展望

本章的研究对创新型企业实现技术追赶与提升自主创新能力具有一定的实践启示，企业根据自身的发展阶段，可以合理利用资本运作手段促进企业融资以支持创新，通过技术与资本的互动共演实现自主创新能力的演进。企业在进行创新投入时，由于融资约束的存在，会面临创新投入不足的问题，且企业在不同发展阶段所面临的融资环境与条件不一样。当吸收到外部投入资金时，要能保证资金真正投入创新项目，以形成能回应资本逐利诉求的创新产出，这样技术创新会以增加企业价值的方式间接为企业提供突破融资约束的筹码，因而企业可以继续获得外源性融资以支持企业的创新发展。只有不断地将“创新投入—创新产出”的过程实施好，才能形成创新与资本良性循环，“雪球”才能越滚越大。同时，基于创新型企业维持核心竞争力的关键性驱动因素（如智慧资本、数字资产、客户资源、品牌价值、行业地位、边际成本等）未在财务报表内确认和计量的事实，会计准则制定职能机构可适当考虑改革现行无形资产会计准则，允许企业内部研发的技术专利按照实质重于形式的原则确认为无形资产。目前，内部研发的技术专利即使先进性高于外部购买的技术专利，也往往因为创造未来经济利益存在不确定性而被排除在无形资产之外，这对于公允评价企业的核心竞争力和缓解创新企业的融资约束，都是不利的。

尽管本章采用单案例研究对于构建理论有着独特优势，但所得结论仍需谨慎对待。首先，虽然本研究选取自主创新实践领域的代表企业做典型分析，但本章开展案例研究主要借助的是公开的第一手文本资料和第二手数据，尽管第一手文本资料具有信息独特的特点，第二手数据具有来源广泛、易于获取等优势，但其也存在深度不够等劣势，未来研究可以深入企业开展访谈获取第一手数据，还应该通过大样本统计研究等方式对研究结论的有效性进行检验和扩展。同时，药明康德是具有典型鲜明创新特征的研发创新型企业，未来如能对更多相似企业进行纵向案例研究，或许能更清晰地揭示在他们从无到有、由小到大的过程中资本究竟为企业创新带来了多大的支持，创新如何形成了为企业提供突破融资约束的筹码，两者互动共演的路径还有没有其他可能。总之，未来研究可以通过纵向案例设计对“创新—资本”的动态演化过程进行多维度探索。

第 7 章　混改背景下员工持股计划对企业价值创造的影响研究
——以白云山为例

本章选取白云山作为研究对象，旨在探讨在混合所有制改革的制度背景下，对白云山实施员工持股计划的动因、过程及方案的具体内容进行分析评价。采用扎根理论研究法，按照“动因→条件→途径→回报”的普适逻辑，编码分析出白云山员工持股计划对企业价值创造的作用路径。经过分析，本章发现混改背景下白云山的员工持股计划对企业价值创造的影响路径是一个动态的作用机制，且白云山的员工持股计划对企业短期和长期价值创造有正向的影响效应。本章验证了白云山员工持股计划的事件产生了正向的公告效应，有利于企业短期价值创造，也从企业经营绩效、人力资本结构及企业创新行为三个维度得出员工持股计划能正向促进企业长期价值创造。

7.1　引　言

国有企业在我国经济发展中保有重要地位，我国一直在推进国企改革。混合所有制改革是国企改革的突破口，通过引入非国有资本来发展混合所有制经济。目前，大部分国有企业面临着如何有效激励企业员工的问题，原因是员工没有剩余索取权，仅在企业中扮演劳动者的角色。如果员工积极性不高，国企改革将很难推进下去。2015 年 9 月中央文件首次指出，员工持股计划是国企改革的重要手段，混合所有制国有企业实施员工持股计划是改革的创新之举。科学设计的员工持股计划能够有效地激励员工实现企业价值创造。因此，结合具体案例研究在混改背景下实施员工持股计划是如何影响企业价值创造的，并揭示背后的作用路径及效应，仍是重要的议题。

本章首先采用文献研究法梳理了国内外学者的研究成果，形成本章的理论基础。其次，本章阐述了制度背景及混合所有制国有企业员工持股计划的特点，并分析了国有企业员工持股计划的推行情况。基于此，本章选取白云山作为研究对象，采用案例研究法对于在混合所有制改革的制度背景下，对白云山实施员工持股计划的动因、过程及方案的具体内容进行分析评价。再次，本章采用扎根理论研究法，按照“动因→条件→途径→回报”的普适逻辑，编码分析出白云山员工持股计划对企业价值创造的作用路径。

经过分析，本章的结论如下：第一，混改背景下白云山的员工持股计划对企业价值创造的影响路径是一个动态的作用机制，即白云山的员工持股计划通过产权制度和治理机制两条途径来激励与约束员工持股计划的认购主体完成三个维度的企业价值创造：人才组成匹配、技术价值创造和市场价值创造。第二，白云山的员工持股计划对企业短期和长期价值创造有正向的影响效应。本章验证了白云山员工持股计划的事件产生了正向的公告效应，有利于企业短期价值创造，也从企业经营绩效、人力资本结构及企业创新行为三个维度得出员工持股计划能正向促进企业长期价值创造。

本章的贡献在于：第一，对案例对象白云山的研究选择了较长的观察期，纳入了员工持股计划在 2019 年解禁期之后的时间，去研究员工持股计划是否能长期影响企业价值创造。第二，在研究视角的选择上，重“路径”分析，在员工持股计划对企业价值创造的影响研究上，综合考虑产权制度、公司治理等影响企业价值创造的中间路径并分析相关机理。

7.2 理论背景与文献综述

7.2.1 理论背景

1. 员工持股计划

员工持股计划（Employee Stock Ownership Plan，ESOP），最早是由美国经济学家路易斯·凯尔索（Louis Kelso）提出的，指的是一种特殊的激励方式，即员工持有公司的股票分享剩余索取权，参与公司的经营和管理（Kelso，1958），并在 1984 年获得法律层面的认可。员工持股计划的目的是将员工与公司利益捆绑在一起，来激励员工。一般来说，员工持股计划的实施具有以下特点。第一，该计划拟定的参与者为公司内部有一定资质的员工。第二，员工持股计划在由员工出资认购公司股票之后，会委托持股委员会借助资产管理计划运作。第三，员工持股计划持股相对于资本市场的流通股而言，其股票的转让及交易有严格的规定。

在我国的经济发展中，国有企业保有重要地位。2013 年召开的十八届三中全会提出，要引入非国有资本来发展混合所有制经济。在 2020 年，国企三年改革规划发布，如何进一步深化混改，发挥国有企业的内生活力成为关键。2021 年，习总书记强调，在新时代要发挥“人才”在国有企业改革中的重要高地作用，对于如今的混合所有制国有企业，“人才强企”是至关重要的。但是，大部分国有企业对于如何构建提高人才积极性的激励机制不太明晰。在混改背景下，如何有效地激励国有企业人才，发挥人才的最大潜能成为实务界关键论题。

员工持股计划正是在这种背景下，在我国混合所有制国企中推行的一种中长期的制度安排，能在国有企业中构建有效的员工激励机制，提高人才（员工）参与企业生产经营的创造性和积极性。员工持股计划起源于 20 世纪 50 年代，在美国得到了长时间的发展，直到 20 世纪 80 年代才引入我国。但员工持股计划在我国的实施历程较为曲折，曾一度被叫停，直到 2012 年证监会才解除了有关“员工持股计划”的相关限制。2014 年，中央有关员工持股计划的试点意见落地后，全国在同年有超过 300 家国有企业发布了员工持股计划草案，涉资规模超过 600 亿元，这些国有企业集中在智力密集型的高科技产业，集中在机械、电子、医药等战略新兴行业。2015 年 9 月，中央文件指出，混合所有制国有企业实施员工持股计划是改革的创新之举。经过科学设计的员工持股计划能够有效地激励员工，实现产权多元化，改善公司治理，并且在企业的市场价值、经营业绩及创新投入产出方面进一步影响企业的价值创造。因此，结合具体的实践案例来研究在混改背景下，员工持股计划是如何影响企业价值创造的，并揭示这种影响背后的作用路径及影响效应，仍是重要的议题。

2. 企业价值

美国经济学家弗兰科·莫迪利安尼（Francov Modigliani）和莫顿·米勒（Mertonv Miller）首次提出了“企业价值”的概念并予以界定，认为企业价值就是企业在未来经营期间业务活动所带来的现金流量的一个折现值，这在公司价值理论体系中占有重要地位（Modiglian et al.，1958）。当前，学术界对于企业价值的定义及内涵未形成统一结论，不同学者从不同的角度（例如生产要素视角、流程视角、顾客视角及财务视角）进行了论述，本章所探讨的为在财务视角下的企业价值（孙艳霞，2012），有关企业价值的定义及不同的价值衡量的方法，如图 7-1 所示。

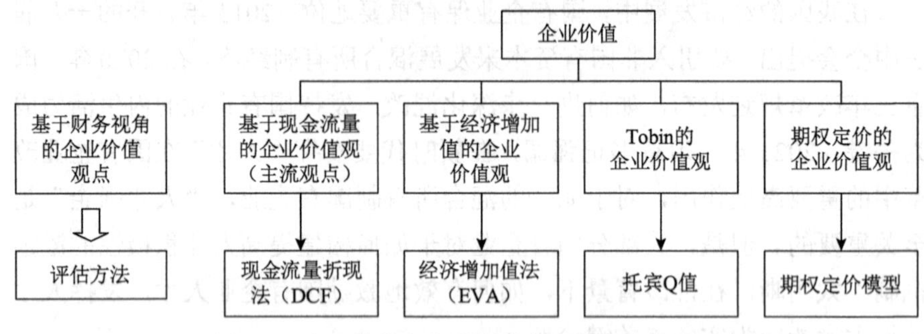

图 7-1　企业价值定义及评估方法的理论体系图

有关几种“企业价值”衡量的方法，本章拟采用经济学家托宾的企业价值衡量方法，在后文中用托宾 Q 值来衡量实施员工持股计划之后对企业长期价值创造的影响。此外，本章在标题中提及的“企业价值创造”一词意为对企业价值的正向提升作用，即增加或创造企业价值。

7.2.2　文献综述

1. 混合所有制改革下的员工持股计划

国有企业混合所有制改革可以追溯到 20 世纪末。当时，国外一些学者认为企业的国有股权过高，会对企业的经济发展起到制约作用（Brooks，1987）。进入 21 世纪，越来越多的学者都认同这个观点。国外学者奥利弗·哈特（Oliver Hart）也认为国有产权是有缺陷的，而引入私有产权可以弥补政府所有权的弊端（Oliver，2003）。在我国，有关混合所有制改革的认识出现得相对较晚。2013 年，中共十八届三中全会后，“积极发展混合所有制经济”等内容才逐步引起学者们的探讨（王婷等，2020）。2020 年 5 月 22 日，国务院发布并督促实施“国企改革三年行动”，要求推动国企改革全面发展。由此，混合所有制改革作为着力点成为学术界研究的重点。在国企混改的具体路径上，国内学者经过研究发现有三条路径：一是国企整体上市股份制改造，二是与非国有资本双向联合重组，三是对高级管理人员和技术骨干实施股权激励（童露等，2015），并提出企业应当根据自身规模选择不同的改革方向，或是综合应用这几种混改路径。还有学者实地研究了广东省国企混改的实施情况后指出，允许经理和员工持股成为混改的新亮点（Sarah et al.，2018）。

早在 20 世纪，国外学者就对员工持股计划进行过阐述。美国学者 Kelso 设计了最早的员工持股计划，并指出公司给予员工的固定薪酬不会让员工付出更多努力，但如果公司通过员工持股计划扩大员工利益来源，员工就会根据个人的利益来调整自己工作的积极程度（Kelso，1958）。国外学者哈维·莱宾斯坦（Harvey Leibenstein）进一步认为，员工持股计划能有效地激励员工（Leibenstein，1982）。随着我国国有企业混合所有制改革的深入，在具体的路径层面上，员工持股计划成为新的亮点。2016 年 8 月，员工持股试点意见发布后，国内学者也结合中国的国情开展了相应的国企员工持股计划及其所建立的激励机制研究。国内学者研究的出发点是认为员工持股计划会捆绑员工个人利益，提高员工积极性进而为公司价值创造赋能。国内学者卢俊等基于中信国安的案例，提出国有企业可以在混改过程当中实施员工持股计划，将部分股权转让给私人（员工）持有，正向促进企业的发展（卢俊等，2015）。国内学者王烨和周政认为国有企业实施员工持股计划对于缓解国有企业一直存在的体制僵化问题进行了有效的尝试（王烨等，2017）。国内学者綦好东等认为国有企业混合所有制改革取得成效的关键是革新落后的国有资产经营激励机制（綦好东等，2017）。在员工持股计划所构建的激励机制的长短期问题上，不同的学者有不同的观点。有学者认为，员工持股计划只会给企业带来短期激励效应（邓然，2020）。然而，更多的学者认为员工持股计划会给企业带来的激励机制是中长期的，会给混合所有制国有企业内部带来正向的激励效应（冯飞等，2006；张华等，2016；张江凯等，2020）。

2. 员工持股计划与产权多元化

早在 20 世纪 90 年代，就有一批学者提出，国有企业现有的产权结构过于单一，存在“所有者缺位”等问题，国有企业有进行产权变革的必要性，来实现产权多元化，通过加入非国有经济，让国有企业摆脱困境（Liu 等，1998；刘小玄，2003）。同时，国内学者张维迎经过研究后认为，国有企业在产权多元化的改进过程中，部分的产权私有化能够形成有效的激励机制（张维迎，2000）。在后续的研究中，国内学者针对如何使国有企业产权结构多元化的方式开展了研究。国内学者首先指出了使得产权多元化的外部方式。学者刘渝阳对国有企业产权多元化改革的几种外部方式进行了探讨，并指出可以通过改制上市、引进战略投资者、国企间相互持股等多种外部方式，实现国有企业的产权多元化（刘渝阳，2008）。但随着研究的推进，越来越多的学者认为可以从企业内部实现国有企业的产权多元化。国内学者剧锦文结合我国的混合所有制改革的政策背景，对于国有企业在新时代的产权多元化内部方式提出了新的见解，认为员工持股计划通过员工由自然人持股变成股东，向国有企业中的国有资本注入非国有的部分，员工成为总股本的出资人，一种全新的产权纽带关系就在企业和员工间形成了（剧锦文，2000）。此外，有学者也认为，员工持股计划是一种有效的产权制度安排，使得劳动力和资本结合，构造出新产权结构（肖蕾，2005），比起其他外部产权多元化的方式，员工持股计划所构建的现代企业制度具有更重要的内部作用（郭世坤，2006）。

学者周其仁认为，企业的目标是最大程度上追求利润，如果要真正持久地激励员工，就应该使得员工个人的目标和企业组织目标保持一致，将个人的目标定位为对于剩余利润的分享（周其仁，1996）。国内学者李韵和贾亚杰经过研究后进一步认为，剩余利润长期分享的关键在于将分享的权利资本化，变成一种股权。而员工持股计划对于员工获取利润长期分享的权利资本化，给予员工股权，在现代企业中建立对大范围员工的股权化激励约束机制。此外，员工持股计划认可管理层、骨干员工等人力资本的价值，实施员工持股计划就是对人力资本的“投资”，让员工与企业的长期目标保持一致，让员工参与企业剩余利润的分享，为企业剩余价值的分享提供渠道（李韵等，2020）。

3. 员工持股计划与公司治理

国内外学者们对于“公司治理”有着多种理解，但普遍认为，公司治理指的是公司的利益相关主体之间的一种制度安排，即明确企业所有者、董事会和高级经理人之间的权利、责任和利益的制衡关系（吴敬琏，2001）。基于我国的混合所有制改革背景，学者们普遍认为，公司治理在混改的进程中发挥着更重要的作用。学者关树江认为，混合所有制改革的实质是“混在股权，融在治理”，要保障非公有资本投资者的合法权益，需要建立一套规范的公司治理机制，最终要落到公司治理上（关树江，2017）。在混改背景下实施员工持股计划与公司治理的改善效果的相关研究，当前国内学者们主要是从企业的代理成本的角度对其进行解释（沈红波等，2018；陈大鹏等，2019），学者们认为，现代企业两权分离产生了委托代理关系，因为两者之间信息不对称，所以对于代理者进行激励，能促使其最大限度完成委托人的目标（吕长江等，2009）。

学者陈效东认为，员工持股计划一般倾向于公司的核心骨干持股，通过对核心员工实施利益绑定，能够发挥其在委托代理链中“股东—高管员工—核心员工—普通员工”中的中心地位（陈效东，2015），有利于统一委托人和代理人的效用函数，实现共享收益和共担风险，进而有利于整个企业的目标一致性的实现。有另一批学者则从员工本身的角度，考量员工持股计划的实施对于公司治理的影响。经过进一步的研究后，学者们发现，在公司的治理结构上，员工持股计划让员工的主体身份发生了转变，从“员工”变成“股东”，拥有公司的股权，具有了股东和劳动者的双重身份。同时，员工们通过委托信托机构行权，在公司的治理中也增强了话语权（张衔等，2015）。此外，有学者认为，通过实施员工持股计划，即在公司内部引入了员工参与制，从员工自身的角度激发其在公司治理中的作用，来建立起企业内在监督的约束机制，能有效地降低委托代理成本（黄速建等，2015）。

4. 员工持股计划对企业价值创造的影响

学者们研究后发现员工持股计划对企业价值创造有三方面的影响，第一，员工持股计划会影响企业的市场价值，直接体现为股价的变动。第二，员工持股计划会影响企业的经营业绩。第三，员工持股计划会促进企业的创新投入，进而影响到企业的创新产出。

1）员工持股计划对企业市场价值的影响

关于员工持股计划对企业市场价值的直接影响作用，学者们结合股价进行了解释，认为在员工持股计划实施之后，员工的收入不仅来源于公司货币报酬的决定，还取决于公司股价的体现。因此，员工为了提升公司股价，进而获得更高的资本利益，会做出更大的努力。国外学者詹姆斯·布里克利（James A. Brickley）以美国公司为数据样本，重点分析了资本市场对员工持股计划实施后的反应，认为员工持股计划带来了正向的宣告效应（Brickley et al.，1985）。国内学者王砾等研究了员工持股计划的公告效应，得出国有企业发布员工持股计划后的市场效应极为显著，且企业的员工教育水平越高，这种公告效应越显著的结论（王砾等，2017）。沈红波等则指出，多数国有企业实施员工持股计划之后的短期公告效应较好，但是为了长期的正向公告效应，则需要在制度设计层面提高管理层的参与比例（沈红波等，2018）。在代表性指标的选择上，学者们认为可以从“市场观”的角度去衡量实施员工持股计划后的财富效应，即采用资本市场的股票市价的变动情况（章卫东等，2016）。

2）员工持股计划对企业经营业绩的影响

关于员工持股计划对企业经营业绩的影响，学者们研究的通用逻辑如下：员工持股计划将员工利益与公司利益进行捆绑，从而调动员工的工作积极性，进而在企业的经营业绩上有一个正向的反馈。国外学者经过研究后认为，员工持股计划能够提升员工忠诚度，增强员工的向心力，进而在绩效上体现出员工们的“努力程度”（Manning et al.，1988）。另有一批会计业内代表学者认为，可以从“资本”的角度探讨员工持股计划对于公司经营业绩（资本回报）的影响。学者研究后认为员工持股计划的覆盖面在于企业的核心骨干，将这部分企业的人才视为“资本”，进行“专用性资本”的投资。用员工持股计划构建中长期的激励机制，通过激励的方式，让其资本进行增值。会计业内代表学者黄世忠认为，企业的价值创造是企业投入的六种资本通过商业模式创造产生更多的资本（黄世忠，2020）。所以在实施员工持股计划后，资本增值的回报将提高企业的经营绩效，进一步提升企业的财务指标（向显湖等，2010），在代表性指标的选择上，学者们认为，例如经济利润与财务中的经济增加值 EVA、托宾 Q 值都是能衡量企业价值创造能力的重要指标，有利于企业价值的提升（刘运国等，2007；向显湖等，2014）。

3）员工持股计划对企业创新投入产出的影响

关于员工持股计划对企业创新投入产出的影响，有学者研究发现，企业管理层易在研发投入方面做出无效决定，而核心研发人员的态度和意愿将对企业的创新起到至关重要的作用（周冬华等，2019），这种无效性是由于研发的诸多风险可能给高管薪酬带来不利影响，易促使高管在研发投入上过于谨慎。2013 年诺贝尔经济学奖得主尤金·法玛（Eugene F. Fama）研究后发现，员工持股计划实施后，当管理层的认购比例达到一定程度时，可以缓解企业的研发投入不足的问题，也可以减少管理层在研发投入上的“自利行为”（Fama et al.，1983），这是员工持股计划对于企业创新投入层面的影响。员工持股计划作为“金手铐”，所构建的中长期激励约束机制将直接作用于员工，而且员工持股计划的认购者多为企业的核心技术骨干，这能提升企业的创新能力。学者常新（Xin Chang）进一步研究员工持股计划的“金手铐”作用，得出了实施员工持股计划会保持技术类员工和股东目标的一致性，这有利于促进核心技术人员的积极性以激励企业的创新产出（Xin Chang et al.，2015）。学者孟庆斌等（2019）认为，员工持股计划对于企业创新产出的促进作用来源于员工持股，而非管理层持股，当企业技术员工、高学历员工较多的时候，这种对于创新产出的促进作用更明显。学者欧理平和赵瑜进一步研究后认为，持股比例越多，对于企业的创新产出越大，呈正向的促进作用（欧理平等，2020）。这是员工持股计划对于企业创新产出层面的影响。企业在技术价值创造上的能力提升，这在财务报表上体现为企业的价值创造成果，如企业专利的研发产出情况。

7.2.3　理论小结与文献评述

综上，本章对员工持股计划和企业价值两个相关概念进行了界定，从对于本章的理论基础部分产生激励效应的相关理论：双因素理论、人力资本产权理论、资产专用性理论，以及解决代理问题的相关理论：委托代理理论、利益相关者理论两个维度进行论述，奠定了本章的理论基础。之后从四个维度梳理了以往学者关于员工持股计划影响企业价值创造的文献，本章的文献梳理逻辑图如图 7-2 所示。

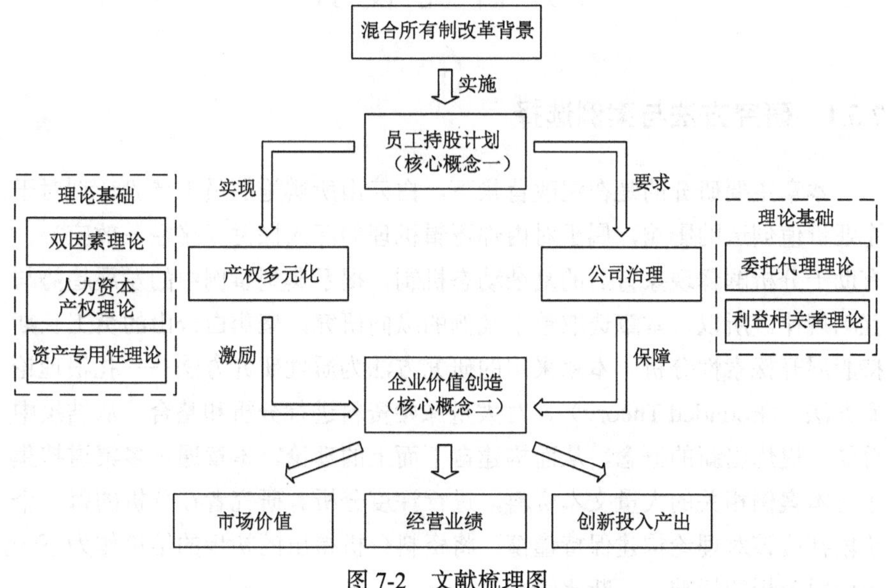

图 7-2　文献梳理图

尽管现有的文献有助于我们理解员工持股计划影响企业价值创造的深层次逻辑，但是仍然存在一定的不足之处。

第一，关于实施员工持股计划对企业价值创造的影响，学者们更多的是直接从市场反应、经济指标上直接分析影响结果，多数研究重“结果”，轻“路径”（王烨等，2017；张江凯等，2020）。本章拟在这方面进行补充，用质性研究方法结合具体案例，分析员工持股计划对企业价值创造的作用路径，再用财务数据进行效应分析。本章的研究过程从“路径”到“效应”，能更好地分析员工持股计划对企业价值创造的影响。

第二，员工持股计划的制度安排设计是为了构建一个员工与企业的利益共同体，来实现中长期激励效应。但是，国内外学者的研究多集中于实施员工持股计划对企业市场价值的影响，即多聚焦于员工持股计划给企业带来的短期公告效应（吕长江等，2009；章卫东，2016；沈红波等，2018），而较少研究员工持股计划是如何影响企业长期的价值创造的。本章拟在这方面进行补充，采用质性研究的方法结合具体案例，从大量的文本数据中分析出员工持股计划影响企业价值创造的作用路径，并对“价值创造”的相关概念结合具体案例进行提炼。

7.3 研究设计

7.3.1 研究方法与案例选择

本章主要研究的是在混改背景下，白云山所实施的员工持股计划对于企业价值创造的影响，属于对内部逻辑机理的深入探讨（路径→效应），有助于分析解释现象背后的复杂动态机制，揭示典型事例中的发展趋势与互动规律。所以，本章选取单个案例的纵向研究，聚焦白云山的员工长期持股展开探索性分析。本章采用的研究方法为质性研究方法——扎根理论研究法（Grounded Theory），对大量原始资料进行分析和整合，从结果中总结、提炼出新的概念，从而构建自下而上的理论。本章通过多渠道搜集了与本案例相关的大量文本资料，进行深度分析。研究者在分析的每一个阶段都应该对理论构建保持谨慎，将资料分析得出的初步的结论作为下一步资料分析的标准，不断比较。

本案例重点研究的是白云山的员工持股计划构建的激励约束体系和

企业价值创造的内在联系，探究员工持股计划和企业价值创造二者的互动共演过程，试图构建二者的理论框架。因此，本章选取了扎根理论研究法，通过对白云山搜集得到的资料进行定义、概念化、范畴化，整理出其存在的逻辑链条，最终建立理论框架。在其中，对于案例企业应用扎根理论进行编码是本研究的关键点。

为了更规范地将扎根理论分析的过程和结果可视化地呈现，本章采用的资料分析工具为质性研究辅助软件 NVivo12（Plus），该软件作为应用最广泛的质性辅助软件，可辅助对原始资料进行开放性编码过程。

7.3.2　数据收集

依据证据三角测量法（Miles et al.，1994），在案例的质性研究分析过程中，应该汇集单案例的多种数据进行数据补充，数据间也能相互验证，避免由于编码者主观的偏见，最终影响扎根分析的结果，从而保证研究的信度效度（毛基业等，2008）。因此，本章在数据选择上，搜集了多渠道、不同方式得来的数据。为使研究分析数据更加翔实，本章及时根据相关研究问题在网络渠道、纸质材料中广泛搜索与白云山相关的资料。本章的数据主要来源于公开渠道的文献资料和档案记录等多个路径，以下为所搜集到的具体资料及数据汇总，如表 7-1 所示。

表 7-1　案例资料情况汇总

<table>
<tr><th colspan="2">资料类型</th><th>数据详情</th><th>数据来源</th></tr>
<tr><td rowspan="2">访谈</td><td>董事长</td><td>《金手套：员工持股计划》（1.1 万字）</td><td>南方日报</td></tr>
<tr><td>骨干员工</td><td>《敢“吃螃蟹”的白云山骨干》
（1.3 万字）</td><td>广州日报</td></tr>
<tr><td colspan="2">企业相关书籍</td><td>《大资本：解码白云山》
（南方日报出版社，15.2 万字）</td><td>南方日报</td></tr>
<tr><td colspan="2">企业文件资料</td><td>白云山员工持股计划实施政策文件、年度报告、年度工作总结、领导讲话稿、公司调研报告等有关员工持股计划和企业发展的有效材料（共 59 份材料）</td><td rowspan="2">白云山官方网站、白云山微信公众号、南方日报、广州日报、广州国资官网、上海证券交易所、Wind、Choice 等金融终端、百度、Google 等搜索引擎</td></tr>
<tr><td colspan="2">新闻报道</td><td>从 2013 年至 2022 年白云山的企业宣传材料，搜索并识别新闻中包含白云山的具体行为内容（共 71 份材料）</td></tr>
<tr><td colspan="2">相关文献资料</td><td>从文献中识别有关白云山员工持股计划的相关内容（共 6 份材料）</td><td>中国知网、万方数据库、百度学术搜索引擎、万方数据库检索</td></tr>
</table>

资料来源：根据收集到的资料整理而得

本章将收集到的资料校对整理后，形成数据库，保证资料能再现案例白云山员工持股计划的发展历程。总体来说，案例企业白云山是一个信息公开性较高的上市国有企业，本章的数据来源大多是权威渠道的信息披露。同时作者也注意到，有许多优秀的质性案例研究也仅使用了二手数据作为数据来源（Yin，2014）。所以，本章中大量收集到的客观数据也避免了回溯性数据带来的偏差，之后也会进行信效度检验，能足够客观、完整地呈现此案例。

7.3.3　数据处理与分析

1. 数据处理

在数据结构上，本章采用了乔亚的数据结构编码三步骤：一阶概念、二阶主题和聚合构念。一阶概念是由原始材料中短语、段落归纳整理后加贴标签形成。二阶主题是由一组相关的一阶概念合并得来，也反映了一阶概念之间的逻辑联系，是反复比较数据和理论文献得到的结果。聚合构念是在二阶主题的基础上，结合专家意见，进一步进行比较分析和归纳总结，其呈现结果代表了研究团队对整个案例数据的理论构念。由此，根据以上程序进行编码分析，文中统共归纳出了 432 个初级标签，56 个一阶概念、21 个二阶主题和 9 个聚合构念，具体数据结构见表 7-2。

表 7-2　数据结构表

<table>
<tr><th>一阶概念</th><th>二阶主题</th><th>聚合构念</th></tr>
<tr><td>（a1）深化改革：响应十八届三中全会；（a2）深化改革：明确“十三五”发展规划；（a3）深化改革：落实“十三五”发展规划；（a4）全面深化改革：明确“十四五”发展规划</td><td>A1 改革要求</td><td rowspan="2">AA1 制度导向</td></tr>
<tr><td>（a5）出台中医药法保障中医药发展</td><td>A2 政策利好</td></tr>
<tr><td>（a6）绩效引领：追求卓越绩效；（a7）走出去：迈出国际化步伐；（a8）中药时尚化：引领产业新方向；（a9）复工复产：探索疫后新发展路径</td><td>A3 经营需求</td><td rowspan="2">AA2 战略导向</td></tr>
<tr><td>（a10）资本化：管经营向管资本转变；（a11）风控增效：增强风险控制；（a12）党建强企：集团规范化建设</td><td>A4 治理需求</td></tr>
<tr><td>（a13）广东国资员工持股试点要求；（a14）优先支持科技型企业开展员工持股试点，发展人才资本</td><td>A5 制度保障</td><td rowspan="2">AA3 外部环境支持</td></tr>
<tr><td>（a15）中医药行业人才是核心竞争力</td><td>A6 行业特点</td></tr>
<tr><td>（a16）广药集团给予承诺，提供顶层结构上的支持</td><td>A7 上级承诺</td><td rowspan="2">AA4 内部要素支持</td></tr>
<tr><td>（a17）系列事件展现员工忠诚度，支持员工持股计划</td><td>A8 员工向心力</td></tr>
<tr><td>（a18）集团层面董事会规范化建设；（a19）二级以下董事会规范化建设；（a20）选拔外部董事参与治理</td><td>A9 董事会规范治理</td><td>AA5 治理机制</td></tr>
</table>

续表

一阶概念	二阶主题	聚合构念
（a21）革新化：创新党建建设；（a22）规范化：党建廉建建设；（a23）统领化：党建引领建设	A10 党组织融入治理	AA5 治理机制
（a24）初试职业经理人改革；（a25）全球选聘：深化职业经理人改革；（a26）引入任期制与契约化管理模式	A11 引入职业经理人	
（a27）卓越绩效管理定薪；（a28）建立差异化薪酬分配制	A12 薪酬体系演进	
（a29）董监事认购股权参与共治；（a30）经营经理认购股权参与共创；（a31）骨干员工认购股权参与共享	A13 认购股权构建利益共同体	AA6 产权制度
（a32）少分红，初试价值共享；（a33）有分红，持续价值共享；（a34）多分红，持续价值共享	A14 给予分红权探索价值共享	
（a35）利老人，成为继任者，享有收益权	A15 给予“继任者”收益权	
（a36）少专才、少通才，初步集聚劳动力；（a37）有专才、少通才，集聚“技术”人力资源；（a38）有专才、有通才，集聚“管理”人力资本；（a39）促成高端人力资本“继任者”	A16 集聚专才通才	AA7 人才组成匹配
（a40）引智：初步吸引医疗器械高端人才；（a41）联培：内外资源深化人才培养；（a42）自评：自主评审中医药行业中高级职称人才	A17 专业性人才内化	
（a43）研发投入增强科研实力储备；（a44）加大研发投入进一步增强科研实力储备；（a45）建立产学研协同创新体系；（a46）落地博士后创新实验基地深化产学研	A18 技术内化形成储备	AA8 技术价值创造
（a47）专利产出稳健式增长；（a48）专利产出爆发式增长；（a49）大品种项目落地	A19 技术成果应用落地	
（a50）迈入全国医药行业排头兵；（a51）资本化：持股激励开拓国内多元市场；（a52）资本化：整合国内资本布局多地项目；（a53）资本化：落成混合所有制澳门总部	A20 满足国内现有市场	AA9 市场价值创造
（a54）拓展医疗器械：迈向国际化产业布局；（a55）欧盟认证：更广泛国际化产业布局；（a56）世界 500 强：全面国际化产业布局	A21 开辟国外潜在市场	

注：根据收集到的资料整理而得

为了厘清以上构念之间的内在逻辑关系，本章分析了各个二阶主题的联结关系，不断与已有的理论进行比对，将 21 个二阶主题中有联结关系的归纳、概括为 9 个聚合概念。其一是制度导向与战略导向。白云山实施员工持股计划的动机来源于十八届三中全会后对于国企逐步改革的要求，以及在中医药法出台的背景下，中医药行业发展的政策利好，这聚焦于制度导向。另外，员工持股计划实施的动机还来源于企业逐年变化的经营层面及治理层面的需求，这聚焦于战略导向。由此提出相关聚合构念。其二是外部环境支持及内部要素支持。随着白云山在不同时期的战略转变，作者在比对各个阶段呈现出的不同的原始数据后发现，员工持股计划的实施除内部需求外还应该有一些必要性条件，例如包括制度和行业特点在内的外部环境支持，以及包括企业的上级承诺和员工向心力在内的内部要素支持，由此提出了相关聚合构念。其三是治理机制与产权制度。具备了实施员工持股计划的条件之后，白云山推行了员工持股计划，一方面对董监事、经营经理、员工认购三个主体进行治理，另一方面从产权的角度给予这三个主体权利束，以实现产权多元化，由此提出相关聚合构念。其四是人才组成匹配、技术与市场价值创造。与价值创造相关的语句在数据库中间有较多的描述，多在实施员工持股计划之后，在建立利益捆绑的中长期激励机制下，员工不仅自身目标与企业价值创造形成对标，还从技术内化与技术成果等方面创造技术价值，并在国内外市场上实现市场价值创造。此外，本章借鉴了业内学者的价值创造维度，提炼出三个维度的构念——“人才组成匹配”“技术价值创造”“市场价值创造”。

进一步，本章结合主轴编码阶段的典型范式，即“因果条件→现象→脉络→中介条件→行动/互动策略→结果”，最终将 9 个聚合构念归类为 4 个核心构念，并对核心构念之间的紧密联系进行了构建，最终确定了“动机”“条件”“途径”“回报”这三个范畴作为本章的核心范畴，由此可以得到一个比较清晰的故事线，从而诠释白云山实施员工持股计划影响企业价值创造路径的演化过程。相关的主轴译码表如表 7-3 所示。

表 7-3　主轴译码表

<table>
<tr><td rowspan="2">动机</td><td>聚合构念</td><td colspan="2">AA1 制度导向</td><td colspan="2">AA2 战略导向</td></tr>
<tr><td>二阶主题</td><td colspan="2">A1 改革要求、A2 政策利好</td><td colspan="2">A3 经营需求、A4 治理需求</td></tr>
<tr><td rowspan="2">条件</td><td>聚合构念</td><td colspan="2">AA3 外部环境支持</td><td colspan="2">AA4 内部要素支持</td></tr>
<tr><td>二阶主题</td><td colspan="2">A5 制度保障、A6 行业特点</td><td colspan="2">A7 上级承诺、A8 员工向心力</td></tr>
<tr><td rowspan="2">途径</td><td>聚合构念</td><td colspan="2">AA5 治理机制</td><td colspan="2">AA6 产权制度</td></tr>
<tr><td>二阶主题</td><td colspan="2">A10 党组织融入治理、A11 引入职业经理人、A12 薪酬体系演进</td><td colspan="2">A13 认购股权构建利益共同体、A14 给予分红权探索价值共享、A15 给予“继任者”收益权</td></tr>
<tr><td rowspan="2">回报</td><td>聚合构念</td><td>AA7 人才组成匹配</td><td colspan="2">AA8 技术价值创造</td><td>AA9 市场价值创造</td></tr>
<tr><td>二阶主题</td><td>A16 集聚专才通才、A17 专业性人才内化</td><td colspan="2">A18 技术内化形成储备、A19 技术成果应用落地</td><td>A20 满足国内现有市场、A21 开辟国外潜在市场</td></tr>
</table>

通过对数据的三级逐级递进的编码过程，本章采用“故事线”的方式重述整体过程，将核心构念、关系构念及其他范畴纳入整体的分析框架，得出了以“动机”“条件”“途径”“回报”串成的逻辑故事线，如图7-3所示。

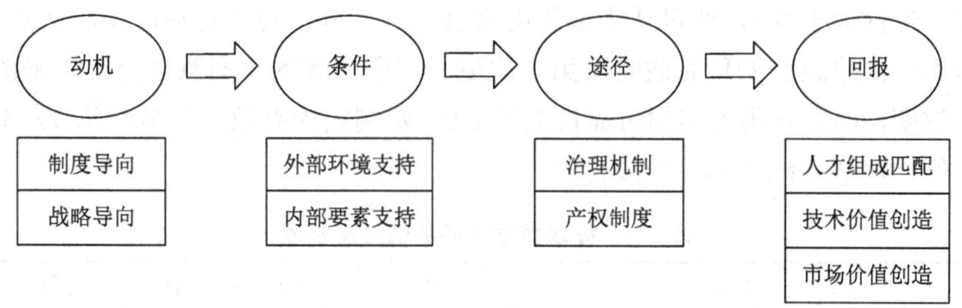

图7-3 混改背景下白云山员工持股计划影响企业价值创造路径的主轴译码图

通过数据分析，本章发现白云山实施员工持股计划前后区分出的几个阶段都存在着这样的故事线：动机（制度导向、战略导向）→条件（外部环境支持、内部要素支持）→途径（治理机制、产权制度）→回报（人才组成匹配、技术价值创造、市场价值创造）。此故事线具体可以解释为：在制度导向和战略导向下，白云山有了实施员工持股计划的动机，在具备了一定的条件（外部环境支持及内部要素支持）之后，白云山实施了员工持股计划，通过治理机制和产权制度两维度途径对于认购员工持股计划的三个主体进行约束与激励，并最终收获了三个维度的价值创造（人才组成匹配、技术价值创造和市场价值创造），得到回报。此外，在数据分析中发现，不同阶段的动机是不一样的，随着时间的进行，在不同阶段白云山制度层面和战略层面的动机是不一样的，也具备不同的外部条件和内部支持要素，并影响了作用途径，进而影响价值创造的回报。所以，在混改背景下白云山实施员工持股计划影响企业价值创造的路径是分阶段动态变化的。

2. 补充性数据

为了直观地显示白云山在实施员工持股计划不同阶段的关键事件的动态变化情况，来帮助厘清本章的数据及理论构念之间的内在逻辑关系，本章将二阶主题的部分原始数据呈现于文中，详见案例分析的各个阶段。此外，本章对案例企业收集到的其他样本数据进行编码后，并未析出新概念及范畴，由此看来，理论基本上是饱和的。

3. 编码的信效度检验

为了减少编码过程的主观性，以免影响编码呈现的客观结果，本章在编码的信效度检验上，采用了学者王世权的方法（王世权等，2022），应用“同意度百分比”法进行检验。该方法指的是每位编码参与者对第二次更新的编码内容进行“同意百分比”测量来衡量信度，而同一参与者的内部一致性大于 0.7，即可认为编码内容有效。此外，对比前后两个时间点，即第一次修改和初稿完成时对第二次更新编码内容的“同意百分比”来衡量效度，如果编码内容的可靠性大于 0.9，则判定为有效。表 7-4 所示为本章的样本数据编码的信效度检验。

表 7-4 样本数据编码的信效度检验

项目	动机	条件	途径	回报
不同参与者不同时期相互同意编码数量	92	64	86	103
不同参与者不同时期相互不同意编码数量	19	19	21	28
不同参与者不同时期的编码同意度比（信度）	0.83	0.77	0.80	0.79
同一参与者不同时期相互同意编码数量	102	75	100	119
同一参与者不同时期相互不同意编码数量	9	8	7	12
同一参与者不同时期的编码同意度比（效度）	0.92	0.9	0.93	0.91

从表 7-4 中可以看出，不同参与者在不同时期的编码同意度比，即效度均大于 0.7，而同一参与者在不同时间的编码同意度比（效度）均大于 0.9。由此可以认为，经过信效度检验后，本章的编码过程是有效的。

7.4 案例描述

本章要研究员工持股计划对企业价值创造的影响路径，故需要完整地分析白云山员工持股计划的实施过程，而且在混合所有制企业开展员工持股计划的试点意见中指明，需建立“市场化”的试点条件，故本章将对白云山员工持股计划及后续市场化的关键事件进行梳理。

本章严格采用结构性数据分析方法（毛基业，2020），按照方法中既定的原则及步骤进行，此外，由于此研究为纵向的单案例研究，时间跨度较长，所以本章还借鉴了时序区间（Temporal Bracket）的数据分析策略（毛基业等，2008），将延续的员工持股计划的实施过程划分为四个阶段，分别是 2013～2014 年的员工持股计划萌芽阶段、2015～2016 年的员工持股计划引入阶段、2017～2019 年的员工持股计划规范阶段、2020～2022 年的员工持股计划差异化阶段。有关阶段划分及关键事件的梳理如表 7-5 所示。

表 7-5　案例企业员工持股计划实施历程中关键事件归纳表

<table>
<tr><th>发展阶段</th><th>时间</th><th>具体事件</th></tr>
<tr><td rowspan="2">员工持股计划萌芽阶段（2013～2014 年）</td><td>2013 年</td><td>2005 年起：卓越绩效模式定薪
2013.11：十八届三中全会下发国企改革要求</td></tr>
<tr><td>2014 年</td><td>2014.06：广药集团做出敦促白云山建立中长期激励制度承诺
2014.06：员工持股试点意见下发
2014.12：白云山停牌，筹备员工持股计划</td></tr>
<tr><td rowspan="2">员工持股计划引入阶段（2015～2016 年）</td><td>2015 年</td><td>2015.01：员工持股计划草案公告</td></tr>
<tr><td>2016 年</td><td>2016.08：员工持股计划募集完毕
2016.08：《混合所有制企业开展员工持股试点的意见》，要求试点企业建立“市场化”机制</td></tr>
<tr><td rowspan="2">员工持股计划规范阶段（2017～2019 年）</td><td>2018 年</td><td>2018.10：向持股员工承诺“三年回报规划”
2018.11：集团层面董事会规范化
2018.11：选拔外部董事参与治理</td></tr>
<tr><td>2019 年</td><td>2019.02：初试职业经理人改革（市场化选聘）
2019.08：员工持股计划锁定期届满，截至公告日，持股数量 386 万股（占总股本 0.24%）未变动
2019.10：广药集团《中长期激励管理办法》，规范员工持股</td></tr>
<tr><td rowspan="2">员工持股计划差异化阶段（2020～2022 年）</td><td>2021 年</td><td>2021.05：“以股引才”，全球选聘职业经理人
2021.11：建立差异化薪酬分配制（市场化薪酬）
2021.12：二级以下董事会规范化
2021.12：任期制与契约化管理</td></tr>
<tr><td>2022 年</td><td>2022.01：实施“继任者计划”</td></tr>
</table>

资料来源：根据收集到的资料整理而得

有关每个阶段的划分理由，陈述如下。

第一，员工持股计划萌芽阶段（2013～2014 年）。

该阶段是在十八届三中全会之后，白云山有了深化改革导向，但是还未采用有效的改革方式，在试点意见下发后，萌生了实施员工持股计划的意向，准备筹划员工持股计划的阶段。

第二，员工持股计划引入阶段（2015～2016 年）。

该阶段涵盖了从 2015 年 1 月 13 日草案公告发布到 2016 年 8 月募集完毕的员工持股计划引入全过程，并且试点意见提出的“市场化”试点要求（市场化选聘、市场化薪酬）也为白云山员工持股的下一阶段提供了划分依据。

第三，员工持股计划规范阶段（2017～2019 年）。

这一阶段之所以命名为“规范化”，是因为白云山在实施了员工持股计划之后，一方面在公司内部对认购员工持股计划的三个主体开展规范化的治理措施，初步符合市场化要求，另一方面母公司广药集团出台《集团所属企业中长期激励管理办法》来规范员工持股计划。

第四，员工持股计划差异化阶段（2020～2022 年）。

这一阶段的“差异化”体现在，一方面，在薪酬分配制度上，白云山建立差异化的薪酬分配制度，深化市场化措施；另一方面，对员工身份进行有差异地区分，设立与企业良性互动的高端人才计划“继任者计划”。

7.5 案例分析与发现

在前面编码过程中可知，白云山在混改背景下实施员工持股计划建立中长期激励约束机制，实现企业价值创造的发展阶段大致可以划分为“员工持股计划萌芽阶段”“员工持股计划引入阶段”“员工持股计划规范阶段”“员工持股计划差异化阶段”四个阶段，而每一个阶段都存在着这样的故事线逻辑：动机（制度导向、战略导向）→条件（外部环境支持、内部要素支持）→途径（治理机制、产权制度）→回报（人才组成匹配、技术价值创造、市场价值创造）。有关不同阶段白云山员工持股计划影响企业价值创造的具体路径分析与讨论如下。

7.5.1 员工持股计划萌芽阶段（2013～2014 年）

2013 年，十八届三中全会下发国企改革要求，作为国资委下属企业，白云山第一时间响应下发的指示意见，这是在国家制度导向下，由改革要求产生的动机。另外，白云山自 2005 年起就确立以市场为导向的体系，企业从上至下，在经营上追求卓越绩效。指示意见同时提到，员工持股计划能与员工利益捆绑，提升员工工作积极性，进而提升绩效，所以经营需求也是战略导向下产生的动机。

况且，白云山实施员工持股计划有两个客观的支持条件来保障员工持股计划实施。其一，2014 年 6 月，母公司广药集团做出承诺，敦促白云山在企业内部建立以业绩增长为先决条件，与市值相联系的中长期激励制度。如果白云山实施了员工持股计划，就是履行了对上级的该项承诺，所以在国资委指示下达之后，白云山立马开始相关的筹备事宜。其二，2014 年，集团在为期两年的某商标案中最终大获全胜，员工们的士气得到了鼓舞，对于筹备的非公开发行的股票，员工们足够支持，因此这是实施员工持股计划的内部支持要素。但是在此阶段白云山还未实施员工持股计划，对于相关的国资委指示也只是规划并筹备非公开发行，还没有真正实施。所以，在当前阶段企业的员工的薪酬还是以绩定薪，即“多劳多得，少劳少得”。从人才的角度来看，在此阶段，员工所获得的是工资的价值补偿，这种卓越绩效管理的方式是参照于现代管理理念的优质激励措施（龙远才等，2005），这种薪酬体系上的激励途径对于白云山员工的激励程度是有限的，并没有构建一个员工和企业的利益共同体，而是仅仅将企业的人才视为劳动力（崔东岩，2004；Wright et al.，2011），通过出售劳动力，获得工资的补偿。所以在当时，企业的价值创造也不太显著。整个企业的人才组成既少“技术类”专才，也无“管理类”通才（莱茵，2020）。虽然通过“白云山”“抗之霸”两个中国驰名商标，白云山的年销售规模突破 20 亿元，但是对于刚刚完成重组，急需发展的白云山来说，对员工的激励程度是远远不够的。经过数据分析之后，在员工持股计划萌芽阶段，关于白云山的二阶主题的部分原始数据呈现如表 7-6 所示。

表 7-6　员工持股计划萌芽阶段补充数据（示例）

二阶主题	条目数	典型例句援引
A1 改革要求	6	2014 年 8 月 25 日，广东省国资国企改革发展工作会召开，要求推动广东省国资国企深化改革
A3 经营需求	7	我们企业从 2005 年起就确立以市场为导向的体系，制药总厂里从上之下追求卓越绩效
A7 上级承诺	3	广药集团补充了承诺，敦促白云山建立以业绩增长为先决条件并与市值联系的中长期激励制度
A8 员工向心力	7	集团完胜某商标案，大家都很高兴，我们正在筹备重大事宜（非公开发行），相信能壮大大家的士气
A12 薪酬体系演进	10	实施对于汕头劳动力的卓越绩效管理模式以来，我们不断提升企业的管理业绩，让厂内的员工能够以绩定薪
A16 集聚专才通才（少专才，少通才）	8	在王老吉基地，仅在 8 月内，我们就有 400 名劳务需求，希望基地内能多一点有劳动能力的人
A20 满足国内现有市场	10	我们企业以快速增长的速度成为医药行业的“百强”排头兵 目前，白云山已拥有“白云山”“抗之霸”两个中国驰名商标，销售规模突破 20 亿元

资料来源：使用已有文本数据自行整理

根据前述确定的“动机→条件→途径→回报”这四个核心范畴，在白云山的员工持股计划萌芽阶段就有一个清晰的路径，如图 7-4 所示：白云山按照广东省国资国企改革的指示意见（改革要求），同时也是为了激励员工进一步地提升企业的绩效（经营需求），在制度和战略导向上产生了实施员工持股计划的需求（动机）。并且此时白云山也有广药集团的指示承诺（上级承诺）和员工对于非公开发行的高认可度（员工向心力），有了实施员工持股计划的内部要素支持（条件），来筹备员工持股计划。但是由于在此阶段白云山还未实施员工持股计划，所以在激励人才的途径上不够有效，采用卓越绩效管理方式（途径），在此阶段也并未获得匹配企业需求的价值创造（回报）。

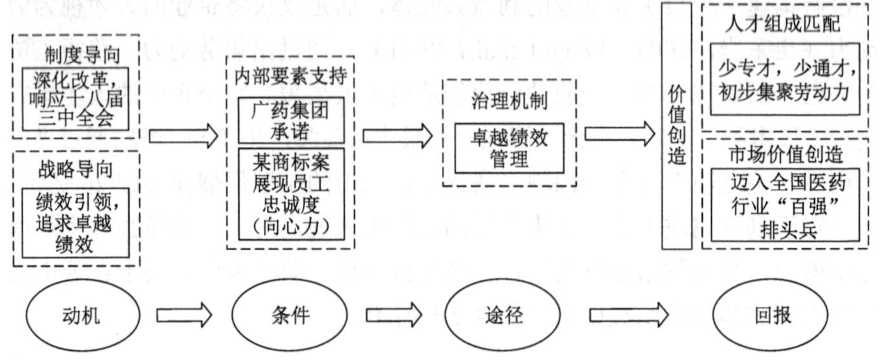

图 7-4　萌芽阶段员工持股计划影响企业价值创造路径的概述图

7.5.2　员工持股计划引入阶段（2015～2016 年）

2014 年，广州市国资委对国企改革做出了要求，在 2015 年视察白云山的时候，要求白云山将混合所有制改革的目标放在企业经济效益的提升上，而白云山在 2014 年也对即将到来的“十三五”做出了相应的改革规划，这是在国家制度导向下，由改革要求产生的动机。白云山在 2015 年制定了“走出去”的发展战略，希望能抓住政策机遇，实现驰名品牌、白云山和中医药的国际化。如果非公开发行员工持股计划，将为企业带来大量流动资金，来支撑白云山四大板块的发展。另外，白云山在企业内部的治理需求上发生了管理方式上的转变，由管经营转向管资本，而员工持股计划给予员工剩余价值的分享权，本身就使得企业的劳动力和资本相结合，由管劳动力向管资本转变（肖蕾，2005），符合这种治理需求上的转变。所以，这是在企业战略导向下，由经营需求和治理需求产生的实施员工持股计划的动机。

2015 年，白云山有两个支持人才发展的必要性条件来支持白云山开展员工持股计划。其一，广州市国资委在出台员工持股计划的试点意见时就指出，要以发展人才资本为目的，开展员工持股计划。白云山是中医药行业的领头企业，该行业强调的是人才“继承式”发展，骨干人才是中医药行业企业的核心竞争力。所以，这是制度保障和行业特点上给予白云山实施员工持股计划的外部环境支持。其二，广药集团在2014年做出了建立中长期激励机制的承诺，如果白云山实施员工持股计划，就是兑现了广药集团的该承诺。此外，白云山的员工始终保持较强的向心力，对于企业的发展充满了信心，这是上级承诺和员工向心力上给予白云山实施员工持股计划的内部要素支持。

有了动机和条件支持后，在此阶段白云山在企业内部非公开发行股票，实施了员工持股计划。董监事认购股权参与共治，经营经理认购股权参与共创，员工认购股权参与共享。通过赋予三个产权主体多元化的权利束（所有权、分红权），由实施员工持股计划有效地实现了产权多元化变革（剧锦文，2000），以员工持股计划为纽带的三个产权主体的利益共同体开始建立。白云山在2015年及2016年年末对于持股员工少量分红，初试价值共享。由于非国有资本的增多，白云山对于企业内部的治理结构进行调整，将党组织融入企业的治理过程中。发挥党组织在持股治理环节中的统领与监督作用，符合试点意见（第二十九条）规定，来保障员工持股计划的顺利实施。这是实施员工持股计划之后，从产权制度和治理机制上激励和约束员工持股计划的认购主体完成企业价值创造的途径。

成功发行了员工持股计划之后，白云山将融资全部用于“十三五”阶段公司的大南药等板块的发展及补充现金流，来迎合企业的“走出去”战略导向，由于实施员工持股计划初步构建了中长期的激励约束机制，在此阶段企业的人才完成了2015年与2016年多维度的价值创造。第一，是在人才组成匹配上，白云山通过战略合作，引入高端技术人才，为科研骨干队伍建设赋能，因而在这一阶段为白云山集聚了“技术”专才（刘炀，2021）。此外，白云山还通过“引智”的方式，在医疗器械领域的发展上，将专业性人才内化，初步吸引医疗器械高端人才，这是从人才组成匹配上的价值创造。第二，是在技术价值创造上，一方面，白云山增大研发投入情况，将技术研发内化形成企业的储备，投入了流动资金2亿元专用于支撑专利研发情况；另一方面，因为持股激励，在探索初期人才“爆发式”产出专利。2015年，企业新增专利数396例，较上一年增长11.86%，并且在引入阶段一举拿下4项国家级专利优秀奖，多项技术成果应用落地，这是技术上的价值创造。第三，是在市场价值创造上，一方面白云山通过允许运营团队（经理、骨干技术人员）参加员工持股计划持股的方式来加快项目落地，满足国内现有市场。另一方面，白云山拓展了医疗器械领域，建立国际化新兴产业优势集群，开始迈向国际化产业布局，开辟国外潜在市场。这是从人才组成匹配、技术价值创造及市场价值创造三个维度上的回报。经过数据分析之后，在员工持股计划引入阶段，关于白云山的二阶主题的部分原始数据呈现如表 7-7 所示。

表 7-7　员工持股计划引入阶段补充数据（示例）

二阶主题	条目数	典型例句援引
A1 改革要求	6	广州市国资委去年对于国资国企改革做出了要求，要求我们将改革目标放在如何提升企业经济效益上 公司去年制定了“十三五”改革规划，明确了我们未来的方向
A3 经营需求	12	我们将用好“一带一路”政策，尽快走出去，推动企业的全球化布局 我们想把王老吉变成中国的“可口可乐”，实现王老吉、白云山、中医药的国际化
A4 治理需求	7	目前，我们已经在“资本化”这条路上花了大力气，由管经营向管资本转变
A5 制度保障	10	广州市国资委要求省内混合所有制国企推进员工持股试点工作 国资支持科技型企业开展员工持股试点，来发展人才资本，我们很符合
A6 行业特点	11	在大健康的板块上，人才是我们的核心 中医药强调的是一种继承式的发展，培养中医药人才就是我们的核心竞争力 作为一家医药行业资本技术密集的国有企业，公司领导希望核心技术骨干能参与公司的利润分享，因为企业核心技术骨干是公司可持续发展的关键资源，我们倾向于让核心骨干持股
A7 上级承诺	3	白云山 2016 年年度报告显示，员工持股计划的实施履行了建立中长期激励机制的承诺
A8 员工向心力	5	在发行的过程中，我们临时股东大会和类别股东大会的表决情况出现了明显的差异，我们没有泄气，大家都尽力了，我们互相打气，做最大的努力 员工对于企业未来的发展也充满信心 我们这些稍晚加入，没机会享有公司上市红利的人，终于有机会加入这员工激励的滚滚洪流中，享有我们的权利，履行我们的职责
A10 党组织融入治理	4	董事长亲切介绍了我们混合所有制企业的党建运行方式，以及诸多党建创新实践
A13 认购股权构建利益共同体	15	这次员工持股计划，企业内有董事、监事、高级管理人员、下属企业，以及关联企业员工认购 本次融资过会，将建立合理的激励机制，有助于员工和公司共同成长 我们希望建立长效的员工持股机制，能够滚动地发展，让更多骨干员工参与公司的这个计划中来
A14 给予分红权探索价值共享（少分红）	4	我们希望能获得更多利润与员工分享 白云山在 2015 年分红方案中，每 10 股派息 2.8 元；在 2016 年分红方案中，每 10 股派息 3 元

续表

二阶主题	条目数	典型例句援引
A16 集聚专才通才（有专才，少通才）	7	我们与硅谷协会开展战略合作，搭建合作平台，引入高端技术人才
A17 专业性人才内化（引智）	8	我们与诺贝尔物理学奖得主斯穆特博士交流后，准备在医疗器械领域开展合作 在未来五年，医疗器械会成为我们重点培育的新业态，通过聚才，我们敦促新业态更好地发展
A18 技术内化形成储备	5	我们专门投入 2 亿元设立基金（白云山中医药发展基金），专用于“十三五”期间的专利研发
A19 技术成果应用落地	8	2015 年，企业新增专利数 396 例，较上一年增长 11.86% 我们一举拿下了 4 项中国专利优秀奖，这是首次在国家级的专利奖项上同时斩获四个
A20 满足国内现有市场	4	王老吉大健康与山西南娄集团签约成立合资公司，正式进军蛋白饮料行业，这是王老吉大健康的第一个投资项目 我们互相间同意，在核桃露项目上让运营团队持股，来达到加快发展的目的
A21 开辟国外潜在市场（迈向国际化）	11	企业旗下的医疗器械以及大健康板块“双单”实现，落成国际医疗器械孵化平台，建立国际化新兴产业优势集群 我们在广州医疗器械国际投资峰会崭露头角，拿下了海外大陆销售 NT 大单

资料来源：使用已有文本数据自行整理

根据前述确定的“动机→条件→途径→回报”这四个核心范畴，在白云山员工持股计划引入阶段就有一个清晰的路径，如图 7-5 所示。

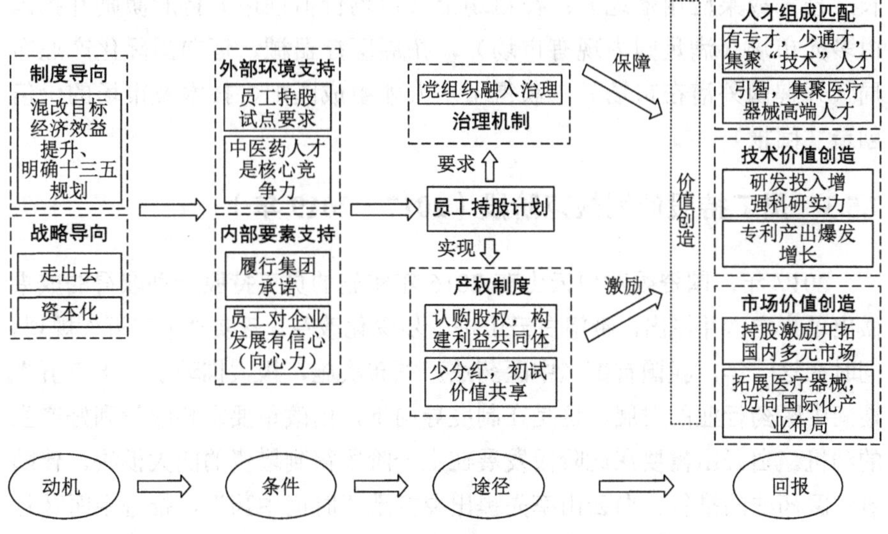

图 7-5　引入阶段员工持股计划影响企业价值创造路径的概述图

白云山按照国资委指示的经济效益提升的要求（改革要求），同时也是为了满足企业“走出去”的战略（经营需求），还为了满足企业“资本化”的管理转变（治理需求），在制度和战略导向上产生了实施员工持股计划的需求（动机）。并且此时白云山在外部，有人才资本发展的试点要求（制度保障）和在中医药行业中需要发展人才维持核心竞争力（行业特点）；在内部，履行广药集团的指示承诺（上级承诺）和员工对于企业发展的信心（员工向心力），所以白云山有了实施员工持股计划的外部环境支持和内部要素支持（条件），实施了员工持股计划。在实施了员工持股计划之后，一方面，以员工持股计划为纽带的三个产权主体的利益共同体开始建立（认购股权构建利益共同体），并且年末给予分红（给予分红权探索价值共享），从产权多元化的角度（产权制度）对于企业人才进行激励（途径）；另一方面，由于非国有资本的引入，对公司治理有了更高的要求，党组织融入治理（党组织融入治理），从治理的角度（治理机制）对于企业的人才进行约束（途径）。这是实施员工持股计划之后从产权制度和治理机制上激励和约束认购员工持股计划的三个主体完成企业价值创造的途径。最终获得了人才多维度的价值创造：在人才组成上（人才组成匹配）有专才，少通才（集聚专才通才），通过引智，初步吸引医疗器械高端人才（专业性人才内化）；在技术上（技术价值创造）研发投入增强科研实力（技术内化形成储备），并且专利产出爆发式增长（技术成果应用落地）；在市场上（市场价值创造）持股激励开拓国内多元市场（满足国内现有市场），拓展医疗器械，迈向国际化产业布局（开辟国外潜在市场），获得了从人才组成匹配、技术及市场的价值创造（回报）。

7.5.3　员工持股计划规范阶段（2017～2019 年）

2017 年，国资委对白云山在 2016 年实施的员工持股计划取得的成果做出了肯定，并提出，希望白云山进一步深化改革，落实“十三五”规划。同时在这一年，我国首部《中医药法》颁布实施，极大推动了“十三五”期间中医药行业的发展，这是在制度导向下，由改革要求和政策利好产生的动机。白云山需要在此阶段发展在上一阶段得到增资的四大板块，伴随着中医药法的推行，白云山率先提出要打造“时尚中药”，推进中医药行业的四化建设，逐步引导着企业向“中药时尚化”的新方向发展。在 2016

年白云山员工持股计划实施完成后，由于非国有资本的增多，全集团内部需要进一步增强企业风险控制，提高风险防范意识，这是在战略导向下，由经营需求和治理需求产生的动机。在此阶段白云山需要在发展时尚中药的同时防范风险，在进一步激励人才的同时做好员工持股的规范工作。而员工持股的后续规范化工作有几方面的条件支持。其一，是对于急需实现“时尚中药”的中医药行业来说，为了巩固白云山在全国最大制药企业的竞争地位，人才的激励依旧是核心，这是行业特点给予白云山规范员工持股的外部环境支持。其二，是在 2019 年 8 月，白云山的员工持股计划锁定期届满，但是截至公告日，持股数量共 386 万股（占总股本 0.24%），未发生变动，这反映出了白云山骨干员工较强的向心力。在时尚中药的建设过程中，员工们表示，要共促时尚中药建设。广药集团随即指示，白云山要扎实推进人才的激励，为企业的发展提供动力支撑，并编写了《集团所属企业中长期激励管理办法》，规范混改企业员工持股方面的改革工作。这是上级承诺和员工向心力给予白云山规范员工持股的内部要素支持。

随着上一阶段员工持股计划的推行，非国有资本的比例增多，投资者也对白云山的内部治理提出了更高的要求，构建的员工长期持股的约束机制发生了调整，也更加规范。白云山对于集团层面的董事会进行规范化改革，并且建立内外流通的双向人才机制来更好地将党组织融入治理当中，发挥党组织在员工持股计划规范阶段的统领作用。此外，选拔相应的外部董事来辅助公司治理（张江凯等，2020）。在经理层治理上，白云山兑现了国资委“市场化”的员工持股计划试点条件，开展了经理层市场化选聘工作，初试职业经理人改革试点工作。白云山选择了下属的几家公司，例如白云山和黄、白云山汉方初步试点职业经理人的改革（楼红娟，2020），这是在治理机制上的规范措施。这一阶段较前一阶段加大了分红力度。此外，在 2018 年，白云山还定下了有关持股员工的《三年回报规划》。该承诺指出，白云山已制定了差异化的现金分配政策，在具备分红条件后，会给予员工合理的现金分红回报，向持股的员工做出了负责任的承诺，在持股员工中持续价值共享，此分红承诺的授予也加大了员工的激励程度。这是规范员工持股计划之后，在这一阶段从治理机制和产权制度上约束和激励员工持股计划的认购主体完成企业价值创造的途径。

经过上述激励与约束途径后，在规范阶段企业的人才完成了 2017～

2019 年度的多维度的价值创造。第一，在人才组成匹配上，众多的人才政策带来了良好的人才集聚效应。职业经理人的选拔使得企业的“管理类”通才实现了从“少”到“有”的革新（莱茵，2020），集聚了一批优秀的管理类人才。骨干持股及分红的承诺也进一步吸引尖端科技人才加入企业。2018 年，白云山组成了一支涵盖博士和博士后在内的 80 人的技术队伍。此外，在白云山还开始与大湾区高校连续合作，联合培养专业性人才。这是从人才组成匹配上的价值创造。第二，在技术价值创造上，一方面，白云山通过加大研发投入，进一步在科研创新上发力，将技术内化形成储备。例如，白云山在大南药板块建设上，加大研发资金划拨促使其向创新驱动板块转型。同时，为了进一步增强内化技术储备，白云山建立了产学研协同创新体系，发挥尖端医药人才在药物研发过程中的“领头羊”作用，为企业的科技成果落地开拓了新渠道。另一方面，白云山的专利产出稳健增长，并且突破性地取得了试验批件，获得了国内外专利授权，多项技术成果应用落地，这是技术价值创造。第三，在市场价值创造上，一方面高级管理人才通过项目谈判、医药企业间合作上的助力，辅助白云山进入医药零售行业，满足国内的现有市场。另一方面，白云山汉方骨干研发的新药获批欧盟 CEP 认证，拿到了进入欧盟市场的通行证，开始了更广泛的国际化产业布局，这是市场价值创造。这是从人才组成匹配、技术价值创造及市场价值创造上的回报。经过数据分析之后，在员工持股计划规范阶段，关于白云山的二阶主题的部分原始数据呈现如表 7-8 所示。

表 7-8　员工持股计划规范阶段补充数据（示例）

二阶主题	条目数	典型例句援引
A1 改革要求	4	市国资委主任肯定了白云山过去一年取得的成就，并提出要坚持“宜混则混、宜控则控、宜参则参”，落实“十三五”改革规划，积极推动混改
A2 政策利好	3	2017 年，我国首部《中医药法》颁布实施，推动着“十三五”期间中医药行业发展
A3 经营需求	22	作为我国最大的中成药创新基地，白云山第一位提出要打造“时尚中药” 董事长呼吁全企业上下：我们要打造全社会认可的“时尚”中药，我们要推进中药四化建设
A4 治理需求	12	我们要落实好风控增效年制定的 136 工作举措，全集团上下要增强风控意识，打好风险防范的保卫战
A6 行业特点	5	聚焦新药研发是我们在中药时尚化进程中的制胜法宝，为了巩固全国最大制药企业的竞争地位，我们要培养一批向屠呦呦看齐的中医药人才

续表

二阶主题	条目数	典型例句援引
A7 上级承诺	6	广药集团指示，白云山应该更加重视人力资源的开发与管理，来为企业的发展提供动力支撑 广药集团指示，要扎实推进人才尤其是年轻干部的激励，并加快引入外部紧缺人才，组建一支高质量的人才队伍 广药集团编写《集团所属企业中长期激励管理办法》，要求规范：混改企业员工持股、科技型企业股权和分红激励、创新创业团队核心员工激励等方面的改革工作
A8 员工向心力	3	员工们纷纷表示，要把所学运用到实际工作中，为集团的事业贡献力量，要拧成一股绳，共促时尚中药建设 再加上改良绩效考核制度，咱们认为自家企业仿佛越来越年轻
A9 董事会规范治理	8	2017 年，企业表示会依照广州国资委的部署，启动集团层面的董事会规范化建设 我们积极推动外部董事的选拔，选拔了几位来自于中山大学、华南理工大学的教授担任外部董事
A10 党组织融入治理	16	我们要发挥党建在人才队伍建设中的作用，建立集团内外双向人才流通机制来引领企业发展
A11 引入职业经理人	4	公司旗下白云山和黄，白云山汉方正积极推进职业经理人试点工作
A14 给予分红权探索价值共享（有分红）	5	白云山 2017 年的分红方案中派息 2.8 元（每 10 股）；2018 年的分红方案中派息 3.81 元（每 10 股）；2019 年的分红方案中派息 4.24 元（每 10 股） 公司订立“三年回报规划”，给予现金分红回报
A16 集聚专才通才（有专才，有通才）	5	众多人才政策给咱们企业带来了人才良好的集聚效应 目前公司有诺贝尔奖得主 2 人、国内院士 10 人、博士及博士后 80 人的技术队伍，还有一批优秀的管理人才
A17 专业性人才内化（联培）	2	他介绍，近年来企业还有大湾区高校连续合作，联合培养专业性人才
A18 技术内化形成储备	7	进一步在科研创新上发力，上半年研发投入同比增长 81.14%，在大南药板块上，促使其向创新驱动转型 开展产学研协同创新体系，发挥尖端医药人才在药物研发中的领头羊作用，为科技成果转化开拓新渠道
A19 技术成果应用落地	10	2017 年，新增专利数 282 例，较上一年增长 14.63% 我们取得了化学 1.1 类临床试验批件，是国内近二十年来唯一成功获批的，已获美、中专利授权 3 件
A20 满足国内现有市场	4	在经理的不懈努力下，我们成功与云南鸿翔一心堂药业达成合作，迈入医药零售行业
A21 开辟国外潜在市场（更广泛国际化）	5	白云山汉方成功获批欧盟 CEP 认证，拿到了药品进入欧盟市场的通行证

资料来源：使用已有文本数据自行整理

根据前述确定的“动机→条件→途径→回报”这四个核心范畴，在白云山员工持股计划规范阶段就有一个清晰的路径，如图 7-6 所示。

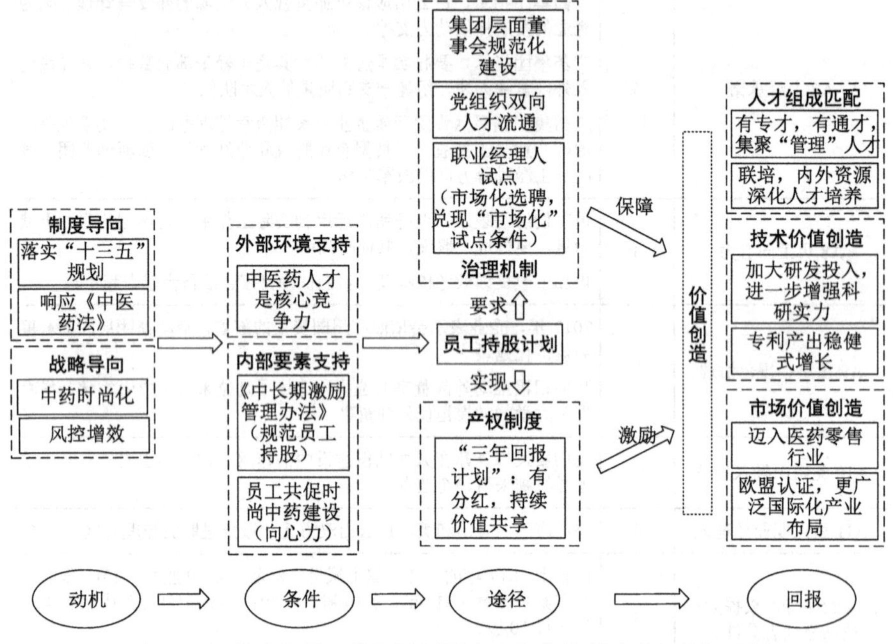

图 7-6　规范阶段员工持股计划影响企业价值创造路径的概述图

白云山为了落实“十三五”规划（改革要求），以及响应《中医药法》的颁布实施（政策利好），同时也是满足企业制定的“中药时尚化”战略（经营需求），还是为了满足企业内部风控增效的要求（治理需求），在制度和战略导向上产生了要进一步激励员工的需求（动机）。此时在外部，对于白云山来说，中医药人才依旧是维持中医药企业竞争地位的核心（行业特点）；在内部，广药集团提出要扎实推进人才激励，制定《中长期激励管理办法》来规范员工持股工作（上级承诺），而员工也认为要共促时尚中药建设（员工向心力），所以白云山有了外部环境支持和内部要素支持（条件），来规范员工持股计划。一方面，由于非国有资本的增多，公司治理发生了调整，更加规范（治理机制），对于集团层面董事会规范化建设（董事会规范治理），通过双向人才流通让党组织融入治理（党组织融入治理），并且推进职业经理人试点，兑现“市场化”试点条件（引入职业经理人）。另一方面，白云山订立了“三年回报规划”，加大分红（给予分红权探索价值共享），从产权多元化的角度（产权制度）进一步激励了员工，最终获得了企业人才多维度的价值创造。在人才组成上（人才组成匹配）有专才，有通才（集聚专才通才），通过联培，用内外资源深化人才培养（专业性人才内化）；在技术上（技术价值创造）加大研发投入进一步增强科研实力（技术内化形成储备），专利产出稳健增长（技术成果应用落地）；在市场上（市场价值创造）迈入医药零售行业（满足国内现有市场），获得欧盟认证，更广泛地拓展国际化产业布局（开辟国外潜在市场），获得了从人才组成匹配、技术及市场等三个维度的价值创造（回报）。

7.5.4　员工持股计划差异化阶段（2020～2022 年）

2020 年，国企改革三年方案正式实施，标志着国资国企进入新阶段。白云山在广州市国资委的指示下，制定“十四五”改革规划，这是在制度导向下，由改革要求产生的动机。在后疫情时代，白云山大力发展疫后经济，探索中医药行业的新发展路径。同时，白云山提出要推行内部的组织工作变革。这是在企业战略导向下，由经营需求和治理需求产生的进一步深化国有企业改革的动机。对于白云山来说，能成为中医药行业的龙头企业，得益于一直以来“人才强企”的战略，企业需要一直发挥中医药行业的人力资本的竞争优势，就需要进一步激励企业的人才，对于员工持股激励制度进行适时调整，这是从行业特点上给予白云山的外部环境支持。同时，广药集团指示，要求下属企业探索建立差异化的员工中长期激励机制，以激发国有企业的内生活力。而员工们表示，公司“利老人”的做法值得肯定，企业员工的向心力有助于白云山后续的改革（“继任者计划”）获得员工的支持，这是上级承诺和员工向心力给予白云山内部要素的支持。

所以在此阶段，白云山开展了员工持股计划所构建的中长期激励约束机制的差异化调整，强调在全集团内部用“人才强企”，发挥高端人力资本的竞争优势（吴淑娥等，2013）。白云山对于集团内部二级以下董事会开展了规范化建设工作，并进一步将党组织融入治理，提出了要发挥党组织在员工持股治理工作中的引领作用，这迎合了员工持股计划试点意见第二十九条的规定。此外，白云山在全球范围内选聘职业经理人，并做出了“以股引才”的承诺，用股份赠予吸引更多地管理类的通才加入到白云山的治理工作当中，深化人事分配制度的市场化。在 2021 年，白云山还成立了专门的工作小组，在全集团内部推进经理层的任期制和契约化管理，将经理层面的任职管理工作完全市场化，进一步实现了员工持股计划试点意见的第三十三条的“人事分配制度市场化”规定。在企业员工的薪酬体系演进上，白云山施行了市场化的考评机制及差异化定薪的薪酬分配体系，提出了要“薪酬与业绩双对标，分红回报与企业利润双匹配”，激励持股员工完成业绩目标，薪酬体系全面市场化。实现了员工持股计划试点意见第三十三条的“健全市场化的业绩考核评价体系”规定。这是从治理机制上约束员工持股计划的认购主体，来保障企业价值创造的途径。

在员工持股计划差异化阶段，相较于前一阶段来说，白云山加大了分红的力度。2020 年 7 月白云山实施分红方案，每 10 股派息 5.89 元；2021 年 6 月实施分红方案，每 10 股派息 5.38 元。在疫情时期，白云山反而加大了分红的力度，持续价值共享。此外，早在 2018 年，白云山就到访民营企业华为，并详细了解华为的“奋斗者”计划并询问了相关的管理细则。四年之后，在 2022 年 1 月，白云山推出了自己的“继任者计划”，扩大年轻干部的蓄水池，这又是产权多元化的一次创新之举。从人才和产权的角度来说，继任者是企业的高端的人力资本，具有产权，在股权、分红权之外多享有一项“收益权”，成为企业未来的“继任者”（Riordan et al.，1985）。为了这项计划，白云山邀请了下属子公司中一批优秀的骨干员工，邀请他们参加“继任者计划”，共享企业收益。通过给予继任者收益权，能激励人才和企业良性互动，发挥人才在中医药行业中继承性成长的核心地位，成为企业未来的“继任者”后备力量。这是从产权制度上激励员工持股计划的认购主体完成企业价值创造的途径。

经过上述激励与约束途径后，在差异化阶段企业的人才完成了 2020～2022 年度的多维度的企业价值创造。第一，在人才组成匹配上，众多的人才政策带来了良好的人才集聚效应。职业经理人的全球市场化选聘为企业集聚了一批优秀的“管理类”通才，而“继任者”计划的实施，能为企业集聚一批高端的人力资本。2021 年，白云山创新基地中首位博士后进站，为高层次高技能人才的入驻开启了新篇。此外，在专业人才内化培养方面，白云山从最初的“引智”“联培”过渡到如今的“自评”，即获批医药行业专业技术人才中高级职称的自主评审功能，这也是中医药行业对于白云山技术骨干“集聚—培养”的认可，这是从人才组成匹配上的价值创造。第二，在技术价值创造上，一方面，白云山在研发费用投入上进一步加大了科研投入力度。同时，白云山落地了博士后的创新实验基地，进一步深化产学研的创新体系，将相关的研发技术、专利内化为自己企业的科技实力储备，为中医药行业的产业创新赋能。另一方面，在此期间（2020～2022年），多项专利成果应用落地，现阶段白云山共有中国专利优秀奖 13 项。此外，在“十四五”规划的开年阶段，白云山共研发了 30 个以上的大品种项目，这是技术层面的价值创造。第三，在市场价值创造上，一方面白云山跟随着世界 500 强广药集团的步伐，在国内进行了全产业布局，满足国内的现有市场，在 2021 年实现了业绩持续飘红。此外，白云山落地了混合所有制澳门总部，带动了湾区医药领域的发展，进一步拓展了产业规模，以满足国内现有市场。另一方面，在集团母公司世界 500 强利好的情况下，白云山在新的起点积极布局国际化产业，打造全球产业生态体系，通过开辟国外的潜在市场，实现全面国际化，这是市场价值创造。这是从人才组成匹配、技术价值创造及市场价值创造三个维度上的企业价值创造回报。经过数据分析之后，在员工持股计划差异化阶段，关于白云山的二阶主题的部分原始数据呈现如表 7-9 所示。

表 7-9　员工持股计划差异化阶段补充数据（示例）

二阶主题	条目数	典型例句援引
A1 改革要求	12	2020 年，国企改革三年方案正式实施，国企改革进入新阶段 我们努力将“双百行动工作要求”和改革需求相结合，助推“十四五”改革，展现改革不停步的奋进态势
A3 经营需求	16	企业坚持复工复产、抗疫防范两不误，大力发展疫后经济，探索中医药行业的新发展路径
A4 治理需求	4	企业要大力推行集团内部从上至下的组织工作改革，建成高质量、规范化的团体
A6 行业特点	8	我们能成为中医药行业代表企业，得益于一直以来的“人才强企”战略 企业引进高端人才，发挥人才交流平台的引荐作用，人才保留机制的引力作用，人才培训队伍的引导作用，发挥中医药行业的人力资本竞争优势
A7 上级承诺	3	集团指示，要推动下属企业探索差异化的中长期激励机制，激发国有企业活力
A8 员工向心力	19	公司一直非常看重老员工，董事长甚至向工作满 30 年的老员工颁发“金银饭碗”，而对于这一次的“继任者计划”，员工们的表现都非常支持
A9 董事会规范治理	7	广药集团发布了董事会规范化建设试行方案 在未来五年，我们将着力二级以下董事会的规范化建设
A10 党组织融入治理	10	董事长强调，要发挥党组织在企业治理中的引领作用，发挥统领化作用，不要忘记国企姓党

续表

二阶主题	条目数	典型例句援引
A11 引入职业经理人	15	我们面向全球，公开选聘百余名国企高级经营管理人 我们将大力实施“以股引才”，通过股份赠送，全面推进下属企业职业经理人改革 企业高度重视任期制和契约化管理工作，成立了工作小组，印发实施方案，在全集团推进经理层任期制和契约化管理
A12 薪酬体系演进	5	我们在市场化的评价考核机制以及薪酬分配机制等方面进行了更加深入的探索 我们对于职工的薪酬方面采用差异化定薪的薪酬体系
A14 给予分红权探索价值共享（多分红）	4	白云山 2020 年的分红方案中派息 5.89 元（每 10 股）；2021 年的分红方案中派息 5.38 元（每 10 股）
A15 给予“继任者”收益权	15	早在 2018 年，我们就到访华为企业，详细了解华为企业的“奋斗者计划”及相关的细则 实施“继任者计划”，扩大年轻干部蓄水池 董事长到王老吉公司，亲切慰问了研发总监等优秀骨干员工，邀请他们参加“继任者计划”，共享企业收益
A16 集聚专才通才（促成高端人才）	7	企业博士后创新基地首位博士后进站，为高层次高技能人才的入驻揭开了新篇
A17 专业性人才内化（自评）	5	聚焦需求“引才”，多措并举“育才”，企业获批医药行业专业技术人才中高级职称自主评审资格，评选了一批行业中高级职称的拥有者
A18 技术内化形成储备	10	白云山进一步加大了科研投入力度，2021 年度研发费用共计人民币 3.86 亿元，同比增长 43.54% 落地博士后创新实验基地，进一步深化产学研创新体系，为中医药产业创新赋能
A19 技术成果应用落地	6	现阶段，企业共有中国专利优秀奖 13 项 我们在“十四五”规划期间研发了 30 个以上的大品种项目
A20 满足国内现有市场	5	我们在国内进行了全产业布局，满足国内的现有市场，今年我们的业绩持续飘红 混合所有制澳门总部落地，带动湾区医药领域发展，拓宽产业规模
A21 开辟国外潜在市场（全面国际化）	4	集团母公司上榜世界 500 强企业，在新的起点上，白云山正积极布局国际化产业，打造全球产业生态体系

资料来源：使用已有文本数据自行整理

根据前述确定的“动机→条件→途径→回报”这四个核心范畴，在白云山员工持股计划差异化阶段就有一个清晰的路径线，如图 7-7 所示。

在这一阶段，白云山为了响应国企改革三年方案，依照“十四五”发展规划（改革要求），同时为了探索中医药行业的疫后新发展路径（经营需求），还为了开展企业内部的组织工作变革（治理需求），在制度和战略导向上产生了要进一步激励企业人才，调整员工持股计划所构建的激励约束机制的需求（动机）。在外部，白云山作为医药行业的龙头企业需要

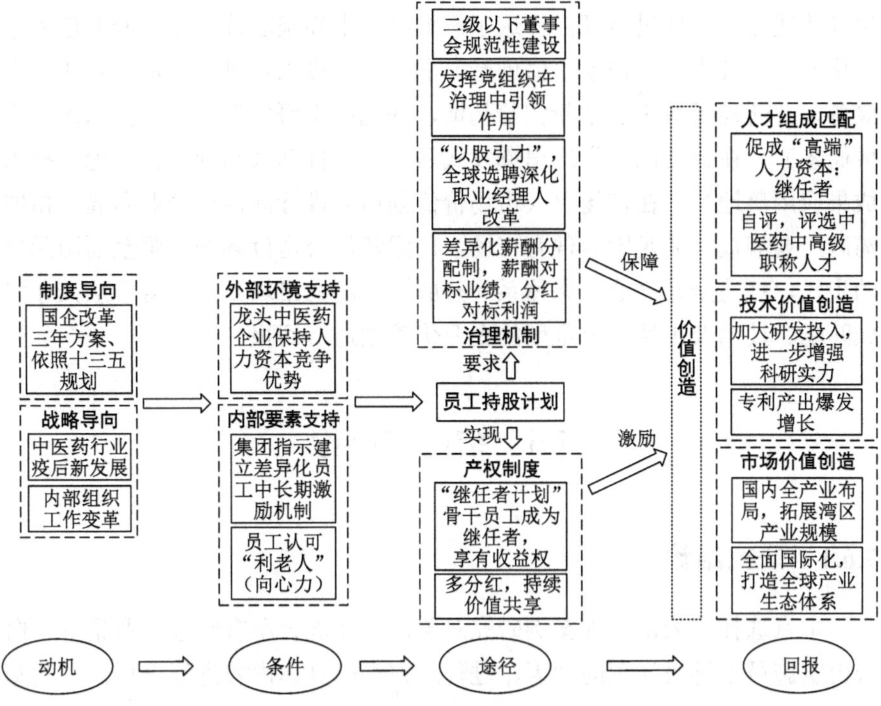

图 7-7 差异化阶段员工持股计划影响企业价值创造路径的概述图

保持人力资本竞争优势（行业特点）；在内部，广药集团指示要建立差异化的中长期激励机制（上级承诺），而员工们高度认可白云山"利老人"的做法（员工向心力），所以白云山有了外部环境支持和内部要素支持（条件），来对员工持股计划所构建中长期激励约束机制进行差异化调整。一方面，白云山对于二级以下董事会规范性建设（董事会规范建设），并且发挥党组织在治理中的引领作用（党组织融入治理），并"以股引才"，采用全球选聘的方式，来深化职业经理人改革（引入职业经理人）。在薪酬上，建立差异化的薪酬分配制，让"薪酬对标业绩，分红对标利润"（薪酬体系演进）。这是对于员工持股计划建立的约束机制的差异化调整（治理机制），来更好地保障员工持股计划认购主体实现企业价值创造（途径）。另一方面，白云山加大了分红力度，多分红，持续价值共享（给予分红权探索价值共享）。并实施了"继任者"计划，让骨干员工成为"继任者"，享有收益权（给予"继任者"收益权）。这是产权多元化角度（产权制度）进一步激励持股员工的途径（途径），最终获得了人才多维度的价值创造。在人才组成上（人才组成匹配）促成了"高端"人力资本"继任者"（集聚专才通才），通过自评，评选了一批医药中高级职称人才（专业性人才内化）。在技术上（技术价值创造）加大研发投入，进一步增强科研实力储备，并落地了博士后创新实验基地，深化产学研创新体系（技术内化形成储备）。在此期间专利产出爆发式增长，并推动大品种项目落地（技术成果应用落地）。在市场上（市场价值创造）进行国内全产业布局，拓展湾区产业规模（满足国内现有市场），跟随母公司世界500强全面国际化的步伐，打造全球产业生态体系（开辟国外潜在市场），获得了从人才组成匹配、技术及市场三个维度的企业价值创造（回报）。

7.6 结论与讨论

7.6.1 研究结论

本章选择白云山作为案例研究对象，对在混合所有制改革背景下，白云山实施员工持股计划的动因、过程及方案的具体内容进行分析。在此基础上，用质性研究的方法，考量白云山的员工持股计划对企业价值创造的具体作用路径，并选择了相应的指标对于白云山实施员工持股计划对企业短期和长期价值创造的效应进行了数据分析。本章的研究结论如下。

1. 员工持股计划对企业的价值创造的影响路径是一个动态的作用机制

在采用扎根理论进行质性研究之后，本章梳理出了员工持股计划对企业价值创造的影响路径：动机（制度导向、战略导向）→条件（外部环境支持、内部要素支持）→途径（治理机制、产权制度）→回报（人才组成匹配、技术价值创造、市场价值创造）。

在制度导向和战略导向下，白云山拥有了实施员工持股计划的动机，在具备了一定的内外部条件之后，白云山实施了员工持股计划。随着董监事、经营经理和员工参与股份认购，以员工持股计划为纽带的三个产权主体的利益共同体开始建立，通过赋予产权主体股权、分红权和收益权等权利束，有效地实现了产权多元化，从产权制度上激励员工持股计划的认购主体完成企业价值创造。

同时，董监事、经营经理及员工也是公司治理中的重要主体，员工持股计划实施后让员工的主体身份发生了转变，具有股东和员工的双重身份，这种“员工参与制”也能激发员工在公司治理中的作用，通过对三者匹配对应的治理机制，从企业的角度，能有效地降低委托代理成本，进而有利于企业目标一致性的实现，从治理机制上约束员工持股计划的认购主体来保障企业价值创造的实现。

由此，通过治理机制和产权制度两条途径对于认购员工持股计划的主体（董监事、经营经理和员工）进行约束与激励，最终能收获三个维度的价值创造回报，即人才组成匹配、技术价值创造和市场价值创造。

此外，员工持股计划这种有效的制度安排，也是国有企业对于企业人才的一种专用性投资，有效地激发了人才的积极性，获得了多维度的企业价值创造。这印证了当前学术界的观点，人才所创造的价值能让企业获得远大于人才投入的收益（武亚军等，2015），有利于激发混合所有制国有企业的活力，发挥中医药企业长久的人才竞争优势。本章呈现出的白云山的员工持股计划影响企业价值创造的路径示意图如图 7-8 所示。

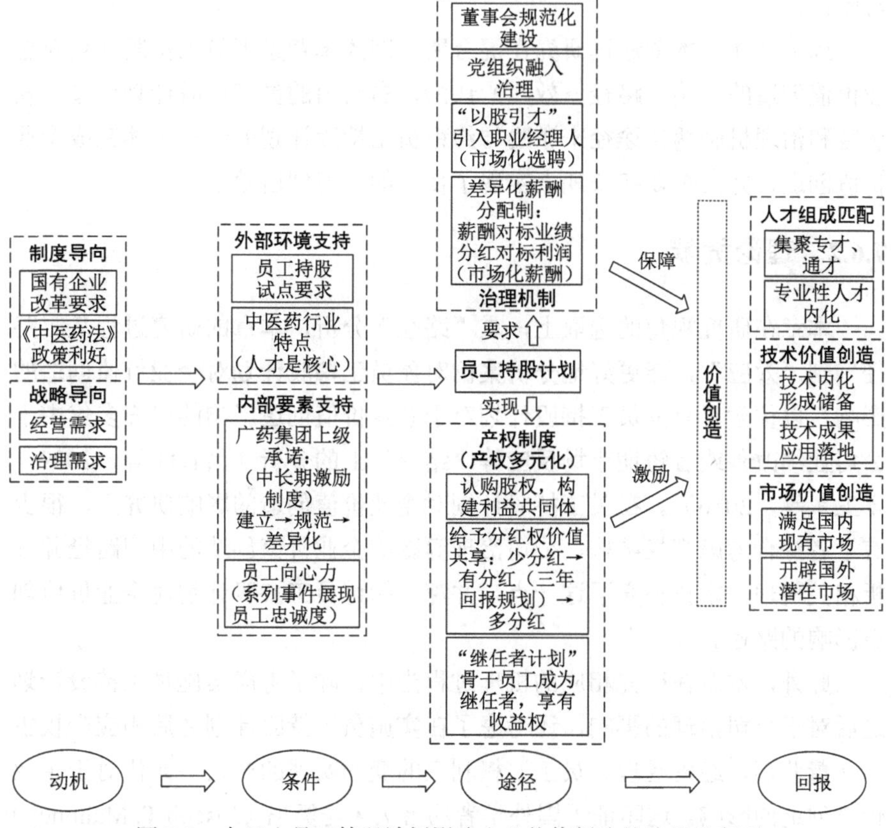

图 7-8　白云山员工持股计划影响企业价值创造的路径示意图

2. 验证了白云山的员工持股计划对于企业短期和长期价值创造的正向作用

本章的“企业价值创造”意为对企业价值的正向提升作用，即为增加企业价值。关于员工持股计划对企业短期价值创造的效应分析，本章采用事件研究法，通过分析累计超额收益率（CAR），验证了白云山非公开发行员工持股计划的事件产生了正向的公告效应，有利于企业的短期价值创造，这回应了在文献综述部分员工持股计划对企业市场价值（股价）的正向影响（王砾等，2017）。

关于员工持股计划对企业长期价值创造的效应分析，本章经过扎根分析后，对于“价值创造”维度进行提炼，发现实施员工持股计划会对白云山的企业价值创造有三个维度上的促进作用：人才组成匹配、技术价值创造及市场价值创造。本章针对性地选取财务和非财务指标对这三个维度从人力资本结构、企业创新行为和企业经营业绩上进行了数据分析与验证。

综上所述，本章通过研究在混合所有制改革背景下员工持股计划对企业价值创造的影响（路径→效应）认为，白云山的员工持股计划通过产权制度和治理机制两条途径来激励与约束员工持股计划的认购主体完成企业价值创造，并在短期和长期上实现了良好的价值创造效应。

7.6.2 理论贡献

本章在研究视角的选取上，重“路径”分析，本章的研究过程从“路径”到“效应”，能更好地分析案例对象员工持股计划对企业价值创造的影响。以往学者有关员工持股计划对于企业价值创造影响的研究多集中于公司业绩改善或者短期市场反应等“结果”上的分析（吕长江等，2009；章卫东等，2016）。在员工持股计划对企业价值创造的影响研究上，很少有学者综合考虑产权结构、公司治理等影响企业价值创造的中间路径并分析相关机理，本章补充了这一点，并深入探讨员工持股计划对企业价值创造影响的路径。

此外，本章在研究相应的机理过程当中，除了考虑实施员工持股计划之后对于公司治理的影响，还考虑了在实施员工持股计划之后相应产权主体（董监事、经营经理、员工）权利束的变动实现的产权多元化对于企业价值创造的影响。这印证了国外学者约瑟夫·马奥尼（Joseph T. Mahoney）

和雅丝曼·科尔（Yasemin Kor）所指出的在产权视角下专用性人力资本投资对企业价值创造的正向作用（Mahoney et al., 2015）。

7.6.3　实践启示

本章在综合分析白云山的员工持股计划的案例后，结合前文的分析结论，认为可以得出以下几个方面的研究启示，分企业层面和政府层面进行论述。

1. 企业层面

1）可以综合考虑实施二期员工持股计划

员工持股计划的实施是为了进一步激发员工的积极性。当前国有企业的员工持股计划大多只施行了一期，实施两期或者多期的企业较少。从白云山案例可知，白云山的员工持股计划的实施年份为2015年，其锁定期届满时间为2019年，第一期的员工持股计划已经实施完毕。经过研究后可知，白云山的员工持股计划对于企业的价值创造的正向影响良好，目前白云山的母公司广药集团已经进入世界500强企业，在国际化的企业扩张进程中，白云山已经实现了员工数量的总体增长。因此，可以适当考虑在符合条件的情况下实施员工持股计划的二期来激励企业的新加入的员工，进一步为企业创造价值。同理，有条件的国有企业也可以探索多期员工持股计划的制度安排，实施持续性的激励，来对企业长期价值的提升起到持续改善的作用。

2）灵活选择资金来源

当前大多数国有企业在员工持股计划的资金来源方面采用的是员工自筹的方式，倾向于员工出资而非企业出资。但是，证监会在做出相应的员工持股的资金来源时规定，除员工自筹资金外还可采用“持股计划奖励金”这种由企业出资的方式作为资金来源。2015年，白云山为拓展现金流，采用的是员工自筹的方式。当前经过一定时期的发展，白云山的资金充裕，所以在以后的制度设计当中，以增加员工的获得感为主要目的，可以考虑采用由企业出资的方式。同理，为了对员工持续激励，国有企业在后续的员工持股计划的制度设计中，也可以灵活选择资金来源，考虑“持股计划奖励金”等方式。

2. 政府层面

1）维护资本市场的稳定性，使员工真正获利

员工持股计划的实施是以员工持有股票为背景，所以需要一个稳定的

资本市场来作为外部环境的保障，来让员工持股计划真正发挥长期的激励效果。但是目前，我国的资本市场上投机性仍然较大，部分公司甚至还存在着“利益输送”的行为，这影响着我国资本市场的稳定性。所以，政府层面应该完善相关的监督机制来维护资本市场的稳定，使员工所持有的股票能随着企业的发展长期增值，让员工能真正获利，以更好地激发员工的积极性。

2）加快推进税收优惠政策

从国际经验来看，员工持股计划的制度安排一般配套有相应的税收优惠政策，二者相互协同，来更好地发挥员工持股计划的作用。在 20 世纪 80 年代，美国就对员工持股计划分配给员工的股息红利部分采取了部分免税的政策，并且规定员工在离退之后的股份收益可享受相应的税收优惠。我国可以借鉴此类优秀经验，建议给予员工持股计划配套多维度的税收优惠政策。例如，建议可以对于员工持股计划的股息红利部分予以适当免息。

第 8 章　国企混改下的公司治理战略变革研究——以高新科控为例

8.1　引　　言

目前，商业类国有企业或多或少地陷入了发展的“瓶颈期”，面临着功能使命新内涵、分类改革新思路的问题，而混合所有制改革是国有企业打破现有束缚、建立现代化市场经济体系的最佳途径。混合所有制并购和参股民营企业是国有企业实施混合所有制改革的重要途径，国有企业通过参控股非国有企业，将国有资本和非国有资本的资源要素聚合在一起，实现生产要素的合理流动和再次分配，逐步释放要素市场化红利，从而实现“国有”+“非国有”的资本和生产要素的融合。商业类国有企业竞争力不强，其耗费成本引入外部创新资源是为了实现企业价值的再发现和再创造，本章的案例企业以往的使命更多地与地方政府追求经济目标的政治议程相结合，在传统国企行政化结构的固有限制下，它是如何通过参控股生物医药企业突破路径依赖的藩篱，实现从行政化管理向市场化运作转型的？在这种根本性的制度冲突上，它又是如何进行公司治理战略变革的？

基于此，本章立足于归纳式案例研究，以广州高新区科技控股集团有限公司（简称“高新科控”）为案例研究对象，从企业生命周期视角出发，通过纵向案例研究探索高新科控作为国有资本投资运营平台在不同使命导向下公司治理战略的模式选择，揭示其在发展的各个阶段如何通过改革转型和创新发展，破除体制机制障碍，提高国有资本配置运行的效率，而吸收民营资本又为高新科控的创新发展带来了什么？混合所有制改革、公司治理与价值创造三者之间的演化路径与逻辑机理究竟是如何存在的？并通过扎根理论做出质性验证。在理论框架上，本章采用勒内・斯密茨（René Smits）对战略创新的理论性分类（Smits，2002），将创新概念化为“硬件”（Hardware），“软件”（Software）和“组织件”（Orgware）三个维度。其中硬件层面的创新指的是在创新过程中新的技术、设备和实践；软件层面的创新则指的是新的知识和思维模式的产生；组织件层面的创新指的是由创新产生的新社会制度和组织形式。基于硬件—软件—组织件框架，本文研究发现：①高新科控投资生物医药行业的发展经历了“行政化管理阶段”“市场化发展阶段”“创新全生态发展阶段”三个阶段；②高新科控通过参控股生物医药企业进行混合所有制改革，在不同的使命导向下带来了企业内部治理制度的变革，而好的公司治理聚焦于资本与其他要素相融合的资源配置效率改革，形成了一系列基于硬件、软件和组织件层面上的创新，切实回应了国有资本的利益诉求；③通过这样持续的良性循环，高新科控不仅助推了下属生物医药企业的新发展，而且提升了自身核心竞争力，最终实现了粤港澳大湾区科技创新产业升级。本章的发现为混合所有制改革领域中的公司治理研究提供了新视角，构建了不同使命导向下公司治理战略变革的理论模型，并揭示了混合所有制改革、公司治理与价值创造三者关系的内在机制，对国有资本投资运营平台实现母子协同效应与提升自身创新能力具有一定的启示与借鉴意义。

8.2 理论背景与文献综述

8.2.1 理论背景

1. 混合所有制改革

“混合所有”这一概念在十四届三中全会上首次被提出来，并于党的十五大报告中被明确为“混合所有制经济”，随后十八届三中全会再度将“混合所有制”明确为“各种资本交叉混合，混合所有制改革以产权改革为基础，关键是改革治理结构”。具体而言，我国国企改革以混合所有制为基本方向，国有企业通过混合所有制并购和参股非国有企业进行混改，尽管以产权为纽带，但其过程不仅仅是简单的产权结构融合，更重要的是公司治理体制机制的规范性，即只有构建和完善与现代企业制度相适应的产权体制机制，才能更好地完善国有公司的内部治理结构。

国有企业参与混改的途径主要有混合所有制并购或投资参股非国有企业、开展员工持股激励计划、以投入资本或发行股票的形式引入非国有企业战略投资者、中央或地方政府和社会各界资本合作（PPP）等，如吸纳非国有资本尤其是外部战略投资者进入国企系统（季晓南，2019）。对于部分规模较大且资金充裕的大型国有企业，可以通过完善企业经营管理等方式实施混合所有制改革，特别是，医疗卫生、社会养老等公益类国有企业应该在保持自身国有资本主体地位的基础上吸收非国有资本，通过混合所有制推动企业发展（程恩富等，2015）。非国有资本参与国企混改可以通过收购兼并、增资扩股、改制重组等主要途径，具体方式有收购股权、出资入股、股权转换等（季晓南，2019）。此外，我国《关于深化国企改革的指导意见》等相关政策方针根据主责主业将国有企业划分为商业类和公益类这两大类别，在各个阶段的国家使命导向下各自发挥着不同的影响作用，具体分类见表 2-1，而本章的案例企业在阶段使命的驱动下，从早期的战略功能性国有企业逐渐转变为现在的商业功能性国有企业。

国有企业通过混合所有制并购和参股民营企业进行混合所有制改革，将不同性质的各种资源要素聚合在一起，实现“国有”+“非国有”的资本和生产要素的合理流动、深度融合和再次分配，逐步释放要素市场化红利。本章中的国有企业混合所有制并购与投资参股的重心在于以资本为纽带、以并购与投资为手段，坚持以市场为导向的产权交易和生产要素自由流动，在国企混改过程中优化配置现有资源，发挥国有经济的全局带动和引领作用，实现国有资本保值增值。同时国企改革也要遵循竞争中性和市场机制的原则，明确混合所有制企业并购重组与投资参股民营企业的使命导向，聚焦于战略支撑使命还是经济发展使命？通过整合存量资源为下属公司提供必要的物质条件，同时优化公司治理结构，提高企业创新能力，以创造企业价值，防止国企混改纯粹的资本运作行为。

由于国企混改的根本原因在于通过母子公司之间的协同管理获取企业的核心竞争力，因此从本质上而言，国有企业为了实现自身的发展战略，通过混合所有制并购或投资参股民营企业进行国企混改，属于战略意义层面上的行为策略，其根本目的在于增加企业的核心价值。而本章中的案例企业通过参控股非国有企业，投资非国有资本、完善公司治理结构和内部管理机制、提升企业创新创业能力、实现“国有+非国有”资本的优势互补和生产要素的深度融合，从而影响企业的价值输出与创造。

2. 哈佛分析框架

传统财务分析方法认为会计数据只是公司经营战略的“财务表现”，忽略了企业所处环境和经营战略的分析，并不能准确地评价企业的经营活动，更难以预判企业的发展前景。2000年，三位哈佛大学著名学者克里希纳·佩普（Krishna G. Palepu）、保罗·希利（Paul M. Healy）和维克多·伯纳德（Victor L. Bernard）共同提出哈佛分析框架，这是一种新的财务综合分析方法，即在传统的财务报表分析中引入战略分析和前景分析，结合财务数据与非财务数据，从而实现定性分析与定量分析之间的融合。具体来说，该分析框架从战略的高度来审视一个企业的财务状况，分析企业外部环境存在的机会和威胁，发现企业内部条件的优势与不足，并基于会计信息质量对企业当前经营业绩的可持续性进行综合评价，科学预测企业未来的发展方向，有效克服了传统财务分析体系一直以来存在的缺陷（石冬莲等，2019）。

哈佛分析框架主要包括战略分析、会计分析、财务分析和前景分析四个维度。首先，战略分析为哈佛分析框架的起点，主要从行业的外部环境特征及企业的竞争战略这两个方面进行分析，把握企业整体战略情况，发现企业发展过程中的优势与不足，以此调整发展战略方向，为后续财务分析打下基础。其次，会计分析是哈佛分析框架的基石，在当前最新会计准则下，根据企业的财务报表和其他相关财务数据，识别关键科目的会计政策及会计估计，合理评价企业会计信息的质量，进而综合分析企业的经营情况，为后续财务分析奠定基础。再次，财务分析是哈佛分析框架的核心，即运用某一特定分析方法，根据企业当前和过去的财务数据，对其财务状况及经营成果进行对比分析，评价企业的财务状况偿债能力、盈利能力、营运能力及发展能力，进而评估企业的整体经营业绩情况。最后，前景分析是哈佛分析框架的终点，即通过以上三个维度的分析，科学地预测企业未来的发展方向，并为企业管理层提供决策支持。

本章引入哈佛分析框架作为案例企业混改实施效果的分析模型(图8-1)，通过分析案例企业当前所处的内外部环境、战略方向、会计政策与财务状况，进而对企业未来的发展前景做出预测。其中，各个要素之间是相辅相成的，战略分析是哈佛分析框架的起点，为后续的会计分析和财务分析奠定基础，最后再结合战略分析和会计分析对企业的发展前景作出一定的预测和分析。

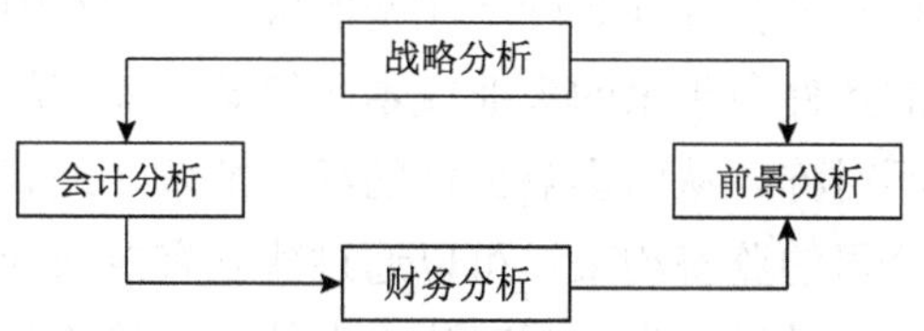

图 8-1　高新科控混改实施效果分析框架图

3. 集团公司母子代理理论

近年来，“情景化”的委托代理理论一直是学术界重点研究的领域，其热度高居不下，然而关于集团公司母子之间的代理问题这方面的研究成果却少而甚少（Kostova et al.，2018）。早在 1976 年，Jensen 和 Meckling 就开始提出机构组织内部的代理问题，并公开发表了他们的开拓性文章，这引起了学术界的普遍关注（Jensen et al.，1976）。冯根福（2004）和 Wiseman 等（2012）认为代理理论作为一种传统的组织理论，在公司治理领域中被广泛地应用于股东与管理者之间，并被运用在企业组织管理的各个层面，如经营决策、战略方向与利益相关者间关系等。此外，霍宁（Hoenen）等（2015）在企业集团和跨国公司的研究中引入了委托代理理论，并不断“情景化”，主要研究了母子公司的关系（Kostova et al.，2018）。对集团公司而言，母子公司基于产权纽带形成委托代理关系，母公司即为所有者，可以通过外派董监高或财务管理人员将下属企业的经营管理权赋予相应人员，以激发高管团队的管家心态和使命主义，更好地监督子公司财务管理、生产经营及其他业务活动，从而实现对子公司的相对控制权。子公司作为单独开展业务的个体，当子公司管理层作出来的战略决策与集团母公司整体的预期不一致时，这可能会导致代理问题，由于信息不对称和集团公司治理的复杂性，母子公司双方的目标难以达成一致，进而发生利益冲突（方政等，2017；王哲，2021）。

拉齐克（Raziq）等（2014）认为，适度降低政府干预有助于增强下属子公司在本地市场的主动性，提高创新能力，进行业务的更新和新领域开发（Beugelsdijk et al.，2018），从而使得公司绩效得到显著改善（陈志军等，2016）。同时，降低政府干预程度或是给予子公司一定的自主权，对于提高国有企业的风险承担能力和投资效益都是大有裨益的(苏坤,2016)。相反地，伯金肖（Birkinshaw）等（1998）却认为子公司过高的自主权反而会增加交易成本，这是因为子公司因缺少核心管理而导致的监督失调成本，因建立健全自身经营管理制度所花费的成本，以及因公司部分员工不能满足技术进步的条件所带来的失业成本，等等，都可能导致母子公司间目标偏离和信息不对称，从而影响公司的经营绩效（刘慧龙，2017）。因此，为加强对子公司的监督约束，可以通过建立有效的管理机制、提高信息的公开透明度，以及进一步加强对代理人的监督等路径来缓解委托代理问题（王哲，2021）。

4. 高阶梯队理论

在企业复杂的决策环境中，高层管理团队（top management team，TMT，以下简称“高管团队”）凭借自身的认识基础和价值观，左右着整个企业的战略方向并影响着企业经营业绩，是企业活动中最为重要且最具影响力的群体。高阶梯队理论注意到了团队管理者的重要性，汉姆布瑞克（Hambrick）和梅森（Mason）（1984）提出公司战略与经营业绩不仅与CEO等高管的个人特质有关，而且也在一定程度上反映了他们所领导的高管团队的特征，同时强调了企业创新活动过程及产出中的决定性要素，主要包括中高层管理者特质、高管团队人口统计特征等，这一理论进一步指出影响企业高管决策的主要因素，具体如下：高管团队结构、构成、过程和激励，同时将高管团队与外部环境紧密结合起来，弥补了早期公司战略管理研究领域仅关注环境的影响而忽略企业组织及关键个体主观能动性的缺陷。早在 1972 年，Child 就发现公司的战略决策者可以通过个人认知去影响公司的整体战略方向，并认为他们能够主动地去改变环境，而不是被环境所左右，这体现了高层管理者自身的自发性和主观能动性。当然，乔纳森·鲍维拉尔茨（Jonathan Bauweraerts）（2020）认为高层管理者的特质、认知基础的差异性都会对公司战略决策及经营绩效产生不同程度的影响。

随着国内外学者们对高阶梯队理论研究的不断深入，将研究的视角从高层管理者个体层面逐渐转向高管团队层面（Finkelstein et al.，2008），将整个团队的动态过程（高管团队行为整合）、团队的价值观和认知差异（异质性）等因素与公司战略、经营业绩相联系，同时重点研究高层管理者背景特征、高管层过度自信、高管层异质性这三者和公司经营治理与企业经营业绩之间的关系（Mathieu et al.，2014；Hambrick et al.，2015）。总而言之，高阶梯队理论可以概括为：公司的整体战略方向由高管团队的认知结构和价值观等特质决定，而年龄、性别、任期、职业经理、留学背景等可观测人口统计学特征构成了高层管理者的认知结构和价值观，公司战略的选择取决于高层管理团队的人口统计特征及团队成员间的互动过程，并最终体现在公司的经营绩效上。

本章在回顾关于国有企业混合所有制改革的相关研究成果之后，发现在资源稀缺的领域，与我国基本经济制度紧密联系的混改需以混合所有制并购与投资为重要途径，母公司与子公司基于产权纽带形成委托代理关系，但信息不对称和集团公司治理的复杂性易导致代理问题，而国有企业的高管团队在这个过程中通过积极进行公司治理战略变革会有所缓解，这就需要紧紧围绕集团公司母子代理理论与高阶梯队理论开展研究。

8.2.2　文献综述

1. 混合所有制改革与公司治理的研究

竞争中性是彰显市场机制的一项制度安排，已成为国内外推进本国经济制度变革必须面对的重大课题（黄速建等，2019）。经济合作与发展组织（OECD）针对 34 个成员国的研究表明，国有经济与市场经济相互兼容的前提条件是国有资本在融入非国有企业时不应“挤出”非国有资本（Capobianco et al.，2011）。随后，黛博拉·希利（Deborah Healey）对发展中国家的竞争中性实践情况进行了比较，部分学者也对印度（Bhattacharjea et al.，2019）、中国（李宇英，2019）等发展中国家与其他国家的竞争中性水平进行了比较研究，冯辉（2016）研究了竞争中性在国际经贸规则中的作用机制及中国如何应对，混合所有制改革充分体现了“竞争中性”的理念（郝阳等，2017）。

国外关于公司治理的研究最早可追溯到 20 世纪 70 年代，理论成果较为丰富。早在 1975 年，“治理结构”（Governance Structure）这一概念就被奥利弗·威廉姆森（Oliver Williamson）正式提出，同时强调公司治理结构乃是企业管理者与所有者之间所形成的利益关系框架。随后在 1988 年，菲利普·科克伦（Philip L. Cochran）和沃提克（Wartick）正式使用“公司治理”这一概念，发现公司治理的主要目标是协调公司内外部各个利益相关者的权利与义务，其中就涉及公司利益的归属问题。总的来说，公司治理的内涵主要包含三个维度：第一，作为一种约束机制推动各方利益相关者形成制衡关系（Zingales，1998）；第二，作为一项制度安排协调各利益相关者的权责关系（Blair，1995）；第三，作为一种财务投资方式帮助企业所有者获得积极的资金报酬（Shleifer et al.，1997）。就公司治理机制而言，尤金·法玛（Eugene F. Fama）和迈克尔·詹森（Michael C. Jensen）在 1983 年就提出，董事会是公司内部治理过程中最为重要的环节，积极设立外部独立董事，赋予董事会有关的重要成员相应的决策权力，使得公司在面临重大的决策分歧时，外部独立董事能够独自承担一定的仲裁职责（Fama et al.，1983）。此外，企业内部员工作为公司利益相关的重要成员，也应该积极参与公司治理（Blair，1995）。

在国内，黄速建（2014）认为国有企业将多种所有制资本引入企业，有利于建立现代企业制度及现代国有企业制度。但与一般企业不同，国企混改后应更加注重企业内部管理层、员工等参与股东大会决策的权利（刘汉民，2002）。李东升等（2015）从利益冲突的视角研究了国企混改中的公司治理问题，认为公司治理主要涵盖股东、管理层和员工，国有企业进行公司治理的目的是协调好各方利益，在各方利益主体中合理分配剩余收益，以实现股东利益最大化目标。夏立军和方轶强（2005）认为除协调好企业内部各方利益外，公司治理问题的解决之道在于改善公司治理环境。黄速建（2014）提出在国企混改过程中必须健全产权机制，尤其是在产权的自由流动层面，在国有独资及相对控股的领域范围内都必须明确各种所有制资本的“进退”关系，只有这样才能实现国有经济和民营经济的协调发展。蔡贵龙等（2018a）认为委派高管参与企业治理的举措能够遏制公司高管的超额在职消费和超额薪酬体系。沈昊和杨梅英（2019）则聚焦于国企混改中的公司治理经验，以典型中央企业招商局集团为例进行案例研究，发现民营资本通过混合所有制的制度安排进入国有企业对于提升企业绩效和完善公司治理机制有较大影响。除一般公司治理外，党组织治理作为中国特殊制度背景下的一种重要公司治理机制，近年来也逐渐引起学者们的重视。斯塔夫·法因施米特（Stav Fainshmidt）等从国际上的理论研究和实践探索这一视角来看（Fainshmidt et al.，2018），目前在公司治理领域并没有完全可以复制的最优模式，也没有统一的规范模式，党组织治理机制作为本土情境与国际接轨的中国特色现代国企制度（王文兵等，2019），充分体现了经济合作与发展组织《OECD 公司治理原则》的思想，也是吸收国际金融危机后自由市场经济体（美国和英国）和欧洲大陆公司治理体系（德国）等面对公司治理失效而进行治理规则改革的经验教训基础上（Olbrich et al.，2016），形成的先进性党组织内嵌型公司治理机制，此外，如果国企混改中在党组织与董事会之间建立健全“双向进入与交叉任职”及重大决策事项“讨论前置”制度，会有利于提升国有企业公司治理水平（柳学信等，2020）。

综上，国企以资本为纽带进行混改，通过投资或并购重组非国有企业、引入非国有资本，实现“资本+生产要素”两个层面的融合，通过完善公司治理结构以形成资本之间，要素之间，股东会、董事会和管理者及党组织之间战略决策的多层次制衡和协作体系。然而，混改与公司治理的关系，主要涉及资金与人力资本，而人力资本层面却较少提及职业经理人（高层管理团队）和派驻到下属投资企业的人员，职业经理人制度是深化国企混改的重要保障，完善现代企业制度反映了各方利益相关者的普遍诉求，这有利于国有企业创造价值。因此其他人力资本（如高管团队）与混合所有制改革的关系，还需要进一步深入研究。

2. 混合所有制改革与创新能力的研究

早期的制度理论引入了外部权变这一新视角，着重剖析企业自主创新能力的演变过程，在该理论逻辑框架下，比约恩 · 安伯斯（Björn Ambos）和博多 · 施勒格尔米尔希（Bodo B. Schlegelmilch）认为混合所有制制度变革呈现出一定的外生性（Ambos et al.，2007），即企业只有不断适应制度环境，选择与制度环境相适应的创新方式，才能存活下去（乔晗等，2020）。然而，该理论在企业创新能力领域中存在一定的弊端，沙克尔 · 扎赫拉（Shaker A. Zahra）和杰拉德 · 乔治（Gerard George）认为国有与非国有企业之间基于资本纽带进行混改（Zahra et al.，2002），由于二者的自主创新能力存在异质性（Keupp et al.，2012），其实施混改的动因在于发展混合所有制经济，抑或是实现创新驱动发展？企业创新能力演变的最根本因素是被动适应制度环境，抑或是企业自身的选择？迈克尔 · 汉南（Michael T. Hannan）和约翰 · 弗里曼（John Freeman）（1984）指出，这不仅是公司战略管理领域中关于“选择与调整”问题的争论，而且在混合所有制相关研究领域中也是一个亟待解决的难题（Pache et al.，2013）。并且在资本混合的情况下，当外部创新想法转移到内部创新想法时，公司原有的知识基础并不会对公司自身的吸纳能力产生影响（van Den Bosch et al.，1999），但国企混改的重点在于如何平衡各类利益相关者之间的利益，我国学者厉以宁（2015）认为当预期利益的产生与实现都是基于企业自身创新能力进行价值创造时，混合所有制改革的焦点将集中在各类生产要素的整合和资源配置效率的提升上，这样有助于加快我国混合所有制改革进程。在我国混合所有制改革过程中，许庆瑞等（2013）和吴延兵（2015）均认为企业的自主创新能力演变并不是个体的随机适应性所致，国有企业与非国有企业等各类投资者的知识关联度及其原始创新能力，将直接影响企业从开放式创新到自主创新能力的转变成效，这才是决定混合所有制改革是否成功的重要因素。

综上，混改与企业创新能力之间的内在关系比较复杂，其根本驱动因素可能是企业产生了变革自主创新能力的需求，并主动要求实施混合所有制改革，也可能是以产权为纽带的国企混改下各类国有企业和非国有企业渴望足够的资本报酬率这一理性经济人诉求，反过来倒逼着企业在国企混改中积极利用创新要素，在资源配置优化中努力提升自身的自主创新能力，显然地，这需要本章对混合所有制改革与企业创新创业能力之间的内在逻辑关系进行辨析。

3. 国有资本投资运营公司与价值创造能力的研究

组建国有资本投资运营平台是我国新一轮国资国有企业改革中的一项重大制度安排（王曙光等，2018），其平台组建的前提是混合所有制改革、国企分类改革及构建公司治理的长效机制（柳学信，2015）。2013 年党的十八届三中全会提出要重组建立一批国有资本投资运营平台，大力扶持符合条件的国有企业改制为平台公司。这无疑为我国国有企业和国资监管体系的深化改革指明了明确方向。

关于国有资本投资运营平台，商业类国有企业适合组建平台公司，其战略功能定位是优化国有资本布局，与所投资的下属企业进行以资本为纽带的混合所有制改革和实行市场化运行机制，通过一系列的资本管理实现国有资本的保值增值。组建成功后国有资产监管体制将以“国资委—国有资本投资运营平台—国有企业”为三级架构形式，平台的作用相当于在政府监管机构与国有企业之间增设一个缓冲和传导机制，在一定程度上削弱了上级政府对市场运行机制的干预，进而强化国有企业的市场属性和自主创新能力（柳学信，2015）。何小钢（2018）认为国有资本投资运营平台充当了“隔离层”的作用，国资委放权是以上三级架构有效运行的关键所在。平台型公司拥有国有股权，对下属投资企业行使出资人的职能，在国资委与平台型公司之间实现监管者与出资者职能分离（Hsieh et al.，2009），同时在平台公司与下属企业之间实现出资者与企业相分离（Li et al.，2015；

王曙光等，2017）。然而，王曙光和杨敏（2018）指出当前地方性国有资本投资运营平台在实际运作过程中存在着一些问题，如地方性平台公司在组建的过程中缺乏科学的顶层设计，公司治理结构尚不健全，平台市场化程度有待进一步提高，地方性平台公司、国资监管机构和下属企业三者之间的界面关系尚未厘清，等等。

关于国有资本投资运营平台的企业价值创造能力，项安波和张延龙（2021）认为国有资本投资运营平台存在的必然性在于企业的价值创造能力，这是因为平台公司本质上是以市场为导向的经营化主体，尽管其并不从事具体的生产经营活动，但是由平台公司直接出资的下属公司通过业务经营管理活动来实现其价值创造。因此，在充分发挥平台公司“防火墙”和“隔离层”功能作用的同时，我们必须引入集团公司这一新的研究角度，去审视平台公司如何调整和优化其投资组合进而创造价值的过程机制。

综上，国内外关于国有资本投资运营公司与其价值创造能力的研究较少，可能因为这是新一轮国资国企改革的一项重大制度创新安排。此外，过去更多的是从改革国资监管体系的角度对国有资本投资运营平台展开深入分析，主要探讨其组织架构、传导机制作用以及公司治理等问题，但这些平台类公司如何以及为什么塑造创新进程和促进优秀的资本投资成果？而且其更突出的是市场化定位，存在的必要性在于企业价值创造。这需要我们从集团公司的角度去审视平台公司如何调整和优化其投资组合进而创造价值的过程机制，研究该问题对充分发挥国有资本平台的资源优势、帮助盘活民营资本、实现资本混合具有重要意义。

4. 文献述评

由前所述，基于混合所有制改革与公司治理、混合所有制改革与创新能力、国有资本投资运营公司与价值创造能力这三个维度的文献综述总结如表 8-2 所示。

表 8-2　相关文献总结表

维度	主要观点	研究缺口
混合所有制改革与公司治理	国有企业以产权为纽带进行混合所有制改革，通过投资或收购非国有企业、引入非国有资本，实现“资本+生产要素”层面的融合，通过完善公司治理结构形成资本之间、要素之间、股东会、董事会和管理者及党组织战略决策之间的多层次制衡和协作体系	较少提及人力资本层面中的职业经理人（高管团队）和外派人员制度对混改带来的影响

续表

维度	主要观点	研究缺口
混合所有制改革与创新能力	混改与企业创新能力之间的内在关系比较复杂，其根本驱动因素可能是企业产生了变革自主创新能力的需求，并主动要求实施混改，也可能是资本为纽带的混合所有制改革下的理性经济人诉求倒逼企业在资源配置效率提高中提升企业的自主创新能力	理解国有企业混合所有制改革中的创新过程复杂性应更加细致，需要技术、社会和制度因素的持续互动
国有资本投资运营公司与价值创造能力	主要从改革国资监管体系的角度对国有资本投资运营平台展开讨论，探讨其组织架构、传导机制作用以及公司治理等问题	较少从集团公司的角度去审视国有资本投资运营公司的企业价值创造能力

尽管现有文献有助于理解混合所有制改革与公司治理、企业创新能力三者间的关系，也体现了国有资本投资运营平台的作用与价值，但仍存在一些研究缺口。首先，党的十八届三中全会提出我国基本经济制度的微观实现形式是混合所有制经济，换句话说，积极发展混合所有制经济可以说是完善中国特色社会主义基本经济制度的一种必然性要求，但实质上，混合所有制的实现形式以资本混合为主要特征，如何以资本为纽带完善和发展中国特色社会主义基本经济制度，即通过国企混改这条路径，如何在国有经济竞争领域中推进国有资产产业布局优化和结构性调整，增强公有制经济整体影响力、创新发展能力及抵御风险能力，需要进一步深化。其次，在转型时期供给侧改革的背景下，我国混合所有制改革应体现资源配置观和竞争中性原则的思想，而上述的混合所有制改革与公司治理、混合所有制改革与企业创新、国有资本投资运营平台与价值创造能力，任何二者之间的关系可能都无法全覆盖资源配置观和竞争中性原则，但要对混合所有制改革与公司治理、企业创新能力这三者间的关系进行深入研究，就需要我们辨析国有企业通过混合所有制并购或投资参股非国有企业进行混改的使命导向、变革模式和实现结果，这三者之间的逻辑关系可能是动态变化且非一蹴而就的。有鉴于此，本章拟沿着高新科控参控股生物医药企业进行混合所有制改革的路径展开研究，并试图梳理行政化管理与市场化机制、公司治理与企业价值创造、资源赋能与混改带来的企业发展之间的内在逻辑关系，构建国有企业在不同使命导向下公司治理战略变革的过程模型，建立我国国企混改中的公司治理与企业价值创造理论框架。

8.3 研究设计

8.3.1 研究方法与案例选择

本研究主要探索案例企业在不同阶段的使命导向下，其公司治理机制与价值创造能力对国有企业混合所有制改革所产生不同程度的影响，属于对其逻辑机理的深入探讨，有助于分析解释某一特定事件背后可能存在的动态复杂机制，揭示典型事例中的发展趋势与互动规律，回答“为什么”和“怎么样”的问题，因而本章选择单案例纵向研究，聚焦高新科控的投资管理展开探索性研究。此外，本章在进行案例研究时，主要采用扎根理论研究法。通过非正式访谈、半结构化访谈及实地调研等途径收集到一手资料，同时，为消除研究的主观色彩，还在中国知网、公司官网、企业公众号等不同的平台搜集大量与本案例研究内容相关的文献资料、媒体报道及券商评价信息，并对其进行归纳整理。此外，扎根理论研究法的基础是对案例数据进行概念化与范畴化，基本思路是在所获取的数据资料基础上构建理论框架，值得注意的是，研究团队在编码过程中的主要分析思路是不断比较，反复将现有的结论与原有的理论进行比对，不断与文献进行对话，而非一味机械地搬运文献，由此得出的研究结论自然可以成为下一步编码的标准。本案例重点研究混合所有制改革、公司治理、企业价值创造之间是否存在联系，试图构建我国国有企业混合所有制改革中的公司治理机制与企业价值创造的理论框架，因此本章运用扎根理论研究法对案例企业的资料数据进行分析和编码是研究的重点所在，通过对既定的案例企业搜集得到的资料数据进行定义、概念化、范畴化，分析其中可能存在的逻辑链条，最终构建理论框架。

案例的选取应当基于案例所具有的独特启发性，或者它属于一个极端的范例，是一个难得的研究机会。本章预期在不同阶段使命导向下探讨混合所有制改革、公司治理和企业价值创造三者之间的关系，以优化混合所有制改革的路径和机制，而高新科控正在探索混合所有制改革之路，其企业创造价值的三个关键因素就是混合所有制制度、创新发展与公司治理，这可以说是一个比较难得的研究机会。通过小组讨论，最终选择高新科控为本章的研究案例，理由如下：第一，案例企业自参股百济神州之后，通过对目标公司的资源整合及投后管理，开创了独特的“百济模式”，不仅成功实现了国有资本保值增值，而且为吸引人才、资本、技术、资源等要素集聚广州开发区奠定重要的基石，从而推动广州开发区乃至广州市的高科技生物医药产业转型升级。第二，案例企业通过战略投资和并购重组等方式协同了几家生物医药民营企业，探索出了独特的与民营企业共同发展的混合所有制改革路径。第三，案例企业建立了完善、规范、市场化的公司治理机制及投资模式，实现了资本、人才、技术等重要生产要素协同和效能发挥，并非简单的资金混合。第四，案例企业通过混合所有制改革，从普通国有企业发展到广州开发区的标杆企业，公司资产规模、营业收入、利润总额大幅增加，实现了国有资本保值增值。第五，案例企业是我们的合作企业及实践基地，长期以来与该企业保持的良好互动关系，收集一手资料会更加全面和容易，符合案例数据的可获得性原则。

8.3.2 数据收集

本章借鉴迈尔斯（Miles）和休伯曼（Huberman）在 1994 年提出的三角测量法（Miles et al.，1994），采用多种渠道获得的资料进行纵向案例研究，以实现数据相互补充和信息交叉验证的目的（毛基业等，2008）。首先，案例原始数据的第一手资料来源主要为非正式访谈、半结构化访谈、实地调研等，具体包括：①对高新科控及其子公司中高层管理人员分别进行深度访谈，并遵循“24 小时”原则及时转录成文字稿；②实地调研高新科控并在多个部门实习将近半年，同时获取相关公司内部资料的借阅权。其次，为使研究资料更为丰富翔实以及消除一手资料中的主观色彩，本章还对与高新科控发展历程及关键事件相关的文字资料、网络信息进行广泛搜索，二手资料主要来源于文献资料和公司内部资料等多个路径，具体包括：①企业内部直接资料，如领导人演讲稿、部门会议纪要、公司年度工作计划与总结、战略发展规划、公司调研报告、公司规章制度等；②借助公司官方网站、微信公众号推文、万得数据库（Wind）、Choice 数据库取得与公司发展及创新活动相关的内容；③有关图书与相关学术期刊论文。最后，将以上第一、二手资料进行反复校对、比较及整理，形成数据库，以确保数据真实完整地再现高新科控的发展历程。具体资料及数据采集汇总如表 8-3 所示。

表 8-3　案例资料情况汇总

一手资料				
访谈对象	访谈内容概要	访谈时长	录音转录字数	访谈人数
董事长 A1 副董事长 A2	发展历程、混改、企业文化、战略定位与投资模式、公司治理及企业价值创造等	2.5 小时	3.5 万字	2
总经理 B1 副总经理 B2、B3 总经理助理&外派内审官 B4	职业经理人（高管团队）的作用、公司治理，高新科控发展阶段性特征及简要介绍，以及在不同发展阶段为实现既定目标所投资的赛道等	4.5 小时	6.05 万字	4
投资发展部总监 C1 商务部总监&外派内审官 C2 风控部总监 C3 财务部总监 C4 产权运营部总监 C5 综合部总监 C6	职业经理人（高管团队）的作用、通才与专才、公司治理、投资项目的具体资本运作及企业价值创造等	6.3 小时	7.12 万字	6
子公司董秘 D1 子公司技术总监 D2 子公司人力总监 D3 外派财务总监 D4、D5	投资项目的投前投后管理、母公司管理人员的作用、国企与民营的融合问题等	5.2 小时	6.56 万字	5
评级机构领导 E1 审计项目经理 E2 证券代表 E3	高新科控成功的因素及存在的风险点、生物医药投资市场发展方向及趋势等	3.2 小时	3.28 万字	3

二手资料		
资料类型	数据来源	内容
公司内部资料	会议纪要、各部门工作汇报、领导讲话稿、访谈、内参报告、历年年度工作总结、公司调研报告等	企业业务发展及所投项目具体资料，获得有效资料共 76 份
文献资料	中国知网学术文献总库检索	企业宣传资料，识别和搜集新闻中包含高新科控及其关联企业具体行为的内容，获得有效资料共 58 份
新闻报道	高新科控官方网站及微信公众号、Wind、Choice 等金融终端、百度、Google 等搜索引擎	

资料来源：根据收集到的第一、二手资料整理而得

8.3.3　数据处理与分析

本章采用扎根理论的资料分析技术，借助 NVivo12 软件作为辅助分析工具，将资料来源的多样性与数据分析的规范性相结合，同时对所收集的案例企业数据不断进行比对、编码和验证。为了降低编码过程中可能存在的主观性，以提高研究结论的信效度，从每个事件的梳理及编码、阶段的

划分到初始范畴和属性的提炼，在范畴间建立并关联形成逻辑链条的整个过程均由团队成员分工协作，先由作者将原始数据整理成规范文本，再由作者和两位教授分别进行编码，并且每周举行一次会议讨论编码逻辑、编码后的概念界定、模型构建与理论支撑，多个研究者互相验证同时进行，并在沟通交流中达成一致。最后引入高新科控内部人员作为外部观察者对数据结构和结论进行讨论。

1. 数据结构

本章依据前述文献发现的研究缺口建立了混合所有制改革、公司治理与价值创造三者间的内在机理模型，最终目标之一是构建理论框架，因此需要对所收集的案例企业资料进行整理提炼、归纳与总结，按照既定的编码逻辑形成聚合构念。本章借鉴乔亚的编码方法，具体研究过程包括一阶概念、二阶主题和聚合构念三个步骤，案例数据结构的具体梳理过程如下：首先，一阶概念是对由多种来源收集到的案例企业原始资料中的相关词语、句子或段落进行逐项分解，同时结合案例研究内容查阅对比相关文献资料，通过反复与文献对话、团队讨论等方式归纳整理而得；其次，二阶主题则是由步骤一中相关联的一组一阶概念基于既定的编码规则合并整理形成，通过反复比较原有数据和借鉴已有理论，找出以上两者之间存在的差异性与相似性，所得结果应充分体现一阶概念与二阶主题之间的潜在联系和内在逻辑规律；最后，结合专家意见，进一步对所得出的二阶主题进行比较分析和归纳总结，形成聚合构念，其最终呈现的数据结构代表了研究团队对整个案例数据的理论构念。编码的过程中时刻注意避免出现主观倾向性，以免影响编码结果。由此，根据以上具体程序进行编码分析，本章共归纳出 368 个初步标签、21 个一阶概念、13 个二阶主题和 6 个聚合构念，具体数据结构见于表 8-4。

表 8-4　数据结构表

一阶概念	二阶主题	聚合构念
广州开发区生物医药布局发展需求驱动	需求驱动 AA1	战略导向（1a）
广州开发区释放与生物医药领域相关的政策红利 新冠疫情的暴发，市场发展的拉动力	市场契机 AA2	市场导向（1b）
早期公司团队对生物医药领域投入了很大的关注度 对于百济项目的落地，别的机构不敢做而高新科控摸索出了道路	企业家精神 AA3	

续表

一阶概念	二阶主题	聚合构念
公司内部管理制度及风险内控管理制度的构建与完善	完善公司内部管理制度AA4	机制塑造（2a）
派驻经验丰富的管理团队，例如熟悉税收筹划的财务团队，监督和优化日常管理 通过加强董事会，管理层和治理层的监督结构，通过外派内审官等制度，促进高新科控的新治理	外派人员制度的构建AA5	
从实践中摸索接触生物医药领域（“干中学”） 通过投资管理过程中学习生物医药知识（“用中学”） 积极与同行、合作方甚至外部机构与高校科研院所交流合作（“交互中学”）	职业经理人的学习机制AA6	
充分利用国企的资源禀赋设立科技园区、产业基金与打造市场化投资平台 在不同领域（例如人力资源和财务）提供技术支持	创造物质资源AA7（硬件层面）	创新创业（2b）
形成财政＋社会资本双回路整合的投资思路 创新“生态圈”“朋友圈”思维、“五个一”产业布局的投资理念	开发新的思维模式AA8（软件层面）	
开创“小股大债”的百济模式 坚持产融结合，坚持科技金融服务于产业实体经济	探索新的社会-组织安排AA9（组织件层面）	
本地项目之间的扩散	本土经验复制AA10	价值输出（3a）
高新科控与生物医药下属企业以各种创新性形式进行二次深度合作	创造性联结AA11	价值共创（3b）
高新科控与所投生物医药企业双方的核心竞争力大大提升	形成协同效应AA12	
成功布局广州开发区生物医药产业	形成虹吸效应AA13	

注：作者根据文献和案例素材整理而得

为了探究分析以上6个聚合构念之间的内在逻辑关系，本章通过厘清各个子构念的性质及其关系，不断与已有理论进行比对，发现可以将以上13个独立的二阶主题中具有联结关系的加以归纳总结，进而概括为6个聚合构念。其一是战略导向与市场导向。高新科控公司治理战略变革的动因来源于对外部政策环境的被动适应，聚焦于产业发展战略支撑，则为战略导向下的作用结果，如需求驱动；反之，如果来源于自身主动的选择，顺应市场发展潮流，推动区域经济发展，则为市场导向下的作用结果，如市场契机和企业家精神，因此提炼出“战略导向”和“市场导向”这两个构念。其二是机制塑造与创新创业。随着高新科控在不同阶段公司治理战略的不同程度的更新与变化，同时对比各个阶段所呈现的原始数据，发现一部分战略变革来自企业公司治理机制的塑造，另一部分则来自公司自身基于硬件、软件及组织件等创新创业能力的提升，由此提炼出相关构念。其三是价值输出与价值共创。与企业价值相关的语句在数据库中有较多呈现，具体描述了高新科控创造的本土经验如何成功复制到其他投资项目上，以及给科控和下属企业的互动过程创造了多大的价值等内容，同时借鉴理论界已有概念，将与企业价值相关的 4 个子构念提炼为“价值输出”和“价值共创”。

进一步地，结合主轴编码阶段“因果条件→现象→脉络→中介条件→行动/互动策略→结果”这一典型范式，在持续的编码与分析之后，将以上 6 个聚合构念归类为 3 个核心范畴，并通过构建核心范畴之间的内在逻辑关系，最终确定“使命导向”“变革模式”“实现结果”这三个范畴作为国企混改中公司治理战略变革的核心范畴，由此便串联成了一条比较清晰的故事线，充分展示了高新科控在不同使命导向下公司治理战略变革的演化过程。主轴编码、构念提炼及借鉴文献如表 8-5 所示。

表 8-5　主轴编码、构念提炼及借鉴文献

<table>
<tr><td rowspan="3">使命导向</td><td>聚合构念</td><td colspan="2">战略导向 1a</td><td colspan="4">市场导向 1b</td></tr>
<tr><td>子构念</td><td colspan="2">需求驱动 AA1</td><td colspan="2">市场契机 AA2</td><td colspan="2">企业家精神 AA3</td></tr>
<tr><td>类似构念提出文献</td><td colspan="6">范轶琳等（2021）；李志刚等（2020）；戚聿东等（2021）</td></tr>
<tr><td rowspan="3">变革模式</td><td>聚合构念</td><td colspan="3">机制塑造 2a</td><td colspan="3">创新创业 2b</td></tr>
<tr><td>子构念</td><td>完善公司内部管理制度 AA4</td><td>外派人员制度的构建 AA5</td><td>职业经理人的学习机制 AA6</td><td>创造物质资源 AA7</td><td>开发新的思维模式 AA8</td><td>探索新的社会-组织安排 AA9</td></tr>
<tr><td>类似构念提出文献</td><td colspan="3">范轶琳等（2021）；张宁和才国伟（2021）；彭新敏和刘电光（2021）</td><td colspan="3">Smits（2002）；Braun（2009）；苏郁锋等（2017）</td></tr>
<tr><td rowspan="3">实现结果</td><td>聚合构念</td><td colspan="3">价值输出 3a</td><td colspan="3">价值共创 3b</td></tr>
<tr><td>子构念</td><td colspan="3">本土经验复制 AA10</td><td>创造性联结 AA11</td><td>形成协同效应 AA12</td><td>形成虹吸效应 AA13</td></tr>
<tr><td>类似构念提出文献</td><td colspan="6">王琳和陈志军（2020）；邢小强等（2021）；王满四等（2021）</td></tr>
</table>

最后，通过对案例数据逐级进行编码与分析，同时运用“故事线”的方法重新描述高新科控的公司战略变革与创新发展的全过程，并将所归纳出来的聚合构念、核心范畴与其他关系构念纳入总体逻辑分析框架，我们得出了国企混改背景下以“使命导向”“变革模式”“实现结果”串联而成的故事线，如图 8-2 所示。

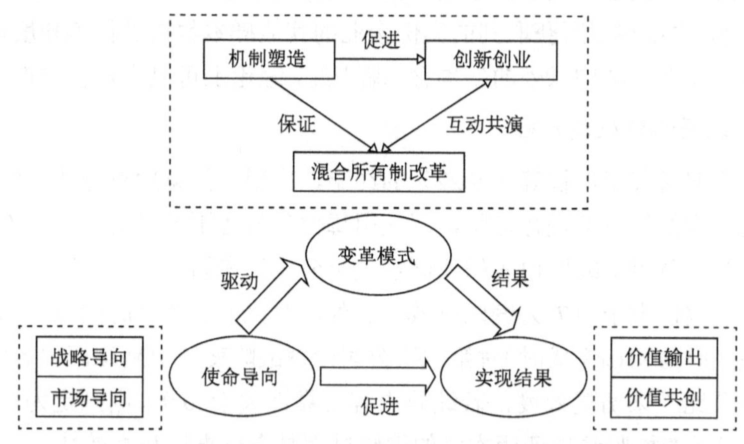

图 8-2 高新科控混改中的公司治理战略变革主轴译码图

通过对数据的分析，我们发现高新科控混合所有制改革的探索阶段都存在这样的故事线：使命导向（战略导向、市场导向）→变革模式（机制塑造、创新创业）→实现结果（价值输出、价值共创）。具体为：由于使命导向的出现，倒逼企业进行相应的变革模式（机制塑造、创新创业），同时也为取得结果（价值输出、价值共创）提供了条件与机会，而变革模式是否制定恰当并且有效行使，这将直接影响结果（价值输出、价值共创）。混合所有制改革会引入不同资本、要素，此时国有企业只有有效地整合资源（价值输出），确保民营企业的参与感以及所有者权益得到保证，才能实现国有企业与民营企业的协同发展，从而促进行业的健康稳定发展。市场化的公司治理可以使国有企业与市场接轨、厘清产权关系等，从而保证混合所有制改革的顺利实现。此外，市场化机制的引入会提高国有企业活力，且在民营企业自身利益需求的倒逼下，反过来会促使国有企业转型改革和创新发展，最终实现国有资本保值增值，从而增强国有企业的核心竞争力，也为民营企业带来利益，实现了共进共赢的局面（价值共创）。另外混合所有制改革的动因并不是一成不变的，随着时间的推移，国有企业所处的环境也是在发生变化的，而针对不同的使命所实施的变革模式又有所不同，因此，混合所有制改革的过程是分阶段持续进行的。

2. 补充性数据

为了对比高新科控不同发展阶段前后的变化，帮助理顺案例信息与理论框架之间存在的内在关系，确保研究的规范性与完整度，本章将根据提炼出来的二阶主题提供部分原始资料，具体见于案例分析中的各个发展阶段。此外，本章利用所获取到的案例企业的其他样本数据进行饱和度检验，并未出现除上述结构以外的新构念，基于此，理论上可以说是基本饱和的。

3. 编码的信效度检验

本研究借鉴王世权等（2022）的经验，应用“同意度百分比”的方法对编码过程的信效度进行检验，即使用每位参与者不同时间对第二次公司治理战略变革更新编码内容的“同意度百分比”来衡量信度，同一参与者的内部一致性大于 0.7 为编码有效。另外，对比前后两个时间点（第一次修改完成时与初稿完成时）对第二次公司治理战略变革更新编码内容的“同意度百分比”来衡量效度，若编码内容可靠性大于 0.9，则判定为可靠。表 8-6 显示的检验结果证明本章的编码过程具有可靠性和有效性。

表 8-6　样本数据编码的信效度检验

	使命导向	变革模式	实现结果
不同参与者不同时间相互同意编码数量	21	43	30
不同参与者不同时间相互不同意编码数量	4	9	6
不同参与者不同时间的编码同意度比（信度）	0.84	0.83	0.83
同一参与者不同时间相互同意编码数量	23	49	34
同一参与者不同时间相互不同意编码数量	2	3	2
同一参与者不同时间的编码同意度比（效度）	0.92	0.94	0.94

8.4 案例描述

8.4.1 国有资本投资运营公司改革试点情况

当前，以混合所有制改革为重要突破口，我国国有企业改革正处在全面深化改革的新阶段。党的十八届三中全会以来，我国新一轮以管资本为主的国有企业改革风起云涌。2015 年 9 月国务院发布了《关于深化国有企业改革的指导意见》，为进一步加强国有资产监管以深化国企改革，随之一系列配套细则即“1+N”政策制度体系应运而生，以上指导意见和改革政策都明确指出要健全国资监管体制，国资监管体系要从“管资产”转变为“管资本”，稳妥推进混合所有制改革等要求，同时提出要健全现代企业制度、优化公司治理结构、推进公司市场化运作机制，其中一项重大举措就是改组组建国有资本投资运营平台，主要服务于混合所有制企业，作为出资人行使股东所有者的权利，并派遣董事、财务总监等中高层管理人员深度参与下属企业经营活动，以推动国有资本合理流动与优化配置。深化我国国有企业改革，既要持续推动混合所有制改革进程，以产权为纽带积极发展混合所有制经济，更要深刻改变国有企业与非国有企业的经营管理模式，这样才能健全公司治理机制。但国有资本投资运营平台改革这项试点工作是否发挥了实质性作用，理论界与实务界目前还在不断探索之中。虽然我国一些地方建立了国有资本投资运营平台，但其仅承载上传下达的功能，并没有充分发挥平台公司应该具备的服务功能。相反地，国资监管机构依然存在行政化管理现象严重、过度直接干预的弊端，导致国有资本监管过程中频频出现缺位、错位及越位等负面现象，这就导致了国有企业不仅无法拥有独立的经营自主权，而且也难以根据市场化原则进行资源优化配置，行政经营效率大打折扣。鉴于此，本研究试图探讨作为地方性国有资本投资运营平台，高新科控是如何通过各个阶段的改革转型和创新发展，提高国有资本配置运行的效率，突破传统路径依赖的藩篱，创造企业价值，进而增强国有企业整体控制力、创新发展能力及抵御风险能力的。

8.4.2　高新科控混合所有制改革探索之路

高新科控是广州开发区金融控股集团有限公司全资子公司。公司成立于 1998 年，经过二十余年发展，已逐步成为一家专注投资、产业明晰、管理有序、经营高效的综合型国有资本投资运营公司。截至 2020 年 12 月底，总资产超 193 亿元，拥有全资、参控股企业 16 家，运营超甲级写字楼开发区金控中心。作为广州黄埔区、高新区及开发区金融控股科技战略持股平台，高新科控坚持以科技战略投资为主业，聚焦生物医药和光电显示两大产业，拥有四大业务板块：生物医药板块、光电显示板块、科技金融板块及创新价值园区板块。

目前高新科控正经历新的关键发展时期，积极探索自身的突围之路，如何提升国有企业活力与核心竞争力？混合所有制提供了一个全新的路径选择，通过混合所有制并购和投资参股民营企业进行国企混改，不仅有利于实现国有资本的保值增值，更重要的是赋能所投民营企业的新发展。然而，在实际操作过程中不可避免地面临“谁来混、在哪混、怎么混”的问题，用公司董事长的话来说就是：“我们正在坚持走一条独具科控特色的市场化创新发展之路，深化国企改革，尽量做到能混则混，能改则改。”表 8-7 为高新科控近几年探索出来的混合所有制改革发展之路。

表 8-7　高新科控混合所有制改革探索历程

混改举措	定义现象	典型证据
国有资本集中在重点领域	产业聚焦	自 1998 年成立以来，始终坚持以科技战略投资为主业，聚焦生物医药和光电显示两大产业
现代企业制度	引进职业经理人	2017 年公司引进职业经理人，制定具有市场竞争力的薪酬和激励考核机制
	市场化选聘制度	2017 年公司逐渐优化招聘途径，如合理增加市场化选聘比例，加快人才引进
增资扩股	新增投资、定增	2020 年公司通过新增投资、定增、资本运作等方式，积极引导控股企业利德曼提升核心竞争力
发展混合所有制经济	成立合资企业或项目	2009 年高新科控、韩国 LG 公司与深圳创维合资建设运营 LG 外资项目；2017 年高新科控与百济神州合资建设运营百济生物药项目（股债结合、科技风投式的合资入股、财政+社会资本、银行信贷等多种金融工具并举）等
	国有资本与非国有资本共同成立股权投资基金	2019 年联合深圳力鼎与利德曼、百济神州组建广州黄埔生物医药产业投资基金管理有限公司，并设立凯得一期基金，总规模 3.04 亿元，完善生物医药产业布局重要抓手

资料来源：根据案例企业发展历程整理而得

高新科控近几年牢牢把握国有企业混合所有制改革这条工作主线，专注于公司生物医药领域投资赛道，将国有资本集中在这一重点行业，明确界定国有企业科技战略持股的定位与战略支撑及经济发展的使命导向。同时努力推动“并购、混改、协同”三大战略，通过并购体外诊断上市公司利德曼、新增投资、与非国有资本共同成立股权投资基金、成立合资企业与项目等混改措施，进一步整合国有与非国有双方的资源，以此构建涵盖“金融+实业”产融结合、协同发展的科技金融生态圈，以提升公司专业化与市场化水平，增强核心竞争力，不断推动公司向更高发展水平迈进。此外，高新科控为充分调动职业经理人（如高管团队）的积极性，实现国有资产保值增值，促进集团公司快速发展，正积极探索开展职业经理人引进机制，通过市场化选聘中高级管理人员、建立业绩考核评价体系、优化薪酬管理办法等措施，加快建立健全现代企业制度，稳妥推进混合所有制改革。

8.4.3　高新科控参控股生物医药企业具体历程

在新经济蓬勃发展的环境下，高新科控深耕生物医药行业投资与发展。“布局、中盘、收官”是一局棋的三部曲，首先，高新科控前两年将生物医药领域“布局”作为投资的主赛道，从 2017 年开始，始于当前顶尖的创新药企，美港市值超 2 000 亿元的百济神州落户广州开发区，高新科控先后投资了施一公、谢晓亮院士领衔的诺诚健华、赛纳生物等一批国内生物医药头部项目，迅速汇聚了大量科技前沿的创新资源。其次，近几年生物医药产业在政策红利下蓬勃发展，国内医药企业内尚未进入激烈的厮杀“中盘”阶段，高新科控紧抓机遇，迅速收购体外诊断领域的上市公司利德曼，打通资本通道；着力建设粤港澳大湾区生物安全创新港及生物安全和健康产业基地，为广州开发区生物安全产业的持续稳定发展提供必要的土地资源及空间载体；同时与高瓴资本旗下高博医疗集团合作共建创新型研究医院，以搭建医学服务及交流合作、临床研究及成果转化的专业性平台。最后，在公司高管团队的正确领导下，高新科控围绕“六个一”在生物医药产业方面加大资源投入，促进人才、技术、资金等创新要素资源在生态圈内流动及组合，在“收官”阶段实现投资价值大幅提升，与百济共同成立生物医药产业基金，并以战略投资者的身份进入百济神州资本层面，同时通过新增投资等方式引导利德曼提升核心竞争力，不断完善生物医药产业布局；由此，高新科控依托广州开发区多层次、全方位、现代化的金融服务体系，为区内生物医药企业创造了必要的物质资源，提供了专业化的金融服务支持，逐渐成为一家主业突出、鲜明特色的国有资本投资运营平台。具体历程详见表 8-8。

表 8-8　高新科控参控股生物医药企业历程

时间	具体事件
2016 年	管委会常务会议研究决定高新科控全面参与百济神州项目
2017 年	参股总投资 23 亿元的百济神州生物药项目（占股 5%）

续表

时间	具体事件
2018 年	参股总投资 21 亿元的诺诚健华医药项目（占股 7%） 成为上市公司利德曼第一大股东（占股 29.91%）
2020 年	领投赛纳生物，正式涉足基因测序行业（占股 16.19%） 股权退出百济生物项目，投资收益率超 95%
2021 年	百济科创板上市，以战略投资者的身份进入百济神州资本层面 收购利德曼非公开发行股票，持股比例扩大（占股 46.08%）

资料来源：根据案例企业发展历程整理而得

目前，高新科控已通过混合所有制并购或参股民营企业引进了百济神州、诺诚健华、利德曼等一系列国内外知名的优质生物医药龙头企业，并引进施一公、王晓东、谢晓亮等海内外高端生物医药产业人才，对广州开发区生物医药产业发展具有带动全局的重大引领作用。经总结发现，高新科控采用的投资模式多样灵活。一是直接投资参股，明晰投资目的，对于具有社会效益及投资价值的生物医药企业积极探索更符合双方需求的投资模式，灵活采用股权、债权、银行信贷等方式为其提供资金支持，满足项目建设需要；二是并购重组，为落实生物医药产业发展战略，打造生物医药上市公司投融资平台，同时推动“产业+创新+金融”的有效结合，通过提前介入谈判，深入了解资本市场动态，准确把握收购时机，同时积极寻求优质标的，以实现自身快速发展；三是组建产业投资基金，通过与合作的生物医药龙头企业及专业的基金管理人共同设立产业投资基金，以专业的基金管理能力配合对行业技术的深入理解，更精准地筛选具有发展潜力的投资标的，赋能生物医药初创企业成长壮大。

8.5　案例分析与发现

如前所述，高新科控从初创型国有企业发展成为在粤港澳大湾区具有鲜明特色的国有资本投资运营平台，其发展路径大致分为“行政化管理阶段”“市场发展阶段”“创新全生态发展阶段”三个阶段，而每个发展阶段都存在这样的故事线：使命导向（战略导向、市场导向）→变革模式（机制塑造、创新创业）→实现结果（价值输出、价值共创），具体路径如下所述。

8.5.1　行政化管理阶段（1998～2017 年）

被誉为中国“基因泰克”的百济神州公司（简称“百济神州”“百济”）由中、美两国科学院院士王晓东先生于 2011 年创立，专注于开发和推广靶向和免疫肿瘤治疗。百济作为生物医药领域中的高端项目，于 2016 年成功登陆美国纳斯达克，作为国内首个赴美上市的创新型生物医药企业，“选择哪里落户”是一个待解决的重大议题。当时广州开发区对于该项目的争取欲望十分强烈，一方面，引进全球最顶尖技术的生物医药项目至关重要，赢得此项目相当于赢得了各种最高端的生产要素及创新资源，而且这些走在科学最前沿的高新技术领域恰好与广州开发区生物医药产业布局体系高度契合。戚聿东等（2021）认为国有资本聚焦国有经济在提升某一产业基础能力等方面的带动作用，体现了国有资本的战略支撑属性，此时的高新科控主要聚焦于战略价值属性，呈现出一定的“被动适应导向”。另一方面，当时高新科控（原名为凯得科技）报表中利润的影响被 LG 面板项目牵制得厉害，2016 年末该项目才首次实现分红，因此正在积极寻找公司新的造血点。复杂动荡的内外部环境促使高管团队的战略决策成为一种有效应对手段（Carmeli et al.，2011），当时的董事长和总经理一致认为生物医药发展前景一片向好，能够实现弯道超越，对冲单一投资风险，投资生物医药领域有助于调整公司的战略定位。此外，受访者也表示，“为什么叫百济？当时王晓东院士介绍其理念叫作百创新药，济世惠民”，高新科控团队被这种情怀所感动，拥抱了百济神州的愿景：“让中国人也能用便宜的抗癌药”。后来管委会决定，让广州开发区战略持股平台高新科控作为合作单位参与项目合作，就这样，高新科控将生物医药赛道作为投资战略的新切入点。

完善母子公司治理结构安排有利于提升集团化运营效率，是集团公司有效治理的重要途径（徐鹏等，2020）。在引进百济之前，为贯彻执行集团公司关于下属企业监管工作的文件精神，高新科控结合实际，制订了全面预算管理制度、对外投资管理制度、投资项目审批程序等共计 7 项管理制度；修订完善了人事管理制度、财务管理制度、“三重一大”决策制度及投资监管制度等方面制度共计 12 项；并通过实行轮岗、一人多岗制，确保按时保质完成管委会交付的任务。此外，外派人员通常是母子公司之间的信息桥梁，是一项良好的沟通机制（王哲，2021），同时也是为子公司创造独特资源的重要机制（徐鹏等，2020），高新科控开创了派驻人员到参股企业参与企业运作经营的新合作方式，如在 LG 面板项目中通过派驻公司高管对 LG 重大事项进行监管，定期跟踪报告项目进展情况及相关重大决策事项，配合乐金中国解决实质问题等，充分发挥了信息的调节作用。此时高新科控的内部管理制度正在如火如荼地构建中，包括公司前期多次沟通区投资促进局，主动配合提出与百济的合作模式、担保措施等方面的建议，反复从实践中学习，职业经理人的学习机制体现为“干中学”（范轶琳等，2021）。以上属于机制塑造的范畴。同时，高新科控内部也一致认为 2009 年到 2017 年是他们的第一次“创业”，公司原构想通过自主经营的物业项目探索市场化转型的可能，但由于周边市场环境商业氛围欠缺及团队市场化经验不足等主客观因素，未能有效把握市场化运作物业机会。可见当时高新科控已萌生市场意识，而且在 LG 项目投资中逐渐形成了属于自己的投资理念——“一切为了企业，一切为了投资者”。以上属于创新创业的范畴。

由前述可知，高新科控充分借助了其国企信用背书及积累的 LG 面板项目的管理经验，厚积薄发，才得以全面参与尖端生物医药百济神州项目，实现优质国资规模扩张及提升国资质量。此外，公司在 LG 面板项目股权投资管理中积累较为丰富及成熟的经验，也使其形成了开发区内具有鲜明特色的科技战略持股定位的企业特质。对高新科控行政化管理阶段的补充性数据如表 8-9 所示。

表 8-9 行政化管理阶段补充性数据（示例）

二阶主题	条目数	典型例句援引
需求驱动	5	我们作为集团科技投资板块顶梁柱，助推区域生物医药产业布局及经济高质量发展，责任重大（A2） LG 在科控股权投资的份额其实很重要，在报表中利润的影响被它牵制得也很厉害，这也是我们想通过生物医药去弥补的，因为它的周期性特别强，我需要一个调整周期的这种投资组合，我们觉得生物医药正好可以对冲掉（B4）
市场契机	4	很多时候在企业落地，包括在经营生产的过程中，政府不单是帮你解决一些基础的问题，更多的是送服务上门，比如百济（C5）
企业家精神	6	当时是在 16、17 年的时候，我们认为生物药是可以是实现爆发的，是可以真的实现一个弯道超越的，所以在这一方面我们投入了很大的一个关注度（A1） 为什么叫百济？当时王晓东院士介绍其理念叫作百创新药，济世惠民，希望让中国的肿瘤患者能用得起这种创新药。科学家是有情怀的，但是他所欠缺的是什么？金融知识（A1）

续表

二阶主题	条目数	典型例句援引
完善公司内部管理制度	10	当时内部管理制度还不完善，但是也还是尝试着建立一些对下属企业进行监督的管理制度（C6） 当时凯得是计划性的经济体制，每个人都是财政给的资金，基本不公开招聘，我当时是以那样的背景进来的，然后拿着科技的粮票，当时严总开玩笑说“8 张粮票”，基本上也是一人兼多岗（B4）
外派人员制度的构建	12	我们主要派驻董监事及高管人员对 LG 重大事项进行监管（C5）
职业经理人的学习机制（“干中学”）	7	当时聚合了广州市比较多的投资机构，大家都提出各种各样的要求，有的就像你抵押，有的要质押，有的要条件都比较苛刻，当时让百济感觉比较难受（A2） 我当时花了很多时间，自己私底下去学这个行业的研发周期，每个周期需要有哪些节点，哪些因素对公司来说比较严峻，经过自己的学习，加上周围专业人士的指导，对方也愿意跟您持续地沟通（D4）
开发新的思维模式（软件层面）	8	我们有一种服务理念叫作，一切为了企业，一切为了投资者（C5）
探索新的社会-组织安排（组织件层面）	11	当时凯得只有 8 个人的编制，但是我们一直坚持要走一条市场化之路，避开这种城投模式，如果说政府说什么我做什么，自己不去钻研技术，不去研究，不去走出一条有特色的路，你就没有办法了解你的合作方（B2）
本土经验复制	9	我们参与百济这个项目靠的是 LG 面板项目战略持股的管理经验（B2）
形成协同效应	13	公司在 LG 面板项目股权投资管理中积累较为丰富及成熟的经验，形成了开发区内具有鲜明特色的科技战略持股定位的企业特质（凯得科技 2016 年工作总结）

注：作者根据文献和案例素材整理而得

根据前述确定的“使命导向→变革模式→实现结果”这三个核心范畴，高新科控行政化管理阶段的企业发展过程便有了一个清晰的路径。

高新科控为了助推开发区生物医药产业布局及调整自身发展战略（战略导向），同时公司董事长等人凭借自身的远见卓识及创新创业的强烈意愿（企业家精神），毅然决然将生物医药赛道作为投资战略的切入点，前期通过构建关于下属企业监管的管理机制及开创派驻人员到参股企业参与企业运作经营的新合作方式（机制塑造），努力探索与百济神州的合作模式（“干中学”），主动学习生物医药领域方面的知识，并尝试市场化转型之路（创新创业），最终得以全面参与尖端生物医药百济神州项目（详见图 8-3）。

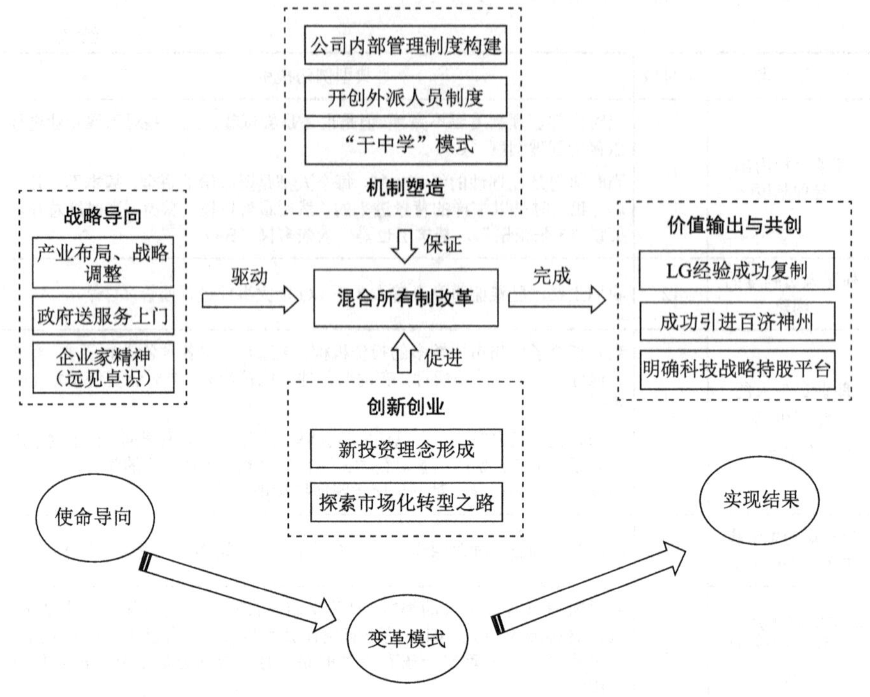

图 8-3　高新科控行政化管理阶段公司治理战略变革的概述图

8.5.2　市场发展阶段（2017～2020 年）

2017 年，高新科控将生物医药赛道作为投资战略的新切入点，然而，生物制药产业在投资领域面临着若干挑战，这是由其高风险、重投入、长周期的特征所决定的，这就导致高新科控在初期与百济的谈判过程当中，面临着重重制约，具体而言，百济当时提出的投资方占小股模式使得诸多合作企业望而却步。也正是这一背景，为高新科控团队寻求独树一帜的投资模式，开发专门支持百济的“百济模式”提供了动力。高管团队能够激发多种创新型观念及决策方案（Finkelstein et al.，2008），经过高新科控团队不断的学习探索，“小股大债”的投资方式应运而生，即百济项目所需资金的整体构成为三部分：一是国有企业投入十亿元，二是百济神州以自有资金入股，三是通过创新金融方式及国有企业的信用背书取得商业银行贷款资金支持，以此满足项目的生产与研发建设需要。正如广州开发区投资促进局在事后总结“百济模式”时所说，“有趣的是，百济神州和高新科控共同开创了一种股债结合的新模式，后续前来广州开发区沟通生物医药项目投资诉求时，好些项目会直接要求百济模式”。

2017 年党的十九大胜利召开，广州开发区着力建设国际科技创新枢纽核心区，加快实施“IAB”“NEM”计划，主动融入全球创新网络，面对全区“攻城拔寨、落地开花、开花结果”的氛围，高新科控挑战与机遇并存。Finkelstein 等（2008）认为高管团队能够利用以往的经验应对新出现的问题，同时提高整个团队的战略执行力。当时开发区聚集了很多基础中小企业，经济体制比较灵活。高新科控团队乘胜追击，2018 年以同样的“债股结合”方式落户由中美双院士施一公院士担任科学顾问委员会主席的诺诚健华医药项目，同年收购体外诊断上市公司利德曼 29.71%股份，成为利德曼的控股股东。戚聿东等（2021）认为产业引领凸显了国有资本的经济发展属性，此时的高新科控聚焦于布局区域前瞻性战略性产业的引领作用，反映了其从“政策推动导向”逐渐转为“市场驱动导向”。在这过程中，高新科控团队发现国企与民营企业在文化上存在很大差异，如不能采取有效措施整合文化、稳定思想，将对其后续的管理把控、业务协同和干部队伍建设等方面产生不利影响。

宋志平（2020）认为对于我国国有企业而言，最重要的是通过混合所有制引入市场化经营机制，此项举措能够有效解决我国国企改革中长期存在的政企不分和民企发展规范性差这两大顽疾。因此，高新科控在这一阶段结合投资业务发展需要，全面系统梳理公司制度，对“三重一大”决策制度具体实施办法、办公会与董事会议事规则、经济合同管理规定、投资管理制度、财务管理制度等 13 项制度进行修订，同时整合重组部门架构，新增招商服务部、投资策划部、风控法务部 3 个前台、中台业务部门，优化市场化招聘途径，为公司业务开展及时补充了投资分析、项目引进、物业管理等方面的专业人才。可见高新科控在部门设置时注重向投资一线倾斜，健全法人治理结构，推进市场化运作机制。此外，高新科控在外派人员制度上更多的是事后派遣财务人员，如出纳、外派内审官和财务总监等，派驻人员在管理制度建设、风险防范措施、财务体系和信息系统等方面提出参考意见，协助百济、诺诚和利德曼逐步建设并完善公司管理制度。王哲（2021）认为委派财务人员能够了解下属企业真实的会计信息以及更为全面的企业信息，从而加强母子公司之间的沟通交流。正如本研究的受访者所说：“通过外派财务人员这条线去引申了解下属企业更多的业务情况，挖掘更多的项目合作机会，财务这条线还是比较关键的。”此时职业经理人主要是在具体的投资管理过程中学习生物医药领域的知识，寻找该行业的发展规律。该学习机制体现为“用中学”（范轶琳等，2021），属于机制塑造的范畴。不可避免地，科控面临着一些投资瓶颈如投资形式单一，投资标的风险大、周期长，以及所投对象之间存在竞争关系等，并由此滋生了作为国有资本投资运营公司的市场化转型需求。

高新科控参控股民营企业进行混合所有制改革能够实现不同所有制之间的资源优势互补，但也容易导致“混而不合”问题，王艳（2016）提出混改的关键是除了在资本层面实现混合外，更重要的是各种生产要素层面上的混合，由此高新科控在生物医药产业布局上的举措也随之创新。在硬件层面，一是建设生物医药产业基地及配套设施，加快初创型或者新引进落地的生物医药企业的起步，减轻其高昂的生产厂房、生产设施投入成本；二是建立专项引导基金，撬动社会资本加入生物医药产业投资，以帮助初创生物医药缓解资金窘境，并健康、持续地成长；三是设立科技成果转化平台、专业孵化平台和设备共享平台进一步促进区域自主创新能力提升。在软件层面，百济神州与高新科控共同开创了财政+社会资本的双回路整合模式，即所需项目资金由财政专项资金解决部分，高新科控自筹资金如通过国企信用发债等方式解决其余部分，该模式不仅体现了财政支持，而且充分发挥了国有企业面向社会的平台融资优势。在组织件层面，除了上述所说的百济模式，产融结合的安排将国有资本与非国有资本相融合，推动了生物医药企业和金融行业协同发展，推进国企混合所有制改革稳步前行。以上三个层面属于创新创业的范畴。

王艳（2016）认为如果国有企业与民营企业在资源整合的过程中聚焦于创新能力，可有效化解混合所有制改革中的“混而不合”的难题。此时的高新科控在投资了百济神州项目后，通过以上“国有资本+生产要素”两个层面的深度融合，有助于其企业价值二次发现，因而在生物医药赛道上快速布局了多个头部项目，公司得到了快速发展，资产规模扩张快，团队也得到了壮大和成长，开始有了更多投资的意识，企业也从单体投资转向平台投资，从以完成政策性任务为主到主动向开拓市场化探索转变。此外，随着超级风投引入百济项目后，诺诚健华、中山康方等国内外知名创新生物科技企业纷纷落户广州开发区，引领了创新医药产业迅速向开发区集聚的头部效应。对高新科控市场发展阶段的补充性数据如表 8-10 所示。

表 8-10　市场发展阶段补充性数据（示例）

二阶主题	条目数	典型例句援引
需求驱动	5	当时广州开发区着力建设国际科技创新枢纽核心区，加快实施“IAB”“NEM”计划，主动融入全球创新网络（科控动态新闻稿）
市场契机	4	当时开发区基础企业中小企业的数量会比较多，我觉得这里的经济体制相对会有活力一些（D2）
企业家精神	6	在与科控整个从尽调到谈协议交割的过程当中，改善了我对国企的一些固有看法，比如科控的机制灵活，效率也高，他们整个团队还是比较年轻的，想法活跃，思想开放，沟通起来也比较顺畅（D1）
完善公司内部管理制度	10	全面系统梳理公司制度，健全法人治理结构，强化党建工作，推进市场化运作机制（高新科控 2017～2020 年工作总结） 按照市场化运作方向，推进公司薪酬改革及激励考核方案，规划公司人力资源，扩大市场化人才招聘途径，加快人才引进，及时补充专业人才。（高新科控 2017～2020 年工作总结）
外派人员制度的构建	15	我们外派人员整体配合这个项目公司的一些工作，大方向上面还是要陪伴这些公司，或者说协助这个公司能够把财务体系搭建起来，能够把财务工作结合到它的业务，能够顺利地推进（C2） 外派内审官一般就是深度参与生物医药项目日常运营，时刻关注企业发展进度，对处于不同阶段的企业提供不同的资源和服务支持，目的是监督管理下属公司合规经营，实现国有资本保值增值，发现投资机会，寻找新的合作点（B4）
职业经理人的学习机制（“用中学”）	12	跟被投资方讲，哪些资源是我们可以提供的，比如说资金或者政策，然后跟资金方就是去解释说这个公司它的技术亮点可能在哪里，做中间转化，因为技术人员讲的我大概能听懂一点，然后资本方讲的我也能明白一点，所以在做这个环节的沟通（B4） 接触这个项目之后，我就会跟很多部门去跨部门沟通，因为涉及工程采购，甚至说药物研发的整个流程，还有如何搜集这些国外的同行业的一些数据（D5） 刚收购时，我们经常组织各种会议，目的是想让科控委派过来的董事更多地去了解公司本身的现状，业务的情况，通过我们业务人员和研发人员的分享，让股东去了解到我们整个行业的变化（D1）
创造物质资源（硬件层面）	17	我做这种园区集中的，你只要付费使用就行了，你这一块不用过多地去投入了，你专注于技术，包括说怎么样去做临床一期二期三期，然后如果真的你像百济一样，你到临床二级三期你需要产业化落地了，我要拿地自己生产了（B1） 我们这种类型的投资平台，对于外界那种私募或者说单纯做财务投资人这种机构的优势所在，首先是资金量大，这个是一个无可比拟的优势啊，另外一个还是能够长时间的陪跑，就陪着它成长，最后对于回报收益这块上面的话，不会像那种外界的财务投资人那么苛刻（C2） 百济项目真的是一个标杆项目，为什么大家的合作度都那么高，我们还成立了一支专项基金，跟它在研究院方面做一些合作，相当于其实是整个产业链的一个全方位的合作（A1） 光机电承担了我们科控，包括整个集团的科技平台和科技成果转化的一个功能，它还有科研团队和科研平台，在做科技转化的相关工作，此外它还有科技园区、有一些科技系统的品牌，比如说国家级孵化器、市级孵化器之类的（B2）
开发新的思维模式（软件层面）	10	百济就是财政+社会资本的双回路整合招商模式（A1）

续表

二阶主题	条目数	典型例句援引
探索新的社会-组织安排（组织件层面）	11	我们采取了一个相互搭债的形式，相当于我的股权跟债权进去了之后，能够让他把钱投入到工厂建设，他再把这个工厂建出来的工程又抵押给银行，又撬动了银行的4个亿，基本上是这个形式，但是在我们的10个亿里面，政府给了一部分注册资金，然后我们用融资能力做了一个杠杆，相当于政府只花了4个亿撬动了20个亿的投资（A1） 聚焦IAB、NEM战略新兴产业，投资服务于诺诚健华、利德曼等龙头企业和上市公司，购置绿地物业搭建高新产业价值创新园区，打造“金融资本+产业联动+园区共营”的招商模式（高新科控2019年工作总结）
本土经验复制	9	像科控的话可能在资金还有项目经验上比较有优势，因为它自己也投了很多的生物医药项目，它看这个行业发展的维度会更加多样一点（D1）
创造性联结	8	我们是想通过一个投资项目，围绕这个项目能够发散出更多的其他投资类型的机会，这个事情其实是投后管理的难点（C3） 我们不是简单地做财务投资人，而是派一个团队去跟进、去服务、去寻求深度二次合作，整个过程中可能会涉及到他们公司未来一些规划（A1）
形成协同效应	16	诺诚健华后面选择了开发区，当时也是因为百济成功的案例，政府能够给它资金的一些支持，还有一些广东的服务性政府理念的贯彻，所以最终直接指定我们服务（D5） 当时小股大债占那么小的股份，而且他们当时来投资的时候就拿那个临床二期药，可以说是体现了国资的打造营商环境，对民营企业特别是科学家企业的一种支持（A1） 基于开发区这层关系，企业这边拿地或者怎样的话，前期都有一些我们这边人员熟悉流程，就加速了它项目进展的流程（D4） 百济我们是属于一个参股的身份，我们在中间譬如说坚持了一些三会治理，坚持规范治理和健康运营，这些对民营企业来讲，其实在它的发展过程当中还是早有早好（B3）
形成虹吸效应	14	百济来了之后，诺诚、康方、再鼎等都进来了，这就是规模效应，相当于百济起到了示范作用（C1） 生物医药产业版图迅速扩大，四十五天实现诺诚健华项目落地，收购利德曼打造上市投融资平台，构筑产业发展平台（科控动态新闻稿）

注：作者根据文献和案例素材整理而得

根据前述确定的“使命导向→变革模式→实现结果”这三个核心范畴，高新科控市场化阶段的企业发展过程便有了一个清晰的路径，如图8-4所示。

高新科控根植广州高新区创新沃土，聚焦“IAB”计划（战略导向），同时公司董事长等人大胆创新敢于实践、真心诚意与百济等企业并肩做事（企业家精神），致力于打造生物医药产业布局和体系，通过健全公司治理结构、重整部门架构、引入市场化专业职业经理人、外派财务人员等市场化运作机制（机制塑造），在具体的投资管理过程中寻求新的合作点（“用中学”），同时在生物医药产业布局硬件、软件及组织件层面上的举措也随之创新，最后投资双方实现优势整合，合作共赢。

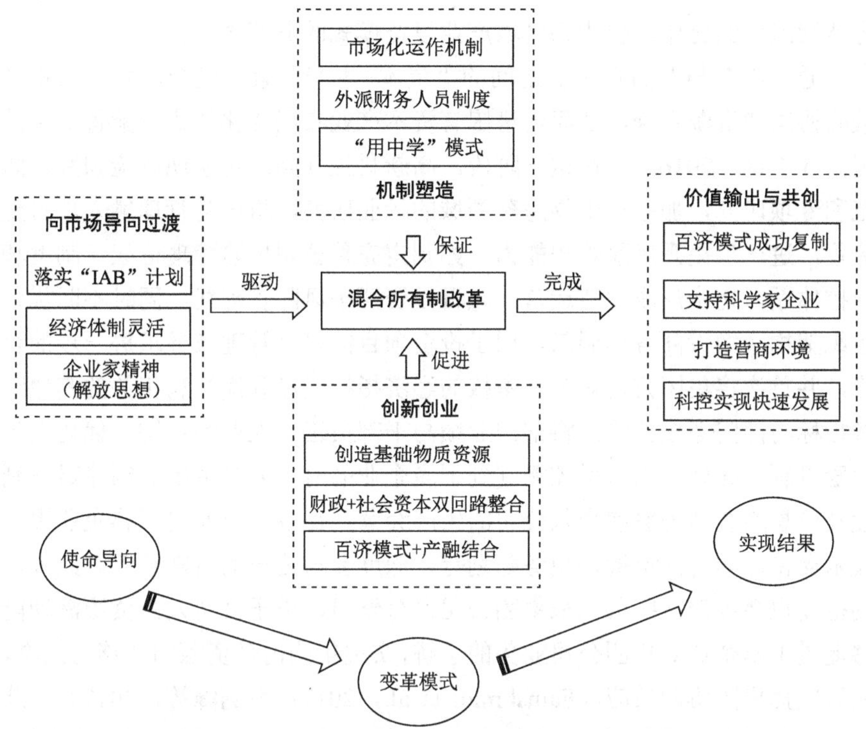

图 8-4　高新科控市场发展阶段公司治理战略变革的概述图

8.5.3　创新全生态发展阶段（2020 年至今）

2020 年以来，为深入贯彻党的十九届四中全会精神，广州市举全市之力推进粤港澳大湾区建设，实现老城市新活力，“四个出新出彩”，区属国有企业迎来前所未有的发展机遇，高新科控作为集团科技投资板块顶梁柱，围绕集团公司“金融+科技+园区”战略，基于“五个一”发展布局，助推区域生物医药产业升级，以及全面赋能国有经济高质量发展，责任重大，推动区域经济发展充分体现了使命导向的经济价值属性（戚聿东等，2021），此时的高新科控呈现出一定的“主动适应导向”。同时高新科控以现金方式全额认购利德曼非公开发行股票，收购后持股比例高达 46.08%，此次增资扩股将大大增强利德曼资本实力，为公司核心业务发展、整体战略布局提供长期资金支持，同时制定“十四五”战略规划助力利德曼新发展。通过一系列定增业务，积极利用资本市场，发挥上市公司的平台作用，有利于做大做强做优产业（郝阳等，2017）。由此可见，与百济、利德曼的二次价值创造是高新科控布局生物医药投资领域的又一重要里程碑，同时双方持续深化的合作，也成为区域产业投资模式的典范之一。

通过国有与非国有企业之间的“资本+生产要素”整合，可有效推动战略协同和资源整合，从而促进国有资本产业布局优化和资源配置效率的提高（王艳，2016）。在这一阶段，高新科控开始注重宏观风险识别、防范和专项研究，加强对生物医药领域的行业研究，将风险管理融入项目全流程，进一步提升风险管控能力。如制定完善公司风险管理框架、制度和内控体系，初步形成规范运营、项目投资两条风险管理线。同时不断优化组织架构，增设商务拓展部，用于投资项目的投后管理及寻求进一步的合作，并首次将集团公司对公司考核的经济指标（净利润）和相关的其他财务指标与部门考核挂钩，将部门业绩与干部员工个人业绩挂钩，优化员工激励机制。此外，高新科控派驻到下属企业的财务人员由事后构建财务制度及信息系统转为事前介入公司的生产经营，在各个方面向下属企业提供技术支持，如合同审批、税务筹划等，深度参与公司的日常经营。此外，利德曼也会委派一些员工来集团公司办公学习，母子公司人力资源流动能够促进下属企业对集团公司业务的了解，实现集团内部资源的转移与共享，从而发挥集团协同效应（Fainshmidt et al.，2017；尹剑峰等，2017）。此时职业经理人积极与同行、合作方、外部机构甚至高校科研院所交流合作，提高对生物医药领域的研判能力，深度挖掘生物医药行业投资机会。该学习机制体现为“交互中学”（范轶琳等，2021），属于机制塑造的范畴。

双方合作的深入促使高新科控进一步创业创新，具体表现在：在硬件层面，高新科控为生物医药项目创造了丰富的物质资源（见表 8-11），赋能生物医药初创企业成长壮大。在软件层面，虽然科控在市场发展阶段已提出“产融结合”的制度安排，但其有效性取决于它能否将国有资本与非国有资本相融合，进而推动民营企业和国有资本投资运营平台协同发展，同时再通过产融结合充分发挥国企混改过程中产生的规模效应或协同效应，从而实现其利益最大化目标，并顺应我国新时期下的经济发展需求（潘剑锋，2020），而高新科控在该阶段根据近几年的生物医药领域投资经验，形成了独具科控特色的“双圈发展+生态闭环”的思维模式（见图 8-5），以参股头部项目为起点，逐步扩大“项目圈”“朋友圈”，已经初步形成了产业投资的生态闭环。目前，高新科控在生物医药“项目圈”与“朋友圈”形成了互动与协同，园区发挥了重要的“土壤”作用，而开发区控股及旗下丰富的金融服务、所投资项目的产业资源为企业发展提供“阳光”与“雨露”，三大要素共同支持医药产业的繁荣发展。在组织件层面，高新科控提出要从管资产到管资本为主，从做强做优做大国有企业到做强做优做大国有资本，这可以说是创新全生态发展阶段中认识上的一次重大飞跃，对完善国有资产管理机制、深化国企改革有着关键性的指导意义（戚聿东等，2021）。以上三个层面属于创新创业的范畴。

表 8-11　高新科控创新全生态发展阶段的硬件资源

硬件层面	具体表现
园区资源	与高瓴资本旗下高博医疗集团合作共建研究型医院，补充医药产业投资临床医疗资源
	加快生物安全港项目建设，加快生物科技成果转换，打造具有全球创新资源影响力的科技成果转化中枢
	粤港澳大湾区高性能医疗器械中心封顶，持续引进高性能医疗器械创新项目
金融资源	联合百济神州、利德曼组建的黄埔生物医药基金全面启动投资
	打造头部资本“朋友圈”，参投高瓴、礼来亚洲等头部基金
	联合粤开资本，完成总规模 10 亿元粤开生物医药基金设立
	粤开投资初步完成转型升级，打造专业化、市场化投资平台

资料来源：根据案例企业相关资料整理而得

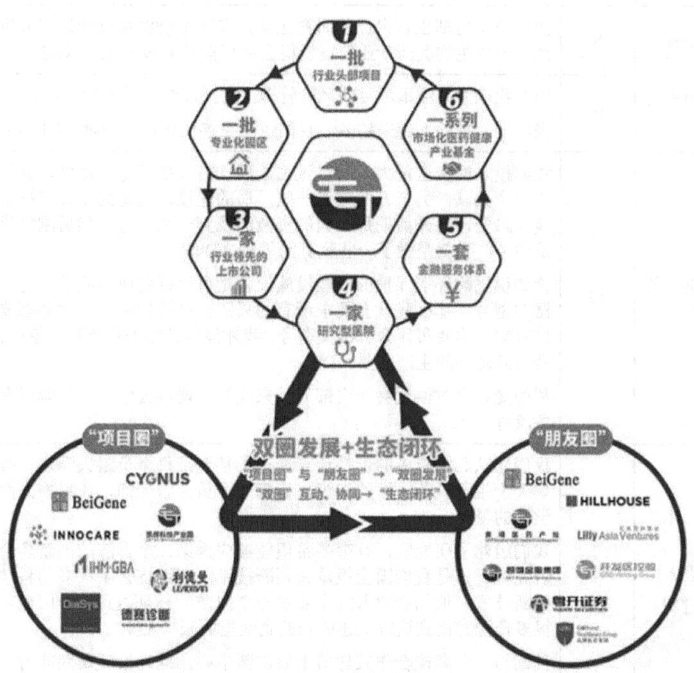

图 8-5　高新科控生物医药领域“双圈发展+生态闭环”图

资料来源：高新科控官网

近几年高新科控在生物医药赛道投资了百济神州、诺诚健华等多个头部项目，控股体外诊断上市公司利德曼，股权项目带来可期的回报率，投资项目优质、主要投资领域前景向好、财务结构稳健。除了助推百济登陆A股以及协助利德曼启动五年战略规划，高新科控自身也同样发展势头迅猛，2021年获得上海新世纪资信评估投资服务有限公司信用评级报告，主体信用等级为“AA+”，评级展望为稳定。同年，高新科控成功发行2亿元债权融资计划，此次发行大大拓宽了公司的融资渠道，扩大了公司在资本市场上的知名度，为后续进一步实现资本市场直接融资奠定了基础。对高新科控创新全生态发展阶段的补充性数据如表8-12所示。

表 8-12　创新全生态发展阶段补充性数据（示例）

二阶主题	条目数	典型例句援引
需求驱动	5	贯彻落实集团公司“金融+科技+园区”战略，按照“五个一”发展布局，聚焦科技股权投资、科技价值园区及科技金融服务等三大主业，致力于服务区域发展、科技创新（高新科控2020年工作总结）
市场契机	7	2020年初新冠疫情暴发，也给我们的投资带来了机遇与挑战（C2） 广东省及广州市开发区发布一系列政策推动生物医药高质量发展（C4）
企业家精神	8	我们公司内部也有自己的研究团队，专注生物医药行业研究分析，深度挖掘新一代生物医药行业的投资机会并提前预判投资风险（B3）
完善公司内部管理制度	16	现在我们尤其注重项目的风险管理，将风险管理融入项目全流程（C3） 慢慢地，招的人越来越多，我们也在完善优化员工激励机制（C6）
外派人员制度的构建	12	我们投入的资金量大，所以过去之后一方面把资金管理好，就是与子资金的一个关联，另一方面推进一些厂房的建设，就是固定资产投资这一块又涉及融资，另外前期那么大的资金涉及到一些税务，然后刚好我的专业又是税务，我就是做了一些税务的筹划（D4） 譬如说采购环境保护的一些设施设备是可以抵免所得税的，但涉及一些机器的型号，那么我就会要求所有的采购合同的评审，我财务都要参与，我只有知道你要买什么机器及型号，我才能判断哪类机器可以享受优惠政策，是否满足你的生产需要（D5） 利德曼这个时候也会派内部人员来我们公司办公学习，了解国有企业的业务流程（B2）
职业经理人的学习机制（“交互中学”）	14	我们团队其实更多的也是让管理人员甚至是每个员工去学这种技术、去分享关于生物医药方面的知识，让每一个员工做老师，在科控方面形成一个学习的氛围（C6） 我们组建了研究院，有很多希望能够成为第二个百济的创新药企想要进到研究院，但是我们国企很难去判断技术，而百济去了很多的科学家，擅长判断技术，他们会对入院企业有一个门槛，一旦达到这个门槛之后，就有很多资源嫁接到这些快速成长的企业里面来（A1） 我们与知名高校合作共建博士后创新中心，提高投资研究能力，着力研究生物医药行业风险预判方法以及风险管理模式（B4） 我们聘请熟悉体外诊断行业、并在相关职能领域具有丰富经验的普华永道思略特咨询团队为利德曼整体设计五年战略规划（A1）

续表

二阶主题	条目数	典型例句援引
创造物质资源（硬件层面）	20	除了战略类型的，到去年之前几乎都是没有成功投资过的，然后我们现在组建的新的通道，为什么我现在敢做了？就因为我们组建了生物医药产业基金（B4） 当你真正从创新港加速器毕业的时候，我还有一个大的土地和资源在这里等你，我们这些载体就相当于是土壤（A1） 我们现在有很多生物医药行业的专家，在技术方面可以给你更多的指导，这其实对于初创企业来说是非常重要的一个环节（A1） 公司加快落实建设粤港澳大湾区生物安全创新港（下称“创新港项目”）和中新广州知识城生物安全和健康产业基地（下称“产业基地项目”），定位为生物安全创新企业的中试基地（高新科控 2020 年工作总结） 挖掘证券公开市场的投资机遇，将粤开投资打造成为证券公开市场投资业务的市场化运作平台（A1）
开发新的思维模式（软件层面）	11	2020 年生物医药以“生态圈”思维“六个一”产业布局初具规模（B4）
探索新的社会-组织安排（组织件层面）	7	我们希望资本和产业的对接形成一个良好的互动，利用好上市公司资本的平台，把股东的这些资源和赋能的话利用好对接好，下一步把管资产转化成管资本，做好上市公司市值管理，这是我们下一步的工作方向（D1） 科技金融应该要实际服务到企业，如果我不能够先知道企业到底是缺什么，再去创新金融实际上都是个灾难（A1、B2、B3） 深化与生物医药头部项目诺诚健华、百济神州等合作，以“产业+金融”思路推动项目合作深耕（A1）
创造性联结	17	退出百济项目，同时参与百济神州科创板战略配售，产业战略投资形象进一步提升（高新科控动态新闻稿） 定增体外诊断上市公司利德曼成为控股股东；制定“十四五”战略规划助力利德曼新发展（高新科控动态新闻稿）
形成协同效应	19	百济当时美股想回来 H 股的时候，我想小股大债这种合作模式应该是起到了很大的作用，是科创板三地上市的一个很重要的支撑，后来又支持它的园区建设，没有退出来，再后面又作为战略投资者再进去（A1） 此次五年战略规划的启动，再次为利德曼业务发展插上腾飞的翅膀，迎来新的发展新契机（高新科控动态新闻稿） 后来就有诺诚健华、利德曼，还有现在参与到百济的战配，也是看着公司从 20 亿、30 亿的资产规模奔到现在是 170 亿、180 亿（C4） 发挥协同优势，科控拓展生物医药产业基金产品，不断丰富科技金融服务（高新科控 2020 年工作总结） 2021 年 5 月 31 日高新科控成功发行 2 亿元债权融资计划，首次在资本市场亮相（高新科控动态新闻稿）
形成虹吸效应	10	新增投资行业头部项目赛纳生物，公司开始正式涉足市场高速发展的基因测序行业（B3） 广州开发区集聚了超过一千家生物医药企业，生物医药产业总体经济发展水平处于国内第一梯队（高新科控动态新闻稿）

注：作者根据文献和案例素材整理而得

根据前述确定的“使命导向→变革模式→实现结果”这三个核心范畴，高新科控创新全生态发展阶段的企业发展过程便有了一个清晰的路径（见图 8-6）。

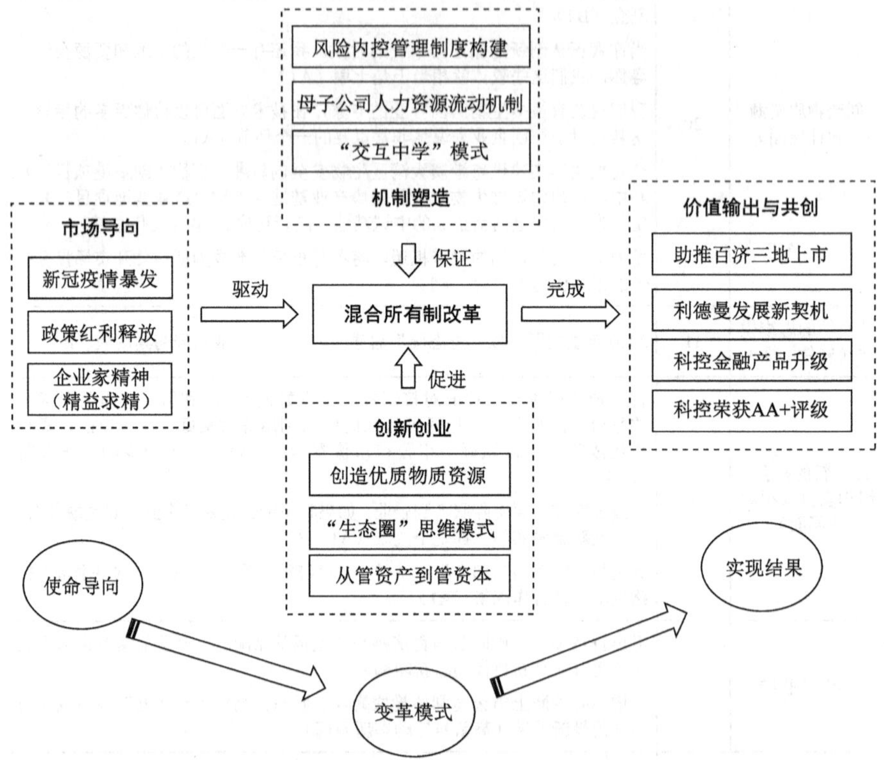

图 8-6　高新科控创新全生态发展阶段公司治理战略变革的概述图

近年来，广州开发区将优化生物医药产业布局作为培育创新动能的重点工作，在该行业研究工作上拥有得天独厚的资源禀赋，释放出一系列政策红利，鼓励国有企业积极参投生物医药企业（市场导向），高新科控贯彻执行集团公司“五个一”发展布局（战略要求），持续深耕生物医药投资领域，打造核心引擎，通过构建风险内控管理制度、母子公司人力资源流动机制、员工激励计划等内部管理制度（机制塑造），积极与同行、合作方、外部机构甚至高校科研院所交流合作，深度挖掘生物医药行业投资机会（“交互中学”），同时在生物医药产业布局硬件、软件及组织件层面上的举措也随之创新，助推高新科控与下属企业的发展踏入新征程。

8.6　结论与讨论

基于前述的案例研究结果，本章得出以下重要结论：①高新科控公司治理战略变革的过程是一个动态积累的过程；②高新科控特色的混合所有制改革思路可以概括为：管资本并非意味着以管控为主，赋能和扶持民营资本发展才是资本混合的题中之义；③高新科控投资项目优质、主要投资领域前景向好、财务结构稳健，公司偿还债务的能力较强，受不利经济环境的影响不大，违约风险较低，但是主营业务盈利能力较弱，款项回收风险较大，为此本章提出了一些政策建议以供实务界借鉴。此外，针对本章的局限性，对混合所有制改革与国有资本投资运营公司价值创造的未来研究方向进行展望。

8.6.1　研究结论

据前分析，高新科控行政化管理阶段、市场发展阶段与创新全生态发展阶段的研究总结如表 8-13 所示。

表 8-13　高新科控阶段总结表

比较维度	行政化管理阶段（1998～2017 年）	市场发展阶段（2017～2020 年）	创新全生态发展阶段（2020 年至今）
使命导向	以战略导向为主，聚焦于战略支撑属性	逐渐由战略导向转为市场导向，聚焦于战略支撑与经济发展双重属性	以市场导向为主，聚焦于经济发展属性
机制塑造	构建公司内部管理制度、开创外派人员制度与高管团队形成“干中学”模式	开启市场化运作机制、建立外派财务人员制度与高管团队进阶为“用中学”模式	构建风险内控管理制度、建立母子公司人力资源流动机制与高管团队升级为“交互中学”模式
创新创业	形成新的投资理念与探索市场化转型之路	创造基础物质资源（硬件）、财政+社会资本双回路整合（软件）与百济模式+产融结合（组织件）	创造优质物质资源（硬件）、“生态圈”思维模式形成（软件）与从管资产到管资本（组织件）
价值输出与共创	LG 经验成功复制、引进百济神州与科控逐渐明确科技战略持股平台	百济模式成功复制、支持科学家企业与打造营商环境、科控实现高速发展	助推百济三地上市、利德曼发展新契机、科控金融产品升级与科控荣获 AA+评级

本章的主要研究结论如下。

第一，高新科控公司治理战略变革的过程是一个动态积累的过程。首先，高新科控参与百济神州项目并不是主动进行混合所有制改革，纯粹是被动承担广州开发区布局生物医药产业的重任，即吸收民营资本并非为了国有企业发展，而是在战略支撑的使命导向下向科学家企业提供必要的资金、土地、技术等方面的支持。其次，以资本为纽带的混合所有制改革带来了高新科控新的公司治理制度，在投资管理过程中，民营企业利益相关者强调资本回报高和生产经营必须紧紧围绕理性经济人特征开展，这带来了公司治理制度的变革，如建立风险内控管理制度、开创外派人员制度、引进职业经理人、优化市场化招聘途径和制定员工激励计划等，形成了好的公司治理机制。再次，在好的公司治理下，混合所有制开展聚集于资本与要素相融合的资源配置效率改革，形成了一系列基于硬件、软件和组织件层面上的创新，如科控为下属企业创造了丰富的物质资源、开发了财政+社会资本的双回路整合招商思路和“生态圈”思维模式、探索出以“小股大债”为特点的百济模式、产业深度融合、提出要从管资产到管资本为主，等等，形成了高新科控独特的创新创业能力。最后，企业在以资本为纽带的混合所有制改革与公司治理的互动和共演中，形成了聚焦于资本与土地、技术和知识等生产要素相融合的全要素生产率变革，通过推动企业形成创新创业能力，提高资源配置效率的全要素生产率，实现了创新驱动发展（图 8-7）。

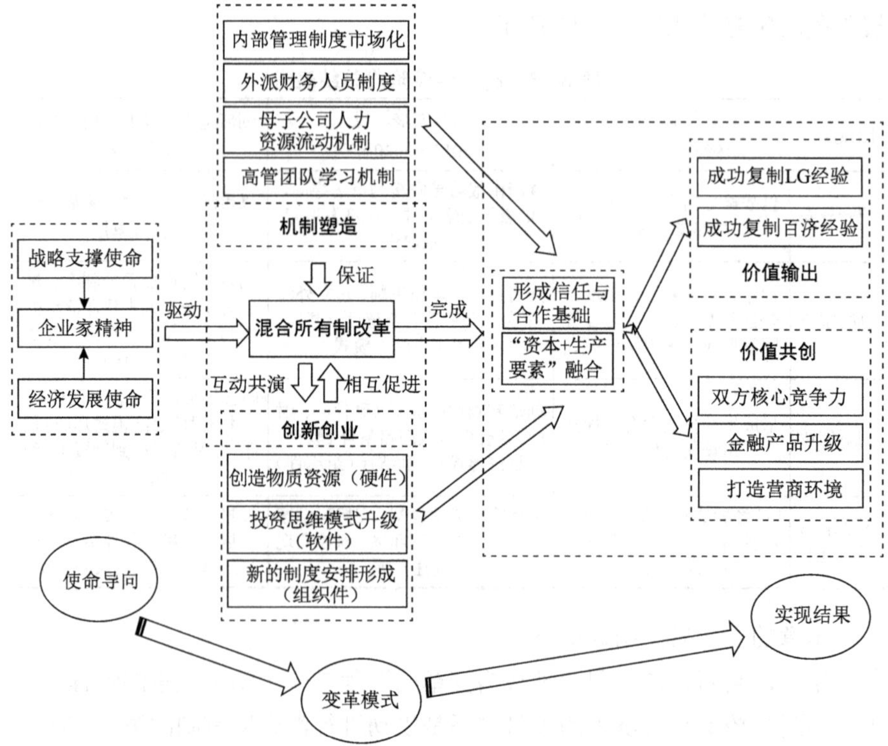

图 8-7　高新科控混合所有制改革、公司治理与创新驱动发展的概述图

第二，高新科控特色的混合所有制改革思路可以概括为：管资本并非意味着以管控为主。相反，赋能和扶持民营资本发展才是资本混合的题中之义。高新科控在混改过程中逐渐探索出独具“科控”特色的发展道路，在战略支撑使命导向下落实区域重大产业发展战略、优化国有资本布局，而在经济发展使命导向下积极引领国有经济高质量发展、激活国有经济活力和实现国有资产保值增值。一般来说，混合所有制企业可以吸收不同所有制的资本，容易出现“混而不合”现象，但高新科控在投资中利用自身的资源禀赋赋能和扶持民营资本发展，带来了制度和商业模式上的创新、服务升级，同时“资本+生产要素”两个层面混合所有制使企业强化良好的公司治理和持续创新能力，进而提升其市场开拓能力和经营效率，这将促进混合制改革释放制度红利，实现企业创新驱动发展。高新科控从制度理论视角研究混合所有制，从而发现了以资本为纽带的混合所有制改革如何演变为“资本+生产要素”两个层面混合所有制改革，最终形成了“混合所有制改革—公司治理战略变革—创新创业能力”这一条创新驱动发展的混合所有制改革道路。

第三，高新科控作为国有资本投资运营平台，资金充足，地理位置优越，加之企业目前所处的经济环境良好，政府支持力度较大，因此高新科控可以专注于投资生物医药赛道，推动生命健康产业高质量发展。在混改过程中投资项目优质、主要投资领域前景向好、财务结构稳健，公司偿还债务的能力较强，受不利经济环境的影响不大，违约风险较低。但需要注意的是，高新科控目前面临着质量效益较差、资本运作手段单一、投资风险加大等问题，而且主营业务盈利能力较弱，款项回收风险较大。因此在以后的企业发展中应注重以人为本，继续深挖投资发展逻辑，调整资产结构，强调资本收益，提升项目质量，同时强化国有企业混合所有制中的创新能力建设。

8.6.2　政策建议

1. *以人为本深化国有企业混合所有制改革*

人始终是全面深化国有企业混合所有制改革的第一生产力，坚持人才是第一资源的理念，要以战略和业绩为导向，加强关键人才的外部引进和内部培养，做好人才梯队的建设。一方面，企业应建立健全市场机制下的职业经理人制度，如具有市场竞争力的薪酬和考核机制、合理的人才流动制度等，充分发挥企业家的专业能力，使企业家为企业创造价值。只有健全职业经理人管理体系，才能在国企混改过程中用好人才、用对人才、发挥人才的优势。另一方面，企业应建立健全激励、约束和容错机制，让企业在创新的土壤中开展创新活动。创新活动具有高投入、长周期、不确定性程度高等特点，且其中的"责权利"制度也亟待完善，在市场化改革中，健全的激励、约束和容错机制有助于企业敢于创新但同时不敢滥用创新从事高风险活动。此外，明确市场准入和退出机制也十分必要，在市场机制中引导各类资本和生产要素的自由流动，提高资本和生产要素的配置效率；建立健全改革容错免责机制，通过集体决策机制、预警系统的设置及党组织前置介入，鼓励企业家创新和改革，形成从经验教训中不断总结和优化工作方案的良好工作作风。

2. 强化国有企业混合所有制中的创新能力建设

在国有企业混合所有制过程中的创新能力建设中，最关键的首先是制度创新，深化国有企业混合所有制改革要以制度创新为重要抓手，国资监管应淡化国有控股和国有参股二者的区别，实行"分类监管，参控同管，逆向监管"，逐步实现"管资产"向"管资本"过渡，同时需加强顶层设计，建立"大国资管理、高层次监督"的国资监管体系，强化"强监弱管、加强法治"的国资监管理念。其次是技术创新，技术创新可以显著提升国有企业的原始创新能力和二次创新能力，有效解决混合所有制经济发展中的关键问题，集聚整合全球科技创新资源，增强中高端科技供给，破解国外科学技术发展的路径依赖。最后是商业模式创新，技术创新可以直接创造新产品和财富，而商业模式创新对技术创新的显著促进作用在于为公司捕获价值，实现创新成果的价值最大化。市场经济是一种"创造性破坏"状态下的不确定性经济，企业只有通过商业模式的不断再造或者是创造性破坏才能有效地生存下来。最重要的是，在创新能力建设的过程中也应注重大数据资源与技术的工具化运用，目前以"大数据"为中心的扩张正在迅速引发我国行业跨界与融合创新，在以往传统科技创新和商业模式创新的基础上，数据赋能通过互联网实施资源整合和双元创新，高效推动资源的合理配置。

8.6.3 研究局限与未来展望

尽管本章采用单案例研究对于构建理论有着独特优势，但所得结论仍需谨慎对待，所提出的模型还需在其他情境中进行检验。一方面，本研究选取生物医药投资领域的代表国有企业做典型分析，高新科控聚焦于生物医药产业这一高风险、高回报的投资策略，是一种相对较为激进的投资战略定位，且由于案例研究本身的局限性，本身无法得出统计意义上的结论（范轶琳等，2021），使得研究结论的普适性成为不可忽略的局限之一，未来可通过多案例研究、实证研究等方式对研究结论的有效性进行检验和扩展。另一方面，本研究所展示的高新科控在不同发展阶段下企业价值创造的演化路径并不是唯一路径，且暂未发现其他演化路径存在的可能性，因此未来可以通过更多的案例来验证其他可能路径。

第 9 章　国有资本投资公司的转型机制研究——以中国建材为例

本章聚焦于央企集团转型为国有资本投资运营公司发展路径这一研究主题，综合运用文献梳理、扎根理论和案例研究等方法，对央企集团从产业集团转型为国有资本投资公司过程中的运营机制和主要行动进行深入分析。基于研究情境的动态性和复杂性，本章选取了具有典型性的案例——中国建材进行分析，将产权理论、战略管理理论和权变理论在企业构建及运行过程中进行映射和结构化编码。经过编码分析，本章总结出了中国建材成功高效高质量地转型为国有资本投资公司的“内管治理，外管投资，创新赋能”的运营机制。本章的结论为国有资本投资公司履行出资人的职责，实现国资委授权放权，明确各治理主体权责，以及在优化顶层设计的前提下为集团对控股公司进行资本运作提供了经验依据。

9.1　引　　言

长期以来，国有企业存在的“政企不分”等缺陷妨碍了国有企业现代公司治理制度的实质建立和高效运行，降低了国有企业参与社会主义市场经济建设的效率和能力（蔡贵龙等，2018b）。国资管理部门对于国有企业的行政干预限制了企业自主发展的动力与活力。因此，必须实现政企分开，通过改革授权机制、监管机制，重视市场的作用，充分激发国有企业的活力。在不同时期，国有资本授权经营的内涵和重点有所不同。具体可划分为四个阶段：改革开放初期主要是授予企业经营自主权；1992～2002 年，主要是建立现代企业制度；2003～2013 年，国资委成立后将国有资产进行统一集中监管；党的十八届三中全会以来，国有资本监管开始从“管人管事管资产”转向“管资本”为主（肖土盛等，2021）。

国有资本投资运营公司的提出也是伴随着以“管资本”为主，转变国有资本监管体制开始的。在新时代全面深化改革背景下，一系列文件都提及了通过改组组建国有资本投资运营公司改革国有资本授权经营体制，包括《中共中央关于全面深化改革若干重大问题的决定》《关于深化国有企业改革的指导意见》《关于改革和完善国有资产管理体制的若干意见》《关于推进国有资本投资、运营公司改革试点的实施意见》等，深化国有资本投资运营公司改革是培育具有全球竞争力的世界一流企业的重要举措。

国有资本投资运营公司就像是政府与市场之间的“隔离带”（胡锋等，2017；何小钢，2017），国有资产监管机构的指令主要通过国有资本投资、运营公司这个平台，按照规范的法人治理结构，以“市场化”的方式层层传导，规避政府对市场的直接干预，真正实现政企分开，具体如图 9-1 所示。在“隔离带”之下，国资委成为监管者，国有资本投资公司成为出资人，将经营权放回企业。作为企业，国有资本投资公司身为出资人，对所出资企业履行出资人职责，行使股东权利，实现国有资本的保值增值。

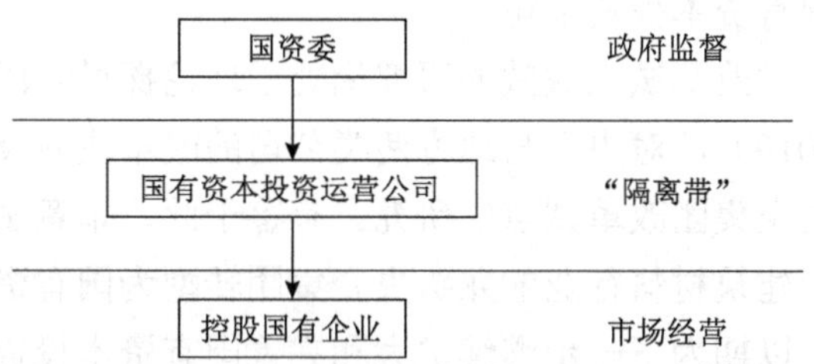

图 9-1　国有资本投资运营公司“隔离带”作用图示

同时，国有资本投资运营公司在推动资本布局优化和产业结构调整过程中还发挥着“主力军”作用。一些关系国家安全和国民经济命脉的关键领域需要巨额投入，同时建设周期长，甚至回报率也比较低，导致非国有资本无法进入；而国有资本主导了这些支柱性产业的发展，奠定了基础，积累了一些资源，并逐渐成为推动这些产业创新发展的主要力量。从当前所有中央国有资本投资公司试点企业产业布局上看，所处行业均有关国家安全、国民经济命脉的行业和领域。

此外，国有资本投资、运营公司改革试点的公司数量、类型、功能定位及运营模式存在明显的异质性（何小钢，2017）。两类平台公司的战略定位和功能侧重点各有不同：国有资本投资公司通过战略性投融资、资本整合及产业培育，旨在推动国有资本向前瞻性和战略性产业集聚，提升产业竞争力，优化央企资本的行业布局与产业结构，提高国有企业在基础性产业和战略性产业的影响力和控制力；国有资本运营公司则通过持股管理、资本运作、进入退出等进行资产经营和资本运作，旨在通过提高资本流动性来调整国有资本结构，实现国有资产保值增值。总体看，前者侧重于产业发展、实现产业战略目标，后者侧重于资本运作、实现国有资产保值增值。

伴随着相关政策文件的出台，国有资本投资运营公司逐步在中央和地方展开试点。在地方层面，各省份也开始展开试点工作。例如，北京市分别于 2017 年和 2018 年批复首旅集团和首农食品集团作为国有资本投资运营公司试点单位。截至 2019 年底，全国已有 30 个省份的 122 家地方国有企业（拟）开展此项试点工作。在中央层面开始的分批试点，现已进行了三批。第一批试点于 2014 年 7 月在中粮集团和国家开发投资集团展开，并于 2016 年和 2018 年开始了国有资本投资运营公司的第二批和第三批试点工作，国新和诚通改组为国有资本运营公司，中交建、宝武钢铁、招商局等企业改组为国有资本投资公司。

遗憾的是，对改革试点成效的研究尚处于理论探讨阶段（黄明明等，2019；辛宇，2019），对央企与地方两类公司的改革成效及机制研究仍较少，特别是对央企集团改革试点的研究。有鉴于此，本章试图抛砖引玉，以中国建材这一建筑材料行业的龙头央企集团转型为国有资本投资公司为案例进行分析，以期为下一步继续扩大和完善国有资本投资运营公司试点运行及国有资本监管改革提供理论支持和实务参考。

9.2 理论背景与文献综述

9.2.1 理论背景

1. 国有资产和国有资本

国有资产（State-owned assets）是依法确认为国家所有、能够带来未来收益的经济资源的总称。企业国有资产，是指国家对企业各种形式出资所形成的权益。在我国，狭义的国有资产主要指经营性国有资产，以保值增值为主要目标；广义的国有资产，是包括经营性国有资产、行政事业性国有资产、金融性国有资产和资源性国有资产在内的全部国有资产的统称。本章所指的国有资产，特指以保值增值为主要目标的狭义的经营性国有资产。

国有资本（State-owned capital）是国有资产资本化的价值形态。国有资本首先是资本，资本是抽象的价值，其具体表现形式为资产。生产资料的资本化、金融化、证券化使国有企业占有使用的国有生产资料转化为国有资本，随着更多的国有生产资料转化为国有资本，固化形态的国有资产向价值形态的国有资本转变，股份制公司是国有资产价值形态的重要载体。国有资产在股份制公司中的资本化使其转为国有资本。相较于国有资产，国有资本的流动性更强。同时，国有资产资本化的收益将会形成国有资产新的增量。国有资本投资公司从事的国有资本运营，区别于实物形态的国有资产，强调国有资本价值管理和经营的资本理念。

2. 国有资本投资公司和国有资本运营公司

国有资本投资公司（State-owned capital investment company）是国家授权经营国有资本的公司制企业，其以投资融资和项目建设为主，通过投资实业拥有股权，通过资产经营和管理实现国有资本增值保值，履行出资人监管职责。从运营模式来看，新加坡淡马锡集资本投资公司和主权财富基金于一身，也是与我国三层次国资管理体制相类似的“中间层”国有投资运营平台，不过，由于淡马锡侧重于发挥主权财富基金功能，以追求财务投资收益为主，不再着眼于新加坡的产业振兴和市场培育，而是依赖国际市场、中产阶级与金融投资获利的模式，加之新加坡的国有资产规模有限，因此其国有资本功能定位显著区别于中国。但中国的国有资产规模庞大且意义非同寻常，不仅是支撑国民经济发展的基础，还肩负着实现产业转型升级、跨越发展的重任。国有资本投资公司侧重于产业投资，通过产业培育不断提高国有企业产业竞争力，而不是“有利则来无利则往”的投机者。

国有资本运营公司（State-owned capital operating company）则主要以推动国有资本合理流动，通过资本运营提升国有资本运营效率，盘活国有资产存量为目标。相比之下，国有资本运营公司不对实体产业和实体企业进行控制，国有资本运营公司的核心职能就是通过投资、持股等手段，把固定资产变成可流动的资本，实现国有资产保值增值，满足国有经济布局调整、国有企业改革需要。

3. 产权理论

马克思主义产权理论的所有权职能分解为国有资本授权经营体制改革奠定了理论基础。国有资本授权经营体制改革实现了国有资本所有权与使用权的分离，在此基础上实现资本所有权、法人财产权、企业经营权分属不同主体且各自独立。具体而言，国有资本出资人不能基于出资关系随意处置或收回企业的法人财产，从而侵犯法人财产权，不能基于资本所有权而直接干预企业正常的生产经营，从而侵犯企业经营权，而是应当按照公司法等相关法律的要求，尊重法人财产权和企业经营权的独立和完整，以股东身份依照法律要求和公司章程规定参与企业重大经营决策。国家出资企业的股东会或股东大会、董事会按照公司法等相关法律的要求行使权利、履行义务，股东会或股东大会不能直接干预经理层行使相对独立的企业经营权，不能直接聘任或解聘经理层，而应通过中间层的董事会来实现，不能直接干涉经理层关于企业生产经营的具体决策。国家出资企业的经理层也应当按照公司法等相关法律要求和公司章程规定行使权利、履行义务，不能基于企业经营权随意处置或侵占企业法人财产。同时，国家出资企业的经理层对董事会负责，董事会对股东会或股东大会负责。

4. 战略管理理论

“战略”一词原本是运用在军事领域，是一个军事术语。在20世纪中叶，“战略”这一术语便被人们从军事领域应用到了商业领域。从产业层次的角度看，战略被认定为一种方向；从企业层次来看，战略表现为一种观念；从企业过去发展历程的角度来看，战略则表现为一种模式；而从企业未来发展的角度看，战略更是表现为一种计划。发展战略的制定应遵循核心能力匹配的原则、资源匹配的原则、可持续发展原则、以人为本的原则。企业的战略基础、战略支撑和战略拓展等战略理论研究，在国有企业的深入改革中占据着十分重要的作用。因此，深化改革需要在整体上实现战略转型，发挥资本管理的市场化作用，实现国有企业高质量发展。

5. 权变理论

权变理论指出，组织的生存依赖于组织的环境，适应环境是必不可少的（Drazin et al.，1985），伯格（Berger）等（1998）也认为，企业处于不同的生命发展周期时，其信息约束条件、企业资源、企业实力和资本需求都会有所不同，企业的持续创新在不同阶段表现出异质性特征，因此，在混合所有制改革的动态语境下，企业需要权变地开展公司治理以促进企业持续创新（娄祝坤等，2019）。因此，在权变理论的视域下，组织的治理机制应根据其使用的具体情况和背景加以调整，以实现预期的结果。

企业的自我创新是一种具有创造性的能力，而根据演化经济学和能力学理论，能力本身就必须具有一定空间范围与一定时间内的稳定性和惰性，并且能够伴随着时间的快速流逝而不断发生“传递”的管理效果（Nelson，1985；Leonard，1997），为了能够使用户能动态和快速地适应环境，需要用一种动态的创造能力管理模式来克服能力带有的刚性，即可以通过不断地调整外部环境来促进能力的提升。

9.2.2　文献综述

1. 关于国有资产管理体制改革的研究

国有资产管理体制改革是国有企业改革的核心内容，既涉及行政体制改革和政府机构改革，也涉及利益调整和权利重新分配（项安波，2018）。在从前国有企业各项业务分别由各个政府部门管理，“九龙治水”的情况下，2002 年，党的十六大明确提出要建立中央政府和地方政府分别代表国家履行出资人职责，享有所有者权益，权益、义务和责任相统一，管资产和管人、管事相结合的国有资产管理体制，在中央政府和省、市（地）两级地方政府设立国有资产管理机构。2003 年，国务院正式成立国有资产监督管理委员会（简称“国资委”），专门承担国有资产监管职责，国资委开始作为政府特设机构担任国有企业出资人代表，各地地方政府也相继设立了国有资产监督管理机构。

然而，国资委作为国有企业的出资者、监督者和管理者所产生的负面影响及优化路径一直存在较多争议，如兼具社会职能与经济职能的国有企业普遍面临较强的政府管控（Shleifer et al.，1994；Lin et al.，1998）及承担过多的政策性负担，且国资委既是“裁判员”又是“运动员”，存在“政企不分”“政资不分”等问题（Chan，2009）。国有企业高管也有可能为追求国有资本回报与提升国有企业业绩，还可能加剧其短视行为而减少周期长且风险高的创新活动（He et al.，2013；Fu et al.，2020）。

基于“国资委—国有企业”两层监管结构的问题，众多学者（刘纪鹏，2006；张曙光，2010；中国社会科学院工业经济研究所课题组等，2014；陈庆等，2014；谢志华等，2014；楚序平等，2017）都认为，应构建三层国有资本管理模式，由国有资本投资运营公司持有国有股权，并作为国资委与国有企业之间的“隔离带”，真正实现政资分开和政企分开。蔡银森（Choon-Yin Sam）认为，“政府—国有资本运营平台—混合所有制企业”的管理结构是提升国有资产管理效率的有效体制，其中，国有资本运营平台为重要平台，应该起到对国有企业经营绩效进行评价和监督国有企业完善公司治理制度建设等作用（Sam，2013）。

随着2015年新一轮的国企改革，中共中央、国务院颁发了《关于深化国有企业改革的指导意见》，其中指出，“国有资产监管机构依法对国有资本投资、运营公司和其他直接监管的企业履行出资人职责，并授权国有资本投资、运营公司对授权范围内的国有资本履行出资人职责。国有资本投资、运营公司作为国有资本市场化运作的专业平台，依法自主开展国有资本运作，对所出资企业行使股东职责”，较为完整地构建了“国资委—国有资本投资运营公司—国有企业”的三层国资监管制度框架。

2. 关于国有资本投资运营平台运行机制与发展研究

对于国有资本投资公司与国有资本运营公司这“两类公司”的不同，肖金成和李军（2016）对两者的运营模式和机制展开研究和探讨（何小钢，2017），同时就此类公司在具体的运营机制、基本特征、主要任务、治理结构等方面作了详细的设计。许保利（2016）从持股方式角度进行分析，认为国有资本投资公司负责持有非上市企业的国有股权，并采用不断进入与退出的方式对非上市国有股权进行优化配置，国有资本运营公司则主要负责对上市公司的国有股权进行管理，利用资本市场放大国有资本效益。

对于“两类公司”具体的运行机制，肖金成和李军（2016）以我国国有资本投资运营公司在当前改革中所面临的问题为切入点，总结出目前我国国有资本投资运营平台具有的基本特征，并对其主要任务进行阐述，从而总结出相对有效的公司治理结构。王曙光和王天雨（2017）则从股东身份的角度进行分析，以人格化积极股东身份为核心构建国有资本投资运营公司，认为人格化积极股东的实质是采用市场化的运行机制，摆脱政府僵化的行政化管理理念，建立现代产权制度，完善现代企业制度，从而在投资运营公司内部及下属国有企业内部形成良性有效的激励约束机制，以此促进混合所有制的发展，激发国有资本活力。

对于地方国有资本投资、运营公司发展现状与趋势，罗新宇等（2017）提出已形成了五个方面的主要趋势，分别是“融投管退”的运营模式形成、对外投资基金化、混合所有制改革进程加快、市场化选人用人机制逐步建立和市场化激励机制的逐步探索和创新，对摸清国有资本投资公司的整体脉络有较好的借鉴意义。柳学信（2015）对国有资本监管体系的发展历史和发展现状进行了具体调查和分析后得出结论，要实现对国有资本公司的合理到位的监管，应该对国有资本公司监管体系依据管理者的不同进行划分，具体来说可以分为资本管理及企业监管，前者的管理者为国有资本公司内部管理体系，而后者的管理者则为政府监管机构，两种监管模式共同作用，保证国有资本公司运营效率提升。

基于案例研究，目前一些学者也对国有资本投资运营公司的运行机制提出了一些见解。潘泽清（2017）以新加坡淡马锡公司为例，认为国有资本投资公司在投资策略选择上应注重投资的长远收益，并且关注流动性高的资产。干昕艳（2015）选取了衢州控股、重庆渝富、深圳远致三家国有资本投资公司进行组织架构研究，提出了有效发挥董事会和监事会作用的建议。张宁和才国伟（2021）对沪深两地国资委与国有资本投资运营公司及其投资企业三层监管架构之双向治理路径进行了探究，发现无论是自上而下的推动力还是自下而上的影响力，企业能力始终是授权放权和支持力度的关键决定因素。

3. 关于国有资本投资运营公司对企业绩效的研究

关于国有资本投资运营平台对企业绩效的影响，国外文献集中于对新加坡淡马锡国有资本运营模式及绩效评价的研究。淡马锡绩效评价的核心指标是股东回报，包括一年期、三年期及十年期在内的短、中、长期股东回报率。除此以外，年度绩效的主要评价维度包括：业务发展情况、组织发展状况、人力资源发展状况等。与此同时，淡马锡还注重把企业发展战略、全面预算管理和绩效评价三个系统紧密衔接起来综合考核企业。克里斯托弗·陈（Christopher C. Chen）指出，淡马锡较高的投资收益很大程度上得益于良好的公司治理、积极的投资策略，以及由此带来的较高的资产质量和资本流动性，可以灵活运用资本运营手段实现国有资本的退出，通过出售或减持国有股权获得收益（Chen，2013）。

在国内学者研究中，肖土盛和孙瑞琦（2021）发现，母公司进行国有资本投资运营公司试点将显著提升其所属上市公司的会计绩效和市场绩效，李端生和宋璐（2020）发现两类公司的成立显著提高了所属上市公司的价值（王治等，2022）。与此同时，学者们研究发现市场竞争越激烈，所在地区经济越发达的企业，两类公司越能推动国有企业价值的提升。对于国有资本投资运营公司对企业绩效的影响路径，肖土盛和孙瑞琦（2021）认为改革试点主要通过放权机制（降低政府干预）、监督机制（降低代理成本）和激励机制（增加外部薪酬差距）影响企业绩效，而王治和黄文敏（2022）发现试点政策可以通过公司治理、薪酬绩效和流动性支持渠道提升企业价值。

4. 文献评述小结

对于国有资产监督管理体系的改革，大多数学者认为国资委直接管理控股国有企业不利于企业的发展，可能会让企业承担过多的政策性负担，不利于企业创新等等。近年来，支持设立国有资本投资运营公司作为国资委与国有企业之间的“隔离带”的声响越来越大，在 2015 年较为完整地构建了三层国资监管体系后，学者们对投资运营公司的运行机制的研究兴趣逐渐增大。

然而由于国有资本投资公司尚处在试点阶段，时间较短，全国地点仍在模式阶段，现阶段对国有资本投资公司的研究成果更侧重在政策的解读和运行机制的设想方面，还未对此类公司如何真正开展运作进行深入研究，同时也未对怎样开展国资运营这一问题给出系统、全面的答案，现有研究多从投融资策略、股东身份、两类公司治理结构出发，且对地方的国有资本投资运营公司的研究较多，针对央企集团转型为两类公司的研究较少。

两类公司改革试点开展至今已有一段时间，学者们开始从两类公司影响国有企业绩效的角度进行研究，正向影响着学者们主流的研究结果。然而研究较少，且大部分为实证研究，具体如何影响企业的绩效还缺乏实际的案例证据。

综上所述，对国有资本投资运营公司的研究，从最早呼吁在我国设立，到研究其运行机制，再到目前新兴的研究其对企业绩效的影响，学者们对两类公司的研究热点一直较高。然而，对于两类公司运行机制的研究较为分散，还没有系统的框架或成熟的经验，且大多数案例研究以地方两类公司为研究对象，对央企集团的转型较少涉及，对于两类公司影响国有企业绩效的研究则较少，且缺乏案例质性研究为其提供切实的依据。因此本章将以央企集团中国建材转型为国有资本投资公司作为研究案例，运用 Gioia 数据处理方法对中国建材各种实际的资料进行较为全面的分析，探究其运行机制，并对其实施影响企业绩效进行评价。

9.3 研究设计

9.3.1 研究方法与案例选择

本章将围绕央企集团转型为国有资本投资运营公司发展路径这一研究主题，综合运用文献梳理、扎根理论和案例研究等方法，参阅大量关于国有企业改革、国有资本投资运营、公司治理等国内外相关文献资料，围绕国资委、国有资本投资公司和控股公司之间的关联，对国有资本投资公司在整个过程中的主要行动进行深入的分析，识别出本研究所借鉴的主要理论——产权理论、战略管理理论和权变理论。Gioia 方法由丹尼斯·乔亚（Dennis A. Gioia）教授在 1991 年首次提出，乔亚教授及其他研究学者在之后二十余年中对其进行了持续完善，通常称之为 Gioia 方法。Gioia 方法下的编码具有证据链明晰的优点。它既同其他定性研究一样具备严谨性，还具有能够创造新概念及新理论的创造性（Kedia et al.，2011）。目前关于央企如何成功转型为国有资本投资公司的文献研究数量较少且切入点比较分散，本章针对央企“如何（How）”和“为什么（Why）”可以转正为国有资本投资公司的问题进行深入探究，特别注重对过程性的分析（Yin，2014），因此遵循 Gioia 等学者提出的分析步骤对数据进行归纳式分析的案例研究可以较为贴切地满足本章的研究需求。

聚焦于央企集团从产业集团转型为国有资本投资公司过程中的运营机制，研究的情境具有动态性和复杂性。因而，本章选用了具有典型性的案例——中国建材进行分析，将产权理论、战略管理理论和权变理论在企业构建及运行过程中进行反映，通过对中国建材的案例分析，形成具有普适性的观点及启示，为我国国有资本投资公司的运行机制提供参考。

9.3.2 数据收集

本研究的数据来源包括在企业中直接收集的一手数据和公开的二手信息数据（Eisenhardt，1989）。一手数据大部分是进行公司会议活动时，公司内部所使用的视频和音频，以及现场观摩过程中所获取的素材；二手数据主要包括案例企业在各个方面的会议记录报道、宣传材料及高层管理人员相关的书籍等的公开资源，同时还结合了文件的数据分析，利用多种移动端和网络查询技术实现对所有公开资源的检索，以便进一步掌握案例企业的混合所有制改革情况，通过多渠道的数据来源保证资料的完整性、准确性和丰富性。具体的信息来源主要包括：①参与式观察和参加公司的大型会议等活动；②案例企业的招聘信息、宣传手册等资料；③企业高级管理者的相关文章和书籍；④案例企业的受访记录报道和其他信息报道。通过研究运用多种不同层次、多数据不同来源的资料收集分析方法，形成纵向三角验证，以期能够提供与研究主题相关的更丰富、更可靠的研究素材，增强研究分析结果的普适性和可推广性。详细资料获取方式如表 9-1 所示。

表 9-1 资料获取方式

资料类型	资料来源	资料获取方式
一手资料	公司的会议	参加公司的会议，录音、记录
二手资料	会议记录报告	月度会议、季度会议、年度总结会议等各类会议报道
	宣传资料	各类新闻公告、公司宣传海报、招聘信息等
	高级管理者的相关书籍	通过相关的书店购买
	其他公开资料	公司官网信息、利用百度及 CNKI 等互联网工具进行检索

9.3.3 数据处理与分析

遵循 Gioia 等学者提出的分析步骤（Gioia et al.，2013；毛基业，2020），对中国建材的相关资料和信息进行了搜集后，本章以 NVivo11 软件作为辅助分析工具，对所搜集到的相关数据信息进行了逐层深入多方位的数据编码工作（王扬眉，2019），得出其在成为国有资本投资公司试点后企业内外部改革的具体内容，探索中国建材成功转型为国有资本投资公司的内外运营机制，并在对其进行比较分析后，构建出央企集团改组为国有资本投资公司过程的理论模型。具体的数据分析过程分为以下五个步骤。

第一步，对中国建材成为国有资本投资公司试点的过程和发展脉络进行梳理，重点关注中国建材从产业集团转型为投资公司的关键做法和理念。之后，围绕国资委、国有资本投资公司和控股公司之间的关联，对国有资本投资公司在整个过程中的主要行动进行分析，着重关注中国建材国有资本投资公司相对于以前作为产业集团，对国资委和控股公司的态度、运营的方式，以及在整个转型过程中的具体行为的变化。

第二步，在初步资料整理的基础上进行概念归纳。一阶概念的提炼特别关注中国建材作为国有资本投资公司的行为方式、运营理念、环境条件以及对整个集团的影响。所有的一阶概念以实践者的第一视角进行命名，例如，“在成为国有资本投资公司之后，中国建材获得了更多来自国资委的授权放权，为企业发展提供了更多的灵活空间”这样的表述被贴上“获得国资委授权放权”的标签。

第三步，对具备相同内涵的一阶概念进行理论聚合，逐步抽象成为更具概括性的二阶主题，例如“获得国资委授权放权”和“明确各治理主体权责”的表述被概括为“公司体制建设”。

第四步，将相关联的二阶主题根据现有文献和国有资本投资公司的相关政策指导进一步进行提炼、分类和合并，形成三阶维度，如“公司体制建设”和“深化党的领导”被归纳为“治理设计”，具体数据结构图如图 9-2 所示。

第五步，本研究还重点关注和诠释各理论维度之间的关联，经由理论维度、案例资料及现有文献的持续互动，最终识别出各编码之间相互作用的模式、过程、结果及其内在的机理，总结出中国建材“内管治理，外管资本，创新赋能”的国有资本投资公司运营机制。

为了保障案例分析的信度和效度，本章在形成初步数据结构后利用三角验证法，对应不同来源的资料反复印证，并参考专家意见，不断修改案例编码。同时，在编码过程中绘制不同的图表以厘清编码间的逻辑关系，保证其合理性。

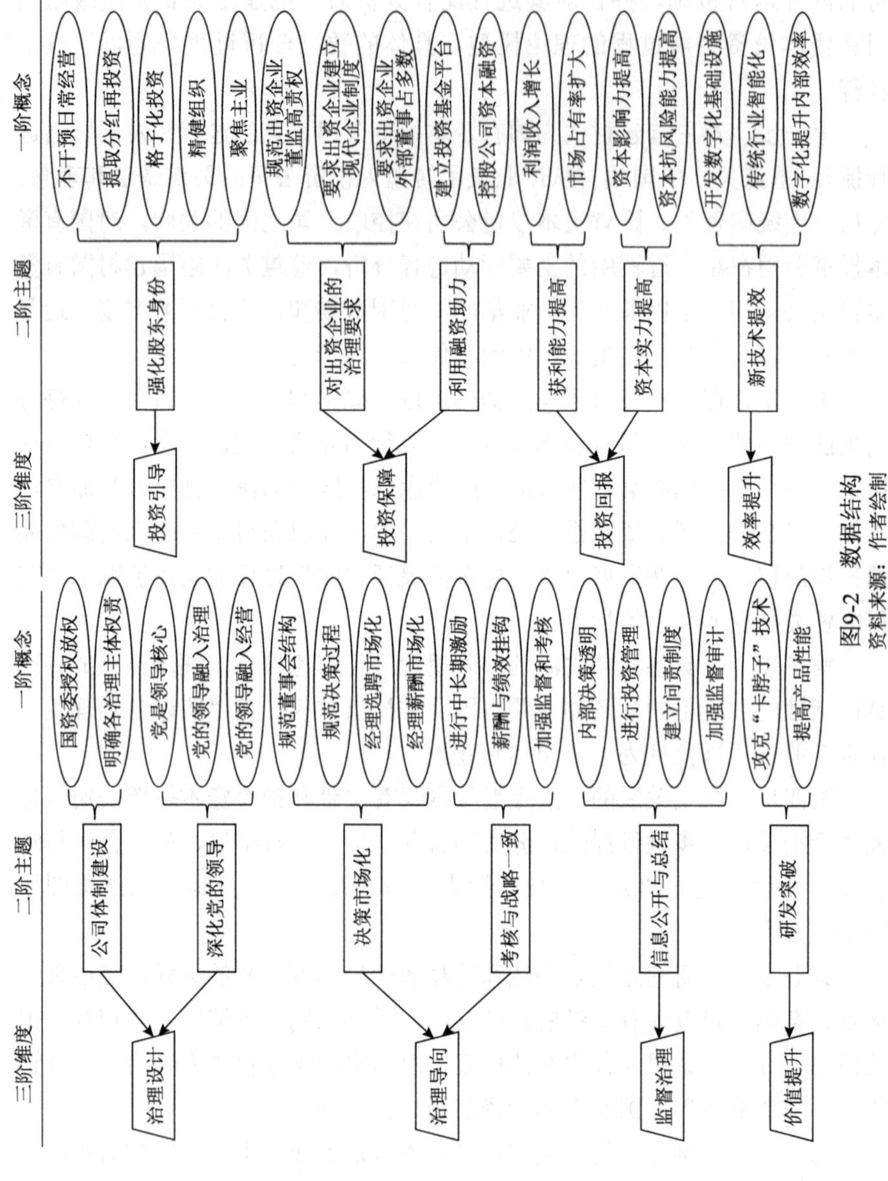

图9-2　数据结构

资料来源：作者绘制

9.4 案例描述

9.4.1 案例企业介绍

中国建材前身为中国新型建筑材料公司，成立于1984年，经国务院批准设立，作为国务院国资委直接监管的中央企业，中国建材发展至今，已成为国内最大的综合性建材产业集团，世界领先的新材料开发商和综合服务商，连续12年荣登《财富》世界500强企业榜单，2022年排名196位。截至2022年底，资产总额6 800多亿元，年营业收入3 800多亿元，员工总数20万人。自成立以来，公司根据不同发展阶段的内在需要，通过并购、重组、引入外部资本等一系列手段，进行资源整合，同时进行内部体制机制改革，实现了快速又高质量的发展。

作为第一批央企改革试点企业，中国建材经历了漫长的改革过程，党的十八大以来，中国建材先后进行了发展混合所有制经济、落实董事会职权、兼并重组、国有资本投资公司、“双百行动”、科改示范行动等9项国企改革试点。早在2013年前，中国建材就已提出“央企市营业”的公司治理机制，采用联合重组、资本运营的方式对行业结构进行调整，探索建立并购后独特的整合框架，实现了包容性成长和快速扩张。在“十二五”期间，中国建材便已将目标锁定为做强、做优，成为具有国际竞争力的世界一流企业，将在行业升级、技术创新和走出去等方面带动整个行业的健康发展。在近五年更是有了飞跃式的发展，集团战略规划紧跟“十四五”发展规划下向数字产业化、产业数字化转变的方向，迈向一条实现中国高质量可持续发展的新企业道路。

9.4.2 国有资本投资公司改革试点情况

自中央在党的十八届三中全会中提出改组和组建国有资本投资、运营公司以来，一系列政策及相关指导文件陆续出台，为国有资本投资、运营公司的改组和组建提供了指引。2013年《中共中央关于全面深化改革若干重大问题的决定》文件中，第一次明确了要完善国有资本管理体制，以管资本为主加强国有资产监管，通过组建国有资本投资、运营公司，进行国有资本授权经营体制改革。2015年下发的《国务院关于改革和完善国有资产管理体制的若干意见》文件中，明确了国有资本投资公司的两种改组组建形式，以及国资监管机构、国有资本投资公司与其所出资企业的角色、定位和三者关系。2018 年国务院下发了《关于推进国有资本投资、运营公司改革试点的实施意见》，对国有资本投资、运营公司试点工作的目标及意义做了具体说明，并对试点的具体工作进行了详细的指导与规定，包括公司的功能定位、组建方式、授权机制及治理结构等方面。2019 年国务院印发了《改革国有资本授权经营体制方案的通知》，该指导文件针对国有资本授权经营体制改革，提出了多项重要举措。同年，《国务院国资委授权放权清单（2019 年版）》发布，该文件中重点选取了 5 大类共计 35 项授权放权事项，其中适用于国有资本投资、运营公司的事项共计 31 项。通过这一系列政策可以看出，国有资本投资、运营公司改革已经进入深化阶段。所颁布的政策针对性越来越强，内容越来越细。从公司顶层设计到具体的运营机制，都有相关的具体指导文件。截至 2019 年年底，中央分三批次相继成立了共计 19 家国有资本投资公司，经过近几年的运营实践，已经取得了一些经验。在改革试点中，从中央和地方的试点成效来看，目前投资运营公司尚未充分发挥“隔离墙、防火墙”和布局优化平台等方面的实质性作用，对国资国企整体改革的带动性还不显著。主要是因为投资运营公司尚未做实，存在“翻牌”和“架空”两个主要问题。

本章研究案例对象中国建材是在第三批成为国有资本投资公司试点的。在 2022 年 6 月转正的 5 家中央企业国有资本投资公司中，只有华润集团和中国建材成为试点的时间最晚，中国建材更特殊的是其为 5 家转正央企中在国资委“央企名录”排名中唯一一家在 50 位之后的。由此可见，中国建材在 5 家转正央企中是级别最低且成为国有资本投资公司试点最晚的，而能高效、高质量地转型为国有资本投资公司。基于此，为了体现案例的启发性、极端性（Yin，2014），本章选择中国建材作为研究案例。

9.4.3 中国建材成为国有资本投资公司的实践

1. 中国建材成为国有资本投资公司的动因分析

作为五家首批正式转为国有资本投资公司之一的中国建材，是国务院国资委直接监管的中央企业。发展至今，已成为国内乃至全球最大的综合性建材产业集团，集科研、制造、流通于一体，是世界领先的综合服务商。

在中国建材的身上，具有转型成为两类公司的必要性和可行性：①在国民经济关键领域发挥着重大的影响力；②建筑材料行业存在产能过剩的问题和提高产业链价值的需要；③是国有企业改革的成功案例，拥有较好的公司治理结构及股权结构，经营管理制度高效科学。

国有资本投资公司主要以服务国家战略、优化国有资本布局、提升产业竞争力为目标，中国建材可以通过开展投资融资、产业培育和资本运作等，发挥投资引导和结构调整作用，推动产业集聚、化解过剩产能和转型升级，培育核心竞争力和创新能力，积极参与国际竞争，着力提升国有资本控制力、影响力。同时，中国建材在其所在的特定领域，可以成为代表世界一流水平的中国国有企业投资者，在所投资产业领域，带来高于平均水平的国有资本回报。鉴于此，在2018年，中国建材成为第三批国有资本投资公司试点企业。

2. 中国建材成为国有资本投资公司的过程

按照国家确定的目标任务和布局领域，国有资本投资、运营公司可采取改组和新设两种方式设立。新设成立速度快、效率高，无企业资产、组织、人事、体制方面的限制，但是在选人用人、团队培育等方面缺乏经验。改组成立又分为合并改组、吸收改组和直接改组，其中直接改组方式虽然可以在短时间内完成初步改革，但对企业综合能力要求最高，其次是吸收改组和合并改组。基于中国建材具有较高的生存和发展能力，拥有较强的管理和业务团队，团队与业务之间的承接、团队之间的配合相对紧密，能很好地融合到国有资本投资公司中，因此中国建材总部（集团结构见图9-3）选择直接改组为国有资本投资公司。

需要注意的是，产业集团与国有资本投资公司的公司属性、涉及领域、管理方式及治理结构都存在着差别。具体来说，现有的企业集团主要是产业集团，本身从事生产经营活动，同时对集团所属企业的生产经营活动实施有效管理；国有资本投资、运营公司是国有资本市场化运作的专业平台，本身不从事具体的生产经营活动，按照公司法的相关规定，对所持股企业行使股东职责，维护股东合法权益，按照责权对应原则，切实承担优化国有资本布局、提升国有资本运营效率、实现国有资产保值增值等责任。企业集团基本上都是围绕国有资产监管机构确定的主业，在主业范围内从事生产经营和管理；国有资本投资、运营公司是按照国家确定的目标任务和布局领域设立，目的是优化国有资本布局，促进国有资本合理流动。从管理方式来看，现有的企业集团主要是以产业为纽带，对所属企业实施管理；国有资本投资、运营公司以资本为纽带，以产权为基础，开展国有资本的市场化运作，对所持股企业按照规范的法人治理结构管理。基于此，中国建材必须对原有的产业集团管控模式进行改革。

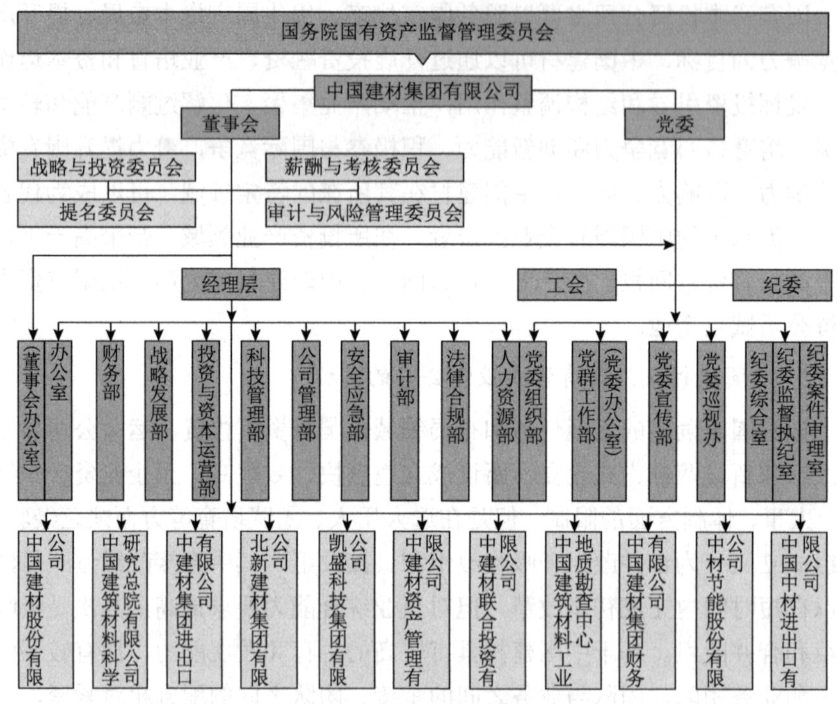

图 9-3　中国建材组织结构

资料来源：中国建材官网

在 2018 年底中国建材入选第三批国有资本投资公司试点后，2019 年 9 月其改革试点方案获得批复。与此同时，中国建材针对由“管资产”到“管资本”的转变，提出“4335”指导原则。在集团层面，首先是树立“四个理念”，分别是树立“管好股权”的理念、树立通过公司治理结构管股权的理念、树立通过派出董监事实现股权管理的理念、树立资本流动和收益收缴的理念。其次是建立“三个闭环体系”，即建立以薪酬为核心的激励约束闭环体系、建立投前投中投后的投资管理闭环体系、建立事前事中事后的综合监督管理闭环体系。再次，做到“三个继续坚决坚持”，继续坚决坚持改革的思路、继续坚决坚持创新的理念和继续坚决坚持市场化原则。最后是明确集团总部的“五大定位”，分别为战略引领、资源配置、资本运作、风险防控、党的建设。试点启动以来，中国建材便积极发挥国有资本投资公司应有的作用，积极调整优化总部职能定位和管控模式，有效发挥其在授权经营、结构调整、资本运营、激发活力和服务实体经济方面的作用，不断探索新材料产业国有资本投资公司的发展模式，发挥国有资本投资公司应有的作用。

9.5 案例分析与发现

中国建材总部转型为国有资本投资公司的过程中，作为国有资本投资公司，其内部的运营理念、目标都与原本的产业集团有所不同，本节基于数据编码中归纳出的与治理相关的二阶主题进行阐述。

9.5.1 案例分析

1. 治理设计

本小节主要阐述由“公司体制建设”和“深化党的领导”这两个二阶主题根据中国建材国有资本投资公司的决策结构的顶层设计方面的相关规定和做法，提炼出的三阶维度“治理设计”的内涵。

1）公司体制建设

前文已讲述了国有企业由于其出资人“国家”是个集体，实际上不能行使非国有资本家的功能，因此需要由国资委或政府来履行出资人职责。然而由于国资委或政府本身也承担着对所有国有企业规则的制定和监督的功能，与经营管理单个企业的身份功能有冲突，被指出“又当运动员，又当裁判员”（Chan，2009），妨碍了国有企业现代公司治理制度的实质建立和高效运行。因此，国有资本投资运营公司应运而生，需要由国有资产监管机构授予或政府直接授予出资人职责，形成国资委或政府与国有企业之间的“断裂带”。

正是由于国有资本投资公司是需要国资委或政府授权的，可以对控股的国有企业行使股东权利，因此若国有资本投资自身权利不到位，需要其发挥的落实国家战略、政策目标也就成了空谈，由此可见这一环节是国有资本投资公司发挥作用的起点和基石，尤为关键。不少试点企业在这一环节上没有落实到位，实际上有名无实，沦为“换汤不换药”的“翻牌公司”。

本章在对中国建材的原始资料进行梳理时发现，中国建材在这一环节中主要有两方面因素的得利。一是在外部条件上，国资委给予了中国建材更多的授权放权，比如选人用人、负责人薪酬、中长期激励等，给中国建材提供了灵活空间，为其在内部管理中向战略目标靠近所实施的制度和方法奠定了基础；二是在企业内部，中国建材明确了党委、董事会和经理层的权利和责任，给国有资本投资公司的治理主体吃了一颗“定心丸”，两者共同强化了投资公司的地位，相关证据主要如表 9-2 所示。

表 9-2　中国建材强化主体地位获取数据例证

强化主体地位	数据例证
国资委授权放权	在成为国有资本投资公司之后，中国建材获得了更多来自国资委的授权放权，为企业发展提供了更多的灵活空间。
明确各治理主体权责	厘清集团各治理主体权责边界。明确党委、董事会和经理层的 13 种行权方式，按照党委“定”和“议”两条脉络梳理形成 21 类、170 个三会决策事项的权责清单。

2）深化党的领导

坚持党中央的领导作用是央企的显著属性，中国建材一直将坚持党的领导视为企业重大政治原则。在成为国有资本投资公司试点企业前，就已实行“党管干部”，确保党对领导人员的管理权，在 2018 年后实行“双向进入、交叉任职”的领导体制，并进行党组织议事决策。

在成为试点企业后，中国建材将党的领导融入企业治理和生产经营中，清晰确立了党委会在党建和“三重一大”事项的研究决定和前置把关权，坚决落实党的方针政策，取得了巨大的成功。比如在公司治理方面，中国建材依据国务院要求对央企进行“瘦体健身”，将企业层级由七级减为五级，使企业的营业收入和利润都快速增长，在国资委央企业绩考核中连续获评 A 级。在生产经营方面，中国建材控股企业中国巨石就建立了“三建”党建工作法，把党建建在心上、建在行动上、建在实效上，以高质量党建引领高质量发展。具体相关证据如表 9-3 所示。

表 9-3　中国建材深化党的领导获取数据例证

深化党的领导	数据例证
党是领导核心	坚持企业中党组织的领导作用，那时候还不是党组织，那时候叫坚持企业党的核心，政治核心作用。
党的领导融入治理	坚持把党的领导融入公司治理，完善三会权责事项清单，明确了三个治理主体的 13 种行权方式，也是加强党的领导和完善公司治理相统一的重要途径。
党的领导融入经营	厘清集团各治理主体权责边界。明确党委、董事会和经理层的 13 种行权方式，按照党委“定”和“议”两条脉络梳理形成 21 类、170 个三会决策事项的权责清单。

2. 治理导向

本小节主要阐述由“决策市场化”和“考核与战略一致”这两个二阶主题根据中国建材国有资本投资公司在指导运营中应努力的方向提炼出的三阶维度“治理导向”的相关内容。相对于上一小节的“治理设计”更侧重的体制设计部分，本节主要关注中国建材国有资本投资公司在指导公司运营时遵循的理念。

1）决策市场化

早在 2002 年，当时中国建材的董事长宋志平就分享了他在中国建材实行市场化经营的理念，其中就包括职业经理人制度，经理都是流动的，不再是行政隶属下的干部，按照职业经理人的标准决定经理的继续任职与否，其次还有企业的内部市场化机制和按照市场机制展开运营。

在对中国建材资料进行编码的过程中，本章将“规范董事会结构”“规范决策过程”“经理选聘市场化”“经理薪酬市场化”的一阶概念都归纳到本小节的内容中，具体例证如表 9-4 所示。这四个一阶主题的理念主要是，为国有资本投资公司所作出的投资决策是符合市场的。由于投资公司的董事会只负责对重大的投资决策进行商议和投票，更多的日常的投资运营决策由企业的经理层决定，而经理层又由董事会选聘，因此董事会应尽可能地遵循市场实际情况。在中国建材的实践中，中国建材对董事会结构进行了规定，董事会中的外部董事占多数且为专业人才，且大部分外部董事都担任着下设专业委员会的主任委员。为保障经理层决策的市场化，中国建材从其选聘和薪酬出发，推进经理层成员任期制和契约化。据中国建材董事长周育先采访披露，2020 年中国建材经理层成员任期制和契约化完成率为 80%，到 2021 年已 100%完成，上升速率达到 25%。同时将经理层的薪酬与集团绩效挂钩，形成利益共同体。此外，中国建材针对决策这一行为也设定了特定的流程，规范决策过程，比如规定由四个专业委员会召开会议形成规范议案。

表 9-4　中国建材决策市场化获取数据例证

决策市场化	数据例证
规范董事会结构	董事会建设上，中国建材建立起科学且规范的法人治理结构。通过竞聘方式选用外部董事，而且董事会外部董事占了大多数，主要为专业人才，此外，多由外部董事担任各下设专业委员会的主任委员。
规范决策过程	集团董事会下设的四个专业委员会还会定期或者不定期就影响企业的重大事项召开会议，来讨论并形成规范议案，待董事会审议决策，对经理层的工作提出有效建议和切实的监督指导，保障董事会的科学决策。

续表

决策市场化	数据例证
经理选聘市场化	集团总部“以上率下”推进经理层成员任期制和契约化，量化考核指标超过 80%，预计 9 月 30 日前全级次企业全部完成。
经理薪酬市场化	完善市场化薪酬分配制度，坚持与绩效考核紧密挂钩，合理拉开收入分配差距。

2）考核与战略一致

上文提到，如中国建材这类由产业集团转型为国有资本投资公司的试点企业，需要非常重视的一点是产业集团与国有资本投资公司的目标差异。设立国有资本投资公司的使命是推动国有资本布局调整，完成国家的战略任务。因此在引导集团发展方向上，考核指标作为关键的工具，必须要适时进行改变。一些国有资本投资公司试点企业仍按照一般性企业进行考核，使得企业没有动力改变自身行为。

在这一方面，中国建材进行的努力有“进行中长期激励”“薪酬与绩效挂钩”“加强监督和考核”这三点，具体例证如表 9-5 所示。在“进行中长期激励”中，中国建材主要是引导企业经理层和员工工作的积极性，调动生产的热情，使企业利益与员工利益捆绑在一起，成为收益共同体，在此基础上鼓励创造和超额收益，比如中国建材实施的超额利润分享、项目跟投和各类股权激励工具，目前中国建材各类股权激励工具累计激励人数已超过 1 700 人。在激励的同时，也有约束，中国建材继续完善市场化薪酬分配制度，将薪酬与绩效挂钩，加强培训监督和考核等，为企业的收益增长保驾护航。

表 9-5　中国建材考核与战略一致获取数据例证

考核与战略一致	数据例证
进行中长期激励	为调动集团所属 26 家国家级科研院所、3.8 万名科研人员的积极性，出台股权激励、科技型企业分红激励、超额利润分享、项目跟投、虚拟股权等 7 个配套指引，建立了五大类 8 种激励工具的“工具箱”。
薪酬与绩效挂钩	完善市场化薪酬分配制度，坚持与绩效考核紧密挂钩，合理拉开收入分配差距。
加强监督和考核	加强培训、日常监督、考核、进退等制度制定。
	中国建材将收益上缴作为企业考评的重要指标；加强上市公司市值管理，提高股东回报；强化财务预决算管理和重大财务事项管控，实现资本收益预期可控和保值增值。

在实现中国建材整合行业、调整资本布局的目标下，中国建材对考核要求也有新的改变，比如中国建材将收益上缴作为控股企业考评的重要指

标，因为上缴的金额越大，投入新材料业务的金额就可以越多，以“现金牛”业务来助力、反哺“明日之星”业务。在中国建材 2018 年成为国有资本投资公司试点到 2022 年正式成为投资公司的这四年间，中国建材对二级公司收益收缴占可供利润分配比例持续上升，具体如图 9-4 所示。从图中可以看出，中国建材对二级公司收益收缴比例的增速最高达到了 100%，对二级公司的考核引导显著突出，有力地反映出中国建材对新材料业务等战略性新兴业务的强劲培育动力。

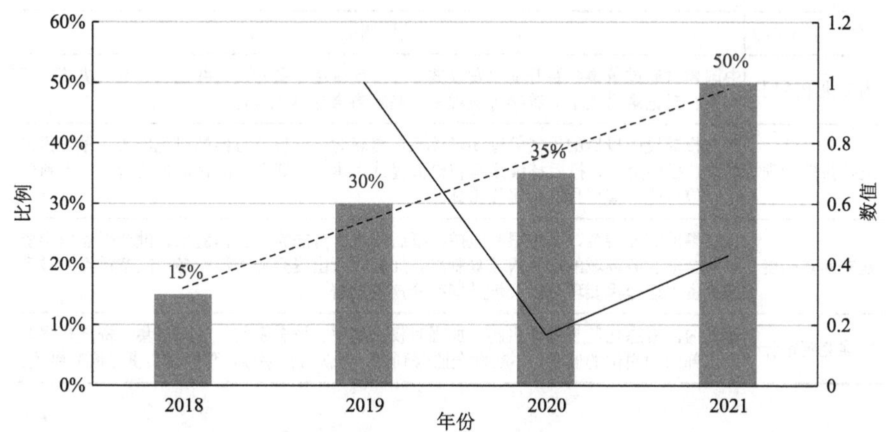

图 9-4　中国建材 2018～2021 年对二级公司收益收缴比例情况

资料来源：中国建材负责人采访报道

3. 监督治理

本小节主要从中国建材作为国有资本投资公司对自身的监督和总结出发，从制度规定角度，不断督促其自身进行改正和发展，总结经验，躬身笃行。此三阶维度“监督治理”从二级主题“信息公开与总结”中提炼而成，下面将对其二级主题的内涵进行介绍。

在日常管理和考核的经营下，对国有资本投资公司进行内部信息公开、定期或不定期对其投资行为进行总结和反思也是不可或缺的一点，需要不断地总结经验和规律，再进一步敦促国有资本投资平台在后续的实践中做得更好。

中国建材在信息公开方面主要是“内部决策透明”，相关证据呈现主要如表 9-6 所示。董事会的每项决策公开唱票，并做好会议记录，使得关系集团重大事项的决策更具规范。在总结和反思中，中国建材国有资本投资公司对进行得最频繁的事项——投资，设立了投前投中投后的投资管理闭环体系，做好投前尽调、投中交易、投后持续跟踪和价值提升。同时，对与中国建材国有资本投资公司“打交道”最多的对象——资金，进行内部常态化监督审计机制，加强对权力集中、资金密集、资源富集、资产聚集等重点部门和岗位的监管。在日常事务中建立问责制度，打造事前制度规范、事中跟踪监控、事后监督问责的完整工作链条。

表 9-6 中国建材信息公开与总结获取数据例证

信息公开与总结	数据例证
内部决策透明	中国建材通过董事会召开前预发议案、会上董事逐个参与发言并记录、每项决策公开唱票、对记录再次审阅签字等流程来使其董事会更具规范性。
进行投资管理	建立投前投中投后的投资管理闭环体系，提高对主业投资方向的研究能力，做好投前尽调、投中交易、投后持续跟踪和价值提升，建立一套适合国有资本投资公司的科学化、信息化、模型化的项目投管体系。
建立问责制度	打造事前制度规范、事中跟踪监控、事后监督问责的完整工作链条。健全覆盖所出资企业全部业务领域的出资人监督制度，加强对所出资企业关键业务、改革重点领域和国有资本运营重要环节以及境外国有资产的监督。
加强监督审计	建立内部常态化监督审计机制，加强对权力集中、资金密集、资源富集、资产聚集等重点部门和岗位的监管，不断健全监督制度，创新监督手段，严格落实责任追究制度。

4. 投资引导

从本小节开始，将对中国建材转型为国有资本投资公司的做法关注点从中国建材对其作为投资公司的自身治理运营转到其根据国企改革“管资本”导向的对外投资的运营。本节介绍的三阶维度“投资引导”从二级主题“强化股东身份”提炼而成，主要强调中国建材作为国有资本投资公司对二级控股公司的“管资本”方面的具体资本运作做法。下面将对其进行介绍。

上文提到，虽然有部分国有企业跟中国建材一样，是从产业集团转型为国有资本投资公司的，但需要注意的是产业集团与国有资本投资公司基于各自目标的不同，在运营理念上有着非常大的差异。具体在处理与控股公司的关系方面，要明确自身对于控股公司而言是股东的角色，部分试点公司对出资企业仍沿用过去的产业集团管控模式，总部管生产经营，虽然名义上是国有资本投资公司，但实际上与从前的产业集团并无区别。

国有资本投资公司的设立目标主要是优化国有资本布局。党的十八大后国有企业改革全面深化，对自身经营效率的增质提效有了很大的改善，从完善现代企业制度、发展混合所有制经济，到强化监督防止国有资产流失，都出台了相关的指导意见，形成了“1+N”系列指导方案，然而国有资本布局方面的改善仍需要做进一步的努力。因此在党的十九大后，针对这一现状，国有企业从“管资产”到“管资本”的导向日益强烈，2018 年国务院出台的《国务院关于推进国有资本投资、运营公司改革试点的实施意见》，对国有资本投资运营公司进行了明确的定义和规范，通过“两类公司”进行各种资本运作方式放大国有资本功能，优化国有资本布局和配置效率。

因此，由于与产业集团目标不同，国有资本投资公司基于资本的角度，要与产业集团的指导理念形成区别，以资本为纽带与控股企业形成羁绊，其目标是促进投入资本的增值保值，具有指导、监督的作用，保障国有资本被合理使用。首先就是明确国有资本投资公司不可以干预控股公司的日常经营，其次是对已有的集团子公司资本布局方面，如何调配资本以促进企业自身价值链的提升、如何促进资本的优化配置、降低成本、提高效率等问题进行思考，形成国有资本投资公司自有的一套方法。同时，对行业内集团以外的与投资公司整合行业相关的目标企业进行重组等资本运作，推动存量资本专业化整合，推动产业集聚和转型升级。相关证据呈现主要如表 9-7 所示。

表 9-7　中国建材强化股东身份获取数据例证

强化股东身份	数据例证
不干预日常经营	明晰投资公司总部与子企业的权责边界和功能定位，不断强化总部“管资本”、产业平台“管价值”、基层企业“管经营”模式，各级企业各司其职、协同发力。
提取分红再投资	中国建材通过逐步提高国有资本收益收缴比例，提升资源配置能力，二级企业收益收缴比例提高至上市企业 35%、非上市企业 50%，取得的分红重点投向新材料业务，建成“以成熟业务支持战略性新兴业务”资本生态。
格子化投资	对资本“存量”——也就是集团现有二级企业，实施“资本布局优化”，开展二级企业主业梳理、划定各企业“跑道”，整合优化同类业务、重组产业组织结构、给予资源分类倾斜，使各二级企业逐步成为主业精锐、边界清晰、产业链要素资源充分聚集的专业化平台。
精减组织	企业层级由七级减为五级，企业家数减少了 25%，正是这些压减，使得企业营业收入和利润均快速增长，在国资委央企业绩考核中连续获评 A 级。
聚焦主业	天山股份拟采用发行股份及支付现金的方式，向中国建材等 26 名交易对方购买中联水泥 100%股权、南方水泥 99.9274%股权、西南水泥 95.7166%股权及中材水泥 100%股权等资产，重组后骨料产能居全国第一。

中国建材在“不干预日常经营”的原则下，从原本的产业集团管理模式转变为通过公司治理结构和派出董监事管股权来指导和监督国有资本投资公司投出的国有资本是否被有效使用和进行配置。同时，减少“红头文件”的行政管理方式，对公司治理完善的相对控股混合所有制企业充分授

权放权。在坚持“管资本”的原则下，中国建材对集团已有的子公司进行资本的布局。在利用投资引导和调整产业结构方面，中国建材进行“提取分红再投资”的方法，对集团中的控股公司进行收益的收缴，取得的分红重点投向新材料业务，以“现金牛”业务来助力、反哺“明日之星”业务。同时，中国建材为将控股公司进行专业化、有针对性的发展，将控股公司划分到不同的“赛道”，提出“格子化投资”，整合优化同类业务、重组产业组织结构，使各二级企业成为产业要素和资源充分聚集的专业化平台。对集团以外的建筑行业中的企业，中国建材加强企业重组资本运作手段，表现为“聚焦主业”的一阶概念，比如为加快砂石产业聚集与升级，中国建材旗下的天山股份向中联水泥、南方水泥、西南水泥等购买股权等资本，重组后骨料产能居全国第一。据中国建材披露，集团新材料业务板块增速高于公司整体增速，毛利率更是实现了逆势增长，在2019～2021年，新材料业务板块收入和净利润占比均持续上升，2020年新材料板块净利润占比增长率甚至高达48.76%，至2021年，新材料板块已占收入比例21.8%，净利润占比达到45%，具体如图9-6所示。由此可见，中国建材据理力行，将国有资本投资公司设立的目标贯彻执行，充分发挥出投资引导和结构调整的作用，推动产业转型升级，向优化国有资本布局的方向稳步前行。此外，中国建材根据国务院“对央企进行瘦身健体”的指导，通过股权资本等工具的运作，对集团进行精细化管理，有效压减了内部的运营成本，提升企业效益。

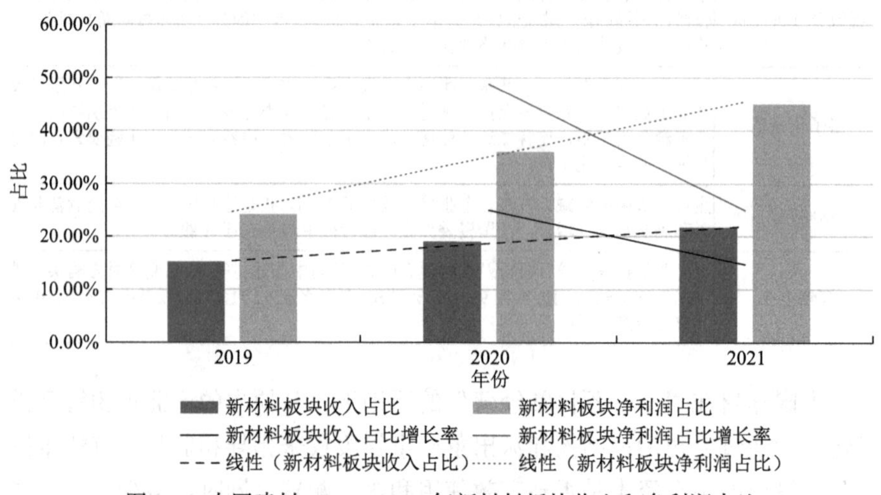

图9-5　中国建材2019～2021年新材料板块收入和净利润占比

资料来源：中国建材相关报道

5. 投资环境

在中国建材国有资本投资公司强化股东身份，对控股公司进行资本引导的同时，外界环境是否为其“管资本”的行为提供了充足的条件也是非常重要的。本节将介绍由“对出资企业的治理要求”和“利用融资助力”提炼而成的三阶维度“投资环境”包含的内容。

1）对出资企业的治理要求

在国有资本投资公司在强化自身股东身份，以不干预控股企业的日常经营为原则的前提下，形成了良好的资本运作方法和思路对策后，其方法和指导政策需要控股股东落实。然而在已有国有资本投资公司试点实践中，存在部分投资公司的出资企业因还没有建立或完善公司治理结构，使得投资公司作为股东也发挥不到指导和治理的作用。例如部分试点企业的二级公司还有不少是国有独资，未进行股权多元化或混合所有制改革，难以建立有效制衡的法人治理结构，有的划转的国有企业还存在不良资产剥离、历史遗留问题等需要处理。

对此，中国建材对出资企业提出了治理的要求，从“要求出资企业建立现代企业制度”“规范出资企业董监高责权”“要求出资企业外部董事占多数”三个方面规范出资企业内部的治理，相关案例证据主要如表 9-8 所示。首先“要求出资企业建立现代企业制度”，建立包括董事会、监事会、经理层的科学治理结构，推进出资企业建立现代企业制度，完善公司治理。2021 年据中国建材董事长周育先接受采访所述，集团子公司应建董事会 464 家，其中已建 460 家，未建 4 家，2022 年集团官网显示，集团全级次 458 家子公司已 100%完成董事会应建尽建。由此可见，中国建材对二级子公司董事会建设极为重视，且执行效率超高，为国有资本投资公司的投资引导提供了充分的治理条件。其次，在“规范出资企业董监高责权”方面，主要是规范出资企业党组织、董事会、监事会、经理层的权责，建立有效制衡的决策监督机制。基于以董事会为公司治理中枢的董事会中心主义为目前主要的治理模式，董事会作为公司的决策机构，决定公司的重大日常事务，发挥决策权，因此在董监高三个治理主体中要突出关注董事会的建设。对此，中国建材的做法体现在“要求出资企业外部董事占多数”中，着重加强出资企业董事会建设，要求外部董事占多数，优化董事会结构，保障决策的科学性。

表 9-8　中国建材对出资企业的治理要求获取数据例证

对出资企业的治理要求	数据例证
要求出资企业建立现代企业制度	根据国企改革三年行动部署，集团制定了《关于进一步加强子企业董事会建设的工作指引》，确定了董事会应建尽建的原则。
规范出资企业董监高责权	为了积极推进成员企业董事会规范运作，完善董事会运作机制，提高公司治理水平，集团出台了《二级企业董事会规范运作指引》。
要求出资企业外部董事占多数	着重加强出资企业董事会建设。二三级企业董事会应建尽建，且外部董事占多数。

2）利用融资助力

在利用自有资金进行资本调控的同时，中国建材还积极通过外界融入资本来为国有资本投资公司的资本投资运营助力，具体有“建立投资基金平台”和“控股公司资本融资”两方面，相关证据主要如表 9-9 所示。

表 9-9　中国建材利用融资助力获取数据例证

利用融资助力	数据例证
建立投资基金平台	设立专业投资平台，汇聚社会资源，发起设立 150 亿元新材料产业投资基金，以 30%出资带动 70%金融资本和社会资本，聚焦无机非金属领域先进新材料产业开展投资，碳纤维企业中复神鹰、第三代半导体企业山东天岳都已在科创板上市。
控股公司资本融资	开展资本市场融资增强上市公司资本实力。中国建材所属洛阳玻璃定增顺利获证监会批复，光伏玻璃等新能源材料业务资本实力得到大幅提升。

在“建立投资基金平台”方面，中国建材针对新材料研发周期长、技术产品风险高、市场导入难度大等风险，联合金融、社会等外部资本设立新材料产业基金，为先进材料产业的控股公司如中复神鹰、山东天岳等在科创板上市提供极大助力。除了集团层面搭建自有的基金平台，控股公司在增强自有资本实力发展新材料业务时，也通过多种方式进行融资，本章总结为一阶概念“控股公司资本融资”，如控股公司洛阳玻璃定增获批，中国建材股份以国内 5 年期最低利率发行 10 亿元中期票据，大大提升了其资本实力。

6. 投资回报

在良好的投资环境和科学有效的投资引导下，中国建材国有资本投资公司的资本布局也有了喜人的回报，国资委央企业绩考核中连续获评 A 级。本章从中国建材董事长周育先采访中透露的中国建材资本回报的相关原始数据信息，归纳为“获利能力提高”和“资本实力提高”两个二阶主题，再提炼为三阶维度“投资回报”，本小节将对其进行叙述。

1）获利能力提高

本章对中国建材国有资本投资公司披露的有关利润收入、市场占有率和经营现金流的业绩归纳为“获利能力提高”的二阶主题，具体对原始资料概念化的一阶概念为“利润收入增长”和“市场占有率扩大”，原始数据引例如表 9-10 所示。

表 9-10　中国建材获利能力提高获取数据例证

获利能力提高	数据例证
利润收入增长	2021 年中国建材实现营业收入 4 155 亿元，利润总额 387 亿元，净利润 287 亿元，同比分别增长 5%、27%、42%
市场占有率扩大	工程技术服务业务继续践行“国际国内双循环”战略，水泥玻璃工程全球市场占有率超过 65%，主持制定 23 项国际标准，8 项标准“走出去”

从表 9-10“利润收入增长”一栏可以看出，中国建材对自身的盈利情况是非常有自信的，为进一步分析中国建材在转型为国有资本投资公司过程中的盈利情况，本章对中国建材的盈利情况资料进行了更深入的搜索。由于中国建材不是上市公司，其二级子公司中只有中国建材股份有限公司在香港上市，中国建材的财务报表并未披露于证券交易所。因此，本章于中国外汇交易中心、全国银行间同业拆借中心官网“中国货币网”中找到中国建材 2018 年至 2021 年度经审计后的财务报表。同时，本章认为中国建材所处的主要行业应为“非金属矿物制品业”（证监会 2012 年版行业分类为 C30），其行业种类有水泥、石膏、石材、玻璃等，与中国建材七大主业中的水泥、石膏板、玻璃纤维相符，因此，本章从 CSMAR 中获取“非金属矿物制品业”中 2018～2021 年所有上市的财务数据，对其进行平均处理作为中国建材的同行业数据进行对比。对数据进行分析处理后，在对中国建材“利润收入增长”一阶概念的财务分析将从集团的利润收益、收益与资产的关系及资产运营效率三个方面进行叙述。

中国建材净利润、利润总额在 2018 年至 2021 年持续稳步攀升，收益情况喜人，具体如图 9-6 所示。从净利润同比增长与同行业对比中可以明显看出，中国建材所处行业在 2019 年开始出现大幅下滑，2020 年下滑幅度达到近 360%，可能是受新冠疫情影响，但中国建材净利润仍保持增长，2020 年净利润增长率由 8.96%上升至 26.04%，上涨近 3 倍，由此可见中国建材自身的运营实力较强，足以显现其资本竞争力。

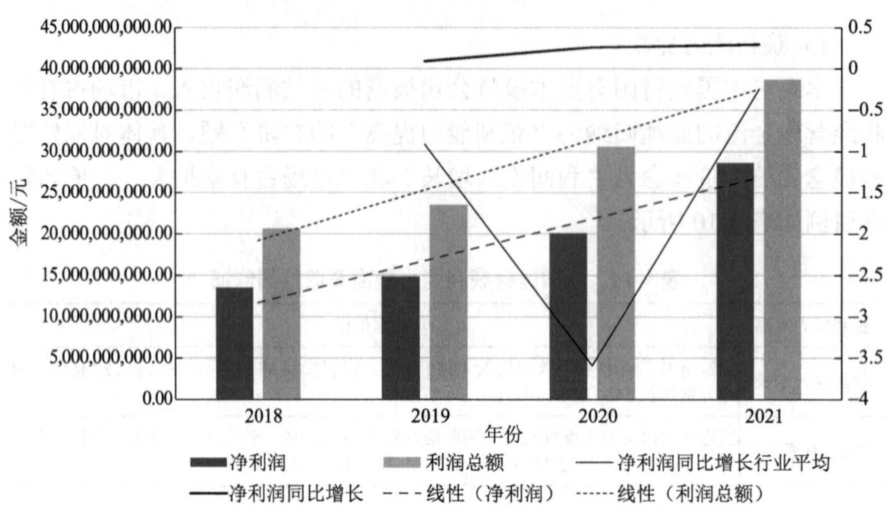

图 9-6　中国建材 2018～2021 年净利润、净利润增长率与利润总额情况

资料来源：中国建材年报

从收入来看，中国建材 2018～2021 年营业收入总体呈上升趋势，虽然其 2020 年收入也与行业整体一样，出现小幅下滑，但 2021 年迅速回升，同比增长 5.88%。营业利润率（净利润与营业收入比值）总体也呈上升态势，与同行业对比，在 2018、2019 年落后，但 2020 年同行业净利润率出现大幅下滑，在 2020 年后中国建材营业利润率保持在行业平均水平之上，具体如图 9-7 所示。

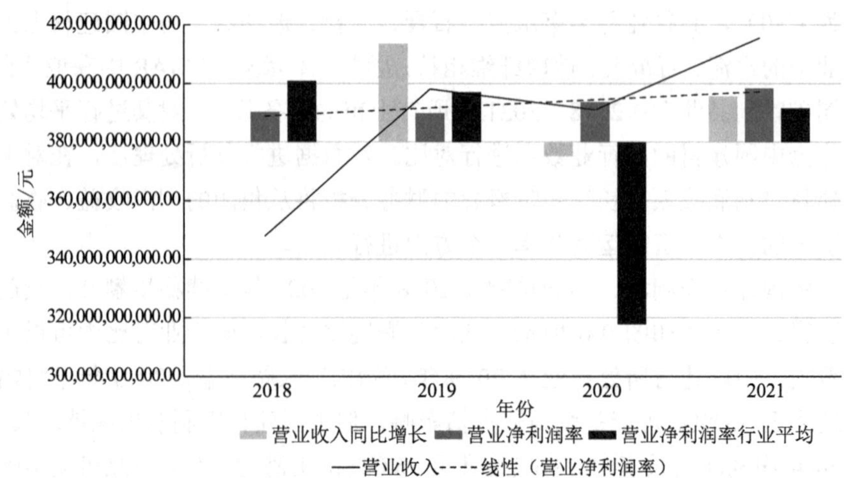

图 9-7　中国建材 2018～2021 年营业收入与营业利润率情况

资料来源：中国建材年报

考虑中国建材收益与资产的关系，分析中国建材资产获利能力，本章从资产报酬率、总资产净利率（ROA）、净资产收益率（ROE）、长期股权投资收益率及长期资本收益率进行分析，这五个指标的计算过程如表 9-11 所示。

表 9-11　资产获利能力指标计算过程

指标名称	计算过程
资产报酬率	（利润总额+利息支出）÷[（期初资产+期末资产）÷2]
总资产净利率（ROA）	净利润÷总资产
净资产收益率（ROE）	净利润÷[（期初所有者权益+期末所有者权益）÷2]
长期股权投资收益率	（本期长期股权投资账面价值－期初本期长期股权投资账面价值）÷期初本期长期股权投资账面价值
长期资本收益率	（净利润+所得税费用+财务费用）÷（非流动负债平均余额+所有者权益平均余额）

中国建材 2018～2021 年资产报酬率一直处于同行业平均水平之下，但是持续在上升状态，从 2018 年的 3.55%增加到 2021 年的 6.18%，与同行业资产报酬率的差距逐步缩小。从 ROA 与 ROE 来看，中国建材 ROA 一直较同行业平均水平低，但同行业 ROA 平均水平在这 4 年间不断下滑，中国建材仍保持上升态势，每年均有上涨，与同行业的差距逐步缩小。中国建材的 ROE 则 2018 年与 2019 年跟同行业平均水平差异不大，2020 年开始超过同行业水平，在 2021 年更是与同行业拉开了相对大的差距，具体如图 9-8 所示。由此可见，中国建材资本获得收益的能力确实有所增强。

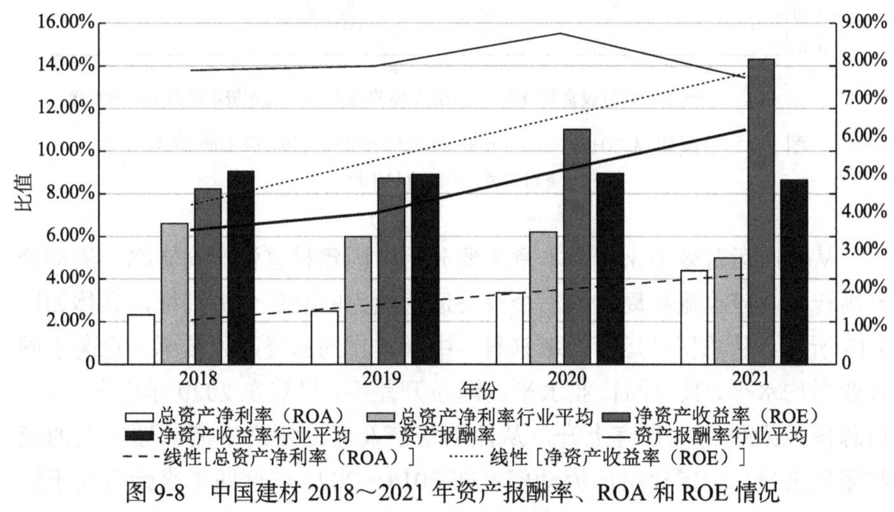

图 9-8　中国建材 2018～2021 年资产报酬率、ROA 和 ROE 情况

资料来源：中国建材年报

国有资本投资公司定位为国有股权投资，以投融资和建设项目为主，简单而言，即主要为“管资本”，因此，本章特别对中国建材长期资本、长期股权投资的获益能力进行了分析，具体如图 9-9 所示。从图中可见，中国建材长期股权投资收益虽然在 2020 年出现亏损，但在 2021 年立即回弹且迅速上涨，长期股权收益率达到 69.69%，考虑到 2020 年有可能受新冠疫情影响，2021 年则调整到正常状态，由此可见，中国建材对控股公司的资本运营达到了非常好的效果。从长期资本收益率来看，中国建材始终高于同行业的长期资本收益率，在 2021 年拉开较大的差距，说明直到 2021 年，中国建材的长期资本收益已达到非常理想的状态，证明了中国建材的投资引导是科学有效的，这也是中国建材可以于 2022 年 6 月份被国资委认可，成功转型为国有资本投资公司的强有力的解释。

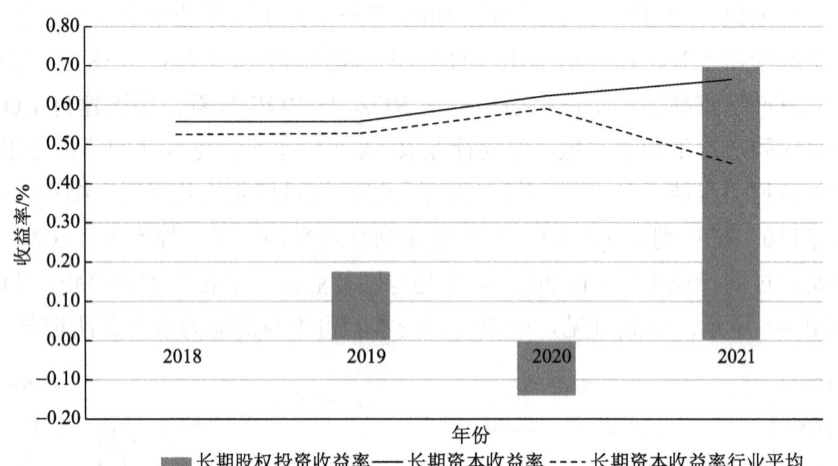

图 9-9　中国建材 2018～2021 年长期股权投资与长期资本收益率情况

资料来源：中国建材年报

从资产运营效率来看，本章主要分析中国建材总资产周转率、流动资产周转率及应收账款周转率三个有关运营能力的财务分析指标，具体如图 9-10 所示。从总资产运营效率来看，中国建材的总资产周转率一直高于同行业平均水平，且与同行业水平逐渐拉开差距，虽然在 2020 年有所下滑，但总体较为平稳，且有上升。从流动资产及流动资产中流动性较大的应收账款来看，中国建材的流动资产在 2018～2021 年这四年来始终高于同行业平均水平，虽然差距不算太明显，但保持有自身优势。但中国建材的应收账款则相比同行业平均水平较低，应收账款的变现能力不突出，这反映出中国建材作为国有资本投资公司更注重对资本的运用，不是形式的转变。

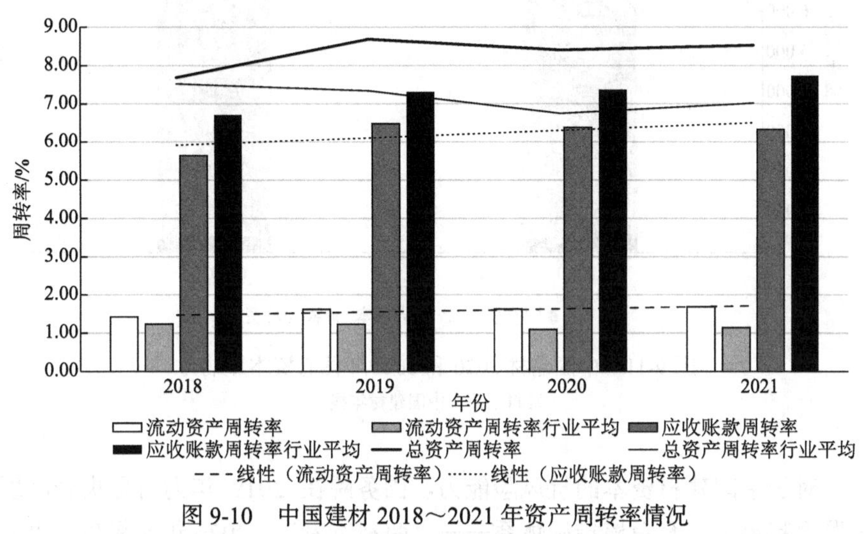

图 9-10　中国建材 2018～2021 年资产周转率情况

资料来源：中国建材年报

以上是对中国建材转型为国有资本投资公司过程中“获利能力提高”在利润收入增长方面的体现和相关的数据分析，而除了账面上的收益提高，中国建材“获利能力提高”还体现在其对市场的占有率上的扩大。截至 2022 年，中国建材水泥和玻璃国际工程市场占有率连续十五年稳居全球第一，而在高精尖的新材料方面，中国建材在 2018 年就已占据了建材行业新产品 90%的份额。如此强大的竞争力，也决定了中国建材获得了较高的收益。

2）资本实力提高

中国建材的“投资回报”还体现在其资本实力的提升。具体而言，是资本影响力和抗风险能力的提高，相关证据如表 9-12 所示。在资本控制力和影响力方面，据中国建材董事长周育先采访披露，2020 年中国建材以国有资本 361 亿元，吸引社会资本 1 529 亿元，撬动了总资产 6 000 多亿元，而 2021 年则共撬动了 6 500 多亿元总资产，具体如图 9-11 所示，由此可见，中国建材的国有资本控制力与影响力日益深远。

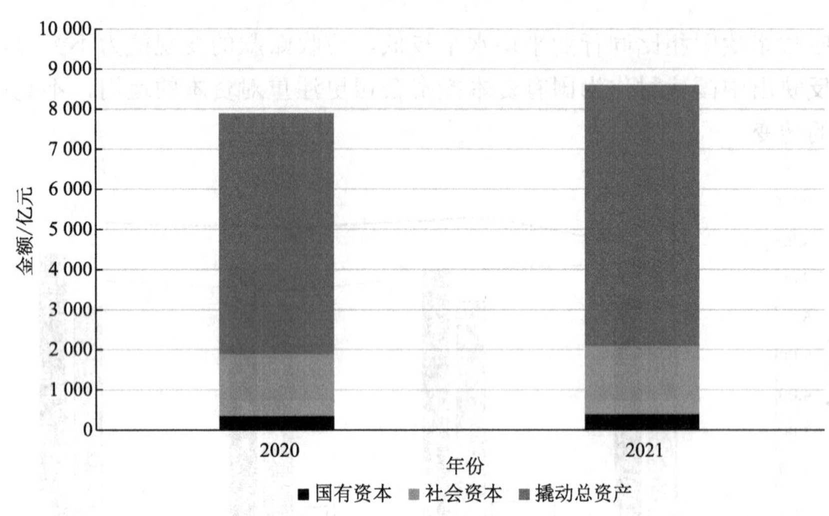

图 9-11 中国建材 2020 和 2021 年国有资本影响力

资料来源：中国建材年报

对于中国建材资本的抗风险能力，国务院在 2019 年为引导央企高质量发展制定了一套考核指标体系——“两利三率”，2020 年又提出了“两利四率”，中国建材以此来了解控股公司的经营情况，防范经营风险。“两利四率”指净利润、利润总额和营业收入利润率、资产负债率、研发投入强度、全员劳动生产率，2022 年 1 月，国资委针对“两利四率”对央企提出“两增一控三提高”，即净利润与利润总额要增加，资产负债率要进行控制，要求低于 65%，同时，营业收入利润率提高 1%、全员劳动生产率提高 5%，研发投入强度也需要提高。本章对中国建材资产抗风险能力进行展开分析，除了分析其控股公司“两利四率”的情况，根据蔡立新和高蔓莉（2021）提出的国有资本投资公司资本安全指标，选择了资产负债率、流动比率和已获利息倍数进行评价。同时，还增加了对中国建材所有者权益的分析，增加三年资本平均增长率和资本增值保值率两个指标，该指标越大表明国有资本得到的保障程度越大（蔡立新等，2021），国有资本投资公司的抗风险能力、持续发展能力就越强。以上指标的计算过程具体如表 9-12 所示。

表 9-12 资本抗风险能力指标计算过程

指标名称	计算过程
资产负债率	负债总额÷资产总额

续表

指标名称	计算过程
流动比率	流动资产÷流动负债
已获利息保障倍数	息税前利润÷利息费用
三年资本平均增长率	$\left(\sqrt[3]{(\text{年末所有者权益} \div \text{三年前年末所有者权益})}-1\right)\times 100\%$
资本增值保值率	年末所有者权益÷年初所有者权益

根据蔡立新和高蔓莉（2021）的资本安全指标对中国建材 2018～2021 年进行分析，结果如图 9-12 所示。从图中可以看出，中国建材在转型为国有资本投资公司的这四年间，虽然资产负债率一直高于同行业平均水平，但其数值一直在下降，从 71.75%降至 67.60%，与同行业平均水平的差距也在不断缩小，说明中国建材在控制自身的资产负债率，资本安全性提高。从流动比率和已获利息保障倍数来看，中国建材的流动比率和已获利息保障倍数较同行业相比较低，已获利息保障倍数与同行业的差距更是较大，但两者也在四年间平稳上升，在逐步提高资本抗风险能力。

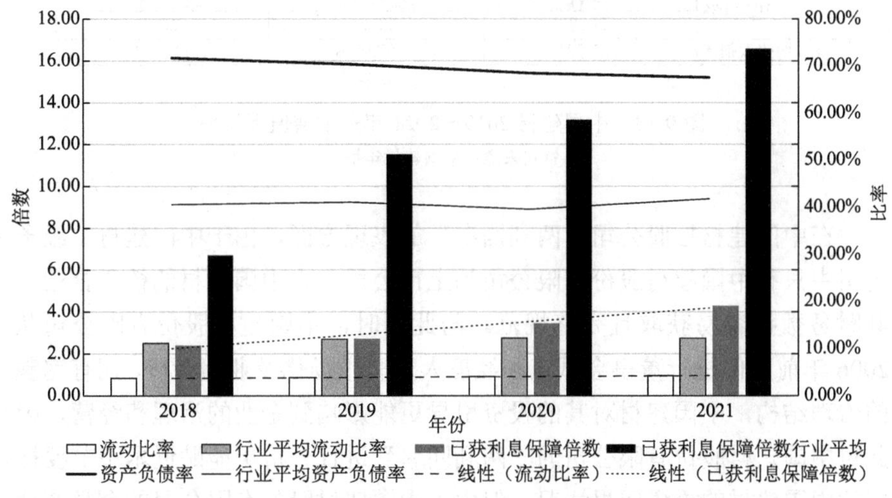

图 9-12　中国建材 2018～2021 年资本安全指标分析

资料来源：中国建材年报

从对中国建材所有者权益进行分析资本保障程度的角度出发，中国建材资本增值保值率一直保持在 100%以上，说明资本在原有基础上实现了增值，在 2021 年更是出现较大幅度的上升，从 2019 年和 2020 年的 107%左右的水平上升至 111.84%（具体如图 9-13 所示），表明中国建材的投资引导在 2021 年得到了显著的回报。对于中国建材三年资本平均增长率，本章主要分析其 2019 年至 2021 年三年的增长，三年资本平均增长率为 8.71%，说明在中国建材转型为国有资本投资公司方案获批后，中国建材通过自身的资本布局调整方式，三年间资本获得了近 9%的增长，实现了国有资本的增值保值。

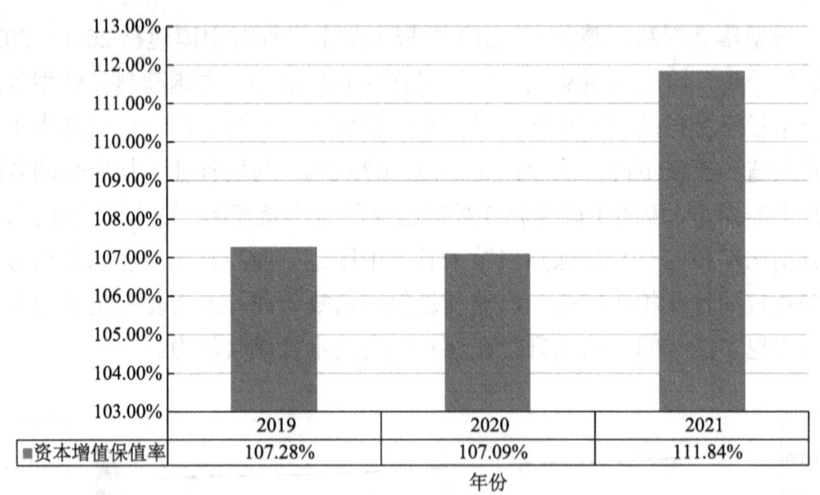

图 9-13　中国建材 2019～2021 年资本增值保值率

资料来源：中国建材年报

在中国建材控股公司“两利四率”的表现方面，由于中国建材二级子公司中只有中国建材股份有限公司为上市公司，为中国建材的核心企业，其财务数据容易获取且完整规范。与此同时，中国建材股份有限公司从 2006 年前后便进行董事会试点和经理人选聘市场化及业绩考核，拥有完善的治理结构，中国建材对其的投资引导更能影响到企业的治理和经营，因此对中国建材股份有限公司的“两利四率”进行分析更能贴近本小节要探究的中国建材的投资回报情况。但由于中国建材股份有限公司的全员劳动生产率并未在企业披露的年报、公告和其他渠道中获得，本章以 2022 年中国建材股份有限公司控股公司南方水泥全年劳动生产率“突破百万元/人”的情况来补充中国建材控股公司的全员劳动生产率信息。中国建材股份有限公司其他指标如图 9-14 所示，其中，中国建材股份有限公司在年度报告中并未披露当期的研发费用金额，因此本章以其第三季度业绩报告中的研发费用进行替代，研发投入强度为当年第三季度的研发费用与第三季度的营业收入金额比值。

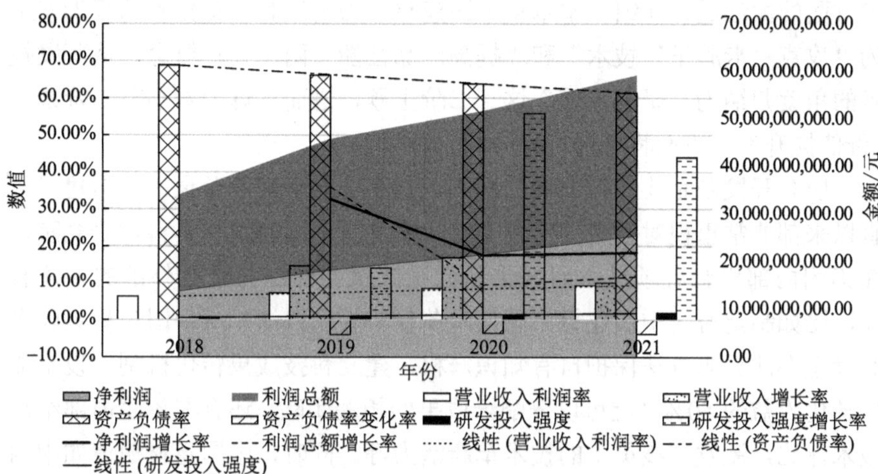

图 9-14　中国建材股份有限公司 2018～2021 年净利润、利润总额、营业收入增长率、资产负债率和研发投入强度情况

资料来源：中国建材股份有限公司年报

从中国建材股份有限公司“两利”来看，虽然两者增长率在 2020 年下降幅度较大，但在 2021 年有所回升，且一直保持正向增长，净利润与利润总额每年均有增长。在营业收入利润率方面，中国建材股份有限公司的营业收入利润率持续上升，虽在 2021 年增速放缓，但总体呈上升趋势，因此从盈利情况来看，中国建材资本经营风险不大。从资产负债率来看，中国建材股份有限公司在四年间的资产负债率持续下降，公司控制资产负债率成效显著，在 2020 年资产负债率为 63.8%，达到国资委要求“低于 65%”的要求，由此可见，中国建材股份有限公司的资本安全性较好，中国建材资本的财务风险能力不高。从研发投入强度来看，中国建材的研发投入强度保持高速增长，在 2020 年的增长率高达 55.86%，研发投入强度呈上升趋势。与此同时，中国建材股份有限公司控股公司南方水泥在 2022 年全员劳动生产率突破百万元/人，中国建材股份有限公司当年全员劳动生产率增长 15%，由此看来，中国建材的竞争力及价值创造能力增势较强，综上，中国建材的资本的抗风险能力较强。

7. 价值提升

中国建材在转型为国有资本投资公司进行投资运作的同时，在运用和增强技术方面也有卓越的成就，从本节开始将对中国建材在提升和运用技术方面的做法进行介绍。本章从中国建材着力研发和培育技术的行为概括为“攻克‘卡脖子’技术”和“提高产品性能”两个一阶概念，从研发技术的角度归纳为“研发突破”这一二阶主题，进而提炼为本小节三阶维度“价值提升”。下面将展开进行介绍。

研究开发是企业生存发展的基础，是企业竞争力的源泉。中国建材一直以来都非常重视对技术的研发支持，成立有中国建筑材料科学研究院，在集团内部出台各项技术研发创新激励政策并开展与企业外部的人才合作，比如制定有《中国建材集团技术革新奖管理办法》《中国建材集团专利管理办法》等办法保护自有知识产权，建立科技成果转化机制，设定成果转化收益的50%以上可以分配给成果的相关团队，还有在集团内部组织技术评比，激发一线员工的技术革新活力等。同时，中国建材邀请如中国工程院院士、国家海外高层次技术人才等担任研发项目的首席科学家，在研发过程中给予充分的支持，还有联合知名高校进行联合创新，共同合作突破关键技术。因此，中国建材有不少技术都处于世界领先地位，在技术突破对中国建材国有资本投资公司做大做强的助力上，本章基于原始数据的开放性编码进行归类和分析，由“攻克‘卡脖子’技术”和“提高产品性能”共同构成中国建材研发技术突破方面的内容，具体证据如表 9-13 所示。

表 9-13　研发突破获取数据例证

研发突破	数据例证
攻克“卡脖子”技术	大力投资解决“卡脖子”问题的新材料，万吨碳纤维基地成功投产，实现 T700/800 高性能碳纤维生产线设计和高端成套技术自主可控。
提高产品性能	投资研制高性能碳纤维及玻璃纤维、信息显示玻璃、锂电池隔膜、氮化硅陶瓷材料、人工晶体等一系列高精尖关键原材料。

在“攻克‘卡脖子’技术”上，主要是指原本遇到国外技术封锁的技术被成功研发，是从无到有的过程，比如中国建材攻克的高放核废液玻璃固化技术问题，实现了我国高放核废液处理能力零的突破。原有产品制造技术进一步优化，往更高性能，产品价值链更高的方向发展的方面则表现

在“提高产品性能”一阶概念中，例如投资研制高性能碳纤维及玻璃纤维等高精尖关键原材料。

中国建材累计有效专利在 2018 年已超过 11 000 项，在 2020 年已达到 15 000 项，具体如图 9-15 所示。在 2018～2020 年间，中国建材累计有效专利一直保持稳定的增长，在 2020 年增长率达到 20%，可以看出中国建材的技术实力较强。本章对其技术开发投入展开分析。为了解中国建材对技术的开发投入，本章选取了研发费用率和无形资产率两个指标，并对研发费用、无形资产和开发支出三个项目的账面价值进行分析，具体如图 9-16、图 9-17 所示。

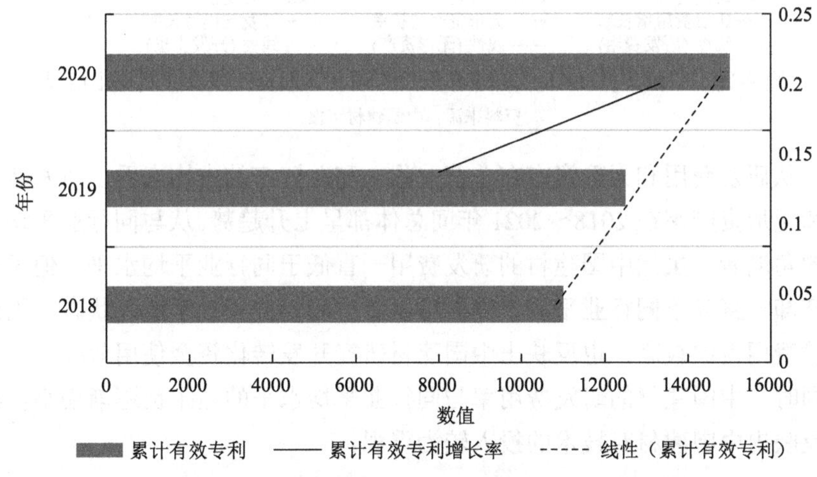

图 9-15　中国建材 2018～2020 年累计有效专利情况

资料来源：中国建材年报

从图 9-16 中可以看出，在 2018～2021 年中国建材转型为国有资本投资公司的过程中，无论是研发费用、开发支出还是无形资产，四年间都在持续上升，可以看出中国建材每年都在加大对技术的研究开发，确认的无形资产也是越来越多。从增长率来看，无形资产和研发费用在 2020 年达到最高，增长率分别为 19.44%和 41.30%，2021 年增速有所减缓，而开发支出则在 2020 年为增速最低，但在 2021 年大幅回弹，上升至 81.07%，由此可见，中国建材非常重视对技术的研发和创新。

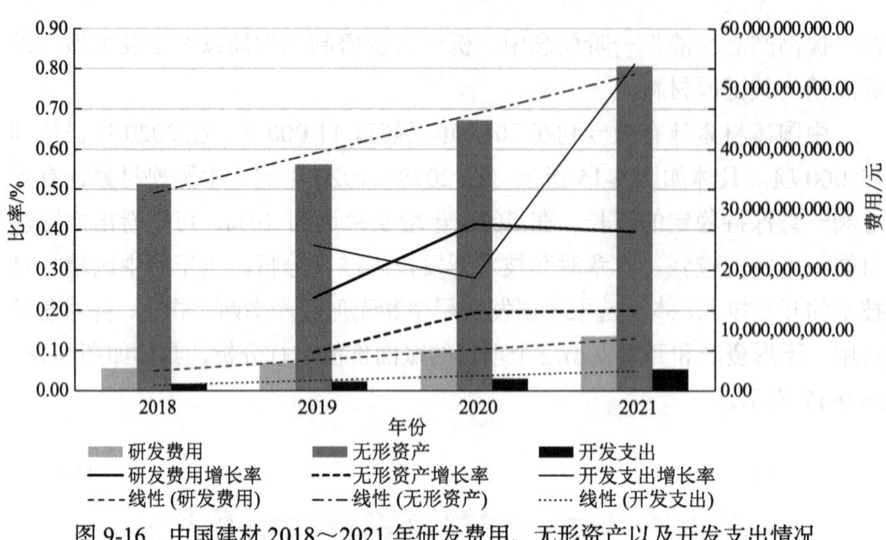

图 9-16　中国建材 2018～2021 年研发费用、无形资产以及开发支出情况

资料来源：中国建材年报

从研发费用和无形资产在总营业收入和总资产的占比来看，研发费用率和无形资产率在 2018～2021 年间总体都呈上升趋势。从与同行业平均水平的角度看，虽然中国建材的研发费用一直低于同行业平均水平，但无形资产却一直高于同行业平均，侧面可以看出同行业正处于追赶状态，因此研发费用占比较高，也反映出中国建材研究开发转化资金使用效率高。与此同时，中国建材的研发费用率与同行业平均水平的差距也逐渐缩小，以上反映出中国建材对技术的投入较为重视。

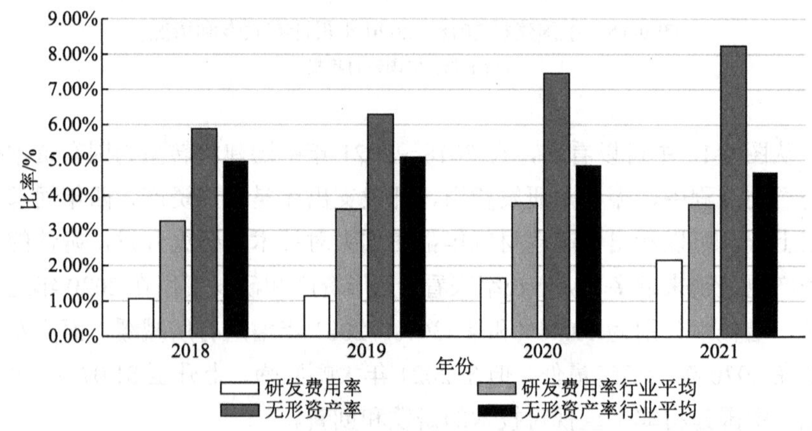

图 9-17　中国建材 2018～2021 年研发费用率和无形资产率

资料来源：中国建材年报

8. 效率提升

中国建材在大力进行新技术的培育和已有技术的升级时，也在积极利用互联网新技术辅助生产经营，提高企业运营效率。基于原始资料，本章将中国建材这方面的做法概括为“传统行业智能化”“数字化提升内部效率”“开发数字化基础设施”三个一阶概念，由于三者都是基于对生产过程工序或企业经营效率的提高进行的技术革新，因此进一步归纳为“新技术提效”二阶主题，最后提炼为本节要介绍的三阶维度“效率提升”，相关证据如表9-14所示。

表9-14　新技术提效获取数据例证

新技术提效	数据例证
传统行业智能化	槐坎南方建了一座绿色环保的智能化水泥工厂，整条线有1万多个监测点，包括能源、温度、安全、排放等各方面的传感监测，汇总成了整个云平台的自动化控制。
数字化提升内部效率	“我找车”网络货运平台，把企业大宗原材料、水泥、商混等产品的运输需求纳管到平台上，通过平台向全网或特定范围的承运商、物流信息部、车主、司机发出邀请，由他们根据自身运力、资金情况进行竞价，执行派车运输任务。
开发数字化基础设施	所属中建材信息自主研发的中建信云工业互联网平台由CPS系统、大数据管理平台、数据中台、业务中台和基础服务管理平台五部分组成，为企业提供完整的智能制造服务。

对于传统行业如水泥、化纤，中国建材下属子公司深入运用互联网技术，对工厂生产各工序进行智能化监测，利用新技术提高企业生产效率和产品质量，为企业提供完整的智能制造应用平台。同时，中国建材开发“我找车”网络货运平台，与滴滴等出行平台相似，快速科学匹配水泥、原材料、商混等运输需求方与货车承运商供求方的运输交易，高效利用内部闲置资源，达到“帕累托状态”，为集团带来大幅的利润增长和成本的降低。在企业内部行政运营方面，中国建材自主研发中建信云工业互联网平台，为企业上下提供数字化的信息处理，为企业经营提质增效。

9.5.2　中国建材成为国有资本投资公司的运行总结

基于权变理论和战略管理理论和已有的案例资料，本章对核心维度之间的关系进行反复检视，最终得出如图9-18所示的中国建材转型国有资本投资公司运营机理模型。基于产权理论，在权变理论的视角下，中国建材原产业集团对自身内部治理进行改革，本章将其总结为内部治理运营体系。

在内部治理改革优化，结合战略管理理论奠定国有资本投资公司的治理基础后，中国建材对控股公司进行投资布局引导，通过对资本的投入、保障和回报进行管控，形成集团的外部投资运营体系。与此同时，中国建材积极运营科技创新为企业价值和效率赋能，从而实现了以创新为国有资本投资公司内外部治理投资运营增强效果的“内管治理，外管投资，创新赋能”的国有资本投资公司转型机制，确立了集团内部治理变革与外部投资引导之间的有效匹配。

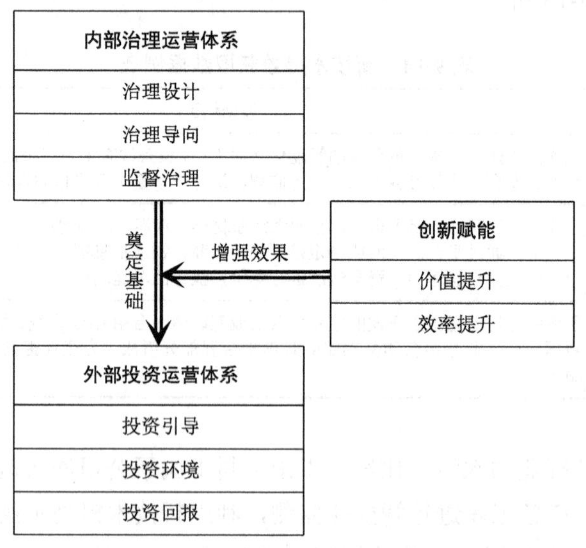

图 9-18 中国建材国有资本投资公司转型机理模型

资料来源：作者绘制

1. 内部治理运营体系

中国建材前董事长宋志平曾解释国有企业改革中的体制、制度和机制的含义，简单来说，体制就是处理好国有经济、国有资本、国有企业之间的关系，国资委管资本，国家出资企业管股权，被投资企业开展市场化运营，建立起三层国资监管体制。机制就是企业效益和经营者、劳动者利益之间的关系。从这个视角出发，可以将中国建材国有资本投资公司的内部治理运营进行梳理，具体机理如图 9-19 所示。

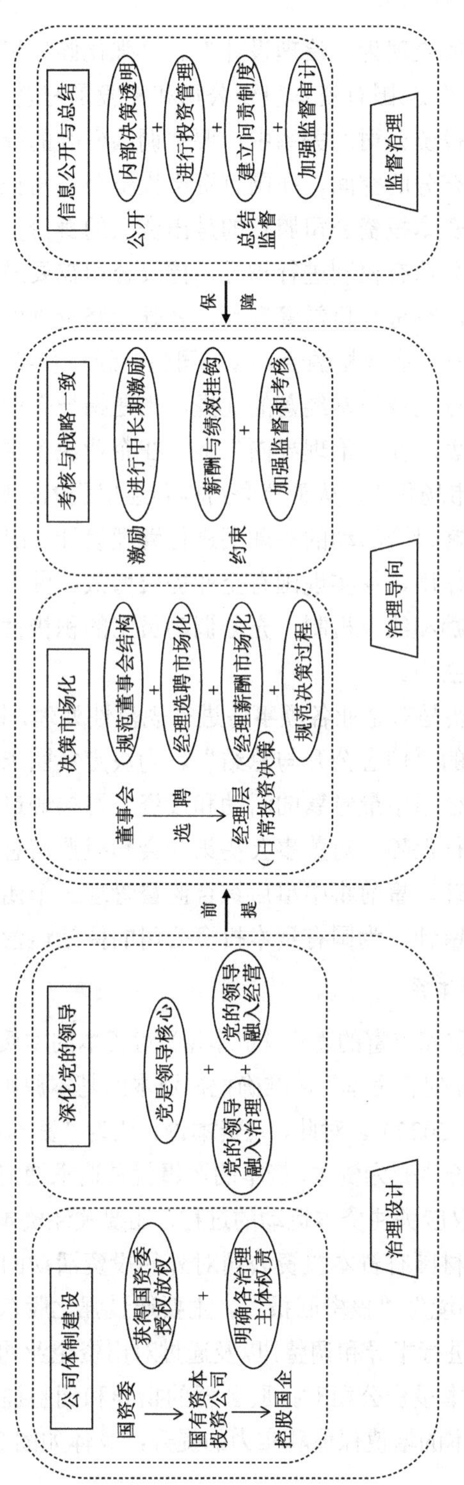

图9-19 中国建材国有资本投资公司内部治理运营机理

资料来源：作者绘制

在体制方面，具体表现为“治理设计”。“强化国有资本投资地位”即厘清中国建材在国资委、国有资本投资公司和控股国有企业之间的关系。在国资委与国有资本投资公司的关系中，要强调国资委的授权与放权，给予国有资本投资公司充分的空间。在国有资本投资公司与控股国有企业的关系中，要强调国有资本投资公司履行的是出资人的身份，作为控股国有企业的股东，对控股公司有权利进行指导，控股公司需要遵循国有资本投资公司的意志。同时，在进行日常管理前，要强调坚持党的领导这一核心政治原则，要将党与公司治理相融合、与公司生产经营相结合。由此可见，建立良好的体制是进行企业日常经营的前提，也是指导企业的顶层设计。

在机制方面主要表现在“治理导向”上，在企业决策中要突出市场化的理念，进行“决策市场化”，从董事会结构到经理层的选聘和绩效约束，将决定大部分企业日常投资活动的经理层进行管理设计。在日常的经营中，突出考核标准的引导作用，往实现国有企业提质增效，国有资本优化布局的目标靠拢，设立激励和约束机制，充分调动员工的积极性，是国有资本投资公司方针落实的主力。

在制度方面，主要是对企业各项事务进行规范性处理，即“监督治理”方面，对应中国建材的“信息公开与总结”。为决定集团未来发展的重大事项、国有资本投资公司中最频繁的活动和投资公司接触最多的对象制定规范而有效的制度进行保障。对董事会决策开会和投票信息透明化，形成投前投中投后投资管理、事前事中事后综合监督管理三个闭环体系，并加强内部对资金的监督审计，为国有资本投资公司的持续运营保驾护航。

2. 外部投资运营体系

马克思主义最厚重和丰富的著作《资本论》对资本的本质和逻辑进行了详细的阐述，对于“如何管资本”，准确把握资本的基本原则、体系建设等具有重要启示（张欣，2022）。对此，《资本论》认为“资本是一种运动”，由日常的生产经营使价值变为资本，资本的逻辑就是追求增值的无限性和最大化，因此管资本不仅应关注资本运动的过程，还要关注资本的回报等。基于此，本章将中国建材国有资本投资公司对外的投资活动的资本运作归为“投资引导”“投资环境”“投资回报”。主要通过强化股东身份，利用资本为纽带对控股公司进行指导和调整，以及通过对出资企业的治理改善和多种融资方式为国有资本投资公司对控股公司的指导和调整提供环境和资金的支持，并重视对资本的增值保值和实力的提升，具体如图 9-20 所示。

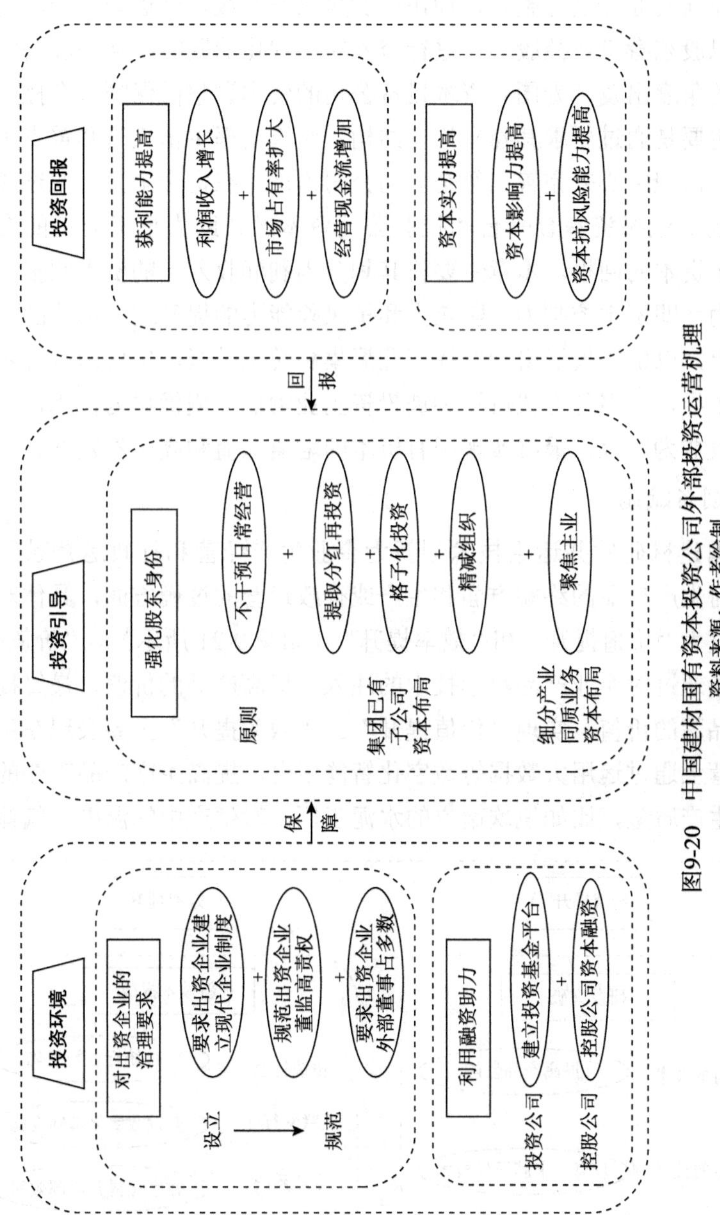

图9-20 中国建材国有资本投资公司外部投资运营机理

资料来源：作者绘制

在国有资本投资公司的投资运营中，中国建材的主要投资活动以不干预控股公司日常经营为原则，对控股公司布局进行调整以及对建材行业的细分产业同质业务进行整合，加快产业集聚与升级，促进国有资本合理流转。在以股东身份对控股公司进行资本布局优化的同时，从控股公司和资金来源的角度出发，为国有资本投资公司的资本调整做保障。在控股公司方面，主要是通过要求其建立治理结构、厘清治理主体权责和重点关注董事会这一治理中心来完善二级企业的公司治理。在资金来源上通过成立投资公司的专业投资基金平台和控股公司资本融资助力投资公司的资本实力。对于资本的回报，本章主要将其划分为利润收入上的资本回报，以及资本实力，即资本控制力、影响力和抗风险能力的提升这一形式的资本回报。综上，以资本投资引导发挥产业聚集和转型升级，优化国有资本布局为战略主导，以多种方式融资和被投资企业治理环境优化为保障，以资本实力和收益为回报，最终实现国有资本的增值保值和高质量发展。

3. 创新赋能

中国建材研发并运用技术创新为企业生产经营和行政运营赋能主要表现在对生产产品的终端方面和生产或行政运营的过程方面，具体对应的三阶维度为“价值提升”和“效率提升”（如图 9-21 所示）。“价值提升”主要是指通过对企业产品科学技术的注入，提高产品的价值，最终提升企业总体品牌的价值，实现“价值提升”。“效率提升”主要表现在生产或行政运营上通过运用大数据等数字化智能平台，提高生产产品工序的运行效率和生产质量，比如槐坎南方的水泥工厂，对生产中的温度、气体排放

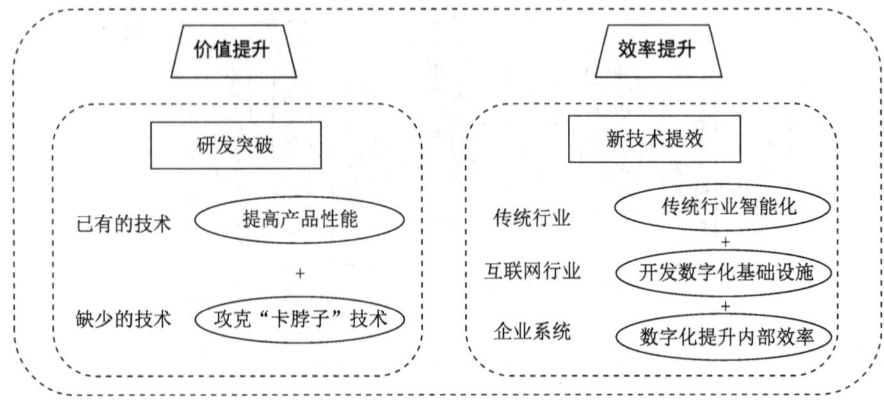

图 9-21　中国建材国有资本投资公司创新赋能机理

资料来源：作者绘制

等进行监测和控制，对异常情况能快速准确地找出问题源头，减少损耗，全程保障生产产品的质量。从企业经营生产的过程和终端入手，对企业的产品、总体价值和运行效率进行加成，放大集团总体战略引领的功效，让企业进入高质量发展的快车道，实现国有资本的优化布局，做大做优做强国有企业，向世界一流企业高效迈进。

4. 中国建材国有资本投资公司的运营机理

综上，中国建材转型为国有资本投资公司的“内管治理，外管投资，创新赋能”运营机理可以细化为如图 9-22 所示的机理图，由“内部治理运营体系”为中国建材进行顶层设计，为集团总部对外部控股公司的“外部投资运营体系”奠定基础，在集团进行主要的投资布局引导中，通过科学创新放大治理和投资运营效果，为中国建材国有资本投资公司的内外部运营“赋能”。在集团总部的顶层设计上，基于权变理论，应对国有资本管理体制由“管资产”转变为“管资本”的改革导向，中国建材总部内部的组织结构发生变化，最突出的表现在“治理设计”方面，公司的体制建设重点关注国资委授权放权，以及集团总部治理主体间权责的关系处理，并由“监督治理”给予保障，对集团的董事会、经理层决策以及日常的投资运营方案、资金流动等进行监督，为集团上下的治理运营保驾护航，如同弓箭的“手柄”，为集团作为国有资本投资公司的投资运作打下坚实的基础。集团总部治理层对于日常经营的总体导向基于战略管理理论，从决策和考核出发，引导企业整体向国有资本优化布局，促进资本合理流动，将中国建材建设为世界一流的投资公司的战略目标迈进，该方面主要在“治理导向”主题中体现。进一步地，基于集团治理决策层的战略导向，对控股公司进行资本运营时，主要在“投资引导”二阶主题中体现出中国建材国有资本投资公司在实际资本运营中为达到战略目标所作出的具体投资布局策略，如以不干预控股公司日常经营为原则，通过委派董事、监事对控股公司进行公司治理的方式，对控股公司的资金使用进行监督，把握战略方向，再通过“格子化投资”“提取分红再投资”等集团投资引导特色方法，一步步将建筑材料向综合材料布局，本土市场向全球布局，将产业链价值向中高端集中，提升产业竞争力。由此从集团治理决策层到实际投资运营层，一致贯彻落实投资公司的发展战略，是中国建材国有资本投资公司进行国有资本优化布局的主力，如同弓箭中的“箭”，瞄准目标，一击即中。在主力为中国建材迈向战略目标奋力前行时，还少不了为其提供保

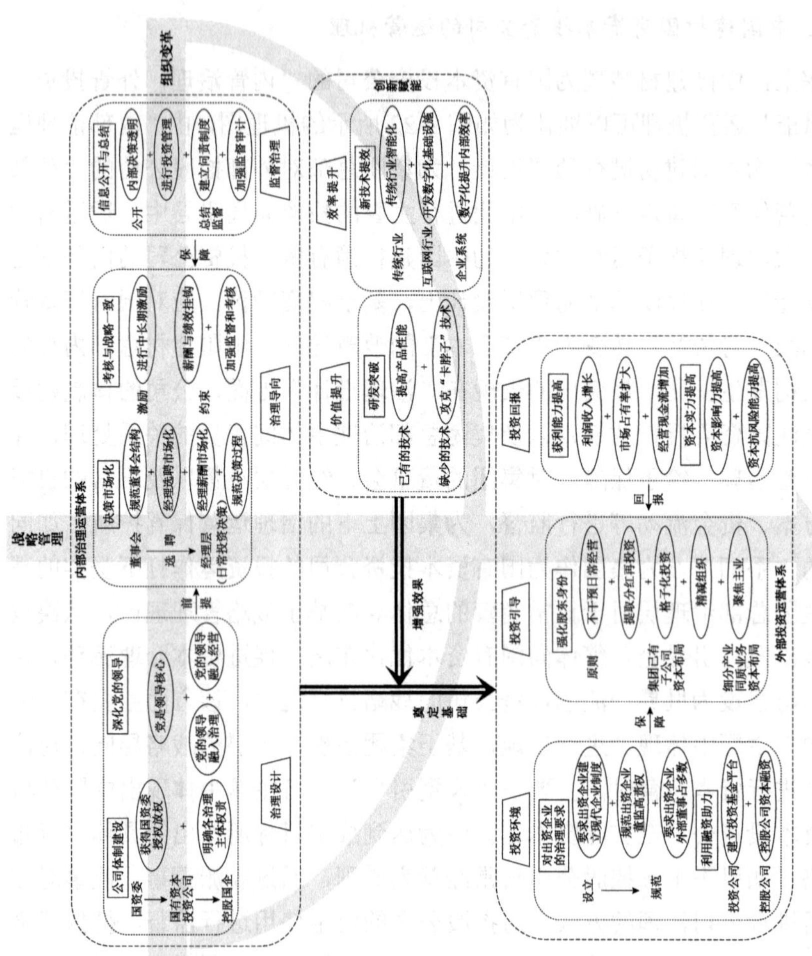

图 9-22　中国建材国有资本投资公司“内管治理，外管资本，创新赋能”运营机理

障。在集团总部内部治理和外部投资运营中，为保障“治理导向”和“投资引导”能科学合理且顺利在控股企业中落地执行，在内部“监督治理”中对集团总部制定的重大或日常投资决策的过程进行监督，保障集团总部决策科学合理，在外部投资中对集团出资企业的治理水平进行优化，并通过多种融资方式增强投资资本实力，保障集团的投资运作能顺利在控股公司中进行。

与此同时，中国建材积极进行技术创新和应用，大大增强了主力发挥作用的效果，具体表现在技术创新对企业总体品牌价值的提升和日常运营效率的提升。比如通过设立“我找车”大数据智能网络平台，将集团内部的物流配送渠道打通，科学高效地匹配货运供需双方的需求，极大地提高了集团内部运输的效能。在技术突破方面，中国建材不断攻克“卡脖子”技术，带来产品价值的提升，进而提升企业总体价值，推动企业向价值链中高端迈进，培育核心竞争力，为国有资本投资公司的治理和投资引导进行“赋能”和“加持”。

9.6　结论与讨论

9.6.1　研究结论

与产权理论、战略管理理论和权变理论一致，本章的研究结果表明，在国资委“管资产”向“管资本”转变的改革导向下，由国有资本投资公司履行出资人的职责，适时改变原有产业集团的经营模式，对治理结构进行优化设计，实现国资委授权放权，国有资本投资公司内部调整治理结构，明确各治理主体权责，在优化顶层设计的前提下为集团对控股公司进行资本运作奠定基础。从集团总部的决策和考核开始进行转变，通过治理导向和对出资企业多种方式进行资本运作的投资引导，贯彻落实国有资本投资公司优化资本布局，促进国有资本增值保值的战略目标，并启动数字化时代下对人工智能、大数据等领域的研究开发和对产品技术的突破创新，放大国有资本投资治理和投资运营上的效果，形成“内管治理，外管投资，创新赋能”的国有资本投资公司运营机制。

其中以中国建材为例的中央企业，在转型过程中需要尤为注重以下三点：一是突出坚持党的领导不动摇，在对集团内部进行组织变革过程中，以坚持党的政治核心作用为最高原则，突出表现为，央企作为国有经济战略性布局支撑点，带头执行党和国家的方针政策，主动承担政治责任和社会责任，以高质量党建引领高质量发展。二是在作为国有资本投资公司“管资本”的过程中，适时在治理导向上进行转变，比如以调整考核目标的方式让集团上下共同为优化国有资本布局的战略目标努力。三是在对出资企业进行投资布局时不干涉控股公司的日常经营，这也是非常重要的。以中国建材为例，集团总部始终坚持以资本为纽带对控股公司进行指导，比如通过持有出资企业股权进而委派董监事“管好股权”。现有不少国有资本投资公司存在“翻牌”和“架空”的问题，大多数都是由于没有按照国有资本投资公司的要求深入推进公司内部改革，因此在央企转型为国有资本投资公司的过程中，对以上三点需要尤为关注。

总体而言，本章通过对中国建材在成为国有资本投资公司试点四年间的各种改革具体做法和经营理念利用 Gioia 编码的方式进行深入分析，层层归纳出中国建材成功高效高质量地转型为国有资本投资公司的“内管治理，外管投资，创新赋能”运营机制，为仍处于国有资本投资公司试点阶段的央企提供借鉴，有助于丰富和扩展我国国有资本投资公司运营机制和发展的研究。

其次，本章聚焦央企集团在内部治理变革和外部投资运营中关键做法和两者间的关系，识别出国有资本投资公司基于战略管理和权变理论对集团内外部进行改革的重要性，揭示了国有资本投资公司内部治理和外部投资运营由战略目标贯彻始终，由内部治理为外部投资奠定基础的关系，探讨国有资本投资公司治理优化与投资运作如何有效统一。与此同时，在国有资本投资公司资本运营中结合马克思主义资本理论，将资本视为一种运动，将资本的运动过程和资本回报的结果共同归纳为国有资本投资公司的“外部投资运营体系”，为央企转型为国有资本投资公司提供理学支持。

最后，本研究在国有资本投资公司内部治理与外部投资的关系中，赋予创新研发和运用新的内涵，强调了创新在两者中的“赋能”作用。已有的研究多从创新效率（潘敏等，2019）、自主研发费用化和资本化处理呈现的研发水平（宋建波等，2020）、研发质量（Aghion et al.，2019）识别创新投入和创新产出的异同，但大多忽略了创新能力在国有资本投资公司优化资本布局中的重要作用。本章以中国建材为例，将企业创新启动对数字化时代下人工智能、大数据等领域的研究开发和技术突破分为对企业产品价值的提升和生产经营效率的提升，从企业生产经营的终端和过程为企业总体运营进行“赋能”，增强国有资本投资在内外部治理投资中的作用效果，为创新研发和运用提供了新内涵。

9.6.2　实践启示

1. 防止资本无序扩张

在国有资本投资公司进行投资运营中，要正确把握资本的两面性。一方面，它与其他资源结合在一起，可以推动社会向前发展；另一方面，如果没有有效的制度、规则加以约束，它就有可能给社会经济带来巨大伤害。马克思指出：“资本作为无止境地追求发财致富的欲望，力图无止境地提高劳动生产力并使之成为现实。”因此，虽然设立国有资本投资公司可以充分利用资本追求价值最大化的逻辑，促进国有资本增值保值，但是也需要警惕资本的无限扩张。2021 年中央经济工作会议指出，要正确认识和把握资本的特性和行为规律，要为资本设置“红绿灯”，依法加强对资本的有效监管，防止资本野蛮生长。国有资本投资公司“管资本”要符合中国特色社会主义的基本原则，在社会主义市场经济条件下，将国有资本和劳动者相结合进行价值创造和资本增值，符合市场经济的运行规律和社会主义基本经济制度的内在要求，加强党的建设，不断提升国有资本的整体收益和控制力，使国有经济更好服从服务国家战略需要，建设世界一流企业。

2. 以创新赋能企业发展

要充分认识到创新对企业发展的重要性，向数字产业化、产业数字化转变的方向，走上一条实现中国高质量可持续发展的新企业道路。在日常经营中，采用大数据、区块链等智能技术，提高信息化建设水平，通过数字化赋能企业发展，对传统行业进行智能化改造，自主研发构建自由互联网平台，加强内部信息交流，实现跨部门、跨系统的信息共享。在产品终端上，加大对已有技术的创新发展，研发出更高性能的产品，集中力量攻克“卡脖子”的技术，重视对科技成果的保护和转化机制，通过多种激励政策和组织技术比赛或交流活动，集成各方资源进行创新，提升企业总体价值，促进产业向价值链的中高端集中，提高国有资本的质量和效率。

3. 善用战略和组织变革管理

通过制定集团整体中长期发展规划确定指引方向，在集团总部决策和考核中根据集团战略目标适时更新，为集团整体经营提供导向，并通过投资引导和结构调整的作用，以资本为纽带协调和引导出资企业发展，实现集团战略意图。由此从集团总部到所持股企业，上下一体贯彻落实国家战略，优化资本布局和进行结构调整，促进国有资本增值保值。

与此同时，在集团总部治理运营中适时进行治理结构的调整，按照《国务院关于推进国有资本投资、运营公司改革试点的实施意见》不设立股东会，明确各治理主体的权责，对出资企业授权放权，不干预出资企业的日常经营，充分发挥党组织的领导作用、董事会的决策作用、经理层的经营管理作用，不断提高国有资本运营的效率和质量。

9.6.3　不足与展望

由于本案例分析属于探索性研究，目前研究结果仍存在局限性。首先是本章通过归纳式案例研究方法构建了央企转型为国有资本投资公司的运营机制模型，具有典型性、创新性等优势，但不具备统计意义上的普遍性，未来可通过多案例研究、实证研究等方式对研究结论的有效性进行检验和扩展。其次，中国建材国有资本投资公司虽然作为国有资本公司企业，试点期间运营工作已开展了近五年，但总体上来说，经验的积累时间还不是很长，还可能存在国家政策方针变化的情况，目前得出的运行机制未来需要完善空间仍较大。

参 考 文 献

白智奇，张宁宁，张莹，2021. 高管薪酬契约参照与企业并购：并购溢价及并购绩效[J]. 经济与管理评论, 37(1): 150-160.

薄仙慧，吴联生，2009. 国有控股与机构投资者的治理效应：盈余管理视角[J]. 经济研究，44(2): 81-91+160.

蔡贵龙，柳建华，马新啸，2018a. 非国有股东治理与国企高管薪酬激励[J]. 管理世界, 34(5): 137-149.

蔡贵龙，郑国坚，马新啸,等，2018b. 国有企业的政府放权意愿与混合所有制改革[J]. 经济研究, 53(9): 99-115.

蔡立新，高蔓莉, 2021. 国有资本投资公司财务绩效评价[J]. 财会月刊, 893(1): 44-51.

曹春方，夏常源，钱先航，2019. 地区间信任与集团异地发展——基于企业边界理论的实证检验[J]. 管理世界, 35 (1): 179-191.

曹伟，程六兵，赵璨, 2016. 地方政府换届会影响企业纳税行为吗?——来自市委书记变更的证据[J]. 世界经济文汇, (3): 91-110.

曹晓芳，柳学信，吕波，2022. 董事会断裂带对企业战略变革的双重治理效应——子群体嵌入的动态视角[J]. 技术经济, (10): 175-187.

陈大鹏，施新政，陆瑶, 2019. 员工持股计划与财务信息质量[J]. 南开管理评论, (1): 15.

陈冬，孔墨奇，王红建，2016. 投我以桃，报之以李：经济周期与国企避税[J]. 管理世界, (5): 46-63.

陈庆，安林，2014. 完善国有资产管理体制研究[J]. 首都经济贸易大学学报，16(1): 33-40.

陈仕华，卢昌崇，2013. 企业间高管联结与并购溢价决策——基于组织间模仿理论的实证研究[J]. 管理世界, (5): 144-156.

陈晓珊, 2017. 国有企业混合所有制改革的方式选择——基于社会福利最大化视角[J]. 首都经济贸易大学学报, (4): 78-86.

陈效东, 2015. 股权激励的动机差异对投资决策的影响研究[D]. 西南交通大学.

陈颐, 2017. 儒家文化、社会信任与普惠金融[J]. 财贸经济, 38 (4): 5-20.

陈志军，郑丽，2016. 不确定性下子公司自主性与绩效的关系研究[J]. 南开管理评论, 19(6): 91-100.

程恩富，董宇坤，2015. 大力发展公有资本为主体的混合所有制经济[J]. 政治经济学评论, (1): 116-128.

程凤朝，刘旭，温馨，2013. 上市公司并购重组标的资产价值评估与交易定价关系研究[J]. 北京：会计研究, (8): 40-46+96.

楚序平，俞立峰，张佳慧，2017. 中国国有资本投资公司改革模式探析[J]. 清华金融评论, (7): 53-56.

崔东岩, 2004. 工资必须体现劳动力市场价格的要求——国有企业人才流失问题探讨[J]. 山东经济, (2): 25-28.

崔永梅, 余璇, 2011. 基于流程的战略性并购内部控制评价研究[J]. 会计研究, (6): 57-62.

崔永梅, 张亚, 曾德麟, 等, 2021. 资源行动视角下并购重组企业协同价值创造机理研究——以中国五矿与中国中冶重组为例[J]. 管理评论, 33(10): 237-248.

邓然, 2020. 员工持股计划激励效果分析及优化——以海普瑞为例[J]. 财政监督, (21): 100-104.

董屹宇, 郭泽光, 2021. 风险资本与企业技术创新——基于要素密集度行业差异性的研究[J]. 财贸研究, 32(8): 99-110.

段敏, 方红星, 2022. 混合所有制对企业避税的治理效应[J]. 湖南科技大学学报(社会科学版), (1): 73-83.

范红忠, 王子悦, 陶爽, 2022. 数字化转型与企业创新——基于文本分析方法的经验证据[J]. 技术经济, (10): 34-44.

范轶琳, 吴东, 黎日荣, 2021. 包容性创新模式演化——基于淘宝村的纵向案例研究[J]. 南开管理评论, 24(2): 195-205.

冯飞, 张永生, 张定胜, 2006. 企业绩效与产权制度——对重庆钢铁集团的案例研究[J]. 管理世界, (4): 130-139.

冯根福, 2004. 双重委托代理理论: 上市公司治理的另一种分析框架——兼论进一步完善中国上市公司治理的新思路[J]. 经济研究, (12): 16-25.

冯辉, 2016. 竞争中立: 国企改革、贸易投资新规则与国家间制度竞争[J]. 环球法律评论, 38(2): 152-163.

方政, 徐向艺, 陆淑婧, 2017. 上市公司高管显性激励治理效应研究——基于"双向治理"研究视角的经验证据[J]. 南开管理评论, 20(2): 122-132.

干昕艳, 2015. 地方国有资本投资运营公司组织架构初探[J]. 上海国资, (9): 74-75.

高雷, 张杰, 2014. 经济主体的"自我价值负载"与"我执"——行为公司治理理论和实验研究[J]. 现代管理科学, (11): 69-71.

高磊, 晓芳, 王彦东, 2020. 多个大股东、风险承担与企业价值[J]. 南开管理评论, 23(5): 124-133.

高明华, 杨丹, 杜雯翠, 等, 2014. 国有企业分类改革与分类治理——基于七家国有企业的调研[J]. 经济社会体制比较, (2): 19-34.

高远东, 范倪雨馨, 孙汇林, 等, 2021. 并购溢价、投资者情绪与短期绩效研究[J]. 中国商论, (4): 75-77.

葛扬, 尹紫翔, 2019. 70 年所有制改革: 实践历程、理论基础与未来方向[J]. 经济纵横, (10): 9-15+129.

关树江, 2017. 关于国企混改分类实施的探讨[J]. 改革与开放, (24): 35-36.

郭朝晖, 2009. 企业人工成本的动态管理[J]. 中国人力资源开发, (10): 58-60.

郭世坤, 2006. 员工持股计划: 应重视的产权制度与激励机制[J]. 中国金融, (10): 28-30.

韩钢, 李随成, 2011. 我国上市公司独立董事监督机制有效性研究[J]. 财经理论与实践, (5): 71-75.

郝阳, 龚六堂, 2017. 国有、民营混合参股与公司绩效改进[J]. 经济研究, 52(3): 122-135.

何小钢, 2017. 国有资本投资、运营公司改革试点成效与启示[J]. 经济纵横, (11): 45-52.

何小钢, 2018. 国有资本投资运营公司改革与国企监管转型——山东、重庆和广东的案例与经验[J]. 经济体制改革, (2): 24-27.

胡锋, 黄速建, 2017. 对国有资本投资公司和运营公司的再认识[J]. 经济体制改革, (6): 98-103.

胡恒强, 范从来, 杜晴, 2020. 融资结构、融资约束与企业创新投入[J]. 中国经济问题, (1): 27-41.

胡建雄, 2021. "釜底抽薪"还是"抱薪救火"——引入民营股东对国企并购效率的影响[J]. 山西财经大学学报, (1) : 85-99.

黄明明, 周海晨, 2019. 国有资本投资、运营公司试点成效概述[J]. 国有资产管理, (9): 16-18.

黄群慧, 余菁, 2013. 新时期的新思路: 国有企业分类改革与治理[J]. 中国工业经济, (11): 5-17.

黄世忠, 2020. 智慧资本的崛起——智慧资本系列研究之一[J]. 新会计, (5): 6-9.

黄世忠, 叶丰滢, 陈朝琳, 等, 2020. 新经济、新模式、新会计[M]. 北京: 中国财政经济出版社.

黄速建, 2014. 中国国有企业混合所有制改革研究[J]. 经济管理, 36(7): 1-10.

黄速建, 肖红军, 王欣, 2019. 竞争中性视域下的国有企业改革[J]. 中国工业经济, (6): 22-40.

黄速建, 余菁, 2015. 企业员工持股的制度性质及其中国实践[J]. 经济管理, 37(4): 1-12.

季晓南, 2019. 论混合所有制经济的内涵、意义及发展路径[J]. 北京交通大学学报(社会科学版), 18(4): 8-26.

季晓楠, 2020. 完善国企公司治理, 提升国家治理效能[J]. 审计观察, (6): 18-23.

姜付秀, 马云飙, 王运通, 2015a. 退出威胁能抑制控股股东私利行为吗? [J] . 管理世界, 260(5): 147-159.

姜付秀, 石贝贝, 李行天, 2015b. "诚信"的企业诚信吗?——基于盈余管理的经验证据[J]. 会计研究, 334(8): 24-31+96.

焦长勇, 项保华, 2002. 战略并购的整合研究[J]. 北京: 科研管理, (4): 16-21.

剧锦文, 2000. 员工持股计划与国有企业的产权改革[J]. 管理世界, (6): 85-92.

康勇军, 彭坚, 2020. 好管家的收益和代价: 解密 CEO 管家行为对自身幸福感的双重影响[J]. 南开管理评论, 23(4): 120-130.

莱茵, 2020. 精准辨识专才与通才[J]. 企业管理, (7): 102-107.

李东升, 杜恒波, 唐文龙, 2015. 国有企业混合所有制改革中的利益机制重构[J]. 经济学家, (9): 33-39.

李端生, 宋璐, 2020. 国有资本投资运营公司成立提高企业价值了吗? ——来自中央企业和省级改革试点的经验数据[J]. 经济与管理研究, 41(10): 103-120.
李欢, 郑杲娉, 徐永新, 2014. 家族企业"去家族化"与公司价值——来自我国上市公司的经验证据[J]. 金融研究, 413(11): 127-141.
李济含, 刘淑莲, 2021. 混合所有制、非国有大股东治理与国有企业并购效率[J]. 审计与经济研究, (4): 69-79.
李奎, 张跃, 2019. 普惠性企业研发后补助政策有效吗——基于广东企业的证据[J]. 广东财经大学学报, 34(5): 88-99.
李善民, 刘永新, 2010. 并购整合对并购公司绩效的影响——基于中国液化气行业的研究[J]. 南开管理评论, (13): 154-160.
李善民, 朱滔, 2006. 多元化并购能给股东创造价值吗?——兼论影响多元化并购长期绩效的因素[J]. 管理世界, (3): 129-137.
李姝, 李丹, 2022. 非国有股东董事会权力能促进国企创新吗? [J]. 外国经济与管理, (4): 65-80.
李维安, 牛建波, 宋笑扬, 2009. 董事会治理研究的理论根源及研究脉络评析[J]. 南开管理评论, (1): 130-145.
李宇英, 2019. "竞争中立"规制水平的国际比较研究[J]. 复旦学报(社会科学版), 61(2): 166-176.
李韵, 贾亚杰, 2020. 华为员工持股制度的中国特色及其对企业创新的作用机理[J]. 教学与研究, (4): 25-38.
李政, 2022. 新时代增强国有经济"五力"理论逻辑与基本路径[J]. 上海经济研究, (1): 5-11, 26.
李志刚, 杜鑫, 张敬伟, 2020. 裂变创业视角下核心企业商业生态系统重塑机理——基于"蒙牛系"创业活动的嵌入式单案例研究[J]. 管理世界, 36(11): 80-96.
厉以宁, 2015. 依法治国和深化经济改革[J]. 经济研究, 50(1): 8-10.
梁上坤, 徐灿宇, 王瑞华, 2020. 和而不同以为治: 董事会断裂带与公司违规行为[J]. 世界经济, (6): 171-192.
林毅夫, 李志赟, 2004. 政策性负担、道德风险与预算软约束[J]. 经济研究, (2): 17-27.
林毅夫, 孙希芳, 姜烨, 2009. 经济发展中的最优金融结构理论初探[J]. 经济研究, 44(8): 4-17.
刘白璐, 吕长江, 2018. 基于长期价值导向的并购行为研究——以我国家族企业为证据[J]. 会计研究, (6): 47-53.
刘超, 徐丹丹, 郑忱阳, 2019. 商誉、高溢价并购与股价崩盘风险[J]. 金融监管研究, (6): 1-20.
刘海兵, 杨磊, 许庆瑞, 2020. 后发企业技术创新能力路径如何演化?——基于华为公司1987-2018年的纵向案例研究[J]. 科学学研究, 38(6): 1096-1107.
刘汉民, 2002. 所有制、制度环境与公司治理效率[J]. 经济研究, (6): 63-68+95.
刘慧龙, 2017. 控制链长度与公司高管薪酬契约[J]. 管理世界, (3): 95-112.
刘纪鹏, 2006. 国资体制改革需处理三问题[J]. 发展月刊, (2): 20-21.
刘思义, 翁若宇, 杨道广, 2018. 自然灾害、财政压力与企业避税——基于台风灾害的实证分析[J]. 会计研究, (3): 34-41.

刘小玄, 2003. 中国转轨经济中的产权结构和市场结构——产业绩效水平的决定因素[J]. 经济研究, (1): 21-29.

刘昕, 潘爱玲, 2020. 跨所有制并购能否抑制民营企业的避税行为?[J]. 现代财经(天津财经大学学报), (10): 65-79.

刘行, 李小荣, 2012. 金字塔结构、税收负担与企业价值: 基于地方国有企业的证据[J]. 管理世界, (8): 91-105.

刘渝阳, 2008. 大型国企产权多元化改革的几种方式[J]. 西南金融, (12): 48-50.

刘运国, 陈国菲, 2007. BSC 与 EVA 相结合的企业绩效评价研究——基于 GP 企业集团的案例分析[J]. 会计研究, (9): 50-59.

柳学信, 2015. 国有资本的公司化运营及其监管体系催生[J]. 改革, (2): 23-33.

柳学信, 孔晓旭, 王凯, 2020. 国有企业党组织治理与董事会异议——基于上市公司董事会决议投票的证据[J]. 管理世界, 36(5): 116-133+13.

龙远才, 胡世红, 胥勋国, 2005. 推进企业管理创新追求国企卓越绩效[J]. 世界标准化与质量管理, (11): 47-53.

娄祝坤, 黄妍杰, 陈思雨, 2019. 集团现金分布、治理机制与创新绩效[J]. 科研管理, 40(12): 202-212.

楼红娟, 2020. 关于在国企推行职业经理人制度改革试点的思考[J]. 企业改革与管理, (2): 17-24.

卢俊, 全荣伟, 叶佳敏, 2015. 我国国有企业混合所有制改革的问题及对策——基于中信国安集团案例的研究[J]. 经济体制改革, (5): 137-143.

芦雅婷, 2019. 董事会职能、内部控制缺陷定量认定标准与内部控制审计费用[J]. 南京审计大学学报, (2): 30-38.

逯东, 黄丹, 杨丹, 2019. 国有企业非实际控制人的董事会权力与并购效率[J]. 管理世界, (6): 119-141.

罗进辉, 2013. "国进民退": 好消息还是坏消息[J]. 金融研究, (5): 99-113.

罗新宇, 田志友, 朱丽娜, 2017. 地方国有资本投资运营公司发展现状与趋势展望 基于12省市国有资本投资运营公司的调查分析[J]. 国资报告, (2): 104-107.

吕长江, 韩慧博, 2014. 业绩补偿承诺、协同效应与并购收益分配[J]. 审计与经济研究, 29 (6): 3-13.

吕长江, 赵骄, 2007. 管理者留任影响控制权变更吗?[J]. 管理世界, 164(5): 115-124+145+172.

吕长江, 郑慧莲, 严明珠, 2009. 上市公司股权激励制度设计: 是激励还是福利?[J]. 管理世界, (9): 133-147.

马连福, 张晓庆, 2021. 非国有股东委派董事与国有企业双元创新——投资者关系管理的调节作用[J]. 经济与管理研究, (1): 88-103.

马文聪, 吴贝柠, 陈修德, 2002. 政府研发补贴、国家审计和企业创新——基于中央企业控股上市公司的实证研究[J]. 科技管理研究, 42(7): 45-52.

马勇, 王满, 彭博, 2020. 非国有股东委派董事对国企并购绩效的影响研究[J]. 现代财经(天津财经大学学报), 40(5): 20-40.

毛基业, 2020. 运用结构化的数据分析方法做严谨的质性研究——中国企业管理案例与质性研究论坛(2019)综述[J]. 管理世界, 36(3): 221-227.
毛基业, 张霞, 2008. 案例研究方法的规范性及现状评估——中国企业管理案例论坛(2007)综述[J]. 管理世界, (4): 115-121.
孟庆斌, 李昕宇, 张鹏, 2019. 员工持股计划能够促进企业创新吗?——基于企业员工视角的经验证据[J]. 管理世界, 35(11): 209-228.
牛建波, 吴超, 李胜楠, 2013. 机构投资者类型、股权特征和自愿性信息披露[J]. 管理评论, 25(3): 48-59.
欧理平, 赵瑜, 2020. 员工持股计划能促进企业创新吗?[J]. 会计之友, (9): 59-65.
欧阳艳艳, 蔡宏波, 李子健, 2022. 企业对外直接投资的避税动机、机制和规模: 理论与证据[J]. 世界经济, (3): 106-133.
潘剑锋, 2020. 国有企业产融结合战略选择模型构建与应用——基于国企混改背景[J]. 财会通讯, (18): 86-90.
潘敏, 袁歌骋, 2019. 金融中介创新对企业技术创新的影响[J]. 中国工业经济, (6): 117-135.
潘越, 戴亦一, 2008. 双重上市与融资约束——来自中国"A+H"双重上市公司的经验证据[J]. 中国工业经济, (5): 139-149.
潘泽清, 2017. 以新加坡淡马锡公司为例谈国有资本投资运营公司投资策略选择[J]. 财政科学, (6): 109-119.
彭新敏, 刘电光, 2021. 基于技术追赶动态过程的后发企业市场认知演化机制研究[J]. 管理世界, 37(4): 180-198.
戚聿东, 杜博, 温馨, 2021. 国有企业数字化战略变革: 使命嵌入与模式选择——基于3家中央企业数字化典型实践的案例研究[J]. 管理世界, 37(11): 137-158+10.
綦好东, 郭骏超, 朱炜, 2017. 国有企业混合所有制改革: 动力、阻力与实现路径[J]. 管理世界, (10): 8-19.
乔晗, 贾舒喆, 张思, 等, 2020. 商业模式二次创新和制度环境共演的过程与机制: 基于支付宝发展历程的纵向案例研究[J]. 管理评论, 32(8):63-75.
屈源育, 沈涛, 吴卫星, 2018. 上市公司壳价值与资源配置效率[J]. 北京: 会计研究, (3): 50-56.
屈源育, 吴卫星, 沈涛, 2018. IPO还是借壳: 什么影响了中国企业的上市选择? [J]. 管理世界, 34(9): 130-142+192.
权小锋, 吴世农, 2010. CEO权力强度、信息披露质量与公司业绩的波动性——基于深交所上市公司的实证研究[J]. 南开管理评论, 13(4): 142-153.
饶品贵, 汤晟, 李晓溪, 2022. 地方政府债务的挤出效应: 基于企业杠杆操纵的证据[J]. 中国工业经济, (1): 151-169.
单春霞, 仲伟周, 张林鑫, 2017. 中小板上市公司技术创新对企业绩效影响的实证研究——以企业成长性、员工受教育程度为调节变量[J]. 经济问题, (10): 66-73.
沈昊, 杨梅英, 2019. 国有企业混合所有制改革模式和公司治理——基于招商局集团的案例分析[J]. 管理世界, 35(4): 171-182.
沈红波, 华凌昊, 许基集, 2018. 国有企业实施员工持股计划的经营绩效: 激励相容还是激励不足[J]. 管理世界, 34(11): 121-133.

石冬莲, 王博, 2019. 全球哈佛分析框架: 文献综述与研究展望[J]. 财会月刊, (11): 53-60.

宋贺, 段军山, 2019. 财务顾问与企业并购绩效[J]. 中国工业经济, (5): 155-173.

宋建波, 张海晴, 苏子豪, 2020. 研究开发支出资本化反映了研发水平吗——基于研发补助情境[J]. 会计研究, (6): 3-23.

宋希亮, 2014. 支付方式影响并购绩效的机理分析[J]. 经济与管理评论, (3): 77-81.

宋志平, 2020. 国企改革的逻辑[J]. 上海国资, (5): 10-13.

苏坤, 2016. 国有金字塔层级对公司风险承担的影响——基于政府控制级别差异的分析[J]. 中国工业经济, (6): 127-143.

苏郁锋, 吴能全, 周翔, 2017. 制度视角的创业过程模型——基于扎根理论的多案例研究[J]. 南开管理评论, 20(1): 181-192.

苏站站, 2018. 上市公司并购重组价值评估与交易定价的关系[J]. 时代金融, (27): 155+159.

孙光国, 孙瑞琦, 2018. 控股股东委派执行董事能否提升公司治理水平[J]. 南开管理评论, 21(1): 88-98+108.

孙艳霞, 2012. 基于不同视角的企业价值创造研究综述[J]. 南开经济研究, (1): 145-153.

谭劲松, 林雨晨, 2016. 机构投资者对信息披露的治理效应——基于机构调研行为的证据[J]. 南开管理评论, 19(5): 115-126+138.

谭劲松, 徐伟航, 秦帅, 等, 2019. 资源依赖与董事会结构——基于高校上市公司的研究[J]. 会计与经济研究, (4): 3-26.

汤萱, 高星, 赵天齐, 等, 2022. 高管团队异质性与企业数字化转型[J]. 中国软科学, (10): 83-98.

唐兵, 田留文, 曹锦周, 2012. 企业并购如何创造价值——基于东航和上航并购重组案例研究[J]. 管理世界, (11): 1-8+44.

田彬彬, 范子英, 2016. 税收分成、税收努力与企业逃税——来自所得税分享改革的证据[J]. 管理世界, (12): 36-46.

童露, 杨红英, 2015. 国有企业混合所有制改革中的联合重组与公司治理——基于中国建材集团的案例分析[J]. 技术经济与管理研究, (10): 39-44.

王福胜, 吉姗姗, 程富, 2014. 盈余管理对上市公司未来经营业绩的影响研究——基于应计盈余管理与真实盈余管理比较视角[J]. 南开管理评论, 17(2): 95-106.

王化成, 蒋艳霞, 王珊珊, 等, 2011. 基于中国背景的内部资本市场研究: 理论框架与研究建议[J]. 会计研究, (7): 28-37+97.

王化成, 孙健, 邓路, 等, 2010. 控制权转移中投资者过度乐观了吗? [J]. 管理世界, (2): 38-45+186.

王克敏, 刘博, 2014. 公司控制权转移与盈余管理研究[J]. 管理世界, 250(7): 144-156.

王馗, 周经, 胡峰, 2022. 中美两国的企业海外并购存在系统性差异吗?[J]. 财经研究, (10): 94-107.

王垒, 曲晶, 赵忠超, 等, 2020. 组织绩效期望差距与异质机构投资者行为选择: 双重委托代理视角[J]. 管理世界, 36(7): 132-153.

王砾, 代昀昊, 孔东民, 2017. 激励相容: 上市公司员工持股计划的公告效应[J]. 经济学动态, (2): 37-50.

王琳, 陈志军, 2020. 价值共创如何影响创新型企业的即兴能力？——基于资源依赖理论的案例研究[J]. 管理世界, 36(11): 96-110+131+111.

王满四, 霍宁, 周翔, 2021. 数字品牌社群的价值共创机理研究——基于体验主导逻辑的视角[J]. 南开管理评论, 24(3): 92-103.

王茂林, 何玉润, 林慧婷, 2014. 管理层权力、现金股利与企业投资效率[J]. 南开管理评论, 17(2): 13-22.

王世权, 韩冬梅, 李慧慧, 2022. 连续转型中高管团队注意力、资源编排与战略更新——基于东软的案例研究[J]. 南开管理评论, 25(6):183-194.

王曙光, 王天雨, 2017. 国有资本投资运营公司: 人格化积极股东塑造及其运行机制[J]. 经济体制改革, (3): 116-122.

王曙光, 杨敏, 2018. 地方国有资本投资运营平台: 模式创新与运行机制[J]. 改革, (12): 131-141.

王婷, 李政, 2020. 党的十八届三中全会以来国有企业混合所有制改革研究进展与述评[J]. 政治经济评论, 11(6): 57-63.

王文兵, 张春强, 干胜道, 2019. 新时代上市公司治理: 中国情境与国际接轨——兼评《上市公司治理准则》(修订版)[J]. 经济体制改革, (2): 114-120.

王艳, 2016. 混合所有制并购与创新驱动发展——广东省地方国企"瀚蓝环境"2001～2015 年纵向案例研究[J]. 管理世界, (8): 150-163.

王艳, 何竺虔, 汪寿阳, 2020. 民营企业并购的协同效应可以实现吗?[J].会计研究, (7): 64-77.

王艳, 阚铄, 2014. 企业文化与并购绩效[J].管理世界, (11): 146-157+163.

王艳, 李善民, 2017. 社会信任是否会提升企业并购绩效?[J]. 管理世界, (12): 125-140.

王扬眉, 2019. 家族企业继承人创业成长金字塔模型——基于个人意义构建视角的多案例研究[J]. 管理世界,(2): 168-184.

王烨, 周政, 2017. 员工持股计划: "混改"方案还是"圈钱"手段, 抑或福利工具?——基于五粮液的案例研究[J]. 郑州航空工业管理学院学报, 35(2): 97-103.

王玉华, 杨滔, 2020. 文化、社会信任与企业资本结构选择[J]. 中国经贸导刊(中), (12): 169-170.

王哲, 2021. 基于委托代理理论的集团公司财务主管委派探讨[J]. 当代会计, (16): 118-120.

王甄, 胡军, 2016. 控制权转让、产权性质与公司绩效[J]. 经济研究, 51(4): 146-160.

王治, 黄文敏, 2022. 国有资本投资运营公司试点的价值[J]. 北京社会科学, (8): 94-106.

王祖强, 2020. 正确把握公有制经济与非公有制经济的相互关系[J]. 上海经济研究, (1): 5-10.

卫婧婧, 2017. 国有企业并购行为对全要素生产率的影响——基于目标企业所有制类型的考察[J]. 商业经济与管理, (4): 89-96.

魏明海, 蔡贵龙, 柳建华, 2017. 中国国有上市公司分类治理研究[J]. 中山大学学报(社会科学版), 57(4): 175-192.

魏志华，曾爱民，李博，2014. 金融生态环境与企业融资约束——基于中国上市公司的实证研究[J]. 会计研究，(5)：73-80+95.

魏志华，朱彩云，2019. 超额商誉是否成为企业经营负担——基于产品市场竞争能力视角的解释[J]. 中国工业经济，(11)：174-192.

温日光，2017. 谁要求更高的并购溢价？基于国家集体主义的视角[J]. 会计研究，(9)：55-61+97.

温忠麟，叶宝娟，2014. 中介效应分析：方法和模型发展[J]. 心理科学进展，22(5)：731-745.

温忠麟，张雷，侯杰泰，2006. 有中介的调节变量和有调节的中介变量[J]. 心理学报，(3)：448-452.

吴超鹏，吴世农，郑方镳，2008. 管理者行为与连续并购绩效的理论与实证研究[J]. 管理世界，(7)：126-133+188.

吴非，胡慧芷，林慧妍，等，2021. 企业数字化转型与资本市场表现——来自股票流动性的经验证据[J]. 管理世界，(7)：130-144+10.

吴敬琏，2001. 控股股东行为与公司治理[J]. 中国审计，(8)：23-24.

吴秋生，独正元，2022. 非国有董事治理积极性与国企资产保值增值——来自董事会投票的经验证据[J]. 南开管理评论，25(3)：129-138+181+139-140.

吴淑娥，黄振雷，仲伟周，2013. 人力资本一定会促进创新吗——基于不同人力资本类型的经验证据[J]. 山西财经大学学报，35(9)：22-30.

吴延兵，2015. 国有企业双重效率损失再研究[J]. 当代经济科学，37(1)：1-10+124.

武亚军，张莹莹，2015. 迈向“以人为本”的可持续型企业——海底捞模式及其理论启示[J]. 管理案例研究与评论，8(1)：1-19.

奚俊芳，于培友，2006. 我国上市公司控制权转移绩效研究——基于经营业绩的分析[J]. 南开管理评论，(4)：42-48.

夏立军，方轶强，2005. 政府控制、治理环境与公司价值——来自中国证券市场的经验证据[J]. 经济研究，(5)：40-51.

向显湖，刘天，2014. 论表外无形资产：基于财务与战略相融合的视角——兼析无形资源、无形资产与无形资本[J]. 会计研究，(4)：3-9.

向显湖，钟文，2010. 试论企业经营者股权激励与人力资本产权收益[J]. 会计研究，(10)：67-75.

项安波，2018. 重启新一轮实质性、有力度的国企改革——纪念国企改革 40 年[J]. 管理世界，34(10)：95-104.

项安波，张延龙，2021. 提升国有资本投资、运营公司的价值创造能力[N]. 经济参考报，08-23(007).

肖金成，李军，2016. 设立国有资本投资运营公司的几个关键问题[J]. 人民论坛•学术前沿，(1)：33-43.

肖蕾，2005. 员工持股计划与国企产权改革[J]. 沿海企业与科技，(4)：34-35.

肖曙光，杨洁，2018. 高管股权激励促进企业升级了吗——来自中国上市公司的经验证据[J]. 南开管理评论，21(3)：66-75.

肖土盛，孙瑞琦，2021. 国有资本投资运营公司改革试点效果评估——基于企业绩效的视角[J]. 经济管理, 43(8): 5-22.
肖万, 张宇彤, 许林, 2020. 期权属性, 公司治理与可转债发行[J]. 南开管理评论, 23(2): 142-154.
谢获宝, 丁龙飞, 廖珂, 2019. 海外背景董事与债务融资成本——基于董事会咨询和监督职能的中介效应[J]. 管理评论, (11): 202-211.
谢志华, 胡鹰, 2014. 国有资产管理: 从管资产到管资本[J]. 财务与会计,(7): 67-70.
辛宇, 2019. 国有资本投资、运营公司与国有经济的高质量发展——基于国企系族的视角[J]. 财会月刊, (11): 3-8.
辛宇, 宋沛欣, 徐莉萍, 等, 2022. 经营投资问责与国有企业规范化运作——基于高管违规视角的经验证据[J]. 管理世界, (12): 199-221.
邢小强, 汤新慧, 王珏, 等, 2021. 数字平台履责与共享价值创造——基于字节跳动扶贫的案例研究[J]. 管理世界, 37(12): 152-176.
熊彼特, 1990. 经济发展理论[M]. 北京: 商务印书馆.
徐经长, 何乐伟, 杨俊华, 2020. 创新是公司并购的驱动因素吗——来自中国上市公司的经验证据[J]. 会计研究, (12): 29-42.
徐鹏, 陈志军, 马鹏程, 2020. 母子公司高管协同配置: 表现形式、理论逻辑与整合研究框架[J]. 经济与管理评论, 36(5): 56-64.
徐晓东, 陈小悦, 2003. 第一大股东对公司治理、企业业绩的影响分析[J]. 经济研究, (2): 64-74+93.
许保利, 2016. 供给侧改革考验企业创造市场需要的能力[J]. 现代国企研究, (9): 24-26.
许庆瑞, 吴志岩, 陈力田, 2013. 转型经济中企业自主创新能力演化路径及驱动因素分析——海尔集团 1984～2013 年的纵向案例研究[J]. 管理世界, (4): 121-134+188.
许艳, 2021. 独立董事、税收激进与融资约束[J]. 审计与经济研究, (1): 90-100.
闫红蕾, 张自力, 赵胜民, 2020. 资本市场发展对企业创新的影响——基于上市公司股票流动性视角[J]. 管理评论, 32(3): 21-36. DOI:10.14120/j.cnki.cn11-5057/f.2020.03.007.
杨道广, 张传财, 陈汉文, 2014. 内部控制、并购整合能力与并购业绩——来自我国上市公司的经验证据[J]. 审计研究, (3): 43-50.
杨红英, 童露, 2015. 论混合所有制改革下的国有企业公司治理[J]. 宏观经济研究, (1): 42-51.
杨建君, 张钊, 梅晓芳, 2012. 股东与经理人信任对企业创新的影响研究[J]. 科研管理, (3): 36-41+80.
杨理强, 陈少华, 陈爱华, 2019. 内部资本市场提升企业创新能力了吗?——作用机理与路径分析[J]. 经济管理, 41(4):175-192. DOI:10.19616/j.cnki.bmj.2019.04.011.
杨瑞龙, 周业安, 1998. 相机治理与国有企业监控[J]. 中国社会科学, (3): 4-17.
杨威, 宋敏, 冯科, 2018. 并购商誉、投资者过度反应与股价泡沫及崩盘[J]. 中国工业经济, (6): 156-173.
杨志强, 胡小璐, 2018. 高管异质性、股权激励与超额现金持有——国企混改中“行政高管”与“市场高管”差异考察[J]. 商业研究, 499(11): 108-118.
姚立杰, 周颖, 2018. 管理层能力、创新水平与创新效率[J].会计研究, (6): 70-77.
尹剑峰, 龙梅兰, 2017. 管理变革、人才管理与企业并购扩张研究[J]. 经济与管理评论,

(4): 78-86.

于开乐, 王铁民, 2008. 基于并购的开放式创新对企业自主创新的影响——南汽并购罗孚经验及一般启示[J]. 管理世界, (4): 150-159+166.

于文超, 李树, 袁燕, 2015. 官员更替、产权性质与企业避税[J]. 浙江社会科学, (8): 14-25.

余剑锋, 2022. 以国企改革三年行动推动加快建设世界一流企业[J]. 红旗文稿, (5): 4-8.

袁春生, 吴永明, 韩洪灵, 2008. 职业经理人会关注他们的市场声誉吗——来自中国资本市场舞弊行为的经验透视[J]. 中国工业经济, 244(7): 151-160.

袁惊柱, 2019. 国有企业混合所有制改革的现状、问题及对策建议[J].北京行政学院学报, (1): 71-78.

曾敏, 2022. 中国上市公司并购重组的现状、问题及前景[J]. 数量经济技术经济研究, (5): 104-124.

曾志远, 蔡东玲, 武小凯, 2018. "监督管理层"还是"约束大股东"?基金持股对中国上市公司价值的影响[J]. 金融研究, 462(12): 157-173.

翟进步, 贾宁, 李丹, 2010. 中国上市公司收购兼并的市场预期绩效实现了吗?[J]. 金融研究, (5): 133-151.

张斌, 兰菊萍, 庞红学, 2013. PE对中小板、创业板上市公司价值影响的实证研究——基于托宾Q值的考察[J]. 宏观经济研究, (3): 15-23.

张斌, 李宏兵, 陈岩, 2019. 所有制混合能促进企业创新吗?——基于委托代理冲突与股东间冲突的整合视角[J]. 管理评论, 31(4): 42-57.

张根文, 邱硕, 张王飞, 2018. 强化环境规制影响企业研发创新吗——基于新《环境保护法》实施的实证分析[J]. 广东财经大学学报, 33(6): 80-88.

张华, 胡海川, 卢颖, 2018. 公司治理模式重构与控制权争夺——基于万科"控制权之争"的案例研究[J]. 管理评论, (8): 276-290.

张华, 刘宏扬, 2016. 人力资本财务激励的市场效应——基于上港集团员工持股计划的案例研究[J]. 生产力研究, (3): 144-147.

张江凯, 宋常, 王玉龙, 2020. 高管参与员工持股计划、外部董事治理与盈余管理[J]. 财会月刊, (1): 32-37.

张晶, 张永安, 2011. 主并方股权结构与并购支付方式的选择[J].金融理论与实践, (6): 7-11.

张娜娜, 梅亮, 2021. 后发企业的管理滞后与改善: 管理学习的视角[J]. 南开管理评论, 24(1): 74-85+103-105.

张宁, 才国伟, 2021. 国有资本投资运营公司双向治理路径研究——基于沪深两地治理实践的探索性扎根理论分析[J]. 管理世界, 37(1): 108-127+8.

张曙光, 2010. 试析国有企业改革中的资源要素租金问题——兼论重建"全民所有"制[J]. 南方经济, (1): 3-14.

张维迎, 盛斌, 2014. 企业家——经济增长的国王[M]. 上海: 上海人民出版社.

张维迎, 2000. 产权安排与企业内部的权力斗争[J]. 经济研究, (6): 41-50.

张衔, 胡茂, 2015. 我国企业员工持股的发展困境与现实选择——员工持股的再思考[J]. 社会科学研究, (1): 67-73.

张欣, 2022.《资本论》中的资本逻辑及其对管资本的启示[J]. 现代国企研究, (8): 92-96.

张行, 常崇江, 2019. 不同继任模式下CEO任期对薪酬结构的影响研究——来自管理层权力、组合、学习和职业生涯效应的解释[J]. 南开管理评论, 22(6): 188-199.

张秀峰, 陈光华, 海本禄, 2019. 融资约束、政府补贴与产学研合作创新绩效[J]. 科学学研究, 37(8): 1529-1536.

张振刚, 许亚敏, 罗泰晔, 2021. 大数据时代企业动态能力对价值链重构路径的影响——基于格力电器的案例研究[J]. 管理评论, 33(3): 339-352.

章卫东, 罗国民, 陶媛媛, 2016. 上市公司员工持股计划的股东财富效应研究——来自我国证券市场的经验数据[J]. 北京工商大学学报(社会科学版), 31(2): 61-70.

赵春雨, 2015. 混合所有制发展的历史沿革及文献述评[J].经济体制改革, (1): 48-53.

赵景文, 于增彪, 2005. 股权制衡与公司经营业绩[J]. 会计研究, (12): 59-64+96.

赵向阳, 李海, 孙川, 2015. 中国区域文化地图: “大一统”抑或“多元化”?[J].管理世界, (2): 101-119+187-188.

郑志刚, 胡晓霁, 黄继承, 2019. 超额委派董事、大股东机会主义与董事投票行为[J]. 中国工业经济, (10): 155-174.

郑志刚, 雍红艳, 黄继承, 2021. 员工持股计划的实施动机: 激励还是防御[J]. 中国工业经济, (3): 118-136.

中国社会科学院工业经济研究所课题组, 黄群慧, 黄速建, 2014. 论新时期全面深化国有经济改革重大任务[J]. 中国工业经济, (9): 5-24.

周冬华, 黄佳, 赵玉洁, 2019. 员工持股计划与企业创新[J]. 会计研究, (3): 63-70.

周丽萍, 陈燕, 金玉健, 2016. 企业社会责任与财务绩效关系的实证研究——基于企业声誉视角的分析解释[J]. 江苏社会科学, (3): 95-102.

周其仁, 1996. 市场里的企业: 一个人力资本与非人力资本的特别合约[J]. 经济研究, (6): 71-80.

周小豪, 朱晓林, 2021. 做可信任的质性研究——中国企业管理案例与质性研究论坛(2020)综述[J]. 管理世界, 37(3): 217-225+14.

朱晓红, 陈寒松, 张腾, 2019. 知识经济背景下平台型企业构建过程中的迭代创新模式——基于动态能力视角的双案例研究[J]. 管理世界, 35(3): 142-156.

ACHARYA V, XU Z, 2017. Financial dependence and innovation: The case of public versus private firms[J]. Journal of Financial Economics, 124(2):223-243.

AGHION P, AKCIGIT U, BERGEAUD A, et al., 2019. Innovation and top income inequality[J]. The Review of Economic Studies, 86(1): 1-45.

AKERLOF G A, 1980. A theory of social custom, of which unemployment may be one consequence[J]. The Quarterly Journal of Economics, 94 (4): 749-775.

ALLEN F, QIAN J, QIAN M, 2005. Law, finance, and economic growth in China[J]. Journal of Financial Economics, 77(1): 57-116.

ALTMAN E I, 1968. Financial ratios, discriminant analysis and the prediction of corporate bankruptcy[J]. The Journal of Finance, 23(4): 589-609.

AMBOS B, SCHLEGELMILCH B, 2007. Innovation and control in the multinational firm: A comparison of political and contingency approaches[J]. Strategic Management

Journal, 28 (5) : 473-486.

ARMSTRONG C S, BLOUIN J L, LARCKER D F, 2012. The incentives for tax planning[J]. Journal of Accounting and Economics, 53 (1-2) : 391-411.

ARQUÉ-CASTELLS P, 2013. Persistence in R&D performance and its implications for the granting of subsidies[J]. Review of Industrial Organization, 43 (3) : 193-220.

BANGE M M, MAZZEO M A, 2004. Board composition, board effectiveness, and the observed form of takeover bids[J]. The Review of Financial Studies, 17 (4) : 1185-1215.

BARCLAY M J, HOLDERNESS C G, 1989. Private benefits from control of public corporations[J]. Journal of Financial Economics, 25 (2) : 371-395.

BAUWERAERTS J, 2020. The effect of CEO attributes on the internationalization-performance relationship in private family firms[M] //Entrepreneurship and Family Business Vitality. Springer, Cham: 233-253.

BEN A W, FRANCOEUR C, HAFSI T, 2013. What makes better boards? A closer look at diversity and ownership[J]. British Journal of Management, 24 (1) : 85-101.

BEN-AMAR W, MISSONIER-PIERA F, 2008. Earnings management by friendly takeover targets[J]. International Journal of Managerial Finance, 4 (3) : 232-243.

BERGER A N, UDELL F G, 1998. The economics of small business finance: The roles of private equity and debt markets in the financial growth cycle[J]. Journal of Banking & Finance, 68 (6) : 613-673.

BEUGELSDIJK S, JINDRA B, 2018. Product innovation and decision-making autonomy in subsidiaries of multinational companies[J]. Journal of World Business, 53 (4) : 529-539.

BHATTACHARJEA A,DE O, GOURI G, 2019. Competition law and competition policy in india: How the competition commission has dealt with anticompetitive restraints by government entities[J]. Review of Industrial Organization, 54 (2) : 221-250.

BIGGERSTAFF L E, CICERO D C, GOLDIE B, et al., 2021. CFO effort and public firms' financial information environment[J]. Contemporary Accounting Research, 38 (2) : 1068-1113.

BIRKINSHAW J, HOOD N, JONSSON S, 1998. Building firm-specific advantages in multinational corporations: The role of subsidiary initiative[J]. Strategic Management Journal, 19 (3) : 221-242.

BLAIR M M, 1995. Ownership and control: Rethinking corporate governance for the twenty first century[M]. Washington D. C.: The Brooking Institution.

BLAUFUS K, MÖHLMANN A, SCHWÄBE A N, 2019. Stock price reactions to news about corporate tax avoidance and evasion[J]. Journal of Economic Psychology, 72: 278-292.

BRADLEY M, DESAI A, KIM E H, 1988. Synergistic gains from corporate acquisitions and their division between the stockholders of target and acquiring firms[J]. Journal of Financial Economics, 21 (1) : 3-40.

BRAUN M, 2009. The evolution of emissions trading in the European Union–the role of policy networks, knowledge and policy entrepreneurs[J]. Accounting Organizations and

Society, 34 (3-4) : 469-487.

BRICKLEY J A, BHAGAT S, LEASE R C, 1985. The impact of long-range managerial compensation plans on shareholder wealth[J]. Journal of Accounting and Economics, 7 (1) : 115-129.

BROOKS S, 1987. The mixed ownership corporation as an instrument of public policy[J]. Comparative Politics, 19 (2) : 173-191.

BROWN J R, FAZZARI S M,PETERSEN B C, 2009. Financing innovation and growth: Cash flow, external equity, and the 1990s R&D boom[J]. The Journal of Finance, 64 (1) : 151-185.

BROWN J R, MARTINSSON G, PETERSEN B C, 2012. Do financing constraints matter for R&D?[J]. European Economic Review, 56 (8) : 1512-1529.

CAO J, LIANG H, ZHAN X T, 2019. Peer effects of corporate social responsibility[J]. Management Science, 65 (12) : 5487-5503.

CAPOBIANCO H, CHRISTIANSEN, 2011. Competitive neutrality and state-owned enterprises: Challenges and policy options[C]. OECD Corporate Governance Working Papers.

CARMELI A, SCHAUBROECK J, TISHLER A, 2011. How CEO empowering leadership shapes top management team processes: Implications for firm performance[J]. The Leadership Quarterly, 22 (2) : 399-411.

CARROLL A B, 1979. A Three-dimensional conceptual model of corporate performance[J]. Academy of Management Review, 4 (4) : 497-505.

CHAN H S, 2009. Politics over markets: Integrating state-owned enterprises into Chinese socialist market[J]. Public Adminstration and Development, 29 (1) : 43-54.

CHEFFI W, ABDENNADHER S, 2019. Executives' behaviour and innovation in corporate governance: The case of internet voting at shareholders' general meetings in French listed companies[J]. Journal of Business Ethics, 156: 775-798.

CHEN C C, 2014. Corporate governance of state-owned enterprises: An empirical survey of the model of temasek holdings in Singapore[J]. Singapore Management University School of Law Research Paper, (6) : 1-29.

CHEN G, FIRTH M, XIN Y, et al., 2008. Control transfers, privatization, and corporate performance: Efficiency gains in China's listed companies[J]. Journal of Financial and Quantitative Analysis, 43 (1) : 161-190.

CHEN H, TANG S, WU D, et al., 2015. The political dynamics of corporate tax avoidance: The Chinese experience[J]. SSRN Electronic Journal,DOI:10.2139/ssrn.2640111.

CHEN S X, 2017. The effect of a fiscal squeeze on tax enforcement: Evidence from a natural experiment in China[J]. Journal of Public Economics, 147: 62-76.

CHRISTIE A A, ZIMMERMAN J L, 1994. Efficient and opportunistic choices of accounting procedures: Corporate control contests[J]. The Accounting Review, 69 (4) : 539-566.

COCHRAN P L, WARTICK S L, 1988. Corporate governance: A review of the literature[C]. Financial Executives Research Foundation.

CORBIN J M, STRAUSS A, 1990. Grounded theory research: Procedures, canons, and evaluative criteria[J]. Qualitative Sociology, 13 (1) : 3-21.

COTTER J F, ZENNER M, 1994. How managerial wealth affects the tender offer process[J]. Journal of Financial Economics, 35 (1) : 63-97.

CROPANZANO R, MITCHELL M S, 2005. Social exchange theory: An interdisciplinary review[J]. Journal of Management, 31 (6) : 874-900.

DANG D, FANG H, HE M, 2019. Economic policy uncertainty, tax quotas and corporate tax burden: Evidence from China[J]. China Economic Review, 56: 101303.

DARGENIDOU C, GREGORY A, HUA S, 2016. How far does financial reporting allow us to judge whether M&A activity is successful?[J]. Accounting and Business Research, 46 (5) : 467-499.

DECHOW P M, GE W, 2006. The persistence of earnings and cash flows and the role of special items: Implications for the accrual anomaly[J]. Review of Accounting Studies, 11: 253-296.

DECHOW P M, SLOAN R G, HUTTON A P, 1995. Detecting earnings management[J]. The Accounting Review, 70 (2) : 193-225.

DESAI M A, DHARMAPALA D, 2006. Corporate tax avoidance and high-powered incentives[J]. Journal of Financial Economics, 79 (1) : 145-179.

DESAI M A, DYCK A, ZINGALES L, 2007. Theft and taxes[J]. Journal of Financial Economics, 84 (3) : 591-623.

DONG W, HAN H, KE Y, et al., 2018. Social trust and corporate misconduct: Evidence from China[J]. Journal of Business Ethics, 151 (2) : 539-562.

DONNELLY R, HAJBABA A, 2014. The acquisition puzzle and mispricing: Evidence of over-optimism[J]. International Journal of Managerial Finance, 10 (4) : 470-493.

DRAZIN R, VAN DE VEN A H, 1985. Alternative forms of fit in contingency theory[J]. Administrative Science Quarterly, 30 (4) : 514-539.

DUFLO E, 2001. Schooling and labor market consequences of school construction in indonesia: Evidence from an unusual policy experiment[J]. The American Economic Review, 91 (4) : 795-813.

DYCK A,ZINGALES L, 2004. Private benefits of control: An international comparison[J]. Journal of Finance, 59 (2) : 537-600.

EASTERWOOD J C, 1998. Divestment and financial distress in leveraged buyouts[J]. Journal of Banking and Finance, 22 (2) : 129-159.

EISENHARDT K M, 1989. Building theories from case study research[J]. Academy of Management Review, (14) : 532-550.

FAINSHMIDT S, JUDGEB W Q, AGUILERAC R V, 2018. Varieties of institutional systems: A contextual taxonomy of understudied countries[J]. Journal of World Business, 53 (3) : 307-322.

FAINSHMIDT S, SMITH A, GULDIKEN O, 2017. Orchestrating the flow of human resources: Insights from spanish soccer Clubs[J]. Strategic Organization, 15(4): 441-460.

FAMA E F, JENSEN M C, 1983. Agency problems and residual claims[J]. Journal of Law and Economics, 26(2): 301-325, 327-349.

FINKELSTEIN S, 1992. Power in top management teams: Dimensions, measurement, and validation[J]. Academy of Management Journal, 35(3): 505-538.

FINKELSTEIN S, HAMBRICK D C, CANNELLA A A, 2008. Strategic Leadership: Theory and Research on Executives, Top Management Teams, and Boards[M]. Oxford: Oxford University Press, USA.

FU F, LIN L, MICAH S, 2013. Acquisitions driven by stock overvaluation: Are they good deals?[J]. Journal of Financial Economics, 109(1): 24-39.

FU R, KRAFT A, TIAN X, et al., 2020. Financial reporting frequency and corporate innovation[J]. Journal of Law and Economics, 63(3): 501-530.

GIBSON C, VERMEULEN F, 2003. A healthy divide: Subgroups as a stimulus for team learning behavior[J]. Administrative Science Quarterly, 48(2): 202-239.

GIOIA D A, CORLEY K G, HAMILTON A L, 2013. Seeking qualitative rigor in inductive research: Notes on the gioia methodology[J]. Organizational Research Methods, 16(1): 15-31.

GOMPERS P, ISHII J, METHIRK A, 2003. Corporate governance and equity prices[J]. The Quarterly Journal of Economics, 118(1): 107-156.

GRAHAM J R, TUCKER A L, 2006. Tax shelters and corporate debt policy[J]. Journal of Financial Economics, 81(3): 563-594.

GREGORY A, 1997. An examination of the long run performance of UK acquiring firms[J]. Journal of Business Finance and Accounting, 24(7-8): 971-1002.

GROSSMAN S J, HART O D, 1985. The cost and benefits of ownership: A theory of vertical and lateral integration[J]. Journal of Political Economy, 94(4): 691-719.

GUL F A, SRINIDHI B, NG A C, 2011. Does board gender diversity improve the informativeness of stock prices? [J]. Journal of Accounting and Economics, 51(3): 314-338.

GUPTA N, 2005. Partial privatization and firm performance[J]. The Journal of Finance, 60(2): 987-1015.

HADLOCK C, HOUSTON J, RYNGAERT M, 1999. The role of managerial incentives in bank acquisitions[J]. Journal of Banking and Finance, 23(2-4): 221-249.

HALL B H, 2002. The financing of research and development [J]. Oxford Review of Economic Policy, 18(1): 35- 51.

HAMBRICK D C, HUMPHREY S E, GUPTA A, 2015. Structural interdependence within top management teams: A key moderator of upper echelons predictions[J]. Strategic Management Journal, 36(3): 449-461.

HAMBRICK D C, MASON P A, 1984. Upper echelons: The organization as a reflection of its top managers[J]. Academy of Management Review, 9(2): 193-206.

HANLON M, HEITZMAN S, 2010. A review of tax research[J]. Journal of Accounting and Economics, 50(2-3): 127-178.

HANLON M, SLEMROD J, 2009. What does tax aggressiveness signal? Evidence from stock price reactions to news about tax shelter involvement[J]. Journal of Public Economics, 93(1-2): 126-141.

HANNAN M T, FREEMAN J, 1984. Structural inertia and organizational change[J]. American Sociological Review, 49(2): 149-164.

HARTZELL J C, OFEK E, YERMACK D, 2004. What's in it for me? CEOs whose firms are acquired[J]. The Review of Financial Studies, 17(1): 37-61.

HAYES A F, MATTHES J, 2009. Computational procedures for probing interactions in OLS and logistic regression: SPSS and SAS implementations[J]. Behavior Research Methods, 41(3): 924-936.

HAYWARD M L A, HAMBRICK D C, 1997. Explaining the premiums paid for large acquisitions evidence of CEO hubris[J]. Administrative Science Quarterly, 42(1): 103-127.

HE J, TIAN X, 2013. The dark side of analyst coverage: The case of innovation[J]. Journal of Financial Economics, 109(3): 856-878.

HEALEY D, 2014. Competitive neutrality and its application in selected developing countries[C]. UNCTAD Research Partnership Platform Publication Series.

HEALY P M,PALEPU K G, RUBACK R S, 1992. Does corporate performance improve after mergers?[J]. Journal of Financial Economics, 31(2): 135-175.

HIGGINS R C, SCHALL L D, 1975. Corporate bankruptcy and conglomerate mergers[J]. The Journal of Finance, 30(1): 93-113.

HILLMAN A J, DALZIEL T, 2003. Boards of directors and firm performance: Integrating agency and resource dependence perspectives[J]. The Academy of Management Review, 28(3): 383-396.

HILLMAN A J, WITHERS M C, COLLINS B J, 2009. Resource dependence theory: A review[J]. Journal of Management, 35(6): 1404-1427.

HOENEN A K, KOSTOVA T, 2015. Utilizing the broader agency perspective for studying headquarters-subsidiary relations in multinational companies[J]. Journal of International Business Studies, 46(1): 104-113.

HOLMSTROM B, ROBERTS J, 1998. The boundaries of the firm revisited[J]. Journal of Economic Perspectives, 12 (4): 73-94.

HOMANS G C, 1958. Social behavior as exchange[J]. American Journal of Sociology, 63(6): 597-606.

HOTTENROTT H, PETERS B, 2012. Innovative capability and financing constraints for innovation: More money, more innovation? [J]. Review of Economics and Statistics, 94(4): 1126-1142.

HOWELL A, 2017. Picking 'winners' in China: Do subsidies matter for indigenous innovation and firm productivity?[J]. China Economic Review, 44: 154-165.

HSIEH T, KLENOW P J, 2009. Misallocation and manufacturing TFP in China and India[J]. The Quarterly Journal of Economics, 109 (1) : 183-209.

ITTNER C D, LARCKER D F, 1998. Are nonfinancial measures leading indicators of financial performance? An analysis of customer satisfaction[J]. Journal of Accounting Research, 36 (1) : 1-35.

JENSEN M C, MECKLING W H, 1976. Theory of the firm: Managerial behavior, agency costs and ownership structure[J]. Journal of Financial Economics, 3 (4) : 305-360.

JENSEN M C, RUBACK R S, 1983. The market for corporate control: The scientific evidence[J]. Journal of Financial Economics, 11 (1-4) : 5-50.

JIAN G, GAO Z, TAN J, et al., 2021. Does the mixed ownership reform work? Influence of board chair on performance of state-owned enterprises[J]. Journal of Business Research, (122) : 51-59.

JONES J J, 1991. Earnings management during import relief investigations[J]. Journal of Accounting Research, 29 (2) : 193-228.

KAHNEMAN D,TVERSKY A, 1979. Prospect theory: An analysis of decision under risk[J]. Econometrica, 47 (2) : 263-292.

KANTER J, 1993. Legal and financial constraints impede intensification[J]. The Intensification Report, 3: 6-8.

KEDIA S, PANCHAPAGESAN V, 2011. Why do only some Nasdaq firms switch to the NYSE? Evidence from corporate transactions[J]. Journal of Financial Markets, 14 (1) : 109-126.

KELSO L O, MORTIMER J A, 1958. The Capitalist Manifesto[M]. New York: Random House.

KEUPP M M, PALMIÉ M, GASSMANN O, 2012. The strategic management of innovation: A systematic review and paths for future research[J]. International Journal of Management Reviews, 14 (4) : 367-390.

KIM J Y, HALEBLIAN J, FINKELSTEIN S, 2011. When firms are desperate to grow via acquisition: The effect of growth patterns and acquisition experience on acquisition premiums[J]. Administrative Science Quarterly, 56 (1) : 26-60.

KIM K, MAULDIN E, PATRO S, 2014. Outside directors and board advising and monitoring performance[J]. Journal of Accounting and Economics, 57 (2-3) : 110-131.

KLASSEN K J, LAPLANTE S K, 2012. Are US multinational corporations becoming more aggressive income shifters?[J]. Journal of Accounting Research, 50 (5) : 1245-1285.

KORNAI J, MASKIN E, ROLAND G, 2003. Understanding the soft budget constraint[J]. Journal of Economic Literature, 41 (4) : 1095-1136.

KOSTOVA T, NELL P C, HOENEN A K, 2018. Understanding agency problems in headquarters-subsidiary relationships in multinational corporations: A contextualized model[J]. Journal of Management, 44 (7) : 2611-2637.

KOVERMANN J, VELTE P, 2019. The impact of corporate governance on corporate tax avoidance—A literature review[J]. Journal of International Accounting, Auditing and

Taxation, 36: 100270.

LA ROCCA M, STAGLIANÒ R, La ROCCA T, et al, 2019. Cash holdings and SME performance in Europe: The role of firm-specific and macroeconomic moderators[J]. Small Business Economics, 53 (4) : 1051-1078.

LAAMANEN T, 2007. On the role of acquisition premium in acquisition research[J]. Strategic Management Journal, 28 (13) : 1359-1369.

LAI S, LI Z, YANG Y G, 2020. East, west, home's best: Do local CEOs behave less myopically?[J]. The Accounting Review, 95 (2) : 227-255.

LANGLEY A, 1999. Strategies for theorizing from process data[J]. Academy of Management Review, 24 (4) : 691-710.

LAU D C, MURNIGHAN J K, 1998. Demographic diversity and faultlines: The compositional dynamics of organizational groups[J]. Academy of Management Review, 23 (2) : 325-340.

LAVIE D, 2006. The competitive advantage of interconnected firms: An extension of the resource-based view[J]. Academy of Management Review, 31 (3) : 638-658.

LEE C M C, QU Y, SHEN T. 2017. Reverse mergers, shell value, and regulation risk in Chinese equity markets[J]. SSRN Electronic Journal,DOI:10.2139/ssrn.3038446.

LEE E, WALKER M, ZENG C, 2014. Do Chinese government subsidies affect firm value?[J]. Accounting, Organizations and Society, 39 (3) : 149-169.

LEE I, LOCHHEAD S, RITTER J, et al, 1996. The costs of raising capital[J]. Journal of Financial Research, 19 (1) : 59-74.

LEFANOWICZ C E, ROBINSON J R, SMITH R, 2000. Golden parachutes and managerial incentives in corporate acquisitions: Evidence from the 1980s and 1990s[J]. Journal of Corporate Finance, 6 (2) : 215-239.

LEIBENSTEIN H, 1982. The prisoners' dilemma in the invisible hand: An analysis of intrafirm productivity[J]. The American Economic Review, 72 (2) : 817-821.

LENIHAN H, MCGUIRK H, MURPHY K R, 2019. Driving innovation: Public policy and human capital[J]. Research Policy, 48 (9) : 103791.

LEONARD D, 1997. Building and sustaining the sources of INNOVATION: An interview with Dorothy Leonard[J]. Strategy & Leadership, 25(4):22-27.

LI X, LIU X, WANG Y, 2015. A model of China's state capitalism[R]. HKSTU IEMS Working Paper, (12) .

LI X,WANG S S,WANG X, 2017. Trust and stock price crash risk: Evidence from China[J]. Journal of Banking and Finance, 76 (1) : 74-91.

LIECHTI F, FINGER M, 2019. Strategic objectives for state-owned enterprises as a means to mitigate political interference: An empirical analysis of two Swiss state-owned enterprises[J]. Wiley Online Libeary, 90 (3) : 513-534.

LIN J Y F, CAI F, LI Z, 1998. Competition, policy burdens and state-owned enterprise reform[J]. American Economic Review, 88 (2) : 422-427.

LIN K J, TAN J, ZHAO L, et al, 2015. In the name of charity: Political connections and strategic corporate social responsibility in a transition economy[J]. Journal of Corporate Finance, 32: 327-346.

LIU G S, BEIRNE J, SUN P, 2015. The performance impact of firm ownership transformation in China: Mixed ownership vs. fully privatised ownership[J]. Journal of Chinese Economic and Business Studies, 13(3): 197-216.

LIU S, CARTER M R, YAO Y, 1998. Dimensions and diversity of property rights in rural China: Dilemmas on the road to further reform[J]. World Development, 26(10): 1789-1806.

LUCAS D J, MCDONALD R L, 1990. Equity issues and stock-price dynamics[J]. Journal of Finance, 45(4): 1019-1043.

MAHONEY J T, KOR Y Y, 2015. Advancing the human capital perspective on value creation by joining capabilities and governance approaches[J]. Academy of Management Executive, 29(3): 296-308.

MALMENDIER U,TATE G A, 2008. Who makes acquisitions? CEO overconfidence and the market's reaction[J]. Journal of Financial Economics, 89 (1): 20-43.

MANNING A, AKERLOF G A, YELLEN J L, 1988. Efficiency wage models of the labor market[J]. Economica, 55(220).

MARTÍN-DE-CASTRO G, DELGADO-VERDE M, LÓPEZ-SÁEZ P, et al., 2011. Towards "an intellectual capital-based view of the firm": Origins and nature[J]. Journal of Business Ethics, 98(4): 649-662.

MATHIEU J E, TANNENBAUM J E, DONSBACH J S, et al., 2014. A review and integration of team composition models: Moving toward a dynamic and temporal framework[J]. Journal of Management, 40(1): 130-160.

MCGUIRE S T, WANG D, WILSON R J, 2014. Dual class ownership and tax avoidance[J]. The Accounting Review, 89(4): 1487-1516.

MILES M B, HUBERMAN A M, 1994. Qualitative Data Analysis: An Expanded Sourcebook[M]. London:SAGE Publications, Inc.

MODIGLIANI F, MILLER M H, 1958. The cost of capital, corporation finance and the theory of investment[J]. The American Economic Review, 48, 261-297.

MORCK R, SHLEIFER A, VISHNY R W, 1998. Management ownership and market valuation: An empirical analysis[J]. Journal of Financial Economics, 20: 293-315.

MOURSLI M R, 2020. The effects of board independence on busy directors and firm value: Evidence from regulatory changes in Sweden[J]. Corporate Governance: An International Review, 28(1): 23-46.

MULHERIN J H, Boone A L, 2000. Comparing acquisitions and divestitures[J]. Journal of Corporate Finance, 6(2): 117-139.

NARAYANAN M, 1985. Managerial incentives for short-term results[J]. The Journal of Finance, 40 (5): 1469-1484.

NELSON R R, 1985. An Evolutionary Theory of Economic Change[M]. Cambridge: Harvard University Press.

NG W, 2010. The evolution of sovereign wealth funds: Singapore's Temasek Holdings[J]. Journal of Financial Regulation and Compliance, 18 (1) : 6-14.

NORTH D S, 2001. The role of managerial incentives in corporate acquisitions: The 1990s evidence[J]. Journal of Corporate Finance, 7 (2) : 125-149.

OLBRICH M, NIKOLIS A E, RAPP D J, 2016. Do political parties play dirty in the discussion on gender balanced boards? Evidence from Germany[J]. Schmalenbach Business Review, 17 (3-4) : 361-399.

OLIVER H, 2003. Incomplete contracts and public ownership: Remarks and an application to public-private partnerships[J]. The Economic Journal, 113 (486) : 69-76.

PACHE C, SANTOS F, 2013. Inside the hybrid organization: Selective coupling as a response to competing institutional logics[J]. Academy of Management Journal, 56 (4) : 972-1001.

PAGANO M, ROELL A A, ZECHNER J, 2002. The geography of equity listings: Why do companies list abroad[J]. Journal of Financial, 57 (6) : 2654-2694.

PALEPU K, 1986. Predicting takeover targets: A methodological and empirical analysis[J]. Journal of Accounting and Economics, 8 (1) : 3-36.

PARKER R J, NONRI H, HAYES A F, 2011. Distributive justice, promotion instrumentality, and turnover intentions in public accounting firms[J]. Behavioral Research in Accounting, 23 (2) : 169-186.

PETERSEN M A, 2009. Estimating standard errors in finance panel data sets: Comparing approaches[J]. Review of Financial Studies, 22 (1) : 435-480.

PHILLIPS J D, 2003. Corporate tax-planning effectiveness: The role of compensation-based incentives[J]. The Accounting Review, 78 (3) : 847-874.

PORTA R L,LOPEZDESILANES F, 1999. The benefits of privatization: Evidence from Mexico[J]. Quarterly Journal of Economics, 114 (4) : 1-4.

Preacher K J, Hayes A F, 2008. Asymptotic and resampling strategies for assessing and comparing indirect effects in multiple mediator models[J]. Behavior Research Methods, 40: 879-891.

RAJAN R G, ZINGALES L, 1998. Power in a theory of the firm[J]. The Quarterly Journal of Economics, 113 (2) : 387-432.

RAJAN R G, ZINGALES L, 2001. The firm as a delicated hierarchy: A theory of the origin and growth of firms[J]. The Quarterly Journal of Economics, 116 (3) : 805-851.

RAZIQ M M, BORINI F M, PERRY M, 2014. Subsidiary initiatives and subsidiary autonomy: Evidence from New Zealand and Brazil[J]. International Entrepreneurship and Management Journal, 10 (3) : 589-605.

REDDY K S, XIE E, HUANG Y, 2016. Cross-border acquisitions by state-owned and private enterprises: A perspective from emerging economies[J]. Journal of Policy Modeling, 38 (6) : 1147-1170.

RHODES-KROPF M,ROBINSON D T, 2008. The market for mergers and the boundaries of the firm[J]. The Journal of Finance, 63 (3) : 1169-1211.

RICHARDSON G, TAYLOR G, LANIS R, 2015. The impact of financial distress on corporate tax avoidance spanning the global financial crisis: Evidence from Australia[J]. Economic Modelling, 44: 44-53.

RIORDAN M H, WILLIAMSON O E, 1985. Asset specificity and economic organization[J]. International Journal of Industrial Organization, 3 (4) : 365-378.

ROSENBAUM P, RUBIN D, 1983. The central role of the propensity score in observational studies for causal effects[J]. Biometrika, 70 (1) : 41-55.

SAM C, 2013. Partial privatization and the role of state owned holding companies in China[J]. Journal of Management and Governmance, 17 (3) : 767-789.

SANTOS A, 2019. Do selected firms show higher performance? The case of Portugal's innovation subsidy[J]. Structural Change and Economic Dynamics, 50: 39-50.

SANTOS F, 2017. IPO market timing with uncertain aftermarket retail demand[J]. Journal of Corporate Finance, 42: 247-266.

SARAH Y T, 2018. China's new push to reform the state sector: Progress and drawbacks[J]. China: An International Journal, 16 (3) : 35-51.

SHLEIFER A, VISHNY R W, 1994. Politicians and firms[J]. The Quarterly Journal of Economics, 109 (4) : 995-1025.

SHLEIFER A, VISHNY R W, 1997. A survey of corporate governance[J]. Journal of Finance, 52 (2) : 737-783.

SHLEIFER A, VISHNY R W, 2003. Stock market driven acquisitions[J]. Journal of Financial Economics, 70 (3) : 295-311.

SHUM P, LIN G, 2010. A resource-based view on entrepreneurship and innovation[J]. International Journal of Entrepreneurship and Innovation Management, 11 (3) : 264-281.

SMITS R, 2002. Innovation studies in the 21st century: Questions from a user's perspective[J]. Technological Forecasting and Social Change, 69 (9) : 861-883.

SOBEL M E, 1982. Asymptotic confidence intervals for indirect effects in structural equation models[J]. Sociological Methodology, 13: 290-312.

SONG M, AI H, LI X, 2015. Political connections, financing constraints, and the optimization of innovation efficiency among China's private enterprises[J]. Technological Forecasting and Social Change, 92: 290-299.

STEIN J C, 1996. Rational capital budgeting in an irrational world[J]. Journal of Business, 69 (4) : 429-455.

STOCK J H, YOGO M, 2002. Testing for weak instruments in linear IV regression[J]. Nber Technical Working Papers, 14 (1) : 80-108.

SU J, HE J, 2010. Does giving lead to getting? Evidence from Chinese private enterprises[J]. Journal of Business Ethics, 93 (1) : 73-90.

TAKANO G, 2017. Public-private partnerships as rent-seeking opportunities: A case study on an unsolicited proposal in Lima, Peru[J]. Utilities Policy, 48: 184-194.

UYGUN Y, REYNOLDS E B, 2018. Strengthening advanced manufacturing innovation eco systems: The case of Massachusetts[J]. Technological Forecasting & Social Change, 136(11): 178-191.

VAN DEN BOSCH A J, VOLBERDA H W, BOER M D, 1999. Coevolution of firm absorptive capacity and knowledge environment: Organizational forms and combinative capabilities[J]. Organization Science, 10(5): 551-568.

VARAIYA N P, 1987. Determinants of premiums in acquisition transactions[J]. Managerial and Decision Economics, 8 (3): 175-184.

VEGH C A, VULETIN G, 2015. How is tax policy conducted over the business cycle?[J]. American Economic Journal: Economic Policy, 7(3): 327-370.

WALWYN D R, NKOLELE A T, 2018. An evaluation of South Africa's public-private partnership for the localisation of vaccine research, manufacture and distribution[J]. Health Research Policy and Systems, 16(1): 30-46.

WANG C, Xie F, 2009. Corporate governance transfer and synergistic gains from mergers and acquisitions[J]. Review of Financial Studies, 22 (2): 829-858.

WANG Y, 2021. Exploring the Trust and Innovation Mechanisms in M&A of China's State-owned Enterprises with Mixed Ownership[M]. Beijing: Springer Nature.

WILLIAMSON E, 1975. Markets and Hierarchies: Analysis and Antitrust Implications: A Study of Internal Organization[M]. New York: The Free Press.

WISEMAN R M, CUEVAS RODRÍGUEZ G, GOMEZ MEJIA L R, 2012. Towards a social theory of agency[J]. Journal of Management Studies, 49(1): 202-222.

WONG A,CHEUNG K Y, 2009. The effects of merger and acquisition announcements on the security prices of bidding firms and target firms in Asia[J]. International Journal of Economics and Finance, 1 (2): 274.

WRIGHT P M, MCMAHAN G C, 2011. Exploring human capital: Putting 'human' back into strategic human resource management[J]. Human Resource Management Journal, 21(2): 93-104.

WU Y W, 1997. Management buyouts and earnings management[J]. Journal of Accounting, Auditing and Finance, 12(4): 373-389.

XIN CHANG, KANGKANG FU, ANGIE LOW, et al., 2015. Non-executive employee stock options and corporate innovation[J]. Journal of Financial Economics, 115(1):168-188.

YANG Z, 2013. Do political connections add value to audit firms? Evidence from IPO Audits in China[J]. Contemporary Accounting Research, 30(3): 891-921.

YIN R K, 2014. Case Study Research Design and Methods (5th ed.) [M]. Thousand Oaks, CA: Sage.

YU Y, 2012. Chinese Migrant Workers in the Global Financial Crisis: Government and Stakeholder Interactions[M]//The Global Crisis and Transformative Social Change. Springer: 257-280.

ZAHRA S A, GEORGE G, 2002. Absorptive capacity: A review, reconceptualization, and extension[J].Academy of Management Review, 27(2): 185-203.

ZAHRA S A, PEARCE J A, 1989. Boards of directors and corporate financial performance: A review and integrative model[J]. Journal of Management, 15（2）: 291-334.

ZINGALES L, 1998. Corporate Governance[M]//Newman P et al. The New Palgrave Dictionary of Economics and the Law, London : Macmillan.

后　记

《新时代国有企业和民营企业融合发展研究》是本人近年来学术成果的总结，也是国家社科基金重大项目“深化混合所有制改革的机制创新和实践路径研究（21ZDA039）”的阶段性研究成果，是本人所著丛书“混合所有制改革”中的第二部专著。混合所有制改革下国有企业和民营企业融合发展是我多年来一直重点学习和研究的领域，它在我国经济体制改革中的重要作用激发了我极大的兴趣，我也希望可以通过该领域的研究，为国家经济发展贡献自己的一份力量。为此，我在混合所有制改革下国有企业和民营企业融合发展这个领域投入了大量时间和精力，倾注了心血，并写成了这本专著。本书以新颖的视角，多样的研究方法和深入的理论分析丰富了混合所有制改革下国有企业和民营企业融合发展的研究文献，同时这也为我持续开展混合所有制改革研究打下了基础。

回顾本书的成书过程，对于所有给予我支持、指导、帮助的人，我唯有深深的感激。

首先，我要感谢全国哲学社会科学工作办公室，本专著是国家社科基金重大项目“深化混合所有制改革的机制创新和实践路径研究（21ZDA039）”的阶段性研究成果，相信在主管主办部门的领导下，在项目组子课题负责人和项目组成员的共同努力下，课题建设必将获得强劲动力，为服务党和国家工作大局做出贡献。其次，感谢广州大学党委书记、校长、财政部首批授予的全国会计名家魏明海教授为本书作序，魏明海教授一丝不苟的工作态度和在国资国企研究中的专研精神值得我学习，让我获益匪浅。再次，感谢本书的副主编杨达、蔡佳琳、许锐，感谢在本书编写和修订过程中参与文献查找和数据比对的刘飞（讲师）以及博士生、硕士生和本科生，他们分别是陈鸿叶（硕士生）、陈诗敏（本科生）、何竺虔（博士生）、刘美婷（硕士生）、年洁（博士生）、谢云浪（硕士生）。最后，感谢所有专家和读者，没有你们的鞭策和鼓励，我就没有克服困难的勇气，就难以坚持完成拙作。同时，由于本人学术水平和投入时间有限，书中难免有不完美之处，希望各位专家和读者能够不吝指教，日后可以和大家进行更深入的探讨。

王　艳

2023 年 8 月 1 日